目 录
CONTENTS

第一章 导论 ·· 1
  一 研究背景与研究意义 ··· 2
  二 问题意识与概念界定 ·· 14
  三 研究思路与总体框架 ·· 20
  四 资料来源与研究方法 ·· 24
  五 创新之处与主要限度 ·· 31

第二章 社区矫正对象社会支持的理论回顾 ································ 34
  一 社区矫正的研究范畴归纳 ·· 34
  二 社会支持的理论视野梳理 ·· 44
  三 社会支持的社矫运用分析 ·· 68
  四 研究述评 ·· 77

第三章 社区矫正对象社会支持的评量体系 ································ 79
  一 "接收者—提供者"视角下的概念建构 ······························ 80
  二 社区矫正对象社会支持评量指标的设计 ····························· 88
  三 社区矫正对象社会支持评量工具的开发 ···························· 104
  四 社区矫正对象社会支持评量质量的检验 ···························· 122

第四章 社区矫正对象社会支持的公众基础 ······························ 129
  一 公众面对的社区矫正对象规模 ·· 130

二　公众呈现的社区矫正态度状况 …………………………… 145
　　三　社会支持公众基础的生态结构 …………………………… 156

第五章　社区矫正对象社会支持的队伍支撑 ……………………… 163
　　一　社区矫正对象社会支持的队伍机构 …………………………… 163
　　二　社区矫正对象社会支持的队伍规模 …………………………… 167
　　三　社区矫正对象社会支持的队伍结构 …………………………… 175

第六章　社区矫正对象社会支持获得与供需 ……………………… 189
　　一　社区矫正对象社会支持获得总体比较 ………………………… 189
　　二　社区矫正对象社会支持获得分类比较 ………………………… 199
　　三　社区矫正工作队伍社会支持供给比较 ………………………… 232
　　四　社区矫正对象对社会支持的需求比较 ………………………… 251

第七章　社区矫正对象社会支持的影响因素 ……………………… 268
　　一　社会支持公众基础的影响因素比较 …………………………… 268
　　二　社会支持队伍支撑的影响因素比较 …………………………… 277
　　三　社会支持获得供给的影响因素比较 …………………………… 288

第八章　社区矫正对象社会支持的政策倡导 ……………………… 315
　　一　主要判断与基本结论 …………………………………………… 315
　　二　路径选择与精准策略 …………………………………………… 331

参考文献 ……………………………………………………………… 366

后记 …………………………………………………………………… 373

第一章
导　论

　　党的二十大报告强调，"法治社会是构筑法治国家的基础"，要提升"社会治理法治化水平"，而这需要创新社会治理方式，"健全共建共治共享的社会治理制度……发展壮大群防群治力量……建设人人有责、人人尽责、人人享有的社会治理共同体"。① 党的二十届三中全会进一步强调，"法治是中国式现代化的重要保障"，"要创新社会治理体制机制和手段"，"完善共建共治共享的社会治理制度"。② 在新时代，社区矫正被认为是基层社会治理创新的重要手段，引起了各界广泛关注。就目前来看，我国的社区矫正工作总体上经历了六个步骤：2003 年开始试点，2005 年扩大试点，2009 年全面试行，2011 年纳入法律，2014 年全国全面推进，2016 年进入立法程序并于 2019 年通过立法、2020 年正式施行。我国之所以要实行社区矫正并能够在短短十余年间快速进入制度建设轨道和社会公众视野，主要源于以下系统环境。

　　第一，我国历史上常以社区为基础进行社会控制和基层治理，中华人民共和国成立初期颁布的刑法就有关于社区刑法的规定。第二，2000 年以来我国全面开展城市社区建设，2006 年开始推进农村社区建设，十多年来，我国城乡社区基本成熟，社区居委会（村委会）平台基本建立，为街道、乡镇司法

---

① 习近平：《高举中国特色社会主义伟大旗帜　为全面建设社会主义现代化国家而团结奋斗——在中国共产党第二十次全国代表大会上的报告》，人民出版社 2022 年版，第 42、54 页。

② 《中共中央关于进一步全面深化改革、推进中国式现代化的决定》，人民出版社 2024 年版，第 29、5、41 页。

所和社区矫正站点的建立提供了抓手和支撑，使其具备了依托社区组织或载体开展社区矫正的基础。第三，我国政府已关注到社区矫正的人均成本只有监禁刑的十分之一，不仅节约了财政成本，还有利于促进犯罪人员重返社会，维护社会和谐稳定。[①] 第四，20世纪七八十年代以来，全球许多国家开始积极探索新的刑罚制度，倾向行刑缓刑化和非监禁刑罚，我国传统上借助社区平台实行了治安联防的村居矫正但不够专业化、职业化和规范化，转型期的中国也在探求法治文明和创新刑法制度。第五，全面深化改革和全面依法治国明确要求推进社区矫正制度建设和立法进程。例如，2013年党的十八届三中全会决定提出"健全社区矫正制度"，2014年党的十八届四中全会决定要求"制定社区矫正法"。以上要素，保证了我国社区矫正制度基本框架的确立。

然而，发展孕育着矛盾。一方面，这些缘由支撑着我国社区矫正制度的快速推进；另一方面，其成了焦点话题也促使社区矫正相关问题被凸显。例如，当前我们更多关注社区矫正施动者的"建"，却忽视了对其供给度的"评"，更忽略了受用者的"感"。尽管2014年中央层面出台了《关于组织社会力量参与社区矫正工作的意见》（司发〔2014〕14号），开始关注社会支持，但效果如何尚待考察。由此，对社区矫正对象社会支持进行供需现状评量和影响因素检验，并进行政策倡导以完善基层治理中的社区矫正，是一个亟待研究的话题。

一　研究背景与研究意义

社区矫正是伴随着国际刑罚变革应运而生的。刑罚变革的特点催生了我国社区矫正的产生。第一，刑罚具有特定的内涵类型。刑罚是国家按照法律规定对罪犯采取的惩罚措施，刑罚制度是伴随民主国家产生、法律制度确立而不断优化的。当前刑罚有两种类型，监禁刑罚、非监禁（社区）刑罚，二者是相对的。第二，刑罚具有相应的演变历程。其总体上经历了报应刑罚时代、重刑威吓时代、立法威吓时代、社会防卫时代，这一过程体现了主刑的三大转变，一是刑罚实施目的从报应刑罚向惩戒阻止刑罚转变，二是刑罚

[①] 孟建柱：《全面推进社区矫正工作促进社区服刑人员更好地融入社会》，《长安》2014年第7期。

执行形式从生命肉体惩罚向自由罚转变,三是刑罚适用范围由重刑苛法向轻刑简约转变。第三,刑罚制度在逐渐创新。20世纪后期以来的人类文明进程,促使了各国思考刑罚制度的变革,其趋向是实现刑罚轻缓化和行刑社会化。第四,刑罚改进具有现实意义。刑罚改进是人类从野蛮走向文明的历程,体现了人类刑罚观念的进步,代表着当今国际刑罚变革的主流方向,其功能从惩罚拓展到了内含改造和教化,这不仅有利于实现刑罚的社会谦抑性、人权保障性,还有利于实现刑罚的效益最大化。基于此,我国在全面依法治国、社会治理创新和司法体制改革的背景下,自然催生了作为非监禁刑的社区矫正的发展。

社区矫正对象是亟须社会支持的相对劣势群体。社区矫正对象的边缘性和重要性理应使其受到关注。第一,社区矫正对象是短期服刑人员,其主要目的是在相对自由的社会环境中实施刑罚执行活动,帮助犯罪分子更好地回归社会;但是,社区矫正对象作为一个特殊的社会群体,矫正对象往往在社会资源、人际关系、公众接纳等方面处于相对劣势状态,主要表现为社会地位相对较低、总体受到社会排斥、心理困境相对较多等,由此导致的社会支持不足阻碍了其顺利回归社会。第二,如此的劣势状态不但不利于社区矫正工作的开展,也隐藏着解矫社区矫正对象再犯罪的危险因素,鉴于此,实施社区矫正更多地需要依赖社会力量。因此,良好的社会支持对社区矫正具有重要作用,来自不同社会群体和社会力量,尤其是稳健规范的社区矫正工作人员队伍的社会支持是社区矫正对象重返社会的必要渠道,是完善社区矫正促进基层善治的有效方式。

(一) 研究背景

就我国而言,当前正处在社会转型时期,多样性的社会问题凸显交织导致社会不稳定因素增加,社会治安形势仍显严峻。针对我国犯罪率居高不下的事实,单一的监禁刑罚方式已经不能适应形势变化和司法文明的需要,严厉的刑罚方式只是治标不治本的权宜之计,不能从源头上培养人们对法治的信仰。而社区矫正这一刑罚执行方式正在成为整合司法资源和社会力量以创新社会治理尤其是社区治理的一条重要途径。我国经历了特殊的社区矫正道路并促使着社区矫正对象社会支持研究成为值得关注的研究主题。

1978年改革开放以来,我国更加追求以法律为基础的正式社会控制形式。我国1979年颁布的刑法与1997年颁布的刑法及其他相关法律中就有关于社区刑罚的规定，但其中没有明确提出"社区矫正"的概念，其适用对象包括的五种人与2003年开始实行社区矫正制度时的对象范围是一样的，总体说来，2003年以前，公共安全仍然是以社区处罚为主的。① 尽管我国诸多相关法律法规、司法解释等对社区刑罚有所提及和规定，但其阐释并不具体也不深入，使得社区矫正制度和非监禁刑罚方式的优点难以发挥，实践中的操作性和规范性不强，日益催生着依法治国、以人为本和文明刑罚背景下的社区刑罚改革和社区矫正专项制度的形成，于是从20世纪末期起，我国学界和政界开始对该话题进行研究和探讨。在国际英文刊物中，对中国社区矫正的研究大致开始于2014年。在实践中，我国的社区矫正制度形成总体上经历了以下演进历程。

第一步，开始试点。2003年7月，"两高两部"② 联合下发了《关于开展社区矫正试点工作的通知》（司发〔2003〕12号），明确了社区矫正的定义、意义、适用对象和主要任务等问题。③ 2004年5月，司法部下发了《司法行政机关社区矫正工作暂行办法》（司发通〔2004〕88号），规定了社区矫正工作机构、人员职责以及社区服刑人员接收、管理、解除等工作，明确了司法所是社区矫正工作主体。

第二步，扩大试点。2005年1月，"两高两部"联合印发了《关于扩大社区矫正试点范围的通知》（司发〔2005〕3号）。④ 2006年5月，最高人民检察院下发了《关于在社区矫正试点工作中加强法律监督的通知》（高检发监字〔2006〕3号），要求试点地区检察机关在社区矫正试点工作中认真履行法律监督职责。2006年10月，党的十六届六中全会决定⑤明确要求，实施宽严相济的刑事司法政策，积极推行社区矫正。2008年12月，中央政法委又下发文件要求推进社区矫正立法。

第三步，全面试行。2009年9月，"两高两部"又联合下发了《关于在

---

① Jiang, S., Xiang, D., Chen, Q., Huang, C., Yang, S., Zhang, D. & Zhao, A., "Community Corrections in China: Development and Challenges", *The Prison Journal*, 2014, 94 (1): 75-96.
② "两高两部"是最高人民法院、最高人民检察院、公安部和司法部的简称，下同。
③ 将北京、上海、天津、江苏、浙江和山东6个省（市）作为社区矫正第一批试点地区。
④ 将河北、内蒙古、黑龙江、安徽、湖北、湖南、广东、广西、海南、四川、贵州、重庆12个省（市、自治区）列为全国第二批社区矫正试点地区。
⑤ 即《中共中央关于构建社会主义和谐社会若干重大问题的决定》。

全国实行社区矫正工作的意见》（司法通〔2009〕169号），要求加强对社区矫正对象的教育矫正、监督管理、帮困扶助、经费保障、机构和队伍建设以及领导和工作机制建设，并清晰地阐明了社区矫正的适用范围。① 2009年10月，"两高两部"召开全国社区矫正工作会议，部署并强调了全面推进社区矫正制度和实践。

第四步，纳入法律。2011年2月，十一届全国人大常委会十九次会议审议通过了刑法修正案（八），社区矫正第一次被正式纳入刑法规定。② 2012年1月，"两高两部"联合制定了《社区矫正实施办法》（司发通〔2012〕12号），之后各地及时制定出台了《社区矫正实施细则》。③ 2012年3月，十一届全国人大五次会议通过的关于修改刑事诉讼法的决定，对社区矫正制度又作出了进一步规定。④ 刑法和刑事诉讼法关于社区矫正的规定明确了我国社区矫正的法律地位。2012年11月，财政部、司法部下发了《关于加强社区矫正经费保障工作的意见》（财行〔2012〕402号），社区矫正经费列入了同级财政预算，社区矫正工作所需的技术装备、场所设施等不断加强。2013年1月29日，根据国务院立法工作计划，司法部起草并在部务会议审议通过了《中华人民共和国社区矫正法（草案送审稿）》，2013年2月4日提请国务院审议。2013年11月12日，党的十八届三中全会作出的《中共中央关于全面深化改革若干重大问题的决定》明确提出，要"健全社区矫正制度"。⑤

第五步，全国全面推进。2014年4月21日，习近平总书记在司法部调研时，阐述了社区矫正工作的目标、任务和措施，要求重点推进社区矫正工作，完善社区矫正制度，加快社区矫正立法。2014年5月27日，"两高两部"联合召开全国社区矫正工作会议，对社区矫正工作提出了明确要求。2014年8月28日，"两高两部"联合下发了《关于全面推进社区矫正工作的意见》（司发〔2014〕13号），对全面开展和深入推进社区矫正工作作了

---

① 包括被判处管制、被宣告缓刑、被暂予监外执行、被裁定假释，以及被剥夺政治权利并在社会上服刑的五种罪犯。
② 在法律形式上规定了对判处管制、缓刑、假释三种类型的罪犯依法实行社区矫正。
③ 对社区矫正执行体制、执行程序、矫正措施、法律监督等主要问题进行了规定。
④ 其明确规定"对判处管制、宣告缓刑、假释或者暂予监外执行四种类型的罪犯，依法实行社区矫正，由社区矫正机构负责执行"。
⑤ 郝赤勇：《认真做好教育管理工作 切实提高社区矫正工作水平》，《中国司法》2015年第8期。

部署。2014年10月23日，党的十八届四中全会作出的《中央关于全面推进依法治国重大问题决定》，明确要求"制定社区矫正法"。2014年11月14日，司法部等六部门联合印发了《关于组织社会力量参与社区矫正工作的意见》（司发〔2014〕14号）。2015年2月，中办、国办发文[1]要求贯彻党的十八届四中全会精神，推进社区矫正立法，完善社区矫正制度。[2]

第六步，进入立法实施。2016年1月23日，司法部在召开的全国司法厅局长会议上强调，要大力提高社区教育矫正质量，进一步丰富矫正教育内容，创新矫正方式方法。2016年3月17日，《中华人民共和国国民经济和社会发展第十三个五年（2016—2020年）规划纲要》提出要加强社区矫正等设施建设。2016年4月22日，中华人民共和国十二届全国人大常委会公布了2016年立法工作计划，根据计划，2016年全国人大常委会于10月初次审议社区矫正法。2016年8月30日，"两高两部"联合印发了《关于进一步加强社区矫正工作衔接配合管理的意见》，要求加强社区矫正工作衔接配合，确保社区矫正依法开展、合规推进。[3] 2016年9月14日，司法部召开加强社区矫正管理工作电视电话会议，分析了社区矫正面临的形势、任务和存在的困难问题，进一步明确了加强社区矫正管理工作的措施。[4] 2016年12月1日，国务院法制办公室全文发布《中华人民共和国社区矫正法（征求意见稿）》及其说明，向社会征求意见，开启了社区矫正立法的新阶段。2019年12月28日，第十三届全国人民代表大会常务委员会第十五次会议通过了《中华人民共和国社区矫正法》（简称《社区矫正法》），2020年7月1日正式施行。

2013年我国正式施行社区矫正以后，可以从两个视角来看中国社区矫正制度的形成过程。

第一，政策推进视角。以国家层面出台政策推进社区矫正开展的时间节点、地域范围和工作重点为标准，其演进过程可以分为三个步骤：2003年，开始试点，在六省（市）开展，之后的两年，主要探索了社区矫正管理体制、组织架构和工作方法等，重在探索框架和基础建设；2005年，扩大试

---

[1] 中办、国办印发的《关于贯彻落实党的十八届四中全会决定进一步深化司法体制和社会体制改革的实施方案》要求，制定社区矫正法，实现社区矫正制度化、法律化。
[2] 郝赤勇：《认真做好教育管理工作 切实提高社区矫正工作水平》，《中国司法》2015年第8期。
[3] 汤瑜：《司法部：让更多困难群众得到实惠》，《民主与法制时报》2017年2月26日。
[4] 姜爱东：《扎实做好社区矫正工作的实践与思考》，《中国司法》2017年第3期。

点，拓展到16省（区、市），之后的四年，主要完善了社区矫正监管体系、执行程序和操作办法，重在修补优化和经验总结；2009年，全面开展，推广到全国，截至目前，主要规范了社区矫正体制机制、实施办法和参与路径等，重在规范提升和制度建设。其中，2014年以后，社区矫正朝着纵深方向发展，在强度、力度、深度方面都所有增加，在社会参与、工作衔接等方面均有所创新（见表1-1）。

表1-1　　　　　　　　　　　我国社区矫正的政策演进历程

步骤	主题	时间	重要事项	核心内容
第一步	开始试点	2003.07	《关于开展社区矫正试点工作的通知》（司发〔2003〕12号）	明确了社区矫正的定义、意义、适用对象和主要任务等问题。确定了北京等6个省（市）为第一批试点地区
		2004.05	《司法行政机关社区矫正工作暂行办法》（司发通〔2004〕88号）	规定了社区矫正工作机构、人员职责、工作主体、工作流程等
第二步	扩大试点	2005.01	《关于扩大社区矫正试点范围的通知》（司发〔2005〕3号）	将河北等12省（市、自治区）扩大为社区矫正的第二批试点地区
		2006.05	《关于在社区矫正试点工作中加强法律监督的通知》（高检发监字〔2006〕3号）	要求检察机关在社区矫正试点工作中认真履行法律监督职责
		2006.10	《中共中央关于构建社会主义和谐社会若干重大问题的决定》	要求实施宽严相济的刑事司法政策，积极推行社区矫正
		2008.07	《国务院办公厅关于印发司法部主要职责内设机构和人员编制规定的通知》（国办发〔2008〕64号）	明确了司法部指导管理社区矫正工作的职责
		2008.11	司法部对吉林省《关于可否将检察院"定罪免诉"人员纳入社矫对象范围的请示》的答复（司办函〔2008〕236号）	对社区矫正对象范围做了进一步补充说明
		2008.12	《中央政法委员会关于深化司法体制和工作机制改革若干问题的意见》（中发〔2008〕19号）	要求总结社区矫正试点经验

续表

步骤	主题	时间	重要事项	核心内容
第三步	全面开展	2009.09	《关于在全国实行社区矫正工作的意见》（司法通〔2009〕169号）	对推进社区矫正工作做了全面阐释
		2009.10	全国社区矫正工作会议	对全面试行社区矫正工作部署
		2011.05	《关于对判处管制 宣告缓刑的犯罪分子适用禁止令有关问题的规定（试行）》（司发通〔2011〕98号）	对禁止令的适用范围做了进一步阐释
		2012.01	《关于设立司法部社区矫正管理局的批复》（中央编办复字〔2012〕4号）	同意司法部设立社区矫正管理局
		2012.01	国家层面发布《社区矫正实施办法》（司发通〔2012〕12号），地方层面发布《社区矫正实施细则》	对社区矫正的执行体制、执行程序、矫正措施、法律监督等进行了规定
		2012.02	《关于认真贯彻落实〈社区矫正实施办法〉进一步做好社区矫正工作的通知》（司发通〔2012〕33号）	强调贯彻落实社区矫正实施办法
		2012.05	《社区矫正执法文书格式》的通知（司发通〔2012〕126号）	对社区矫正执法常用文书做了规范
		2012.11	《关于加强社区矫正经费保障工作的意见》（财行〔2012〕402号）	要求社区矫正经费列入同级财政预算
		2013.05	《关于进一步加强社区矫正执法工作的通知》（司发通〔2013〕95号）	对社区矫正执法做了进一步的规范
		2013.11	《中共中央关于全面深化改革若干重大问题的决定》	明确提出要"健全社区矫正制度"
		2014.04	习近平总书记听取司法部工作汇报	要求深入推进社区矫正工作

续表

步骤	主题	时间	重要事项	核心内容
第三步	全面开展	2014.05	全国社区矫正工作会议	对做好社区矫正工作提出明确要求
		2014.08	《关于全面推进社区矫正工作的意见》（司发〔2014〕13号）	要求在全国全面推进社区矫正工作
		2014.11	《关于组织社会力量参与社区矫正工作的意见》（司发〔2014〕14号）	指出引导动员六大社会力量参与社区矫正工作
		2015.01	全国司法厅（局）长会议	要求推进社区矫正的制度化和法治化
		2016.01	全国司法厅（局）长会议	针对社区矫正制度化提出了要求
		2016.03	国家"十三五"规划纲要	提出要加强社区矫正等设施建设
		2016.08	《关于进一步加强社区矫正工作衔接配合管理的意见》（司发通〔2011〕88号）	要求加强社区矫正工作的衔接和配合
		2016.09	司法部全国社区矫正教育管理工作培训班	就社区矫正机构设置、队伍建设、衔接管理等进行学习交流
		2016.09	司法部加强社区矫正管理工作电视电话会议	分析了社区矫正新形势、新任务和新问题，提出了新措施
		2016.11	司法部社区矫正中心建设工作座谈会	总结交流了各地社区矫正中心建设做法经验，提出了新要求
		2017.01	全国司法厅（局）长会议	要求进一步做好社区矫正工作
		2018.12	《关于推进刑罚执行一体化建设工作的意见》（司发〔2018〕11号）	构建监禁刑与非监禁刑相互衔接、统一协调的刑罚执行体系
		2019.01	《关于加快推进全国"智慧矫正"建设的实施意见》	部署"智慧矫正中心"创建
		2021.03	《关于开展"智慧矫正中心"创建工作的通知》	落实"智慧矫正中心"建设
		2024.07	《中共中央关于进一步全面深化改革、推进中国式现代化的决定》	强化未成年人犯罪预防和治理，制定专门矫治教育规定

第二,法律推进视角。以国家层面修改法律纳入社区矫正,并推动社区矫正专门立法为标准,其演进过程可以分为两个步骤。一是2011年开始,正式纳入法律,首次在法律中明确表述社区矫正,刑法和刑事诉讼法的修订均对社区矫正的对象范围做了规定,而且后者对前者做了补充。二是2013年开始,进入立法程序,国家主管社区矫正工作的司法部形成了社区矫正法草稿,并提请国务院审议,之后不断修改完善,中央多次强调推进,并最终由国务院法制办公室在2016年年底正式结束向公众征求意见,中国的社区矫正制度和实践正在走向法治化轨道;2019年年底正式立法,并于2020年7月正式施行(见表1-2)。

从以上社区矫正的推进历程可以看出,我国社区矫正的政策演进和法律演进速度较快,成效显著。突出特点是:一方面,在社区矫正制度化、法治化方面做出了重要部署,开始关注社会参与、协同矫正的方式创新;另一方面,重视社区矫正制度的供给,较少关注社区矫正对象的需求,以及如何来考核供给方的效益,尤其是在当下重视多元共治的社会治理创新背景下,对社区矫正的社会支持及社会参与关注还不够。也就是说,社区矫正工作的效用如何,还得从作为受益者的社区矫正对象本身着手,只有很好地评量社区矫正对象社会支持的状况并检测影响因素进行政策优化,才能达到使其顺利重返社会的目标。

表1-2　　　　　　　　　我国社区矫正的法律演进历程

步骤	主题	时间	重要事项	核心内容
第一步	纳入刑事法律	2011.02	十一届全国人大常委会十九次会议审议通过了刑法修正案(八)	将社区矫正三种刑纳入刑罚[1]
		2012.03	十一届全国人大五次会议通过了关于修改刑事诉讼法的决定	将社区矫正四种刑纳入刑事诉讼法[2]

---

[1] 用法律的形式规定对判处管制、缓刑以及假释三种类型罪犯依法实行社区矫正,社区矫正第一次被正式纳入刑法。

[2] 规定对判处管制、宣告缓刑、假释或者暂予监外执行四种类型罪犯,依法实行社区矫正,由社区矫正机构负责执行。

续表

步骤	主题	时间	重要事项	核心内容
第二步	着手专门立法	2013.01	《中华人民共和国社区矫正法（草案送审稿）》	司法部起草并在部务会议审议通过。2013年2月4日，提请国务院审议
		2014.10	《中央关于全面推进依法治国重大问题决定》	提出"制定社区矫正法"
		2015.02	《关于贯彻落实党的十八届四中全会决定进一步深化司法体制和社会体制改革的实施方案》	要求社区矫正立法和制度化[①]
		2016.04	2016年立法工作计划	全国人大常委会计划审议社区矫正法
		2016.12	《中华人民共和国社区矫正法（征求意见稿）》公开征求意见	国务院法制办公室，向社会征求意见，准备进入立法审议程序
		2019.12	《中华人民共和国社区矫正法》通过	我国第一部全面规范社区矫正工作的法律

正如时任中共中央政治局委员、中央政法委书记的孟建柱在2014年5月27日"两高两部"联合召开全国社区矫正工作会议上报告所述，其核心意涵就是强调更好地为社区矫正对象提供社会支持，使其更好地回归社会。但这还远远不够，因为我国社区矫正发展历程相对较短，对社会公众来讲仍属于新鲜事物，而社区矫正对象数量又在日益扩大，要使社会公众对有越轨行为的社区矫正对象去标签化，对其接纳使其再社会化而回归社会是一件很难的事情，这就使社区矫正的社会参与和社区矫正对象的社会支持显得更加迫切。因此，在这一背景下，对社区矫正对象社会支持现状进行评量，对其影响因素进行检验，从而优化社区矫正体制机制以促进基层治理现代化是非常必要的。

---

① 要求制定社区矫正法，实现社区矫正制度化法律化，加快建立监禁刑和非监禁刑相协调的刑罚执行体制。

（二）研究意义

第一，理论意义。本研究建构了社会支持理论模型和评量指标体系，来评量社区矫正对象的社会支持现状，并甄别多变量的影响因素以厘清其位序结构，从而上升到政策倡导的参考依据层面，有利于丰富社区矫正、社会支持和社区治理研究理论、拓展各自研究领域、推进国际比较研究，也有利于促进社区矫正对象社会支持各方面的比较分析。具体而言，当前社区矫正对象回归社会面临着社会支持的理论真空，研究本主题可以较好地弥补这一不足。源自西方的社会支持理论较早是由医学领域的相关问题研究逐步发展起来的，作为重要的理论工具，近年来也被我国学者应用于一些社会现象的分析探讨，涉及的主体有老人、妇女、留守儿童、农民工、贫困大学生、艾滋病患者等社会弱势群体。而我国社区矫正工作起步较晚，将社会支持理论用于社区矫正对象相关问题研究的还较少。社区矫正工作的重点是促使社区矫正对象顺利重返社会，其关键是能否为社区矫正对象创造利于回归社会的资源环境，其焦点是是否关注到社区矫正对象社会支持状况并据此创新社会支持理论与政策系统。如前所述，尽管社区矫正在创新社会治理、建设和谐社会中发挥了重要作用，日益被政府和社会重视和认可。但是，我国目前尚未形成适合社区矫正工作开展的良好社会环境，各方面存在不知晓、不参与、不协调等状况，一般公众对社区矫正的了解较少，社区矫正工作人员队伍建设滞后，还没有建立起一支专业化、职业化和统一性、稳定性的社区矫正工作者（社区矫正官）队伍，[①] 社区矫正对象可获得的社会支持和可利用的社会资源偏少，制约了其顺利重返社会，进而影响了整个社区矫正效益化、制度化和法治化进程。本研究适应了这一理论诉求，在文献梳理的基础上建构了社会支持模型和评估测量模型，从主体和客体两个维度考察社区矫正对象的社会支持状况，从供给和需求两个维度考察社区矫正社会支持的影响因素，进而得出基本结论和政策倡导，有效弥补了当前学术研究的不足。

第二，政策意义。本研究在面上是分析社区矫正对象社会支持现状及其影响因素，实质上是借此提出改善社区矫正对象社会支持的方式，进而提出

---

① 但未丽：《社区矫正官执法身份的实然与应然》，《首都师范大学学报》（社会科学版）2017年第2期。

完善社区矫正对象顺利重返社会的路径，以及优化社区矫正体制机制的政策倡导。在推进中国式现代化背景下，顶层设计者、政策制定者和实务操作者，已经初步意识到社区矫正工作要站在社区矫正对象的立场来改善社区矫正制度，开始关注到通过社会参与、多元共治的方式来提升社区矫治效率，但苦于没有第一手关于社会参与和社会支持的调查数据及理论分析，很难进行政策优化。以社区矫正工作做得较好的武汉市为例，武汉市社区矫正工作管理局在制定《社区矫正"十三五"规划》之前，专门委托本研究团队对该市进行了社区矫正认知、认同和参与状况调查，以及社区矫正社会参与和社区矫正对象社会支持状况调查，由此可窥一斑。就推进社区矫正制度的初衷而言，是想充分发挥其促使社区矫正对象顺利重返社会的优势。其一，可以在原生环境中感化。社区矫正可以使社区矫正对象在原生环境中维系社会网络和原有人际关系，为其重返社会提供有利的环境、资源和条件，家人、亲朋好友甚至邻里均可以发挥作用，为其提供强大的社会支持网络，更好地帮助其在思想和行为上纠偏，可以有效弥补监禁刑罚方式的内在缺陷。其二，可以在劳动中反思。社区矫正对象在提供义务劳动和接受社会支持过程中，能够更加珍惜自由的机会，反思自身的过失，培养感恩的情怀，明确矫正的目标等。其三，可以预防交叉感染。社区矫正比监狱矫正更容易避免交叉感染或二次感染，尤其是对于偶犯、初犯或青少年犯罪分子来讲，其更具有避免亚文化交互影响的优势。然而，社区矫正实施以来由于对社区矫正对象的社会支持现状把握不准、对制约因素分析不透、对社会环境关注欠缺等，这些优势凸显得不足，部分优势还有待激发，而本研究可以通过比较厘清以进一步彰显这些优势，从而优化政策以回应政策制定的需要。

第三，实践意义。本研究有利于各级政府、司法行政部门、社区矫正实际工作者有针对性地选择和调整政策和方法，有目的性地把握各种要素积极支持社区矫正对象回归社会，更顺畅地建立社区矫正对象社会支持的生态环境和社会参与氛围。该研究实际上是探索了社区矫正的新方式，从而也成为社会治理创新、基层社会治理创新尤其是社区治理创新的实践。社区矫正实践关注使社区矫正对象顺利回归社会的操作方法、实施路径和可行模式。要达到这个实践目标，很重要的是要以"社区矫正对象"为本位来考察其融入社会的要件，社会支持显然就成为关键的要素，因此，从社会支持的视角来研究社区矫正的需求和供给状况，从而鉴别影响因素，尤其是通过比较来把握优先次序，最终提出实践路径，对于任何社区矫正执行和服务主体来讲，均具有重要的实践意义。其一，就政府主体而言，加强和创新社会治理，需要在众多实践领域不断探索，从社会支持视角突破社区矫正实践，有利于增加社区矫正效果，减少社会消极因素，增大社会稳定因素，体现人道主义精神，宣扬社会公正理念，实现社会长治久安。其二，就工作主体而言，社区矫正工作者如果能准确掌握社区矫正对象的社会支持需求，实时供给不同类型的社会支持，则可减轻社区矫正工作人员的压力，提高社区矫正工作的效率，增加社区矫正的外部效益。其三，就矫正对象而言，对社会支持进行现状评量、因素检验和政策倡导，实现了从客体监管到主体关怀的转变，更好地符合了社区矫正对象切身利益，更容易达到矫治目标。一方面，社区矫正对象能否获得社会支持是社区矫正制度和实践成败的关键。为社区矫正对象提供合适和有效的社会支持，是社区矫正工作的核心问题。社区矫正对象在经历社会化断裂之后再重新回归社会的过程中，会遇到一些常人难以想象的困难，有时仅凭个人较难恢复和维持正常的社会生活。在生活窘迫的状态下，可能会诱发他们再次犯罪，使其陷入一种恶性循环，这就需要支持社区矫正对象回归正常社会生活，在情感上重新获得关爱，在生活上及时获得帮助，从而顺利完成再社会化。另一方面，社区矫正对象能否获得社会支持是其重返社会实践的关键。在尝试被正常社会生活所隔离和排斥的过程之后，重新得到他人认同，获得他人尊重与关怀，不仅可以使社区矫正对象出现逆反心理和自伤心理的可能性降低，还可以让其在感受来自社会的爱心与温暖之后，重新塑造人格，再次坚定他们对生活的信心。社区矫正对象虽然在本质上依然是罪犯，受到强制性约束，但在某种程度上其也是社会生活的弱者。服刑只是一个阶段性过程，"罪犯"标签化很可能致其重新犯罪，成为社会安全和稳定的重大隐患。对社区矫正对象社会支持的政策倡导提供了其重新回归社会的途径，有助于降低其再犯罪的可能性，完善基层治理中的社区矫正工作，实现以人为本的社会可持续发展，促进基层善治。

二 问题意识与概念界定

基层治理中的社区矫正是非监禁矫正方式，其对应面是监禁矫正，是宽严相济刑罚执行中两种主要方式的"宽刑"一面,体现了社会主义文明刑罚、法治育人、改造为主的法制优越性,以及国家尊重和保障人权的内在要求。从依法治国和治理体系建设的角度看,社区矫正还是深化司法体制改革和社会治理优化尤其是基层治理创新的重要体现,社区矫正制度的优化和社区矫治方式的创新是文明法治国家建设和基层治理体系建设的重要方式。完善基层治理中的社区矫正的一个重要方面,就是社区矫正对象能够真正获得恰当的社会支持,使其顺利回归社会。如何完成这一使命,则需要在学理研究的基础上优化政策。

(一)问题意识

问题意识发端于研究缘起,其一般具有三大诱因:一是宏观政策在节点上的变化引发研究者的创新探求,二是研究者基于已有研究的理论追求旨趣,三是日常生活和实践行为促发研究者所观所感的思想表达。基于此,本研究的研究缘起有以下几方面。

第一,回应政策的实务工作倡导。根据我国社会转型和司法体制改革的需求,适应刑罚轻缓化、行刑社会化的国际刑罚变革趋势,2003年7月,我国启动社区矫正工作试点。近二十年来,成效显著。一是四级社区矫正工作全面开展;二是各级社区矫正机构普遍建立,新形势下社区矫正中心建设也在大力推进,截至2017年1月,全国超过60%的县(市、区)建立了社区矫正中心;三是社区矫正对象数量达到了一定规模。以上成效的取得有以下两方面的主要原因。一方面,离不开中央政策、法律和制度的强力推进。据不完全统计,仅党的十八大后的五年,中央层面就出台了近30项社区矫正政策,召开了两次全国社区矫正工作会议、一次社区矫正管理工作视频会议,三次立法规划提及社区矫正、两次法律修改涉及社区矫正、两次中央全会决定论及社区矫正,一次五年规划阐述社区矫正。尤其是2014年系列政策法规的发布,正推动社区矫正工作向纵深方向发展。另一方面,离不开我们对已有政策的反思和现实问题的回应。正如2014年4月21日,习近平总书记在听取司法部工作汇报时讲话指出的,要正确面对社区矫正实施以来面临的新问题,要科学研判和深化改革。在此背景下,结合国际经验,我们需要积极回应政策过去忽视、现在开始关注,但仍需优化完善的重要方面——社区矫正的当事人,即社区矫正对象的获得感问题,尤其是社会支持问题。

第二，围绕社区的研究旨趣拓展。首先，研究团队前期主要关注社区建设与社区发展研究，围绕社区治理与社区服务体系建设产生了一些研究成果。然而，社区研究是极其广泛的，以社区为原点和核心可以推演出多个研究系列，如何在已有研究的基础上拓展研究范畴，寻求更加集中的一类研究对象，并将其纳入社会治理创新，尤其是社区治理创新的领域，一直是课题负责人及其团队的追求旨趣。其次，在大力发展专业社会工作的今天，司法社工、矫正社工，尤其是社区矫正成为社会工作的一大实务领域和理论范畴。在社区工作课程的教学中，也面临着如何来优化拓展社区社会工作所具有的实践模式；在加强社区治理体系建设和治理能力现代化的新形势下，社区矫正理所当然应该成为与地区发展、社会策划、社会行动、社会组织、社区照顾等并行的社区工作的工作模式之一，无论从教材修订、实务拓展，还是从政策倡导、理论研究来讲，社区矫正研究都是社区研究的一个新的增长点。最后，在国家大力提倡教育教学国际化及科学研究国际合作的背景下，研究团队在与国际学者进行合作研究中，充分认识到深入研究中国特色社区矫正制度和实践的必要性。由此，社区矫正及其对象研究就成为研究团队的旨趣拓展方向。

第三，支持弱势群体的社会生活回归。社会科学研究者应该注重人文关怀，社会工作研究者更应该具备以人为本、公平正义、助人自助的价值取向。在近几年的社区矫正调查研究中，我们发现，一方面，在政策制定上，因为社区矫正在我国起步较晚，我国的社区矫正政策及其执行还较少关注社区矫正对象的态度、观点和想法，以及他们对社会支持的需求、获得和供给状况；也很少关注社会公众对社区矫正对象的支持提供状况，以及社区矫正工作队伍对社区矫正对象的支持供给状况；因此，对其需求回应相当有限。另一方面，在学术研究上，目前还主要是对国外社区矫正的理论经验推介，站在施动者角度就我国社区矫正现状问题和对策进行探索、社区矫正核心概念及其关联性进行分析、社区矫正制度建设和立法问题进行讨论等，较少关注社区矫正受用者角度的研究，基于此，就更少关注社区矫正对象社会支持现状及其影响因素研究和政策执行策略。尽管社区矫正对象是法律触犯者，但从刻板印象、社会融入、重返社会的角度来讲，其又是社会边缘者，部分社区矫正对象更是社会弱势者，因此，从人文关怀、治理成本、和谐稳定等方面考虑，参与社区矫正工作、优化社区矫正制度、支持社区矫正对象顺利回归社会，正是研究团队致力于推动社区矫正政策优化及社区矫正理论研究，从而为弱者提供社会支持的诉求。

基于这一研究缘起，本书的问题意识是：如何在基层社会治理创新背景下准确评量社区矫正对象社会支持现状，比较并分析其影响因素从而进行政策倡导，以优化基层治理中的社区矫正。其可以分解为四个主要问题：第一，社区矫正对象社会支持的相关研究现状如何，理论基础何在，评量指标怎样？第二，社区矫正对象的公众态度如何，支撑队伍何在，供需获得如何？第三，社区矫正对象社会支持获得的影响因素如何，供给的影响因素何在？第四，社区矫正对象社会支持如何根据上述比较分析进行体制机制创新从而得到优化？

（二）概念界定

本研究的核心概念包括社区矫正、社区矫正对象、社会支持以及由之组合成的社区矫正对象社会支持等，要对这些概念进行深入研究，首先要对其内涵外延进行限定，才会使研究更加科学。以下先对前三个概念进行界定，而对社区矫正对象社会支持的界定，将专门在社区矫正对象社会支持的评量体系部分进行概念建构。

1. 社区矫正

对社区矫正的界定，本研究采用了类似官方的定义。在借鉴已有研究成果，并在长期的实地调查和实证研究中，我们将其界定为：社区矫正的基本理念是以社区为基础作为监禁的替代办法，[1] 将被判处管制、宣告缓刑、暂予监外执行、裁定假释等符合法定条件的罪犯置于社区内，其由专门的国家机关在相关社会团体、民间组织和社会志愿者的协助下，在判决、裁定或决定确定的期限内，矫正其犯罪心理和行为恶习，促进其顺利回归社会的非监禁刑罚执行活动。[2]

社区矫正具有与传统监禁刑罚执行活动不同的特征，主要表现在以下几点。第一，在量刑标准和适用对象上，针对轻型罪犯，适用四类刑罚罪犯。

---

[1] Zhang, D., Jessica P., Alistair H. & Joseph F. D., *Community Corrections*, *Encyclopedia of Rural Crime*, Bristol: Bristol University Press, 2022: 215-217.

[2] 姜爱东：《社区矫正的实践及作用》，《学习时报》2015年12月24日。

第二,在执行方式和矫正内容上,采用非监禁刑,实行三大矫正内容。一是监督管理,既有利于矫正对象的自我反省,也有利于修复矫正对象与社区或社会的关系,对重新犯罪有一定的预防性;二是教育矫治,是通过教育活动开展消除矫正对象的反社会情绪和消极被动情绪,转变矫正对象的犯罪心理和犯罪行为;三是社会适应性帮扶,是通过服务性活动帮助其适应社会,消除其再犯罪的可能性。第三,在工作力量与工作方法上,吸纳多方力量,整合多元学科知识。第四,在工作载体和运行机制上,依托社区村居,依靠基层组织,协同社区矫治。

2. 社区矫正对象

社区矫正对象,其界定和称呼在各个国家和各个时期不是一成不变的。一是各国有异。由于各国具体国情和法律规定不同,社区矫正对象的类型有异。以美国为例,其国家司法部通常统计的社区矫正类型主要包括 Probation（缓刑）和 Parole（假释）。但其在实际操作过程中,还有一些辅助性形式。[①] 二是时间有别。由于在同一国随着社会转型和实践检验等因素,社区矫正对象的类型也会发生变化。以我国为例,自 2003 年实行社区矫正以来,关于社区矫正对象的类型就有一些微小变动,也体现了社区矫正的法治化和科学化进程。

第一,五类对象时期。2003 年 7 月试点通知对社区矫正对象初次界定为五种类型。[②] 亦即我们通常所说的五类:管制（public surveillance）,缓刑（probation）,假释（parole）,暂予监外执行（the temporary execution of a sentence outside a confinement facility）,剥夺政治权利（the deprivation of political rights）。2005 年 1 月中央出台的《关于扩大社区矫正试点范围的通知》（司发〔2005〕3 号）和 2009 年 9 月中央发布的《关于在全国实行社区矫正工作的意见》（司法通〔2009〕169 号）等延续了 2003 年的规定。

第二,四类对象时期。2011 年 2 月,《中华人民共和国刑法修正案（八）》明确了三种类型的罪犯（判处管制、缓刑以及假释）依法实行社区矫正。2012 年 3 月,《中华人民共和国刑事诉讼法修正案（草案）》在上述三类基础上又将暂予监外执行罪犯纳入了社区矫正适用范围。2012 年 3 月,

---

[①] 谢澍:《社区矫正的域外经验》,《检察风云》2013 年第 4 期。
[②] 最高人民法院、最高人民检察院、公安部、司法部:《关于开展社区矫正试点工作的通知》（司发〔2003〕12 号）,2003 年 7 月 10 日。

《社区矫正实施办法》实施，总体指出了社区矫正对象的四种类型，即管制、缓刑、假释、暂予监外执行。2014年11月，《关于组织社会力量参与社区矫正工作的意见》，再次指出了社区矫正对象包括以上四类罪犯。2020年7月施行的《中华人民共和国社区矫正法》和《中华人民共和国社区矫正法实施办法》，明确将依法接受社区矫正的人员称为"社区矫正对象"，并分为以上四种类型。

政界对于社区矫正对象的清晰界定，便于厘清操作边界及对其人数规模的总体统计。截至2016年7月，全国累计接收社区矫正对象298万人，累计解除228万人，当时正在接受矫正的超过70万人。2012年以来，全国已连续四年每年新接收社区矫正对象超过40万人，规模越来越大。[①] 2013年至2017年年初，全国累计接收社区矫正对象189.6万人，累计解除174.5万人，正在接受矫正的突破70万人，社区矫正对象在矫正期间的再犯罪率一直处于0.2%左右。[②] 根据2021年司法部分布的数据，近年来，每年新接收社区矫正对象50多万人，每年列管约120万人。

本研究所指社区矫正对象，指依法接受社区矫正的被判处管制、宣告缓刑、暂予监外执行、裁定假释等符合法定条件的罪犯。在《中华人民共和国社区矫正法》实施以前，通常也会运用社区服刑人员、社区矫正人员等与社区矫正对象概念混用。在本书中，主要从法律意义上使用"社区矫正对象"的概念，如没有特殊说明，文中所指传统的几种称呼均在这个意义上使用。

3. 社会支持

社会支持的界定具有多元性和多维性，但总体具有一定的要件性和通识性。无论是国外学者的界定，还是国内学者的界定；无论是目标功能的视角、网络资源的视角、行为过程的视角、主体感知的视角，还是功能效用的维度、实施主体的维度、对象客体的维度、传递方向的维度；都有一定的合理性，也体现了研究者所探讨的特定时空背景和限定主题。但总体而言，社

[①] 参见葛晓阳《司法部负责同志就〈最高人民法院最高人民检察院公安部司法部关于进一步加强社区矫正工作衔接配合管理的意见〉答记者问》，《法制日报》2016年9月21日。

[②] 参见李豪《2013年以来全国累计接收社区服刑人员189.6万人》，《法制日报》2017年1月16日。

会支持具备其独特的构成要件和被普遍认可的特性。例如，在国外，Barrera 认为，社会支持具备三个要件：一是支持的来源，即向支持对象提供各种帮助的网络成员；二是支持的活动，即支持主体向被支持者提供能满足其物质和精神需要的行为；三是对支持的主观评价，即支持对象对所获得支持的感受和评价。[①] Vaux 认为，社会支持内含三个体系：社会支持网络、社会行为、主观的支持评价。[②] 在国内，胡湘明认为，社会支持具备三个要件：一是功能要件，即精神和物质支持；二是操作要件，即对其量化考核；三是关系要件，即社会互动系统。[③] 程虹娟等人认为，社会支持具备三个视角：一是社会互动关系视角，二是社会行为性质视角，三是社会资源作用视角。[④] 陈成文等人认为，社会支持具备四个要素：主体、客体、内容和过程。[⑤]

本研究融合了多元视角的界定。基于已有研究，结合关注主题，本研究将其内涵外延界定为：社会支持，是社会中的多元主体及其网络，为有需要（如物质、情感、友谊、自尊、评价、归属、身份、安全等）的个人或群体提供有形（如物质、金钱或者其他工具等）和无形（如感情、指导、亲密的社会交往、尊重等）帮助以摆脱各种层面上问题和困境的资源和行为，是施动者和受动者、供给者或需求者之间双向互动和彼此感知的过程，它包含工具性支持、情感性支持、信息性支持、反馈性支持等具体类型。

三 研究思路与总体框架

基层治理中的社区矫正研究，从社区矫正对象社会支持切入，其现状评量、比较分析、因素检测与政策倡导研究，按照怎样的逻辑来推进研究，行文的整体结构如何，是借助于研究思路和总体框架来呈现的。

[①] Barrera, M., "Distinctions Between Social Support Concepts, Measures, and Models", *American Journaral of Commucity Psychology*, 1986, 14 (4): 413-445.

[②] Vaux A., *Social Support-Theoy, Research and Intervention*, NewYork: Praeger, 1988: 28.

[③] 胡湘明：《论中国青年心理健康的社会支持系统》，《青年探索》1996年第5期。

[④] 程虹娟、方晓义、蔺秀云：《大学生社会支持的调查研究》，《中国临床心理学杂志》2005年第3期。

[⑤] 陈成文、潘泽泉：《论社会支持的社会学意义》，《湖南师范大学社会科学学报》2000年第6期。

（一）研究思路

社区矫正对象的社会支持研究，以"社会治理创新"为宏观背景，以"社区矫正对象"为研究对象，以"社会支持指标"为分析范畴，以"现状因素对策"为问题意识，以"构建新型的社区矫正对象社会支持体系"为主要目标，遵循"为什么—是什么—怎么办"的逻辑理路，依据"从宏观到微观、从面到点"的技术路线，按照"问题提出与设计—文献综述与理论—评定量表与指标—公众态度与生态—队伍支撑与结构—实际获得与供需—影响因素与归因—路径提升与对策"的逻辑层次展开。为了对这一具有理论和现实意义的主题进行系统研究，本书首先提出了研究的基本思路（见图1-1）。

第一，为什么。主要围绕原因而展开。一是回答问题意识和回应宏观背景的需要。二是填充文献不足和完善理论模型的需要。三是借鉴实务经验与优化评量指标的需要。

第二，是什么。主要围绕现状而展开。一是考察作为社会支持基础的一般公众态度。二是分析作为主要支撑的工作队伍建设状况。三是评量作为社会支持受益者的社区矫正对象获得状况、需求状况，以及作为社会支持施动者的供给状况并进行比较。

第三，怎么办。主要围绕对策而展开。一是分析和比较影响社会支持公众基础的因素。二是探寻和比较影响社会支持队伍支撑的因素。三是检测和比较影响社会支持获得和供给的因素。四是基此得出基本判断和主要结论，从而提出路径选择和精准策略。

（二）总体框架

以研究思路为指导，课题设计了总体框架。总体框架可以从两个视角来解读：一是从推进逻辑的角度，二是从分析要点的角度。

第一，从推进逻辑上讲，其可以概括为"奠定一个基础，围绕三大重点，创新一个体系"。奠定一个基础即要科学地对社区矫正对象的社会支持进行现状评量、因素检验和政策倡导，首先应该建立起围绕"社区矫正对象""社会支持系统"两个核心概念而建构的"评量指标体系"，这就需要进行文献综述及理论梳理；在此基础上，借鉴国内外已有研究成果加以创

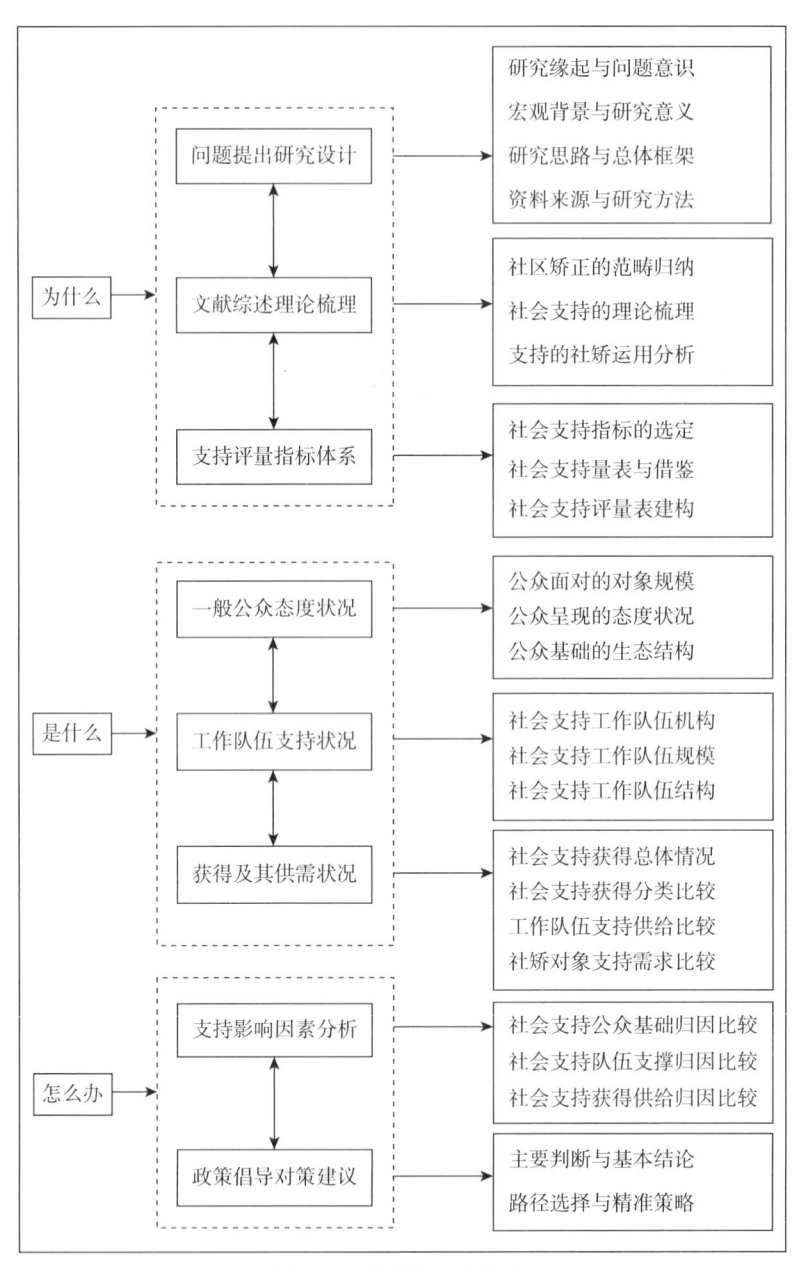

```
┌─────────────────────────────────────────────────────────────────┐
│                    ┌─────────────────┐    ┌──────────────────┐  │
│                    │                 │    │ 研究缘起与问题意识 │  │
│                    │ 问题提出研究设计 │───▶│ 宏观背景与研究意义 │  │
│                    │                 │    │ 研究思路与总体框架 │  │
│                    └────────▲────────┘    │ 资料来源与研究方法 │  │
│                             │             └──────────────────┘  │
│                             ▼                                   │
│         ┌──────┐   ┌─────────────────┐    ┌──────────────────┐  │
│         │      │   │                 │    │ 社区矫正的范畴归纳 │  │
│         │为什么│──▶│ 文献综述理论梳理 │───▶│ 社会支持的理论梳理 │  │
│         │      │   │                 │    │ 支持的社矫运用分析 │  │
│         └──────┘   └────────▲────────┘    └──────────────────┘  │
│                             │                                   │
│                             ▼                                   │
│                    ┌─────────────────┐    ┌──────────────────┐  │
│                    │                 │    │ 社会支持指标的选定 │  │
│                    │ 支持评量指标体系 │───▶│ 社会支持量表与借鉴 │  │
│                    │                 │    │ 社会支持评量表建构 │  │
│                    └─────────────────┘    └──────────────────┘  │
│                                                                 │
│                    ┌─────────────────┐    ┌──────────────────┐  │
│                    │                 │    │ 公众面对的对象规模 │  │
│                    │ 一般公众态度状况 │───▶│ 公众呈现的态度状况 │  │
│                    │                 │    │ 公众基础的生态结构 │  │
│                    └────────▲────────┘    └──────────────────┘  │
│                             │                                   │
│                             ▼                                   │
│         ┌──────┐   ┌─────────────────┐    ┌──────────────────┐  │
│         │      │   │                 │    │ 社会支持工作队伍机构│  │
│         │是什么│──▶│ 工作队伍支持状况 │───▶│ 社会支持工作队伍规模│  │
│         │      │   │                 │    │ 社会支持工作队伍结构│  │
│         └──────┘   └────────▲────────┘    └──────────────────┘  │
│                             │             ┌──────────────────┐  │
│                             ▼             │ 社会支持获得总体情况│  │
│                    ┌─────────────────┐    │ 社会支持获得分类比较│  │
│                    │ 获得及其供需状况 │───▶│ 工作队伍支持供给比较│  │
│                    │                 │    │ 社矫对象支持需求比较│  │
│                    └─────────────────┘    └──────────────────┘  │
│                                                                 │
│                    ┌─────────────────┐    ┌──────────────────┐  │
│                    │                 │    │ 社会支持公众基础归因比较│
│         ┌──────┐   │ 支持影响因素分析 │───▶│ 社会支持队伍支撑归因比较│
│         │      │   │                 │    │ 社会支持获得供给归因比较│
│         │怎么办│──▶└────────▲────────┘    └──────────────────┘  │
│         │      │            │                                   │
│         └──────┘            ▼                                   │
│                    ┌─────────────────┐    ┌──────────────────┐  │
│                    │ 政策倡导对策建议 │───▶│ 主要判断与基本结论 │  │
│                    │                 │    │ 路径选择与精准策略 │  │
│                    └─────────────────┘    └──────────────────┘  │
└─────────────────────────────────────────────────────────────────┘
```

图 1-1　本书的研究思路

新，建构社区矫正对象的社会支持评量指标体系。围绕三大重点即围绕"现状评量""因素分析""政策倡导"三个核心概念展开：一是考察比较一般公众对社区矫正的态度及其影响因素;二是考察比较社区矫正工作队伍的规模结构、社会支持供给现状及其影响因素;三是考察比较社区矫正对象的社会支持获得现状、需求预期及其影响因素。创新一个体系即在上述分析的基础上,创新社区矫正对象的社会支持体系,从而优化社会治理创新背景下的社区矫治体制机制(见图1-2)。

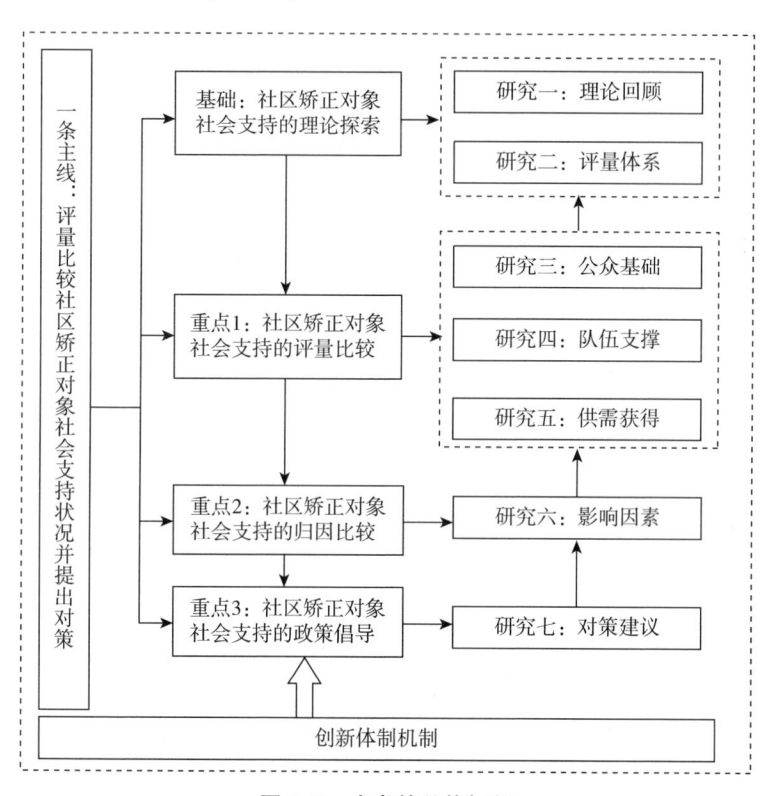

图1-2 本书的总体框架

第二,从分析要点上讲,其可以概括为"一个背景、二元维度、三类指标、四大内容"。一个背景即贯穿一个背景。在社会治理创新背景下研究社区矫正对象的社会支持状况以创新社区矫治。二元维度即社会支持评量具有二元维度:一是主客体二元维度,即作为主体的一般公众、社区矫正工作队伍,作为客体的社区矫正对象;二是供和需二元维度,即社区矫正工作队伍的社会支持供给,社区矫正对象的社会支持需求。三类指标即社会支持现状及其影响因素考察着力三类指标,工具性支持、情感性支持和信息性支持,当涉及社区矫正对象自身的考察时,还会增加反馈性支持指标;此外,每类指标内部还设计有下级指标体系，影响因素涵盖社会人口学变量等在内的多个变量考察。四大内容即社区矫正社会支持研究将从理论探讨、现状评量、因素检验与政策倡导四大方面推进研究。其核心研究要素如下（见表1-3）。

表1-3　本书的研究要素

支持类型 研究主体	基础：一般公众			支撑：工作队伍			核心：矫正对象		
	认知	认同	参与	承载机构	规模结构	供给现状	规模现状	获得现状	需求现状
	影响因素			影响因素			影响因素		
工具性支持									
情感性支持									
信息性支持									
反馈性支持									
支持的创新	政策倡导								

需要特别指出的是，对社区矫正对象社会支持现状的评量，重点是考察其作为当事人和受益者的获得现状，并将进行多维度的差异性比较，以求在影响因素检验及政策分析中显得更具有针对性。

四　资料来源与研究方法

本研究的资料除了论著文献和政策文件，主要来源于调查数据。部分来源于官媒报道并经过统计整理而成，例如，全国及各地社区矫正对象的数量增长状况、社区矫正机构的规模变化情况、社区矫正工作人员的类型构成禀赋、社区矫正"两委"群干及社会志愿者的发展态势等，主要是从主流报纸、政府网站、官方报告等关于社区矫正的媒体资料中进行抽取汇总、整理分流而成。为更好地分析以上资源，采用了多元的研究方法。

（一）调查资料的来源

本研究的第一手调查资料主要包括四个部分：一是一般公众对社区矫正的认知、认同和参与状况的问卷调查数据；二是社区矫正对象社会支持的问卷调查数据；三是社区矫正工作人员社会支持的问卷调查数据；四是辅之问卷调查而做的社区矫正对象、社区矫正工作人员的访谈记录。

1. 公众态度的调查样本

对一般公众社区矫正态度的调查，共发放问卷 1800 份，回收有效问卷 1564 份，问卷总体有效率为 86.9%（见表 1-4）。2015 年前后，研究团队就一般公众对社区矫正的态度进行了较大规模的面上调查，其调查样本主要分布在湖北、河南、湖南、吉林、安徽、浙江、山东、广东、广西、重庆、山西、江西、上海等 13 个省（市、自治区）。调查分为两个阶段完成：第一阶段，是 2015 年前分散进行的尝试性调查，共发放问卷 800 份，回收有效问卷 764 分，问卷有效率为 95.5%；第二阶段，是 2015 年 2 月集中进行的拓展式调查，采用了家访式的深度调查，共发放问卷 1000 份，回收有效问卷 800 份，问卷有效率为 80.0%。在问卷调查的基础上，均辅之以个案或焦点访谈调查。

表 1-4　　　　　　　　社区矫正公众态度调查样本

调查时间	调查地点	发放总数（份）	有效总数（份）	有效率（%）
2015 年前后	湖北、河南、湖南、吉林、安徽、浙江、山东、广东、广西、重庆、山西、江西、上海	1800	1564	86.9

2. 社会支持的调查样本

第一，社区矫正对象的问卷调查样本。调查共发放问卷 3500 份，回收有效问卷 3343 份，问卷总体有效率为 95.5%（见表 1-5）。2016 年前后，研究团队就社区矫正对象的社会支持获得和需求等进行了问卷调查，样本选取了中部的大城市武汉、南部的中等城市佛山、东北地区的小城市前郭县，既兼顾了南、中、北的三个区域，也兼顾了大中小三类城市，对社区矫正对象进行了集中覆盖、近乎普查的调查。调查分为三个阶段完成：第一阶段，

2015年5月至7月，对广东省佛山市社区矫正对象进行了调查，共发放问卷1230份，回收有效问卷1180份，问卷有效率为95.9%；第二阶段，2015年8月至9月，对湖北省武汉市社区矫正对象进行了调查，共发放问卷2200份，回收有效问卷2099份，问卷有效率为95.4%；第三阶段，2016年4月至5月，对吉林省松原市前郭尔罗斯蒙古族自治县（简称前郭县）社区矫正对象进行了调查，共发放问卷70份，回收有效问卷64份，问卷有效率为91.4%。在问卷调查的基础上，均辅之以个案或焦点访谈调查。

表1-5　　　　　　　　社区矫正对象的社会支持调查样本

调查时间	调查地点	发放总数（份）	有效总数（份）	有效率（%）
2016年前后	湖北省武汉市、广东省佛山市、吉林省前郭县	3500	3343	95.5

考虑到城市内部存在空间分异情况，我们对城市内不同区的样本选取也进行了通盘考虑。通常情况下，中心城区的社区矫正工作推进早一些，基础稍微好一些，而远郊城区的社区矫正工作推进晚一些，基础相对差一些，于是在调查时对两种区域的社区矫正对象样本均进行了抽取，以做到不失偏颇。

因此，在对武汉市、佛山市的社区矫正对象调查样本数据进行处理时，除了对南中北、大中小三城市的状况进行比较分析外，还对武汉和佛山的市内进行了中心城区、远郊城区（新兴城区）的区分，从而便于日后进行比较分析。具体来看，社区矫正对象的样本中，涉及佛山市的4个城区；[①] 涉及武汉市的12个城区[②]（见表1-6）。在问卷调查的基础上，同样辅之以个案或焦点访谈调查。

[①] 其中，禅城区、南海区2个区为中心城区，顺德、山水区2个区为远郊城区。
[②] 其中，江岸区、江汉区、硚口区、武昌区、洪山区、青山区、汉阳区7个区为中心城区，蔡甸区、黄陂区、江夏区、新洲区、东西湖区5个区为远郊城区。

表1-6　　　　社区矫正对象社会支持调查在武汉、佛山的样本结构

城市	性质	城区	有效总数（份）	占比（%）
武汉市（2099）	中心城区（7个）	江岸区	143	4.4
		江汉区	179	5.5
		硚口区	168	5.1
		武昌区	177	5.4
		洪山区	142	4.3
		青山区	200	6.1
		汉阳区	171	5.2
	远郊城区（5个）	蔡甸区	206	6.3
		黄陂区	153	4.7
		江夏区	196	6.0
		新洲区	205	6.3
		东西湖区	159	4.8
佛山市（1180）	中心城区（2个）	禅城区	482	14.7
		南海区	472	14.4
	远郊城区（2个）	顺德区	58	1.8
		三水区	168	5.1
合计			3279	100[①]

第二，社区矫正工作人员的问卷调查样本。调查共发放问卷540份，回收有效问卷516份，问卷总体有效率为95.6%（见表1-7）。2016年前后，研究团队就社区矫正工作人员的社会支持供给及其影响因素等进行了问卷调查，样本依然选取了中部的大城市武汉、南部的中等城市佛山、东北地区的小城市前郭县，对社区矫正工作人员也进行了集中覆盖、近乎普查的调查。调查也分为三个阶段完成：第一阶段，2015年5月至7月，对广东省佛山市进行了调查，共发放问卷220份，回收有效问卷209份，问卷有效率为95.0%；第二阶段，2015年8月至9月，对湖北省武汉市进行了

[①]　因小数点保留位数时四舍五入，核算总数就略有误差，全书均如此，下文不再赘述。

调查,共发放问卷 230 份,回收有效问卷 221 份,问卷有效率为 96.1%;第三阶段,2016 年 4 月至 5 月,吉林省松原市共发放问卷 90 份,回收有效问卷 86 份,问卷有效率为 95.6%。在问卷调查的基础上,均辅之以个案或焦点访谈调查。

表 1-7　　　　　社区矫正工作人员的社会支持调查样本

调查时间	调查地点	发放总数（份）	有效总数（份）	有效率（%）
2016 年前后	湖北省武汉市、广东省佛山市、吉林省前郭县	540	516	95.6

如前所述,在对武汉市、佛山市的社区矫正工作人员调查样本数据进行处理时,除了对南中北、大中小三城市的状况进行比较分析外,还对武汉和佛山的市内进行了中心城区、远郊城区（新兴城区）的区分,从而便于日后进行比较分析。具体来看,社区矫正对象的样本中,涉及佛山市的 5 个城区;[①] 涉及武汉市的 13 个城区[②]（见表 1-8）。在问卷调查的基础上,同样辅之以个案或焦点访谈调查。

表 1-8　　　社区矫正工作人员社会支持调查在武汉、佛山的样本结构

城市	性质	城区	有效总数（份）	占比（%）
武汉市（221）	中心城区（7 个）	江岸区	20	4.7
		江汉区	19	4.4
		硚口区	20	4.7
		武昌区	20	4.7
		洪山区	15	3.5
		青山区	20	4.7
		汉阳区	18	4.2

---

① 其中,禅城区、南海区 2 个区为中心城区,顺德区、山水区、高明区 3 个区为远郊城区。
② 其中,江岸区、江汉区、硚口区、武昌区、洪山区、青山区、汉阳区 7 个区为中心城区,蔡甸区、黄陂区、江夏区、新洲区、东西湖区、汉南区 6 个区为远郊城区。

续表

城市	性质	城区	有效总数（份）	占比（%）
武汉市（221）	远郊城区（6个）	蔡甸区	17	4.0
		黄陂区	20	4.7
		江夏区	18	4.2
		新洲区	15	3.5
		东西湖区	10	2.3
		汉南区	9	2.1
佛山市（209）	中心城区（2个）	禅城区	65	15.1
		南海区	62	14.4
	新兴城区（3个）	顺德区	39	9.1
		三水区	11	2.6
		高明区	32	7.4
合计			430	100.0

（二）资料的收集方法

第一，文献资料的检索与整理。一是学术论文的检索与整理。主要是从中文和英文的学术期刊文库、学位论文文库等中搜索与社区矫正、社会支持相关，尤其是与社区矫正对象、社会支持评量等相关的主题论文，对其进行分类整理，以便开展文献综述、理论探索和模型建构。二是相关著作的检索与整理。主要是从主题相关的著作中发现不足，借鉴优势，尤其是从整体框架和推进逻辑上进行扬弃。三是政策文件的检索与整理。主要是从中央和党政部门围绕社区矫正工作出台的系列文件、法律制度、领导讲话等中甄别与本研究相关的资料。四是网络素材的检索与整理。主要是从搜索引擎中检索与社区矫正制度、社区矫正工作、社区矫正对象社会支持等相关的阐述，与社区矫正对象、社区矫正工作人员队伍、社区矫正志愿者等主体相关的数据，尤其是官方、媒体的正式资料。

第二，调查数据的收集与录入。一是调查问卷的设计。在文献综述和初步调查的基础上，设计本主题的调查问卷，在试调查的基础上进行问卷修改并定稿。二是访谈提纲的设计。根据研究目标，从社区矫正工作人员、社区矫正对象、社区矫正志愿者、一般公众等主体设计不同的访谈提纲。三是调查活动的开展。按照调查抽样原则、调查便于原则和随机通变原则等选定调查样本，对其进行问卷调查和访谈调查。特别需要说明的是，由于本调查的重点是社区矫正对象、社区矫正工作人员的社会支持调查，而样本是武汉市、佛山市、前郭县几乎所能可及的全部样本，所以不存在抽样方法问题。在具体执行调查时，总体上是通过培训调查员进行一对一或者集中分别填写问卷的方法。四是数据资料的甄别。对搜集回来的问卷进行仔细检查，剔除无效问卷。五是调查数据的录入。运用 SPSS 设计录入模板，由调查员分别录入再整合。六是访谈资料的整理。对访谈记录进行统一模板的电子化处理，在此基础上进行围绕主题的分类整理。

（三）资料的研究方法

本研究以厘清社区矫正对象社会支持现状并剖析其影响因素进而提出政策倡导为主要目标，注重理论联系实际，借鉴国际国内经验，强调文献回顾、社会调查、比较研究、对策分析等综合应用。具体来看，主要有以下几种。

第一，类型学方法。类型学方法强调以研究目的和对象为基础设定的类型和次序。在本研究中，类型学方法主要体现在：一是分类研究主体，主要包括一般公众、社区矫正工作人员和社区矫正对象；二是分类支持态度，以西方社会支持测量维度"惩罚性—康复性"，从定量方法上整合 Likert 量表等，对支持态度进行了有效区分，提出了社会支持的四个类型，工具性支持、情感性支持、信息性支持和反馈性支持，并对其进行了相关的比较研究；三是分类研究样本，在样本的选取上兼顾了南中北、大中小城市，大中城市内部，还对中心城区和远郊城区进行了分类和比较。四是分类研究内容，从理论、方法，静态、动态，无序变量、有序变量，微观、宏观，自然因素、社会因素等方面分别评量检验。除此之外，本研究还从总体上设计了理论探讨、实践评量和政策倡导三大内容主体。

第二，问卷调查法。问卷调查可以更直观地了解一般公众对社区矫正的态度、社区矫正工作人员对社区矫正对象的社会支持供给、社区矫正对象社会支持的获得和需求，以及相关的影响因素。在问卷设计中，采取了分主体进行调查问卷设计的方法，主要有一般公众卷、工作人员卷、社区矫正对象卷，辅之以基层司法所问卷、社区矫正志愿者问卷，采用分层抽样、配额抽样获取截面数据和面板数据。

第三，实地访谈法。访谈法可以让我们在客观观察的基础上对社区矫正进行深入认识，其主要是针对一般公众、社区矫正对象和社区矫正工作人员展开，调查者通过与被访问者直接口头交谈来获得有关社区矫正的基本情况，了解他们对社区矫正对象的支持态度。本研究主要针对相关对象采用焦点小组、个案访谈等定性方法作为定量研究补充。

五 创新之处与主要限度

本研究力求在研究视角、研究方法、研究领域等方面进行创新，尝试在理论建构、方法运用、政策倡导等方面有所突破。但囿于研究对象的特殊性，也存在样本局限和指标局限。

（一）创新之处

第一，研究视角的创新。一是着重探讨社区矫正对象的社会支持获得、需求和供给状况及影响因素，弥补了过去关注其他群体而较少关注社区矫正对象社会支持定量研究的不足。二是以"社区矫正对象"为本位，打破了过去重点关注社区矫正"施动者"的单方建设，而忽视了"受动者"的主观感受，在评量检验社区矫正对象的社会支持状况时，不仅考察了其一般公众基础，工作队伍禀赋，还重点考察了社区矫正对象的社会支持获得和需求，使得评量更加精准。三是整个研究均放入社会治理创新的背景下开展，宏观着眼、微观入手，研究最后也上升到通过完善社区矫正对象的社会治理路径，来提出优化社区矫正体制机制的政策倡导，达到社区矫正创新、社区治理创新以至社会治理创新。

第二，研究方法的特色。一是贯穿使用类型学方法。类型学方法贯穿于本研究的始终，其不仅对社区矫正对象社会支持的需求方和供给方进行了分类，而且对社会支持进行了分类，还对样本地点进行了分类，样本内部也进行分类，等等。与之相关的是，各类型之间的比较研究，更利于厘清研究话题。二是综合运用较新的理论、评量和检验模型。研究者充分利用与国际学者合作研究和在美国研究的机会,较为全面地检索了中英文论著关于社会支持,尤其是社区矫正对象社会支持的文献,建构了较为合理的社区矫正社会支持理论模型、指标体系和检验模型。三是使用大量的调查和统计数据。不仅通过大规模的调查获得第一手面上数据,如一般公众的态度情况;还通过区域上的调查获得第一手普查数据,如武汉市、佛山市、前郭县社区矫正对象、社区矫正工作人员的问卷调查数据和访谈资料;也通过大规模的互联网深度检索,首次整理呈现集中的面上数据,如全国社区矫正对象、社区矫正工作人员、社区矫正志愿者数量变化等数据。

第三,研究领域的拓展。一是分别拓展了社区矫正、社会支持研究领域。以往关于社区矫正、社会支持的单独研究较多,但很少将二者结合起来进行调查分析和评量研究的,本研究将社区矫正对象的社会支持研究,引入到社区矫正研究新的范畴,也拓展了社会支持又一主体视角。二是将两者研究延伸到社会治理创新领域。二者研究的结合,以社会治理创新为背景,也以社会治理创新为目标。社区矫正对象社会支持的政策倡导,初级目标是优化社区矫正体制机制,终极目标是创新社会治理方式,因此,其虽然以社会治理创新为背景展开研究,也以创新社会治理为归宿。三是将评量检测方法引入社会治理研究领域。传统的社会治理研究很少运用定量研究,尤其是大规模数据的评量和检验研究。当然,在社区矫正对象社会支持领域的研究,运用评量检验就更少了,因此其拓展了社区矫治研究和社会治理研究的研究方法。四是拓展了社区建设研究领域。如前所述,社区矫正工作之所以能快速发展,其得益于社区建设的巨大成效。而本研究的问题缘起,也由于研究团队曾长期关注社区建设研究领域。社区矫正对象社会支持研究的引入,不仅有利于创新社区治理手段,也拓展了社区建设与基层治理研究领域。

(二)主要限度

第一,调查样本的限度。一是社区矫正对象和社区矫正工作人员的样本限度。囿于社区矫正工作的特殊性,尤其是社区矫正对象的戴罪身份,调查介入较为敏感,深入开展较为困难。一般情况下,只有与司法行政部门等政府部门建立了较为密切的联系,才能较好地实施调查。因此,关于社区矫正对象、社会矫正工作者的样本选择也就显得较为集中,调查面相对较窄,样本有待扩充。二是一般公众的样本限度。考察社区矫正对象社会支持的供给，首先要基本确保被调查者大体认知社区矫正及其适用对象，不然问卷调查就是空谈。而经过前期的调查，发现一般公众对社区矫正的认知度较低，又从何谈起对社区矫正对象的社会支持呢？于是，鉴于一般公众对社区矫正认知不足的现状，本研究就没有考察一般公众对社区矫正对象的社会支持现状，而只是调查其认知、认同和参与状况，以考察社区矫正对象社会支持的一般公众基础如何，因为既然不认知，更难谈支持。但是，从理论上讲，一般公众是社区矫正对象社会支持的重要来源，随着社区矫正认知度的增加，下一步可以重点考察一般公众对社区矫正对象社会支持供给现状及影响因素。

第二，评量指标的限度。尽管对社会支持的类型、构成及指标体系做了较为全面的文献综述，并结合社区矫正对象的特点进行了整合分类，从工具性支持、情感性支持、信息性支持和反馈性支持四个方面建构了一、二、三级评量指标体系，但由于本研究是开创性的，还存在一些有待商榷和完善的地方：一是对于具体检测变量的设定和问题的设定是否科学，还需要不断检验；二是如何更好就社会支持供给和需求在四种类型上进行位序结构的排列，从而更有针对性地进行政策倡导，还需要不断优化；三是影响因素的因子设定和提取，统计分析方法的使用等方面还有待完善。

第二章
社区矫正对象社会支持的理论回顾

任何重大现实问题的研究都离不开先行的理论探讨，社区矫正对象的社会支持研究也不例外。只有在理论探索的基础上，才能更好地进行实证分析，即进行主题的现状评量、因素检验和政策倡导。本研究的理论探讨分为两个重要组成部分：一是综述用以质性分析的理论基础，二是建构用于实证分析的指标体系。两大内容也将在相接的两部分顺次展开讨论。本部分探讨的社区矫正对象社会支持的理论基础，是探索与社区矫正、社会支持及二者融合等相关的基础理论，其重点是回顾和综述与社区矫正对象社会支持相关的文献，从而归纳社区矫正的研究范畴、梳理社会支持的理论视角、分析社会支持的社矫运用。这三大内容是基于已有研究和现有文献的回顾而进行的，是一种已有研究或已有理论的整合再现。其主要目的是借以实现理论创造，也将为下文建构社区矫正对象社会支持评量体系、优化基层治理中的社区矫正策略做铺垫。

一 社区矫正的研究范畴归纳

现有文献关于社区矫正的理论研究主要围绕四大基本范畴而展开，即社区矫正的多元定义、社区矫正的适用对象、社区矫正的工作队伍、社区矫正的体制机制等。之所以说是基本范畴，是因为作为我国刚实行十余年的社区矫正制度，学术界对它的探讨还尚处于就社区矫正工作开展所具有的核心要素在展开研究，其研究成果也自然构成了当前社区矫正相关研究的理论基础。

（一）社区矫正的多元定义

第一，双重属性论。即社区矫正的定义内含惩罚性和福利性（社会性）双重属性。这一观点以我国实行社区矫正之初的官方定义为代表，大量学者沿用并拓展了此定义。[1] 这一定义具有指导性和基础性意义，社区矫正实施之初，该界定被广泛应用。例如，有学者从社会性入手对其进行了类似界定。[2] 有学者从社区社会工作角度对其进行了类似界定。[3] 该类定义兼顾了社区矫正的双重属性，即惩罚性、社会性或福利性。社区矫正推广之后，官方在2005年扩大试点、2009年全面试行、2014年全面推进和要求组织社会力量参与社区矫正工作等文件，以及中央领导的各种讲话均沿用了这一定义。当下，关于社区矫正的相关研究中也多数采用了这一定义。[4]

第二，单一属性论。一方面，侧重于社区矫正双重属性中惩罚性的一面。例如，有学者强调从法院和其他矫正机关的判处性来强调社区矫正的惩罚性质。[5] 还如，有学者从司法预防视角来强调社区矫正的惩罚属性。[6] 另一方面，侧重于社区矫正双重属性中社会性或教育性的一面。例如，有学者从犯罪性质轻微和社会危害性较小来强调社区矫正的社会适应性和教育改造性。[7] 近年来，也有学者在界定社区矫正时持有康复性或惩罚性的单面特性，然而，在康复性和惩罚性这个连续谱之间持有波动和中立观点的也常会出现。[8]

（二）社区矫正的适用对象

学界关于社区矫正的适用对象研究，主要包括以下几个方面。

---

[1] 最高人民法院、最高人民检察院、公安部、司法部：《关于开展社区矫正试点工作的通知》（司发〔2003〕12号），2003年7月10日。

[2] 李根宝、王国军、谭海云、陈志国：《对社区矫治工作的认识与思考》，《法治论丛》2003年第2期。

[3] 何显兵：《论社区矫正的根据》，《广西政法管理干部学院学报》2005年第2期。

[4] 参见张大维、邢敏慧《社区矫正与社会治理》，《国际学术动态》2017年第2期。

[5] 王顺安：《社区矫正的法律问题》，《政法论坛》2004年第3期。

[6] 王利荣：《从司法预防视角谈社区矫正制度的发展思路》，《法治论丛》2004年第2期。

[7] 参见刘强《国（境）外社区矫正法律规范的现状及思考》，《中国监狱学刊》2004年第1期。

[8] Jiang, S., Jin, X., Xiang, D., Goodlin-Fahncke, W., Yang, S., Xu, N., Zhang, D., "Punitive and Rehabilitative Orientations Toward Offenders Among Community Correctional Officers in China", *The Prison Journal*, 2016, 96 (6): 771-792.

第一，适用范围的讨论。一是关于被剥夺政治权利罪犯的适用讨论。在正式将其排除在社区矫正对象之前，学界通常主张将其剔除。主要原因有：要么认为剥夺政治权利刑不属于自由刑的范畴，如果将剥夺政治权利纳入社区矫正，就意味着对被剥权利者的自由施加了法院判决以外的更多限制；要么是基于被剥夺政治权利罪犯管理难的考量。二是关于缓刑罪犯的适用讨论。代表性的观点是，对本已判决缓刑的罪犯，又施以社区矫正的刑罚执行有悖法理，应予以取消。① 三是关于扩大社区矫正适用范围的讨论。其主张扩大社区矫正适用对象，如将不满16周岁不予刑事处罚的未成年纳入社区矫正范围。②

第二，对象规模的比较。即作为非监禁刑的社区矫正对象数量与作为监禁刑的监狱罪犯（国外可能还包括地方看守所罪犯，如美国的 Local Jail 罪犯）数量的比较研究，而这种比较除了国内的比较研究外，还有中外的比较研究。

一是国内社区矫正对象（非监禁刑）与监狱罪犯（监禁刑）数量的比较。有研究表明，我国社区矫正对象数量占犯罪人员数量的比例相对较低，占全国总人口的比例也不高。例如，2012年，中国大陆的总人口有135404万人。2012年4月，全国共有监狱681所，在职监狱人民警察30万名，押犯164万人，③ 在押罪犯数量约占全国总人口的1.2‰。与之相对应，2012年4月，社区服刑人员则有42万人，是监狱押犯的25.6%，约占全国罪犯（不含看守所 Detention House 临时羁押犯罪嫌疑人和其他监管罪犯）的20.4%，约占全国总人口的0.3‰。司法部官方报告显示，2015年7月，社区矫正对象增加到72万人，社区矫正对象数量也才接近全国罪犯总数的1/3。当前，我国在监狱服刑的罪犯约160万，如果加上看守所可能成为监禁刑的70多万，监禁罪犯则共约230万人；在社区中接受服刑的被判处假释、缓刑、管制和监外执行等人员约有70万。如果将看守所相关人员纳入，监禁服刑人员比例约为76.7%，而社区服刑人员比例仅为23.3%。④

---

① 屈学武：《中国社区矫正制度设计及其践行思考》，《中国刑事法杂志》2013年第10期。
② 王爱立等主编：《〈中华人民共和国社区矫正法〉释义》，中国法制出版社2020年版，第343页。
③ 参见陈丽平《司法部部长向全国人大常委会报告监狱法实施和监狱工作情况》，《法制日报》2012年4月26日。
④ 武玉红、刘强主编：《社区矫正典型案例与矫正指要》，中国法制出版社2016年版，第29页。

二是中外社区矫正对象占被判刑者比例的比较。有研究表明，欧美主要发达国家社区矫正对象人数远远多于监狱矫正对象人数。虽然我国社区矫正对象的人数预期会增多，但与国外相比，其比例仍然偏低。如上所述，我国目前社区矫正对象数量总体上仅占全国罪犯总数的 1/3，监禁服刑人数与社区服刑人数比例约为 2∶1，非监禁刑适用率显著低于发达国家。2000 年，中国司法部预防犯罪研究所统计的数字显示，一些代表性国家就缓刑和假释两项占全部被判刑者比例分别为：加拿大 79.76%、澳大利亚 77.48%、新加坡 76.15%、法国 72.63%、美国 70.25%、英国 55.0%、日本 46.0%、韩国 45.9%、俄罗斯 44.48%。[①] 以美国近两年具体数据为例，其司法部 2015 年年底统计结果显示，美国 2014 年被判处监禁刑（监狱和地方看守所；Prison & Local Jail）和非监禁刑（缓刑和假释；Probation & Parole）的罪犯共计 685.69 万人。其中，监狱有 156.23 万人、看守所有 74.46 万，监禁罪犯共约 222.51 万人；缓刑犯有 386.84 万人，假释犯有 85.77 万，社区服刑人员共计 471.32 万人。美国司法部 2016 年年底统计结果显示，美国 2015 年被判处监禁刑和非监禁刑（缓刑和假释）的罪犯共有 674.14 万人。其中，监狱有 152.68 万人、看守所有 72.82 万人，监禁罪犯共约 217.38 万人；缓刑犯有 378.98 万、假释犯有 87.05 万，社区服刑人员共计 465.09 万。总体上看，美国监禁服刑人数与社区服刑人数比例约为 1∶2，大致与我国相反。

基于这些研究，学界也提出了一些对策建议。例如，有学者提出，在社区矫正实施过程中，不能无条件地增加监禁刑罪犯的幅度，也不能无原则地增加非监禁刑罪犯的幅度，前者容易将一些社会危险性大、主观恶性尚未改造好的罪犯放到社会，宽松的监督环境极易导致再犯罪发生，后者易将一些犯罪情节轻微的初犯、偶犯、过失犯等投入监狱，容易造成交叉感染和矫正成本的负担。[②] 还如，有学者认为，随着我国社区矫正的深入开展和顺应国际行刑社会化的发展趋势，我国社区矫正适用对象范围应该实现逐步扩大，但是也要把握幅度，总原则应是在不能危及社会稳定和发展前提下尽可能的

---

① 参见刘巍枫《司法专家：社区矫正对改善监狱拥挤状况意义非凡》，《中国日报》（英文版）2007 年 7 月 19 日。

② 郑杭生、程琥：《法社会学视野中的社区矫正制度》，《华东理工大学学报》（社会科学版）2003 年第 4 期。

放宽适用范围，改造罪犯。①

第三，特殊群体的研究。即关于社区矫正对象中特殊群体或重点群体的研究。主要有青年社区矫正对象、少年或未成年社区矫正对象、女性社区矫正对象等的研究。

一是青少年或未成年社区矫正对象的研究。主要集中在社会保护、价值意义、社工介入、现状问题、帮扶机制等方面。其一，在社会保护方面，认为青少年在个性、认知、情感等心理方面和行为模式上都有其独特特征，对未成年社区矫正对象进行特殊的处遇保护已为国际社会所公认。② 其二，在价值意义方面，认为未成年人走上犯罪道路，是一种社会综合征，既有个人主观原因，也有家庭、学校和不良社会文化等客观原因。犯罪结果由未成年人自己承担显然是不公平的，因此，通过社区矫正可使家庭、学校、社会都能参与到对未成年人的矫正活动，共同承担责任。③ 其三，在社工介入方面，认为社工价值理念和个案工作方法等为青少年社区矫正提供了观念支持，通过挖掘青少年社区矫正对象的内在潜能、外部资源和社会支持等，能帮助其尽快融入社会，完成矫正任务。④ 其四，在现状问题方面，认为需借鉴英国经验，从立法和实践两个方面进行审视建立监管评估机制。⑤ 其五，在改进完善方面，认为对未成年社区矫正对象应采用不同于成年犯的"柔性"矫正理念和措施，实现未成年人社区矫正工作从"法制治理"向"法治治理"的转型和升级。⑥ 其六，在帮扶机制方面，认为青年社区矫正对象需要多元社会力量参与，为其提供多类型的社会支持，从而形成自我增权机制，最终成功重返社会。⑦

二是女性社区矫正对象的研究。其一，独特意义研究。认为对女性罪犯

---

① 武玉红、刘强主编：《社区矫正典型案例与矫正指要》，中国法制出版社2016年版，第29页。
② 联合国有关少年司法的三个专门性文件是：《联合国少年司法最低限度标准规则》（《北京规则》）、《联合国预防少年犯罪准则》（《利雅得准则》）、《联合国保护被剥夺自由少年规则》。
③ 吕新建：《论我国未成年犯社区矫正的必要性及可行性》，《河北法学》2008年第3期。
④ 郑永君：《青少年社区矫正对象的社会支持及其影响因素》，《青年探索》2016年第5期。
⑤ 于华江、朱建美：《试论我国违法犯罪青少年社区矫正机制的构建——从英国违法犯罪青少年社区矫正机制借鉴的视角》，《中国人民公安大学学报》（社会科学版）2007年第3期。
⑥ 李岚林：《"柔性"矫正：未成年人社区矫正的理论溯源与实践路径》，《河北法学》2020年第10期。
⑦ 郑永君：《青少年社区矫正对象的社会支持及其增权机制》，《青年探索》2017年第2期。

采取社区矫正方式，于女性自身、于其家庭、于社会和谐发展均有重要意义。相比男性社区矫正对象而言，一方面，大多数女性罪犯主观恶性不大，人身伤害和威胁性较小，且认罪态度和悔改意识良好，更适于进行社区矫正；另一方面，女性在家庭中扮演着多重角色，发挥着独特作用，女性犯罪对家庭关系和社会关系的影响远比男性罪犯大，引起的社会和家庭压力更为严重。① 其二，解决路径研究。认为从社会支持系统构建出发，包括以正式社会支持为主，以非正式社会支持为辅，实现社区矫正对象再社会化状态。② 此外，还有相关的需求介入研究。

此外，现有研究也逐步过渡和深化到对社区矫正对象对监管态度的一些学理性研究，例如，就其对社区矫正监管方式偏好或选择的态度研究，③ 以及社区矫正对象和社区矫正工作人员对社区矫正监管态度的比较研究等。④

（三）社区矫正的工作队伍

第一，社区矫正工作人员数量研究。一般认为，包括社区矫正专职工作人员、社区矫正聘用人员、社区矫正"两委"群干、社区矫正专业社工等在内的社区矫正工作人员数量偏少。截至2012年6月，全国司法所总数达40440个，专职人员为11万多人，每个司法所平均不到3人，而司法所还承担着人民调解、法律服务等其他八项工作职能，再加上《社区矫正实施办法》规定的社区矫正20多种文书工作，由此可见，可分配到社区矫正工作的人员更加有限。⑤ 司法所普遍存在专职人员过少的问题，⑥ 有学者调查指出，司法所一人多职、一人

---

① 杨雪峥：《女性犯罪人社区矫正问题浅析》，《中国司法》2015年第5期。
② 张磊、马寅骉、王超：《女性社区矫正对象回归社会的困境与出路——以某区社会支持系统的构建为例》，《犯罪与改造研究》2021年第10期。
③ Jiang, S., Zhang, D., Darrell D.I., Yang, C., Xing, M., "An Exploratory Study of the Views of Supervision Strategies by Community Corrections Probationers in China", *The Prison Journal*, 2020, 100 (1): 3-26.
④ Jiang, S., Zhang, D., Lambert, E., "Views of Community Corrections Supervision and Their Predictors: An Officer and Offender Comparison", *The Prison Journal*, 2022, 102 (1): 84-107.
⑤ 刘丽敏：《破解社区矫正的实践困境——国外经验借鉴及中国的体制机制构建》，《河北学刊》2014年第2期。
⑥ 吴宗宪：《我国社区矫正基层执法机构的问题及改革建议》，《甘肃社会科学》2016年第6期。

多岗的现象普遍存在。[1] 而本研究团队的实地调查也发现，全国"一人所"（一个司法所只有 1 名工作人员）的情况大有所在。因此，社区矫正工作人员仅从数量上看就显得不够。

第二，社区矫正工作人员素质研究。一是认为，社区矫正工作人员的学历层次有待提高。例如，有学者指出，当前社区矫正工作人员的素质偏低，学历层次普遍不高。[2] 二是认为，社区矫正工作人员的学科背景单一。例如，有学者指出，目前司法所工作人员一般具有与法律相关的专业背景，但是心理学、社会学和教育学相关专业的人员不足，普遍缺乏教育矫正、心理矫治和个案工作等方面的知识与技能。[3] 此外，也有研究指出社区矫正工作人员素质直接影响了监管策略的选择，[4] 也有的提出其专业社工保有量不足。

第三，社区矫正工作人员执法研究。主要是关于社区矫正工作人员人民警察执法主体资格和执法身份设立的研究。有学者认为，从事社区矫正的司法所工作人员应该是人民警察的身份，这有利于实现权责一致，避免执法过程中多部门执法的干扰性。[5] 也有学者认为，社区矫正职能是司法所工作人员的九项职能之一，且不属于首要职责，因此社区矫正工作人员的专职性无法得到保障。[6] 还有学者认为，社区矫正官执法身份和执法主体资格缺失，严重阻碍了当前社区矫正工作的顺利进行，只有建立起专业规范的社区矫正执行机构和社区矫正官队伍，才有赋予社区矫正官人民警察执法身份的可能，也才能获得社区矫正官的执法身份和执法主体资格。[7]

第四，社区矫正工作人员态度研究。一是社区矫正工作人员刑罚观点的态度研究。探讨其对社区矫正对象是持有康复性态度，还是惩罚性态度，各

---

[1] 但未丽：《社区矫正官执法身份的实然与应然》，《首都师范大学学报》（社会科学版）2017 年第 2 期。
[2] 但未丽：《社区矫正专业工作队伍建设构想》，《四川警察学院学报》2010 年第 4 期。
[3] 张凯：《检视与推进：我国社区矫正制度深化路径之探讨》，《河北法学》2017 年第 2 期。
[4] Zhang, D., Darrell D. I., Jiang, S., Zhang, H., Huang, S., "Staffing Composition, Offender Profiles and Supervision in China's Community Corrections", *The Prison Journal*, 2019, 99 (3): 258-309.
[5] 李晓娥、史景轩：《稳定社区矫正工作者队伍的方法研究》，《犯罪与改造研究》2014 年第 9 期。
[6] 颜九红：《司法所社区矫正国家工作人员探讨》，《北京政法职业学院学报》2021 年第 1 期。
[7] 但未丽：《社区矫正官执法身份的实然与应然》，《首都师范大学学报》（社会科学版）2017 年第 2 期。

自的比例及其相关影响因素。① 二是社区矫正工作人员的工作态度研究。探讨其对社区矫正工作的满意度，并分析有哪些影响因素。② 三是社区矫正工作人员工作投入的态度研究。探讨其工作投入状况，并分析影响其投入的相关影响因素。③ 四是社区矫正工作人员的监管策略及其影响因素。探讨其对社区矫正对象的监管方式和策略变化，并分析有哪些影响因素。④

（四）社区矫正的体制机制

第一，社区矫正法律规范研究。其一，国外社区矫正法律规范介绍。国外关于社区矫正法律规范的形式多样，有采用专门性社区矫正法律、采用综合性刑事执行法律、采用单行性社区矫正规范等多种方式。⑤ 例如，1973年，美国的明尼苏达州议会通过了全球第一部社区矫正的专门法律，之后其他州进行了效仿。⑥ 还如，加拿大的刑罚典就有关于社区矫正的规定；1992年，加拿大还颁布了《矫正和有条件释放法》，其就是针对成人矫正的主要法律，并制定了《矫正和有条件释放条例》，作为操作办法。⑦ 又如，2007年，日本颁布了《改造保护法》，就是对实施犯罪的人，进行社会内的改造规范。⑧ 其二，国内社区矫正法律规范反思。一方面，在 2020 年 7 月 1 日《中华人民共和国社区矫正法》颁布实施之前，有学者指出我国社区矫正立

---

① Jiang, S., Jin, X., Xiang, D., Goodlin-Fahncke, W., Yang, S., Xu, N., Zhang, D., "Punitive and Rehabilitative Orientations Toward Offenders Among Community Correctional Officers in China", *The Prison Journal*, 2016, 96（6）：771-792.

② Jiang, S., Lambert, E., Zhang, D., Jin, X., Shi, M., Xiang, D., "Effects Of Work Environment Variables On Job Satisfaction Among Community Correctional Staff in China", *Criminal Justice and Behavior*, 2016, 43（10）：1450-1471.

③ Jiang, S., Lambert, E., Jin, X., Xiang, D., Shi, M., Zhang, D., "Correlates of Organizational Commitment among Community Correctional Officers in China", *The Prison Journa*, 2018, 98（1）：68-82.

④ Jiang, S., Lambert, E., Zhang, D., Jin, X., "Supervision Strategies and Their Correlates: An Empirical Study of Chinese Community Correctional Staff", *International Journal of Offender Therapy and Comparative Criminology*, 2019, 63（7）：1100-1123.

⑤ 刘志伟、何荣功、周国良编著：《社区矫正专题整理》，中国人民公安大学出版社 2010 年版，第 41—43 页。

⑥ 谢澍：《社区矫正的域外经验》，《检察风云》2013 年第 4 期。

⑦ 社区矫正考察组：《加拿大社区矫正概况及评价》，《法治论丛》2004 年第 3 期。

⑧ 田兴洪：《中日社区矫正中的社区参与模式比较研究》，《法学杂志》2015 年第 1 期。

法严重滞后,主张尽快制定《社区矫正法》或与其配套的《刑罚执行法》,从而进一步地规范社区矫正法律制度。司法部社区矫正管理局局长姜爱东认为,立法是对社会实践的一种法律确认。① 另一方面,在社区矫正法颁布之后,有学者在宏观上阐释了我国《社区矫正法》的中国特色与重要历史意义,在微观上分析了其具体内容中体现的立法特点。②

第二,社区矫正制度建设研究。其一,公私权利视角下的制度问题及优化。有学者从公私权的主体关系出发,检视现阶段我国社区矫正制度,认为社区矫正是我国社区自治建设的一项重要内容,其重要特征之一就是社会参与性,但由于国家公权与社区自治权博弈不均,社区矫正的价值还未充分发挥。其认为,完善社区矫正制度,必须在区分公权、私权不同作用空间的前提下,实现社区矫正执行主体和实施主体的分离,并清晰定位三类参与人的地位和作用才能实现预期目标。③ 其二,社区治理视角下的制度问题及优化。认为社区矫正试点工作在当时的格局下,存在执行与工作主体分离问题,责权交叉,弊端明显,只有代表国家权力的公检法司部门与社区自治权力的居委会有效衔接和良性互动,才能达成有效的社区矫治模式。④ 其三,中外比较视角下的制度问题及优化。有学者对英、美、日三国与我国的社区矫正工作进行比较研究发现,我国当前法律制度上有明显差距,其体现为设计层面和操作层面。一方面,在设计层面上,体现为社区矫正立法规范不完善、执行主体不明确、对象范围狭窄,从而导致各部门工作之间的衔接性不强等问题。另一方面,在操作层面上,体现为对社区矫正认识不足,适用率不高等。基于这些问题,学者提出了一些针对性建议。⑤ 其四,国内城乡比较视角下的共性与差异性问题及对策研究。有学者通过对国内城市和农村社区矫正工作现状进行共性与差异性分析,指出城乡社区矫正均存在工作人员专业化水平不高、矫正措施专业化程度不高等共性问题,同时也呈现农村资源匮

---

① 姜爱东:《关于社区矫正立法中的几个问题》,《中国政法大学学报》2010年第6期。
② 吴宗宪:《我国社区矫正法的历史地位与立法特点》,《法学研究》2020年第4期。
③ 董蕾:《公私权界分视角下的社区矫正》,《国家检察官学院学报》2014年第4期。
④ 刘爱童:《社区矫正法律制度探究——以城市社区为视角》,《法学评论》2012年第6期。
⑤ 郭振东:《社区矫正现状与对策研究》,硕士学位论文,华南理工大学,2012年。

乏、经费不足，城市社区矫正工作负责等差异问题，并基于此提出了对策建议。①

第三，社区矫正机构设置研究。有学者认为，与美国社区矫正有专门的社区矫正机构不同，我国社区矫正的管理主要由身兼数职的司法行政部门担任，而司法主要承担的是行政任务，不具有刑罚执行的性质和功能，专门的社区矫正机构尚未建立；由公安机关来管理也存在不合理因素。② 机构设置问题也相应带来管理的难题。在管理体制方面，虽然多数司法所实现了垂直管理，但仍有部分司法所坚持实行双重管理，很大程度上影响了国家法治的统一性。③

第四，社区矫正检察监督研究。有学者指出，检察机关在社区矫正中的监督作用，能够最大限度地消除因社区矫正带来的影响社会稳定和治安的隐患因素。我国检察机关对社区矫正的法律监督还处在探索阶段，社区矫正检察监督工作还存在诸如检察监督权力有限、检察监督手段缺乏强制性等问题，建议应设立社区矫正决定前的人格调查制度，严格把好"入关口"，赋予检察机关社区矫正建议权、提出纠正意见权、行使抗诉权和追诉职务犯罪的权力，以及建立完善社区矫正日常奖惩等监督制度等，④ 确保对社区矫正法律监督工作的作用发挥。也有学者认为，社区矫正还存在检察监督介入社区矫正时间晚导致监督滞后的问题，往往在收到法院作出判决或裁决书后才进行监督，极易造成监督工作流于形式。⑤ 还有学者从系统功能角度出发，认为社区矫正检察监督是一个包含监督者、被监督者、被矫正者等一些子系统在内的大系统，对社区矫正的监督检察工作应该以社区矫正参与机关的合作为基础。⑥

除此之外，关于社区矫正的研究范畴归纳，还可以从其他视角来分类综述。其中较多的是直接对社区矫正制度实施状况的考察，主要从政策法律、

---

① 李澳：《社区矫正制度城乡差异比较探讨——以京津冀个别地区为例》，《法制博览》2022年第4期。
② 武玉红：《对我国社区矫正管理模式的检讨》，《山东社会科学》2010年第6期。
③ 吴宗宪：《我国社区矫正基层执法机构的问题及改革建议》，《甘肃社会科学》2016年第6期。
④ 周伟：《社区矫正法律监督问题研究》，《人民检察》2011年第9期。
⑤ 王静、贾杨程：《试论社区矫正检察监督存在的问题及完善》，《法制博览》2017年第1期。
⑥ 刘立霞、单福荣：《社区矫正协同检察监督研究》，《法学杂志》2014年第2期。

硬件设施和软件设施等方面探讨其目前存在的问题。第一，社区矫正的政策法律不完备。一是权力责任不分明，导致部门间工作衔接不够；二是执法主体不明确，容易造成执法人员的刑惩行为缺乏权威性和公信力；三是适用范围较狭窄，与之相关的司法体制改革还需深化。第二，社区矫正的硬件设施不健全。一是社区矫正机构建设滞后，独立的社区矫正机构欠缺；二是专业的社区矫正设施不足，新技术的运用有待开发；三是矫正经费显得不够，经费保障有待加强。第三，社区矫正的软件措施不完善。一是教育内容和教育方式单一，重监管轻教育，多思想和劳动教育，少心理和发展教育；二是社区矫正力量单一，专业人员不足，素质有待提高，资源整合度低；三是社区矫正相关知识的宣传教育不足，公民目前对社区矫正的知识了解还不全面，认识还不够客观，部分对社区矫正对象存在偏见，甚至是报以排斥的态度。五是针对道德、行为等的激励机制还有待完善。

二　社会支持的理论视野梳理

社会支持是本研究的另一个核心概念，也是后文研究中最为实质性和操作化的概念。社会支持的相关文献回顾和研究综述，直接为社区矫正对象社会支持的指标建构、现状评量、因素分析等奠定基础。当前关于社会支持的研究主要包括多维内涵、类型划分、测量评估、作用机制和影响因素等。具体的理论视野梳理如下。

（一）社会支持的多维内涵

一般认为，对于社会支持的较早研究源自19世纪法国社会学家涂尔干对自杀现象的实证探析，其分析表明，自杀现象与社会联系的紧密程度和支持存在相关关系。他认为与家人或朋友等联系较紧密，获得的支持越多，个体的心理承受能力更强，身心也更健康。直到20世纪70年代，Cassel和Cobb在精神病学文献中引入"社会支持"这一概念，其才被诸多领域学者作为重要概念进行深入的探讨和研究。社会支持自提出至今，无论在学科内容还是在学科之间都还没有形成统一的界定，从概念意义上讲，其具有交叉性和包容性：对病理学来说，它成为联系家庭支持和病人需求的一个实践方法；对心理学来讲，它成为评量心理问题与应对治疗的一种介入手段；对社会学来说，它成为评量社会支持网络大小和程度的基本理论和核心概念。

近三十年来，随着人们对社会支持的持续关注，国内外不同领域学者基于各自的研究视角和研究目的，给予了社会支持不同的界定。

1. 国外社会支持内涵

国外学者对社会支持的定义主要有以下几种视角。

第一，目标功能的视角。这一视角侧重于关注社会支持的目标，以及在帮助支持对象满足需求、解决问题过程中所发挥的作用。基于该视角对社会支持的定义在早期研究中最为常见。例如：托尔斯多夫认为，社会支持是满足个体在某一特殊情形下的需要行为，其功能在于帮助个体实现其个人目标，他将其分为有形支持、无形支持、建议和回应等。[①] 科恩和威尔斯认为，社会支持是庇护人们免受外界不利影响的有益人际互动，是人们适应各种人际环境的重要影响因素。[②] Atchley 认为，社会支持是满足对象需求的各供给主体的汇总。[③] Thoits 认为，社会支持是重要的他人为个人提供的各种的功能性帮助。[④] 总体来看，持有这种视角的学者普遍认为社会支持是社会网络提供的功能。[⑤] 此外，近年来在关于社会支持与人们主观幸福感的研究中，学者倾向于将社会支持视为一种独立变量，认为对人们主观幸福感的获得发挥积极功能和作用。[⑥]

第二，网络资源的视角。这一视角侧重于关注人与人之间形成的社会关系网络，认为通过社会支持网络的协助和资源的供给，个体能够解决生活中

---

① Tolsdorf., C., "Social Network, Support, and Coping: An Expiratory Study", *Family Process*, 1977, 15 (4): 407–417.

② Cohen, S. and T. A., "Wills. Stress, Social Support, and the Buffering Hypothesis", *Psychological Bulletin*, 1985, 98 (2): 310–357.

③ Atchley, R. C., *Social Force and Aging*, California: Wadsworth Publishing Company, 1985: 151.

④ Thoits, P. A., "Stress, Coping, and Social Processes: Where Are We? What Next?" *Journal of Health and Social Behavior*, 1995, 35 (S1): 53–79.

⑤ Fuhrer R., Stansfeld S. A., "How Gender Affects Patterns of Social Relations and Their Impact on Health: A Comparison of one or Multiple Sources of Support from Close Persons", *Social Science &Medicine*, 2002, 54 (5): 811–825.

⑥ Fernandez, I., P., Silvan-Ferrero, F. Molero, E. Gaviria & C. García-Ael, "Perceived Discrimination and Well-Being in Romanian Immigrants: The Role of Social Support", *Journal of Happiness Studies*, 2015, (4): 857–870.

的困难和问题，支撑生活的有效运转。早期研究者常常将社会支持视为一种外部资源，是个体在处理应激或紧张事件时从社会关系网络中可得到的潜在资源。在该视角下，社会支持常被认为是一种网络资源，它可以被用以解决日常生活难题。例如：Caplan 认为，社会支持是可以为他人提供帮助的社会集合，提供的帮助可以是实际帮助、情感支持以及信息或认知的指导。[1] 林南（Nan Lin）认为，社会支持是个体自身所拥有的社会资本，有助于满足个体解决困难和危机的需要。[2] Cullen 认为，社会支持是个体从社区或社会网络等获得的帮助，既可以是物质帮助，也可以是精神帮助。[3] Papaconstantinou 和 Papadopoulos 也认为，社会支持实际上是一种帮助或援助，它是个体所接收到或期望得到的来自关系网络中的任何他人的帮助。[4] 该视角与上述目标功能视角对社会支持的界定，都将其视为一种静态结构。然而后来的学者对其片面性进行了批判。

第三，行为过程的视角。这一视角侧重于关注社会支持供给方和需求方之间行为互动和持续过程。以往多数研究都将社会支持视为是静止且稳定的，随着研究深入，有学者提出社会支持是一种动态过程。例如：Barrera 和 Ainlay 认为，社会支持包括一系列行为活动。[5] Sarason 认为，社会支持是一种行为或过程。[6] Malecki 和 Demaray 认为，社会支持是来自他人的一般性或特定的支持性行为。[7] Caplan 认为，社会支持是个体的基本需要得到满足的

---

[1] Caplan G., *Support System and Mutual Help: Multidisciplinary Explorations*, New York: Grune & Straton, 1974: 19.

[2] Lin, N., *Social Capital: A Theory of Social Structure and Action*, Cambridge: Cambridge University Press, 2001: 89.

[3] Cullen F. T., "Social Support as an Organizing Concept for Criminology: Presidential Address to the Academy of Criminal Justices Sciences", *Justice Quarterly*, 1994, 11 (4): 527-559.

[4] Papaconstantinou D., Papadopoulos, K., "Forms of Social Support in the Workplace for Individuals with Visual Impairments", *Journal of Visual Impairment /Blindness*, 2010, 10 (4): 183-187.

[5] Barrera M., Ainlay S. L., "The Structure of Social Support: A Conceptual and Empirical Analysis", *Journal of Community Psychology*, 1983, 11 (2): 133-143.

[6] Sarason I. G., Levine H. M., Basham R. B., et al., "Assessing Social Support: The Social Support Questionnaire", *Journal of Personality*, 1983, 44 (1): 127-139.

[7] Malecki C. K., Demaray M. K., "Measuring Perceived Social Support, Development of the Child and Adolescents Social Support Scales", *Psychology in the School*, 2002, 39 (1): 1-18.

过程。① Sass 和 Mattson 认为，社会支持是接受者与提供者之间言语和非言语的交流。② Shumaker 认为，社会支持是在至少两个人之间进行的资源交换过程。③

第四，主观感知的视角。这一视角侧重于关注社会支持受动者的主观感知和积极回应。例如，Cobb 认为，社会支持是一种信息，能否被支持客体所感知。④ 持有这种视角的定义，总体是认为，完整的社会支持不仅有客观成分，还有主观成分，也有支持利用度等。也就是说，即使存在各种社会关系网络并实现了资源的提供，若支持对象不认同或未感知这种资源，没有较好对其利用，需求并未得到满足，那么此时社会支持同样不能成立。这种定义有其合理性，但其对社会支持的测量主要靠自我报告，主观性强，准确性差。

2. 国内社会支持内涵

国内学者对社会支持的定义主要有以下几个维度。

第一，功能效用的维度。这一维度侧重于肯定社会支持所具有的缓解身心压力和增进身心健康的功能。例如，李强认为，社会支持可以被表达为各种社会救助和服务。⑤ 韦艳等人在此基础上进一步提出，其除了情感支持和实际支持外，还包括社会交往或社会活动。⑥ 刘敏等人则将社会支持定义为个体借以走出生活困境和生存危机的具象化过程。⑦

第二，实施主体的维度。这一维度侧重于关注社会支持的施动主体。例如，章谦等人认为，社会支持是各种社会形态对社会脆弱群体提供的无偿救

---

① Caplan, G. *Support Systems and Community Mental Health: Lectures on Concept Development*, New York: Behavioral Publication, 1974: 1-40.

② Sass, J. S., Mattson, M., "When Social Support is Uncomfortable", *Management Communication Quarterly*. 1999, 12 (4): 511-543.

③ Shumaker, S. A. & Browenell, A., "Toward a Theory of Social Support: Closing Conceptual Gaps", *Journal of Social Issues*, 1984, 40 (4): 11-36.

④ Cobb S., "Social Support as a Moderator of Life Stress", *Psychosomatic Medicine*, 1976, 38 (5): 300-314.

⑤ 李强：《社会支持与个体心理健康》，《天津社会科学》1998 年第 1 期。

⑥ 韦艳、刘旭东、张艳平：《社会支持对农村老年女性孤独感的影响研究》，《人口学刊》2010 年第 4 期。

⑦ 刘敏、熊琼：《社会支持理论视角下失独家庭抗逆力的生成机制——基于上海市 W 镇的考察》，《云南民族大学学报》（哲学社会科学版）2021 年第 6 期。

助和服务。① 张文宏等人认为，社会支持的供给主体应该是由具有相当密切关系和一定信任程度的人所组成的，主要指亲缘、地缘、业缘所包括的亲属、朋友、同事、邻居等重要关系。② 陈成文等人则认为，社会支持的主体是社会网络。总之，持有这种维度的学者从各种正式和非正式的社会关系方面来界定社会支持。

第三，对象客体的维度。这一维度侧重于强调社会支持的受动客体。目前学术界存在两种不同的观点，即社会支持受助客体或对象的普遍性和选择性。一方面，认为社会支持指向客体具有普遍性。支持客体面向任何个体，也就是说，社会中的每个人都可能成为社会支持的客体。例如，施建锋等人认为，社会支持是人们对有需要的个体给予同情和资源，而这种供给是能够满足个体需要并缓解困境的。③ 还如，兰继军等人认为，社会支持是个体从其所拥有的社会关系中获得的物质支持和精神支持。④ 另一方面，认为社会支持指向客体具有选择性。支持客体并非面向所有人，仅仅是相对于社会弱势群体或脆弱群体和个人而言的。例如，陈成文认为，社会支持的对象并非普遍他人，而只是针对弱势群体。⑤ 章谦等认为，社会支持的客体是社会脆弱群体，即社会生活有困难者而并非全体社会成员。国内外比较研究显示，国内学者更倾向将社会支持与弱势群体关联，而国外学者更倾向将社会支持与所有群体关联。

第四，传递方向的维度。这一维度侧重于考察社会支持供给过程的向度和受助传递的向度。一方面，认为社会支持是单向度的供给过程和受助传递。将其看作一种支持主体向客体提供资源的单向行为或过程。例如：蔡禾认为，社会支持就如社会支援一样，是单向度的供给和施动过程。⑥ 另一方面，认为社会支持是双向度的供给过程和互动传递。每个人既可能是社会支持的提供者，也可能是社会支持的需求者，施助和受助的统一。例如，陈立

---

① 郑杭生等：《转型中的中国社会和中国社会的转型》，首都师范大学出版社1996年版。
② 张文宏、阮丹青：《城乡居民的社会支持网》，《社会学研究》1999年第3期。
③ 施建锋、马剑虹：《社会支持研究有关问题探讨》，《人类工效学》2003年第1期。
④ 兰继军等：《肢体残疾人社会支持现状调查》，《残疾人研究》2015年第4期。
⑤ 陈成文、潘泽泉：《论社会支持的社会学意义》，《湖南师范大学社会科学学报》2000年第6期。
⑥ 蔡禾、叶保强、邝子文等：《城市和郊区农村居民寻求社会支援的社会关系意向比较》，《社会学研究》1997年第6期。

新等人认为，社会支持是人与人之间通过支持性行为所构成的交往系统。①杨海龙等人认为，良好的社会支持是一种"互构"的过程。在这一过程中，需要帮助的支持对象通过内化社会支持观念，充分发挥自身主观能动性，构建利于自身发展和给予他人的社会支持。②

（二）社会支持的类型划分

一个概念的界定，既要有内涵，也要有外延。以上对社会支持内涵的界定，部分涉及外延的表述，但还并不明晰和深入。社会支持内涵的多元性和多维性，决定了其外延的多样性和多变性，具体表现为其类型的多向性。对社会支持的类型划分主要有以下向度。

1. 支持来源的向度

这一向度主要是依据社会支持的来源而进行的分类。当然，社会支持的来源又因支持接受者的不同而有别，支持对象群体不同会使社会支持的分类有所差别。目前学术界对社会支持对象群体研究较多的有以下几类。

其一，针对大学生的社会支持分类。例如，陶沙等人认为，社会支持可以分为两大类：一类是纵向支持，如来自父母、教师等的支持；另一类是横向来源的支持，如来自同学、朋友等的支持。③

其二，针对留守儿童的社会支持分类。例如，研究者较多的是将社会支持分为四类：政府支持、学校支持、家庭支持、社会其他方面支持。④

其三，针对老年人的社会支持分类。陶裕春认为，老年社会支持可以分为八类：政府支持、机构支持、企业支持、社区支持、家庭支持、邻里支持、朋友支持以及同龄支持，前四类主要提供诸如社会保障制度、医疗保障制度、助老敬老政策等支持；后四类主要提供情感、行为和信息支持等。⑤何文炯等人则认为，老龄社会支持的来源可以分为六类：政府、市场、社会

---

① 陈立新、姚远：《社会支持对老年人心理健康影响的研究》，《人口研究》2005年第4期。
② 杨海龙、楚燕洁：《社会资本与"互构"的社会支持》，《理论导刊》2007年第7期。
③ 陶沙、李伟：《抑郁倾向大学生社会支持结构及其满意度的研究》，《中国心理卫生杂志》2003年第1期。
④ 参见张澍、何淼、张大维等《精准扶贫中农村留守儿童关爱扶助机制的调查研究》，中共湖北省委政研室主办内部刊物《调查与研究》2016年第7期。
⑤ 陶裕春、申昱：《社会支持对农村老年人身心健康的影响》，《人口与经济》2014年第3期。

组织、社区、家庭和公民及其自发形成的各种自组织等。①

其四，针对社区矫正对象的分类。章友德等人认为，社会支持可以分为社会层面、社区层面、家庭层面、个人层面的支持，各层面对应的支持主体分别为政府、非政府组织、家庭、专业社工。② 除此之外，还有学者提出了直接对弱势群体社会支持的分类，例如，行红芳认为，其分为国家和政府、社区、组织及家庭四个层面的社会支持。③

2. 支持功能的向度

这一向度主要是依据社会支持的功能而进行的分类。早期的研究对社会支持的功能划分较为简单，之后逐渐细化；功能日趋扩大，类型也逐渐增多。代表性的有以下几种。

第一，两类型说。例如，Morgan 和 Zimmerman 将其分为工具性支持和情感性支持。④ 还如，Thoits 和 Pattison 对社会支持也有相同的分类。⑤ 又如，Lin 将社会支持分为实质性支持和情感性支持。⑥

第二，三类型说。例如，Fuhrer 将其分为实际支持（客观性支持）、情感支持和信息支持。⑦ 其中，实际支持主要指物质性、经济性和工具性等实际存在或客观存在的支持；信息性支持，是针对个体所遇问题或困境提供的意见、建议和信息。

第三，四类型说。例如，House 将其分为工具性支持、情感性支持、信

---

① 何文炯、王中汉：《论老龄社会支持体系中的多元共治》，《学术研究》2021年第8期。
② 章友德、李光勇：《社区服刑人员社会支持系统调查研究——以上海为例》，《华东理工大学学报》2015年第2期。
③ 行红芳：《老年人的社会支持系统与需求满足》，《中州学刊》2006年第3期。
④ Morgan, A. & Zimmerman, M., "Easing the Transition to Nursing Homes: Identifying the Needs of Spousal Caregivers at the Time of Institutionalization", *Clinical Gerontologist*, Special Issue: Mental Health in the Nursing Home, 1990, 9 (3-4): 1-17.
⑤ Thoits, P. A., "Stress, Coping, and Social Processes: Where Are We? What Next?" *Journal of Health and Social Behavior*, 1995, 35 (S1): 53-79.
⑥ Lin, N., Ye X. & Ensel, W. M., "Social Support and Depressed Mood: A Structural Analysis", *Journal of Health and Social Behavior*, 1999, 40 (4): 344-359.
⑦ Fuhrer R., Stansfeld S. A., "How Gender Affects Patterns of Social Relations and Their Impact on Health: a Comparison of one or Multiple Sources of Support from Close Persons", *Social Science &Medicine*, 2002, 54: 811-825.

息性支持和评价性支持。其中，评价性支持是提供建设性的反馈和肯定。[1] 还如，Cohen 和 Wills 将其评价性支持改为了友谊性支持。[2]

第四，五类型说。例如，Cutrona 和 Russell 将其分为物质性支持、情感性支持、信息性支持、社会或网络支持、满足自尊的支持。[3] 还如，Wellman 和 Wortley 将其分为情感支持、经济支持、服务支持、信息支持和陪伴支持。[4]

第五，六类型说。例如，Cobb 将其分为工具性支持、情感性支持、物质性支持、信息性支持、网络支持和抚育性支持。[5] 还如，Barrera 和 Ainlay 将社会支持分为物质帮助、行为支持、亲密互动、信息指导、积极反馈和正面互动。[6]

第六，八类型说。例如，Richman 和 Rosenfeld 从功能性出发将其分为三大功能，在此基础上又划分为八种类型。[7]

与国外研究相似，国内学者关于社会支持的分类也是多元化的。例如：郝晓宁等人将其分为工具性支持、情感性支持、交往性支持。[8] 黄希庭等人将其分为手段支持、情绪支持、情报支持、评价支持。[9] 程虹娟等人将其分为物质支持、情感支持、信息支持、陪伴支持。[10]

---

[1] S., House J., *Work Stress and Social Support*, Mass：Addison-Wesley Educational Publishers Inc, 1981.

[2] Cohen S. & Wills T. A., "Stress, Social Support, and the Buffering Hypothesis", *Psychological Bulletin*, 1985, 98 (2)：310-357.

[3] Cutrona, C. E. and Russell, D., "Type of Social Support and Specific Stress. Toward A Theory of Optimal Matching", In Sarason, B. R., Sarason, I. G., and Pierce, G. R. (eds.), *Social Support：An Interactional View*, New York：Wiley, 1990：319-366.

[4] Wellman B. &Wortley S., "Brothers, Keepers：Situating Kinship in Broader Networks of Social Support", *Sociological Perspectives*, 1989, 32 (3)：273-306.

[5] Cobb, *Social Support and Buffering Hypothesis*, New York：Psychological Bullet, 1976.

[6] Barrera, M. & Ainlay S. L. "The Structure of Social Support：A Conceptual and Empirical Analysis", *Journal of Community Psychology*, 1983, 11 (2)：133-143.

[7] Richman, J. M., Rosenfeld, L. B., "The Social Support Survey：A Validation Study of A Clinical Measure of the Social Support Process", *Research on Social Work Practice*, 1993, 3 (3)：288-296.

[8] 郝晓宁、薄涛：《我国城市老年人口的社会网络及社区养老分析——基于北京市的抽样调查》，《中国卫生政策研究》2012 年第 2 期。

[9] 黄希庭主编：《心理学与人生》，暨南大学出版社 2005 年版，第 206 页。

[10] 程虹娟、方晓义、蔺秀云：《大学生社会支持的调查研究》，《中国临床心理学杂志》2005 年第 3 期。

3. 支持形式的向度

这一向度主要是依据社会支持的形式而进行的分类。此种分类相对比较简单，主要有以下两种划分。

其一，正式与非正式的分类。例如，金碧华在对社区矫正假释犯社会支持的研究中，将社会支持归纳为正式支持和非正式支持。具体来说，前者包括社区支持、NGO 支持、单位支持及公检法司机构支持；后者包括配偶支持、代价支持、亲属支持及朋友支持。[①] 陈琦等人在对农村留守妇女社会支持的探讨中，认为社会支持系统包括政府、社会组织（社会团体）、个人三个层次支持系统，其可以归类为正式支持和非正式支持。[②] 井世洁在对青少年社区矫正对象社会支持的研究中，认为社会支持网络中既有正式社会支持也有非正式社会支持。正式社会支持主要来自各级政府、企业和社会组织等；非正式社会支持主要来自父母、兄弟姐妹、亲戚、同事、邻里、朋友等。[③] 陶裕春等人在对 60 岁以上农村老年人身心健康影响因素的分析中，认为正式社会支持和非正式社会支持均对其具有积极作用。其中，前者主要是提供经济物资支持，后者主要是提供日常生活照顾。[④]

其二，正式、非正式与准正式的分类。例如，林顺利等人认为，社区的功能具有三种支持类型：一是承载社会保障、社会救助等支持功能，带有正式性；二是具备互动和亲情、友情等支持功能，带有非正式性；三是针对弱势群体等提供的介于二者之间的准正式支持。[⑤]

4. 支持性质的向度

这一向度主要是依据社会支持的性质而进行的分类。此种分类大多倾向于将其分为客观支持和主观支持，只是在二者的作用大小比较上存在争议，以及在二者之外还存在一个对支持的利用度问题。

一是客观支持，也称为实际社会支持。指受助个体接受到的各类客观现

[①] 金碧华：《支持的"过程"：社区矫正假释犯对象的社会支持网络研究》，法律出版社 2014 年版。
[②] 陈琦、何静：《农村留守妇女社会支持研究综述——兼论社会工作的介入策略》，《妇女研究论丛》2015 年第 2 期。
[③] 井世洁：《断裂与重构：社区矫正青少年的社会支持》，《社会科学》2012 年第 9 期。
[④] 陶裕春、申昱：《社会支持对农村老年人身心健康的影响》，《人口与经济》2014 年第 3 期。
[⑤] 林顺利、孟亚男：《国内弱势群体社会支持研究述评》，《社会工作下半月（理论）》2009 年第 11 期。

实存在，不以个体的主观感受为转移。①

二是主观支持，也称领悟社会支持或知觉支持。指个体所体验到的和感受到的情感上的支持。②

在对客观支持和主观支持的重要性上，学者们所持观点不一，多数人认为主观支持优于客观支持，因为无论客观支持多么及时、多么充足，若个体并未感知到它的存在，那么它的意义也就无从说起。③但这并不等于说客观支持不重要，因为形态各异的主观支持最终还是以客观支持为基础的。

三是支持的利用度。肖水源等人认为，除了上述提到的客观支持和主观支持外，还应包括社会支持的利用度，对支持的利用度是指受助者对所收支持的认同及利用情况。如果受助者不接受来自他人的社会支持，不加利用而未使需求得到满足，社会支持仍然不成立。④还如，罗品超等人指出，社会支持是个体接受到的社会网络提供的主观支持、客观支持及个体对其的利用度。⑤

除了以上主流向度的分类外，还有一些暂未纳入的分类。例如，有学者从社会支持对象的需求时机向度进行划分，将其分为极端情境下的支持、日常生活中的支持两类。⑥

本研究整合了多种向度的分类。借鉴已有成果，结合研究主体特点和实证调查经验，如前对其外延的概括所述，将社会支持化为四种类型：工具性支持（如物资和服务等）、情感性支持（如接纳、信任、倾听、理解、尊重等）、信息性支持（如建议、信息、指导等）和反馈性支持（如正面社会互动、主动参与活动等）。

---

① Xin, S. & Xin, Z., "Birth Cohort Changes in Chinese College Students' Loneliness and Social Support: One up, As Another Down", *International Journal of Behavioral Development*, 2015, 30 (7): 1-10.

② Dunkel Schetter, C., &Bennett, T. L., "Differentiating the Cognitive and Behavioral Aspects of Social Support", In I. G. Sarason, B. R., Sarason, &G. R. Pierce (eds.), *Social Support: An Interactional View*, New York: Wiley, 1990: 267-296.

③ Thoits P. A., "Dimensions of Life Events that Influence Psychological Distress: An Evaluation and Synthesis of the Literature", In Kaplan H. et al (eds.), *Psychosocial Stress: Trends in Theory and Research*, New York: Academic Press, 1983: 33-103.

④ 肖水源、杨德森：《社会支持对心理健康的影响》，《中国心理卫生杂志》1987年第4期。

⑤ 罗品超、郑晓纯等：《社会支持对高校辅导员心理健康影响探究》，《东莞理工学院学报》2015年第6期。

⑥ 李超：《大学生寻求社会支持的现状及其影响因素的探究》，硕士学位论文，北京师范大学，2005年。

（三）社会支持的测量评估

在界定社会支持的内涵，厘清社会支持的类型之外，社会支持研究的另一个重要范畴就是其实际运用和操作化研究，即社会支持测量评估的方式方法，由之也形成了相关理论。在社会实践中，要知道社会支持的程度大小、来源多少、持续长短、效用高低等，就需要更加微观的或分支的或具体的指标呈现，借助统计学评量工具对其进行评估、测量和检验等。社会支持运用到社区矫正之前，其更多地被运用于老年人、农民工、留守儿童、青少年、大学生等相对弱势群体的研究。由于不同学者对社会支持的概念界定和类型划分不同，对社会支持的测量方法也各异。

1. 老年人社会支持评量

第一，农村老人社会支持评量。例如，贺寨平在对60岁以上农村老年人进行社会支持评量时，将社会支持的测量分为数量和质量两部分。其一，在社会支持数量评量方面，不仅包括对支持总量的测量，还将支持具体分为情感支持、实际支持和交往支持。在探求影响因子时，其又将问卷中十一种支持分为四类。[①] 其二，在社会支持质量评量方面，其通过两方面进行测量：一是关系强度，主要测量网络成员提供支持的主观意愿；二是网络资本，测量的是网络成员提供支持的客观能力。

第二，失独老人社会支持评量。例如，方曙光在肖水源编制的社会支持评定量表基础上进行了适应失独老人特点的修改，对失独老人的社会生活和社会关系进行了评量。研究发现，失独老人的主观支持、客观支持和支持利用度均不足，其影响因素包括性别、教育程度、收入、失去子女时间和社会政策，并从政府、社区、社会组织和失独老人自身等视角，提出建立失独老人社会支持体系及具体对策。[②]

第三，空巢老人社会支持评量。例如，王玲凤等人借鉴肖水源社会支持评定量表，从支持来源、支持内容和对支持的利用度三方面设计了社会支持

[①] 贺寨平：《农村老年人社会支持网：何种人提供何种支持》，《河海大学学报》（哲学社会科学版）2006年第3期。

[②] 方曙光：《社会支持理论视域下失独老人的社会生活重建》，《国家行政学院学报》2013年第4期。

评定量表,以考察城市空巢老人的社会支持状况。①

第四,女性老人社会支持评量。例如,韦艳在借鉴李树茁代际支持概念,及相关社会支持评定量表的基础上,自制量表,将社会支持的研究重点放在非正式支持上,因此其界定的老年女性社会支持,主要指非正式支持,包括代际支持、社会交往两个维度,经济支持、生活照料、情感支持和社会交往四个方面。其中,代际支持主要包括生活照料、经济支持、情感支持三个方面。②

2. 农民工社会支持评量

其一,分为先赋支持系统、后生支持系统的评量。例如,王东将农民工社会支持系统的结构分为血缘、地缘构成的先赋支持系统,政府部门、企事业单位、城市社区、社会社团等构成的后生支持系统。通过评量发现,农民工现有的社会支持主要来自前者,亲属、朋友、同乡的作用举足轻重;后者的支持力度则关系到农民工对城市适应性的强弱、认同度的高低、生存感的好坏,其是建构的重点。③ 就先赋支持系统相关要素的评量,董金秋等人也做过类似研究,发现先赋支持系统对流入者的城市融合感具有显著影响。④

其二,分为实际支持、情感支持、社交支持的评量。例如,李树茁根据 Van der Poel 关于社会支持的分类,按照实际支持、情感支持和社交支持三个维度设计了问卷,通过调查对社会支持进行了评量。⑤

其三,分为情感支持、工具支持、交往支持、对支持的利用度的评量。例如,赵立借鉴 Van der Poel 和肖水源等人关于社会支持的考察方法,在访谈的基础上编制了农民社会支持测量问卷,分为情感支持、工具支持、交往支持、对支持的利用度四个维度对其进行测量,并对其信度和效度进行了检

---

① 王玲凤、施跃健:《城市空巢老人的社会支持及其与心理健康状况的关系》,《中国心理卫生杂志》2008 年第 2 期。

② 韦艳等:《社会支持对农村老年女性孤独感的影响研究》,《人口学刊》2010 年第 4 期。

③ 王东:《农民工社会支持系统的研究——一个社会工作理论研究的视角》,《西南民族大学学报》(人文社科版) 2005 年第 1 期。

④ 董金秋、刘爽:《进城农民工:社会支持与城市融合》,《华南农业大学学报》(社会科学版) 2014 年第 2 期。

⑤ 李树茁等:《农民工社会支持网络的现状及其影响因素研究》,《西安交通大学学报》(社会科学版) 2007 年第 1 期。

验，为农民社会支持研究提供了测量工具。①

3. 留守儿童社会支持评量

第一，参照肖水源社会支持评定量表的评量。例如，胡昆在对农村留守儿童的社会支持现状进行考察时，借用了肖水源的社会支持评定量表。其对量表进行调整时，总体结构依然涵盖了客观支持、主观支持和支持利用度三个维度，共计十个项目。对问卷调查结果进行测量时，同样通过各项得分加总的方式来计算社会支持的高低水平。②

第二，参照 Berlin 社会支持量表的评量。例如，刘霞在探讨小学留守儿童社会支持的现状与特点时，为了分析留守儿童各类支持内容获得及支持提供源的状况，对 Berlin 社会支持量表进行了借鉴修改，就小学留守儿童的社会支持状况进行了测量。③

另外，还有学者在研究方法上创新以对留守儿童社会支持状况进行评量。例如，宇翔等人通过对 2006—2015 年全国农村地区留守儿童社会支持状况的文献进行 Meta 分析，以评量留守儿童社会支持状况。④

4. 青少年社会支持评量

其一，基于 Berlin 社会支持量表的评量。例如，侯志瑾借鉴 Berlin 社会支持量表，修订形成了大学生生涯社会支持量表，而邹泓又在参考侯志瑾所修订的量表基础上，在中学生社会支持系统与同伴关系的研究中，对中学生社会支持进行了测量。⑤在邹泓研究基础上，伍新春再次推进，测量了汶川地震后青少年的社会支持状况，探讨了社会支持对创伤后成长的中介作用和影响效果。⑥

---

① 赵立、郑全全：《农民社会支持问卷的编制及信效度研究》，《中国临床心理杂志》2007 年第 4 期。

② 胡昆：《农村留守儿童社会支持状况调查研究》，《中国健康心理学杂志》2011 年第 8 期。

③ 刘霞等：《小学留守儿童社会支持的特点及其与孤独感的关系》，《中国健康心理学杂志》2007 年第 4 期。

④ 宇翔、胡洋、廖珠根：《中国农村地区留守儿童社会支持状况的 Meta 分析》，《现代预防医学》2017 年第 1 期。

⑤ 邹泓：《中学生的社会支持系统与同伴关系》，《北京师范大学学报》（社会科学版）1999 年第 1 期。

⑥ 伍新春等：《青少年的感恩对创伤后成长的影响：社会支持与主动反刍的中介作用》，《心理科学》2014 年第 5 期。

其二，基于 Vaux 社会支持评价量表的评量。例如，辛自强等人对 Vaux 等人编制的社会支持评价量表进行了修订，用其分析了青少年社会支持的特点。该社会支持评价量表主要用于团体方式测量知觉到的社会支持水平。量表共有 23 个项目，其中有 8 项用于测量家人的支持，7 项用于测量朋友的支持，其余 8 项用于测量一般他人的支持。采用五级评分，1＝从不，5＝总是，得分越高表示支持水平越高。另外，量表中 3、10、13、21、22 题为否定陈述，需作反向处理。[1]

其三，基于 Furman 社会关系网络问卷的评量。例如，刘春梅等人采用 Furman 等人（1985，1992）编制、邹泓（1998）修订的社会关系网络问卷，对青少年社会支持系统进行了评量。[2]

其四，基于肖水源社会支持评定量表的评量。例如，孙仕秀在对肖水源社会支持评定量进行修订的基础上，测量了青少年的社会支持状况，进而分析了其社会支持与情绪行为问题的关系，从而研究了心理弹性的中介与调节作用。[3] 还如，邓琳双也利用这一评定量表对青少年的社会支持进行了测量，用其对人格与青少年疏离感的关系进行了研究。[4]

其五，基于姜乾金领悟社会支持量表的评量。例如，叶宝娟借鉴姜乾金翻译引入的领悟社会支持量表，对青少年领悟社会支持进行了测量。[5]还如，陈维在研究高中生社会支持、学业自我效能感与学习倦怠的关系时，对姜乾金的量表进行了调整，以测量高中生的社会支持状况。[6]

其六，基于探索性因素法（EFA）的评量。例如，张大维等人利用探索性因素法（EFA）构建青年社区矫正对象社会支持评估指标体系，通过工具性支持、情感性支持、支持利用度 3 个维度和 30 个指标的测量，得出评量

---

[1] 辛自强等：《青少年社会支持评价量表的修订与应用》，《中国心理卫生杂志》2007 年第 6 期。
[2] 刘春梅、邹泓：《青少年的社会支持系统与自尊的关系》，《心理科学》2007 年第 3 期。
[3] 孙仕秀等：《青少年社会支持与情绪行为问题的关系：心理弹性的中介与调节作用》，《中国临床心理学杂志》2013 年第 1 期。
[4] 邓琳双：《人格与青少年疏离感的关系：社会支持的中介作用》，《中国临床心理学杂志》2012 年第 5 期。
[5] 叶宝娟等：《领悟社会支持、应对效能和压力性生活事件对青少年学业成就的影响机制》，《心理科学》2014 年第 2 期。
[6] 陈维等：《高中生社会支持、学业自我效能感与学习倦怠的关系》，《教学与管理》2016 年第 6 期。

结果。[①]

5. 大学生社会支持评量

第一,借鉴 Berlin 社会支持量表的评量。例如,侯志瑾借鉴 Berlin 社会支持量表,修订形成了大学生生涯社会支持量表,其将社会支持分为物质支持、情感支持、信息支持和建议支持四个方面,为大学生生涯社会支持考察提供了测量工具。[②] 在国外另一项关于大学生生涯社会支持的研究中,Krista 将社会支持的测量分为经济支持、情感支持、建议支持三个方面。[③]

第二,借鉴 Sheldon 人际支持评估量表的评量。例如,程虹娟等人采用 Sheldon 编制的人际支持评估量表(ISEL)作为测量工具,探讨了大学生社会支持的人数、来源、满意度以及社会支持的种类等。量表包括 4 个维度,40 个条目:信息支持(1—10 题);陪伴支持(11—20 题);物质支持(21—30 题);情绪支持(31—40 题),评定采用"是""否"两个选项。这四个维度的内部一致性信度系数 α 分别为 0.63、0.70、0.77、0.54。[④]

第三,借鉴肖水源社会支持评定量表的评量。例如,叶悦妹等人参照肖水源的社会支持评定量表编制了一份大学生社会支持评定量表,以测量大学生的社会支持状况。[⑤] 之后,卢谢峰在叶悦妹修订量表的基础上作了进一步的调整,以考察大学生社会支持与压力、健康之间的关系。[⑥] 还如,和红等人采用肖水源社会支持评定量表对北京的大学生社会支持现状进行了评量,并对影响因素进行了检测。[⑦] 孔风也在借鉴其量表的基础上,对大学生社会

[①] 张大维、邢敏慧:《青年社区矫正对象的社会支持:评量、归因与策略》,《上海城市管理》2020 年第 2 期。

[②] 侯志瑾、白茹、姚莹颖:《大学生生涯社会支持量表的编制》,《中国临床心理学杂志》2010 年第 4 期。

[③] Krista, M. C. & Ellen, H. M., "Ethic Differences in Career Supports and Barriers for Battered Women: A Pilot Study", *Journal of Career Assessment*, 2004, 12 (2): 169-187.

[④] 程虹娟、方晓义、蔺秀云:《大学生社会支持的调查研究》,《中国临床心理学杂志》2005 年第 3 期。

[⑤] 叶悦妹、戴晓阳:《大学生社会支持评定量表的编制》,《中国临床心理学杂志》2008 年第 5 期。

[⑥] 卢谢峰、韩立敏:《大学生社会支持对压力与健康关系的调节作用》,《中国学校卫生》2011 年第 4 期。

[⑦] 和红、杨洋:《北京地区大学生社会支持现况及影响因素分析》,《中国学校卫生》2014 年第 2 期。

支持与主观幸福感之间的关系进行了评量研究。①

第四,借鉴姜乾金领悟社会支持量表的评量。例如,严标宾在借鉴此量表的基础上,对大学生的社会支持进行了测量,通过三个指标的分数加总,获得了社会支持程度高低,从而对大学生社会支持、自尊和主观幸福感之间的关系进行了研究。② 还如,杨晓峰对领悟社会支持量表进行了相同修订,用以考察社会支持与主观幸福感的关系。③

(四)社会支持的作用机制

上述社会支持评量主要解决的是社会支持效果如何的问题,但要探寻其是如何产生效果的问题则需要另行研究,这就涉及社会支持的作用及其运行机制的相关研究,由之也产生了社会支持作用机制的相关理论,成为本研究的重要理论基础。社会支持的作用机制,主要是阐释社会支持发挥什么作用,是如何发挥作用的,其以怎样的方式来影响受动者。关于社会支持的作用机制,主要存在三种理论模型。④

1. 主效应模型

社会支持的主效应模型,强调社会支持在日常活动中发挥的主要效应。该模型认为,社会支持对受助个体的身心健康具有普遍增益性。⑤ 这一作用机制模型在多个领域得到了研究运用。

其一,社会支持与大学生心理健康。例如,欧阳丹研究发现社会支持的作用机制是,在常态下有益于大学生的心理健康。⑥

其二,社会支持与社区矫正对象精神健康。例如,杨彩云剖析了社区矫正对象的精神健康状况,研究发现主观支持、客观支持和支持利用度对精神

---

① 孔风等:《大学生的社会支持、孤独及自尊对主观幸福感的作用机制研究》,《心理科学》2012年第2期。
② 严标宾、郑雪:《大学生社会支持、自尊和主观幸福感的关系研究》,《心理发展与教育》2006年第3期。
③ 杨晓峰等:《大学生社会支持、核心自我评价与主观幸福感的关系研究》,《中国特殊教育》2009年第12期。
④ 这三种模型分别是 The Main Effect Model,即主效应模型;The Buffering Model,即缓冲器模型;The Dynamic-effect Model,即动态效应模型。
⑤ 宫宇轩:《社会支持与健康的关系研究概述》,《心理学动态》1994年第2期。
⑥ 欧阳丹:《社会支持对大学生心理健康的影响》,《青年研究》2003年第3期。

健康的影响方向是有差异的：主观支持与支持利用度越好，精神健康状况越好；客观支持越好，其精神健康状况反而越差。① 还如，杨玲等人采用症状自评量表、领悟社会支持量表对社区矫正对象领悟社会支持与心理健康的关系进行了探索，发现其作用机制是：社区服刑人员期望朋友支持越高，表现出的心理健康水平越低；期望家庭支持越高，表现出的心理健康水平也越高。② 类似的研究，还有罗艳红等对女性罪犯抑郁的探讨。③

主效应模型，侧重社会支持作用效应的广泛性和运行机制的交互性。尽管不同的社会支持对个体效应的作用方向不同，但总体存在普遍增益性。虽然这未考虑不良生活事件对社会支持的影响及二者间的交互作用，但这并不是说社会支持与压力没有关系，只是从长期角度反映了社会支持在一般情况下对身心健康的作用机制。

2. 缓冲效应模型

社会支持的缓冲效用模型，强调社会支持在压力情境、压力事件与身心健康之间所发挥的缓冲器效应和安全阀效应及其作用机制。缓冲效应模型不同于主效应模型具有的普遍增益性，其强调社会支持在压力事件下发挥作用，认为其发挥作用仅在压力情境下才会对身心健康产生影响，以缓解压力事件对个体的消极影响，从而提高个体身心健康水平。较具代表性的观点是，Cohen 认为，作为安全阀的社会支持在压力事件与健康状况的关系链条的两个环节上发挥作用，这一作用机制模型也在多个领域得到了研究运用。

其一，社会支持作用于个体对压力事件的主观评价环节。在此环节中，社会支持可以影响个体对压力事件的评估。个体在受到社会支持后，会对所获支持的内容和程度做出评价，若个体感知到它们足够应对所面对的压力事件时，则会降低对压力事件严重性的评价。例如，郑立信在对处境不利学生的社会支持进行研究时发现，肯定支持、他人支持等社会支持维度对有利于

---

① 杨彩云：《社区服刑人员的社会融入与精神健康：基于上海的实证研究》，《华东理工大学学报》（社会科学版）2014 年第 4 期。

② 杨玲等：《社区服刑人员领悟社会支持与心理健康的关系研究》，《中国社会医学杂志》2016 年第 6 期。

③ 罗艳红、蔡太生、张玉宇：《领悟社会支持、自尊与女性罪犯抑郁的关系》，《中国临床心理学杂志》2012 年第 6 期。

改变学生的不利处境。①

其二，社会支持作用于压力主观评价后和疾病前的环节。一方面，社会支持会导致个体对压力事件的再评价，若感知到的支持提高了自身的应对能力，则会降低或缓解个体的紧张反应和状态；另一方面，社会支持可以通过提供问题的解决措施来缓解压力事件造成的不良影响。例如，陶沙等人在对抑郁大学生的社会支持研究时发现，对抑郁倾向大学生而言，相比其他来源的社会支持，良好的友伴关系能提供更多可利用的有效支持资源，缓解各种不良事件或情境带来的消极情绪。② 这在一定程度上也支撑了缓冲效应模型的作用机制。

3. 动态效应模型

社会支持的动态效应模型，强调社会支持和压力一起对身心健康起作用。动态效应模型有别于主效应模型和缓冲效应模型，后两者都假定社会支持、压力是相对于心理健康而独立的变量，而动态效应模型认为社会支持、压力和心理健康是复合交叉的。③ 该模型还较少被验证。

总体来看，主效应模型和缓冲效应模型假设反映出社会支持的两种基本作用机制，即维护健康和预防疾病的运行机理，这两种作用机制分别对应着社会支持对个体健康的短期与长期的作用效果。前者倾向于认为社会支持在一般情况下维持个体良好的身心状态；后者则将社会支持看作特定时期个体应对压力的网络资源。例如，郝晓宁等人在对城市老年人社会支持的研究中指出，其作用机制呈现为两个方面：一方面，能够通过对应激的缓冲作用来为个体提供保护；另一方面，又对维持良好的身心状况具有重要意义。④ 还如，陶裕春等人在考察社会支持对农村老年人身心健康影响的研究中发现，非正式支持（非核心亲属和朋友的支持）对农村老年人身心健康发挥了

---

① 郑信军：《处境不利学生的内隐、外显自我概念及其与社会支持的关系》，《心理科学》2007年第1期。

② 陶沙、李伟：《抑郁倾向大学生社会支持结构及其满意度的研究》，《中国心理卫生杂志》2003年第1期。

③ Rhodes R. L., Teno J. M., Connor S R., "African American Bereaved Family Members' Perceptions of the Quality of Hospice Care: Lessened Disparities, but Opportunities to Improve Remain", *Journal of Pain and Management*, 2007, 34 (5): 472-479.

④ 郝晓宁、薄涛：《我国城市老年人口的社会网络及社区养老分析——基于北京市的抽样调查》，《中国卫生政策研究》2012年第2期。

"主效应模型"的增益作用,正式社会支持对农村老年人身心健康发挥了"缓冲器模型"效应。[1] 动态效应模型将会使社会支持、压力和心理健康等要素之间的关系,以及社会支持的作用机制变得更加复杂,也将在实践中进一步得到应用和检验。

(五)社会支持的影响因素

对社会支持的运行研究,除了上述研究其发挥多大作用(测量评估)、如何发挥作用(作用机制)外,还存在探寻影响作用发挥的因素问题,即社会支持的作用归因研究(影响因素)。社会支持的影响因素是多方面的,社会支持的寻求、给予和获得,既会受到支持客体自身特征的影响,也会受到支持来源主体特性的影响。总体来看,影响社会支持的因素有两大类,即受用者层面的因素、供给者层面的因素,但具体则较为复杂,包括性别、年龄、性格、婚姻、经济、关系等因素,由此也产生了丰富的研究成果,成为本研究中社会支持影响因素检验的重要理论基础。

1. 性别因素

性别对社会支持的影响程度因对象、地域、风俗等差异而有别,不同性别个体在社会支持的寻求、给予和获得方面存有差异。

一方面,认为女性的社会支持水平明显高于男性,女性在社会支持获得和寻求中较男性具有一定优势。[2] 例如,Steven 等人研究发现,女性比男性更愿意与同伴讨论棘手的问题,获取帮助的满意度也更高。[3] 程虹娟等人研究表明,女性可能获得的支持度和满意度等显著高于男性。[4] 丁锦红等人通过对在校大学生的问卷调查发现,女性所获的社会支持水平,尤其是主观支

---

[1] 陶裕春、申昱:《社会支持对农村老年人身心健康的影响》,《人口与经济》2014年第3期。

[2] Kendler K. S., John Myer M. S., Prescott C. A., "Sex Differences in the Relationship Between Social Support and Risk for Major Depression: A Longitudinal Study of Opposite-Sex Twin Pairs", Am. J. Psychiatry, 2005, 162: 250-256.

[3] Steven B., Nick F., Leonie S., et al., "Gender Differences in the Use of Social Support as a Moderator of Occupational Stress", Stress and Health, 2003, 19: 45-58.

[4] 程虹娟、方晓义、蔺秀云:《大学生社会支持的调查研究》,《中国临床心理学杂志》2005年第3期。

持和利用度两方面显著高于男性。①

另一方面，认为男性的社会支持水平有时高于女性。例如，李树苗等人通过性别考察了农民工社会支持网络分布在流动前后的变化，结果表明：流动之后，男性和女性的社会交往支持网络规模有所减小，且女性相对男性更为明显，这说明，女性在社会支持中处于相对劣势地位，对支持网络资源的支配能力较差。② 光瑞卿等人也研究发现：女性老年人所获得的社会支持、主观支持、客观支持远远低于男性老年人。③

也有学者对社会支持的性别差异进行了归因分析。例如，Bellman 认为，社会支持的性别差异主要是由性别角色的社会化导致的。一般认为，女性相对弱势，更易获得社会支持；同时女性在感情上的敏感，也使她们更易给予他人支持。④

此外，性别因素对社会支持的影响还表现在支持来源方面。例如，Henderson 等人随机抽取 937 名大学生调查发现：女性的重要社会支持通常来自家庭，而男性的重要社会支持通常来自朋友。⑤ 而吴丹伟等人的研究表明，异性朋友的社会支持对主观幸福感的影响最大。⑥

2. 年龄因素

年龄大小对社会支持的获得和给予产生较大影响，但年龄大小与支持大小并不完全是线性关系，而且年龄大小在支持类型上也有较大差别。

一方面，在支持获得方面，一般认为可用社会支持资源的数量和质量会随着年龄的增大而下降。例如，Marsden 根据全美综合调查分析得出，年龄与社会网络规模呈显著负相关，即年龄越大，社会网络规模越小，青年人和

---

① 丁锦红、王净：《在校大学生社会支持状况研究》，《首都师范大学学报》（社会科学版）2000 年第 1 期。

② 李树苗等：《农民工的社会支持网络》，社会科学文献出版社 2008 年版，第 121—129 页。

③ 光瑞卿、席晶、程杨：《北京市社区居住老年人社会支持度量及其影响因素研究》，《北京师范大学学报》（自然科学版）2020 年第 1 期。

④ Bellman S., Forster N., Still L., Cooper C. L., "Gender Differences in the Use of Social Support as a Moderator of Occupational Stress", *Stress & Health*, 1999, 19 (1): 45-58.

⑤ 程虹娟、龚永辉、朱从书：《青少年社会支持研究现状综述》，《健康心理学杂志》2003 年第 5 期。

⑥ 吴丹伟、刘红艳：《大学生的主观幸福感与社会支持的相关研究》，《河北科技大学学报》（社会科学版）2005 年第 3 期。

中年人相比老年人更容易获得社会支持。① 还如，在山西老年人社会支持网调查中，贺寨平得出相同的分析结果，即老年人社会支持网的网络规模相对较小，但网络成员关系具有紧密度高、同质性强的特点。② 当然，在一定的年龄界限以下，也会有相反的研究结论，即在同为年轻人中，年龄稍大的比年龄偏小的个体更有获得社会支持的优势。例如，关于农民工的研究中，20世纪 80 年代出生的农民工所感知到的社会支持显著高于 90 年代出生的农民工，因为其积累了较丰富的社会经验，社会交往面也相对较广，随着可运用的社会关系资源的增加，感受到的社会支持自然也随之增加。③

另一方面，在支持给予方面，一般认为不同年龄段的人提供的支持类型有差异，大体上是年龄较大的人提供的多是情感支持和社交支持，而年轻人多提供实际支持。

3. 性格因素

性格特征对社会支持的寻求和获得也会产生直接影响。已有研究围绕外倾型的性格和内控性的性格也呈现一组相对的观点。

一方面，认为外倾型的性格更容易获得社会支持。其研究表明，具有积极个性、乐观、开朗的人更合群，更愿意与他人交往，从而建立积极的人际关系，拓展社会支持网，更容易得到和接受社会支持。也就是说，外倾型的个体更多地会主动寻求和接受来自他人的帮助。例如，李强认为，内向性格者较之外向性格者在面对压力事件时，不容易及时地得到社会支持并加以有效利用，因而更容易产生应激反应，甚至出现心理障碍，而外向性格者更容易获得社会支持并有效化解问题。④ 另一方面，认为内控性的性格更容易获得社会支持。例如，有学者指出，内控性的人比外控者能获得更多的客观支持。⑤

4. 婚姻因素

婚姻状况也逐渐被认为是影响社会支持获得和供给的重要因素。一般认

---

① Marsden, P. V., "Core Discussion Networks of Americans", *American Sociological Review*, 1987, 52 (1): 122-131.

② 贺寨平：《社会网络与生存状态——农村老年人社会支持网研究》，中国社会科学出版社 2004 年版，第 210 页。

③ 邵雅利、傅晓华：《新生代农民工的社会支持与主观幸福感》，《四川理工学院学报》（社会科学版）2014 年第 4 期。

④ 李强：《社会支持与个体心理健康》，《天津社会科学》1998 年第 1 期。

⑤ 叶俊杰：《大学生领悟社会支持的影响因素研究》，《心理科学》2005 年第 6 期。

为，已婚比未婚人群更容易获得社会支持。例如，Ensel 研究表明，已婚人群相比未婚人群在社会支持水平上更具优势，更易获得社会支持。除了从婚姻外获得社会支持外，夫妻之间也能够为彼此提供较高水平的社会支持。[1] 还如，邵雅利等人研究发现，已婚的新生代农民工所获社会支持高于未婚的新生代农民工，同时，已婚的新生代农民工相比未婚新生代农民工主观幸福感更强。[2] 此外，李艳等人通过对比已婚男性与大龄未婚男性的社会支持，研究发现：大龄未婚男性所获得社会支持少于已婚男性，尤其是情感支持；两者的支持来源也存在显著的差异，大龄未婚男性所获得来自亲缘的支持较少，更多的依赖来自友缘的支持；同时，大龄未婚男性支持网中的弱关系一般也低于已婚男性。[3]

5. 经济因素

经济地位对社会支持的获得和供给均产生重要影响。以衡量经济地位重要指标的收入为例，Eckenrode 研究发现，收入较高的人具有较高的社会经济地位，这就意味着他们与别人建立关系的机会较多，与网络成员有更多的接触和联系，掌握较多的社会资源，因而经济地位较高的人通常具有丰富的社会支持来源。[4]

一方面，从受用者的角度看。通常认为，经济地位越高的人拥有用于交换的资源越多，因而越多的人愿意向他提供支持。例如，李黎明等人在对大学生社会就业压力与社会支持的研究中论证了这一点。[5]

另一方面，从供给者角度看。经济因素也会影响到人们对支持的提供和给予。经济条件越好的个体所能提供的社会支持的种类越多，越容易做出提供支持的决定。例如，贺寨平对农村老年人社会支持的研究发现，拥有不同

---

[1] Ensel, W. M., "Social Class and Depressive Symptomatology", in N. Lin, A. Dean and W. Ensel, Social Support, Life Events, and Events, and Depression, Orlando: Academic Press, 1986: 87-104.

[2] 邵雅利、傅晓华：《新生代农民工的社会支持与主观幸福感》，《四川理工学院学报》（社会科学版）2014 年第 4 期。

[3] 李艳等：《农村男性的婚姻状况与社会支持网络》，《西安交通大学学报》（社会科学版）2010 年第 3 期。

[4] Eckenrode, J., "The Mobilization of Social Support: Some Individual Constraints", American Journal of Community Psychology, 1983, 11 (2): 509-528.

[5] 李黎明、张顺国：《影响高校大学生职业选择的因素分析 基于社会资本和人力资本的双重考察》，《社会》2008 年第 2 期。

经济地位的人提供的支持种类有所不同，通常情况下，经济地位较高者多提供重要决策、养老、借钱等较为重要的支持，而经济地位较低者则主要提供借物等较为次之的支持。① 再如，洪小良等人对贫困家庭社会支持的研究发现，家庭经济条件越好，对网络成员无偿提供资金支持、实物支持等支持行为的可能性越大。② 还如，李晶晶等人研究发现，家庭经济条件与留守儿童教育的社会支持呈正相关。③

6. 关系因素

关系维度是影响社会支持最为广泛的因素。关系本身的复杂性，也决定了其对社会支持影响的多面性。已有研究中，关系因素对社会支持的影响主要包括以下三个方面。

第一，关系网络规模对社会支持产生影响。关系网络规模，指的是能够为支持客体提供支持和帮助的主体多少，即支持来源主体的规模大小。科尔曼认为，一个人为了保证生活所需要的大量社会支持，就必须与形形色色的人保持社会关系。④ 由此看来，关系网络规模就显得尤为重要了。已有研究表明，支持客体拥有的网络规模越大，网络中的社会资源越丰富，个体的获益就越多。⑤

第二，关系类型对社会支持也构成影响。关系类型，指的是社会支持受用者与供给者之间的关系形式，如非正式关系（亲属、朋友、同事、邻居）和正式关系（政府、单位）等。不同的社会支持对象，其所面对的社会支持供给主体类型会有差异，所能接受到的社会支持也就有所不同。科尔曼指出，不同网络关系将提供不同类型的社会支持。⑥ 一般认为，亲朋是个体获

---

① 贺寨平：《社会网络与生存状态——农村老年人社会支持网研究》，中国社会科学出版社 2004 年版，第 210 页。
② 洪小良、尹志刚：《北京城市贫困家庭的社会支持网》，《北京行政学院学报》2005 年第 3 期。
③ 李晶晶、李莉：《农村留守儿童教育的社会支持影响因素研究——以山西省长治市屯留区为例》，《天津农业科学》2020 年第 12 期。
④ ［美］詹姆斯·S. 科尔曼：《社会理论的基础》，邓方译，社会科学文献出版社 1999 年版，第 371 页。
⑤ 边燕杰：《城市居民社会资本的来源及作用：网络观点及调查发现》，《中国社会科学》2004 年第 3 期。
⑥ ［美］詹姆斯·S. 科尔曼：《社会理论的基础》，邓方译，社会科学文献出版社 1999 年版，第 371 页。

得社会支持的主要来源。在所有亲密关系中，父母与成年子女的关系是最有支持性的，即使是关系强度较弱的亲子关系，互相提供的支持也多于其他关系。

　　第三，关系强度对社会支持亦有重要影响。关系强度，指的社会支持受用者与供给者之间的关系强弱程度。一般认为，关系强度与社会支持高度相关，但具有三种观点。其一，认为关系强度与社会支持呈正相关，即强关系越容易提供社会支持。Wellman 等人在第二次东约克调查研究中，用关系亲密程度、交往是否主动、关系的多重性来测量关系强度，调查研究表明：强关系相比弱关系而言，可提供更广泛、更切实的社会支持，即能够提供社会支持的种类更多，更能提供个人所需要的支持。其在分析归因时认为，紧密程度较高的强关系，意味着网络中大多数成员会出于亲密关系向对方给予支持。[①] 其二，认为关系强度与社会支持呈负相关，即弱关系是获得社会支持的重要来源。格兰诺维特曾对关系强弱的测量及弱关系的作用进行了探讨，其从互动频率、情感强度、亲密程度、互惠交换四个方面来评量关系强度。[②] 研究指出，强关系往往是在同质性较强的群体中形成，彼此间相互熟悉，所掌握的信息重复率较高，因而信息对自身有用性来说较低，社会支持较弱。相反，个人更可能从弱关系网络成员那里获得新的重要的信息，因而弱关系在信息交换中的中介作用明显，社会支持较强。其三，认为关系强度对社会支持的影响并非绝对的，在提供不同类型支持时所发挥的作用存在差异。例如，对下岗工人社会支持的研究发现，下岗者在寻求经济支持时，倾向于同质性较高的强关系群体，主要指血缘群体；而在寻求就业支持时，则倾向于异质性较高的弱关系群体，如朋友、同学、同事等。[③]

[①] Wellman B. &Wortley S., "Brothers' Keepers: Situating Kinship in Broader Networks of Social Support", *Sociological Perspectives*, 1989, 32 (3): 273-306.
[②] 贺寨平：《国外社会支持网研究综述》，《国外社会科学》2001 年第 1 期。
[③] 丘海雄、陈健民、任焰：《社会支持结构的转变：从一元到多元》，《社会学研究》1998 年第 4 期。

三 社会支持的社矫运用分析

在基层治理创新的背景下，社区矫正与社会支持是本研究的两个重要核心概念，上文分别就二者在各自领域的研究进展、已有文献进行了较为全面的梳理，呈现了当前学术界在两个方面已有的理论基础。然而，要明晰社区矫正与社会支持二者的交叉研究状况，就需要厘清社会支持概念是如何介入社区矫正领域、社区矫正领域是如何运用社会支持理论的。如前所述，社会支持理论已被广泛运用于老年人、农民工、留守儿童、青少年、大学生等相对弱势群体的研究，近年来随着社区矫正制度的实施和社区矫正实践的推进，也开始被引入社区矫正研究领域。社区矫正工作中的相对弱势群体，自然当属社区矫正对象。因此，社区矫正与社会支持的研究结合，自然也就是社区矫正对象的社会支持研究；社会支持在社区矫正研究中的运用，自然也就是社会支持在社区矫正对象研究中的运用。通过对已有文献中关于社区矫正对象社会支持研究的梳理，自然也形成了本研究的重要理论基础。

（一）社区矫正对象的社会支持现状考察

现状考察是社区矫正对象社会支持研究的基本话题。由于对社会支持的分类呈现多视角和多维度的特征，因而对社区矫正对象社会支持现状考察也呈现多向度。为了整合已有研究并清晰梳理文献，同时凸显本研究的创新之处，我们从研究方法的角度，将已有社区矫正对象社会支持现状考察概括为，支持结构定性考察和支持水平定量考察两个方面。

1. 社区矫正对象社会支持结构定性考察

第一，基于支持类属的社会支持现状考察。此类研究主要是按照社会支持的类型来定性考察社区矫正对象的社会支持现状。其一，基于正式支持和非正式支持的现状考察。例如，金碧华将社区支持、NGO支持、单位支持、公检法司机构支持四方面界定为正式支持，将配偶支持、代际支持、亲属支持、朋友支持界定为非正式支持。在此基础上，采用访谈和案例分析结合的方法，对社区矫正对象社会支持现状进行了定性分析。[①] 其二，基于物质支持和精神支持的现状考察。例如，姬莉平研究发现，社区矫正对象的物质支持普遍比较薄弱，物质支持主要来源是家庭等非正式支持系统，部分来自朋友的物质支持是有"代价"的，有可能引起青少年重新犯罪；[②] 朋友是社区矫正对象主要的精神支持来源，其支持作用大于家庭的支持作用。信任支持明显缺失，是社区矫正对象精神支持网络的主要特征。[③] 其三，基于实际支持、情感支持和社交支持的现状考察。例如，王乐对社区矫正对象实际支持网、情感支持网和社交支持网三类社会支持子网的规模和构成进行研究发现，在社会支持网的规模方面，农村地区的社区矫正对象社会支持"总体网"和"重要网"的规模均不大，其中"总体网"的规模均超过4人，不仅小于城市居民，还小于老人和艾滋病患者等特殊群体；而"重要网"的规模中，实际支持网、社交支持网和情感支持网的规模依次变小。[④]

第二，基于支持来源的社会支持现状考察。此类研究主要是按照社会支持的来源来定性考察社区矫正对象的社会支持现状。其一，基于个人、邻里和社区的现状考察。例如，许小玲等人基于系统论的视角，重点关注家人、朋友、邻居等提供的非正式社会支持，分析了社区矫正对象社会支持网的现状。[⑤] 其二，基于社会、社区、家庭和个人的现状考察。例如，章友德等人通过访谈和观察法对上海市进行案例研究，从宏观的社会、中观的社区、对象的家族及微观的个人层面，对社区矫正对象社会支持状况进行研究。其分析指出：在社会层面，案例市形成了政府主导下的多元化社会支持体系；在社区层面，社区非政府组织是社会支持服务的主体；在家族层面，自身家庭

[①] 金碧华：《支持的"过程"：社区矫正假释犯对象的社会支持网络研究》，法律出版社 2014 年版。

[②] 姬莉平：《上海市社区矫正对象物质支持状况的社会学分析——以社会网络分析为视角》，《四川警官高等专科学校学报》2007 年第 3 期。

[③] 姬莉平：《社区服刑人员的精神支持网络探析》，《山西师大学报》（社会科学版）2008 年第 2 期。

[④] 王乐：《农村社区矫正人口社会支持研究——以成都市为例》，西南财经大学博士学位论文，2014 年。

[⑤] 许小玲、马贵侠、唐莉：《社区矫正对象的社会关系支持网络研究——基于社会工作系统论的视角》，《安徽农业大学学报》（社会科学版）2011 年第 1 期。

是社会支持服务的主体;在个人层面,专业社工是社会支持服务的主体。①

2. 社区矫正对象社会支持水平定量考察

第一,基于客观支持、主观支持和支持利用度的定量考察。例如,庞荣借鉴肖水源社会支持评定量表,从客观、主观和支持利用度三个维度设计问卷并测量青年社区矫正对象社会支持水平。研究结果表明,青年社区矫正对象的主观支持、支持利用度、客观支持依次递减。青年社区矫正对象因婚姻、健康、职业等状况不同,其社会支持水平显著不同。② 还如,李晓娥以河北某市为例,利用该量表考察了社区矫正对象的客观、主观和支持利用度状况。研究结果表明,社区矫正对象的家人、社区矫正工作人员是社区矫正对象社会支持主要来源,婚姻状况和有无服刑经历是影响社区矫正对象社会支持的重要因素,朋友支持程度一般。③

第二,基于经济支持、就业支持和精神支持的定量考察。井世洁对上海市某区的社区矫正对象进行问卷调查发现,社区矫正青少年在经济、就业和精神三方面的需求呈现断裂与重构的特征,得到家人、朋友的支持极大,但来自社区居民、各级政府部门和社会组织等方面的资源却未能按计划充分发挥作用。④

第三,基于工具性支持、情感性支持和支持利用度的定量考察。例如,郑永君在本研究团队的探索基础上,将社会支持分为工具性支持、情感性支持和支持利用度三个维度,通过定量研究方法,运用本研究的调查数据对青少年社区矫正对象的社会支持及其影响因素进行了统计分析。结果表明:从支持来源看,非正式支持呈现由内而外递减的差序性,正式支持呈现随着专业性递减而递增的格局;从总体上来看,情感性支持略高于工具性支持,支持利用度中一般性互动呈现由内而外减少的差序性,制度性互动则随专业性

---

① 章友德、李光勇:《社区服刑人员社会支持系统调查研究——以上海为例》,《华东理工大学学报》(社会科学版)2015年第2期。
② 庞荣:《青年社区服刑人员社会支持水平测量与构建——基于上海市的问卷调查》,《中国青年研究》2016年第7期。
③ 李晓娥:《社区服刑人员社会支持系统调查研究——以河北省某市为例》,《中国人民公安大学学报》(社会科学版)2011年第1期。
④ 井世洁:《断裂与重构:社区矫正青少年的社会支持——以上海市J区为例》,《社会科学》2012年第9期。

减低而减少。①

第四，基于工具性支持、情感性支持、信息性支持的定量考察。例如，张大维等人量化分析了 W 市 351 名社区矫正对象对以上支持的总体需求及差异状况，研究发现：社区矫正对象是否就业、是否有心理问题、是否受过矫正惩罚及家庭经济水平造成了其在三类社会支持需求上的具体差异。②

（二）社区矫正对象的社会支持功效挖掘

现状考察呈现的是社区矫正对象社会支持的获得程度、供给水平，以及变化趋势、类型位序等，阐释的是社会支持的现实状况。而功效挖掘呈现的是社会支持对社区矫正对象产生的结果，即上述社会支持供给获得使社区矫正对象产生了怎样的改变，形成了怎样的功效，在什么条件下形成功效等。一般认为，社会支持对社区矫正对象会产生积极的功效，其嵌入社区矫正是非常必要的。Cullen 指出，社会支持对犯罪预防和矫正具有重要作用，社会支持与犯罪率呈反比关系，即社会支持增加能有效减少犯罪的发生并提升矫正效果。③ 连春亮指出，社会支持网络在社区矫正对象的矫正过程中发挥了重要功能，具体表现在环境文化的潜移默化、社区居民的行为文化示范、社区内制度文化的制约、社区精神文化的内化等四大方面。④ 当前学术界就社会支持对社区矫正对象产生的功效挖掘，主要涉及精神健康、心理健康和重返社会等方面。

1. 社会支持与社矫对象精神健康关联挖掘

第一，社会支持与社区矫正青少年抑郁水平关联挖掘。例如，井世洁通过问卷调查研究发现，在客观支持、主观支持和支持利用度中，社会支持利用度是直接影响社区矫正青少年精神健康的重要因素，社区矫正对象对社会支持的利用能力越高，他们的抑郁程度就越低。⑤ 第二、三类支持与社区矫

---

① 郑永君：《青少年社区矫正对象的社会支持及影响因素》，《青年探索》2016 年第 5 期。

② 张大维、邢敏慧：《社区矫正对象社会支持需求评量与精准供给》，《上海城市管理》2019 年第 4 期。

③ Cullen, F. T., "Social Support as an Organizing Concept for Criminology: Presidential Address to the Academy of Criminal Justice Sciences", *Justice Quarterly*, 1994, 11 (4): 527-559.

④ 连春亮：《社区矫正的社会支持系统及其作用》，《山东警察学院学报》2010 年第 1 期。

⑤ 井世洁：《社区矫正青少年的社会支持及其精神健康的关系》，《华东理工大学》（社会科学版）2010 年第 2 期。

正对象精神健康关联挖掘。例如，杨彩云基于分层随机抽样的调查数据，剖析了社区矫正对象精神健康状况发现，社会支持的三个维度（客观支持、主观支持和支持利用度）均对社区矫正对象的精神健康有显著影响。不同的是，主观支持、支持利用度和客观支持对精神健康的影响方向是相反的。也就是说，主观支持与支持利用度越好，精神健康状况越好；客观支持越好，其精神健康状况反而越差。①

2. 社会支持与社矫对象心理健康关联挖掘

社会支持对社区矫正对象的另一个重要影响是心理健康。罗艳红等人研究发现，社会支持系统是影响心理健康的一个重要因素，但和实际的社会支持相比较，领悟社会支持更能够了解和预测个体的心理健康水平。② 其采用症状自评量表、领悟社会支持量表对社区矫正对象领悟社会支持与心理健康的关系进行了探索，结果显示，领悟社会支持与心理健康存在一定关系：社区矫正对象期望朋友支持越高，反而其心理健康水平越低；期望家庭支持越高，其表现出的心理健康水平越高。

3. 社会支持与社矫对象重返社会关联挖掘

促进社区矫正对象顺利重返社会是社会支持对社区矫正对象的核心功效。社会支持的缺乏或无效的社会支持，会使社区矫正对象重返社会变得更加艰难，甚至会增加重新犯罪的可能。江山河等人将社会支持理论应用到社区矫正领域研究表明，社会支持系统的完善与否，对社区矫正对象顺利回归社会产生重要甚至决定性影响。③ 其后续研究进一步证实了社会支持在社区矫正中的作用，即社会支持系统的完善与否直接影响或决定着社区矫正对象能否顺利回归社会。④

---

① 杨彩云：《社区服刑人员的社会融入与精神健康：基于上海的实证研究》，《华东理工大学学报》（社会科学版）2014年第4期。

② 罗艳红、蔡太生、张玉宇：《领悟社会支持、自尊与女性罪犯抑郁的关系》，《中国临床心理学杂志》2012年第6期。

③ Jiang, S., Marianne F. G., & Mo, L., "Social Support and Inmate Rule Violations: A Multivariate Analysis", *American Journal of Criminal Justice*, 2005, 30: 71-86.

④ Jiang, S., Winfree, L. T., "Social Support, Gender, and Inmate Adjustment to Prison Life: Insights from a National Sample", *The Prison Journal*, 2006, 86 (1): 32-55.

（三）社区矫正对象的社会支持困境分析

从以上研究可以看出，社区矫正对象在获得一定的社会支持，社会支持对其产生一定功效的同时，也存在一定的困境。也就是说，社区矫正对象获得社会支持的有效供给和内化感知是需要一定条件的，而这些条件的具备与否直接影响到社会支持的现状与功效。由此，已有研究也就会对产生这一难题的原因进行分析。主要体现在两个方面：一是社会力量参与的支持网络缺乏分析，二是生产生活领域的社会排斥氛围存在分析。

1. 社会力量参与的支持网络体系缺乏分析

第一，总体归因与社区矫正参与支持缺乏分析。其一，社区建设与社区矫正参与支持缺乏分析。例如，高梅书分析认为，社区矫正社会参与缺乏的深层原因是社区建设总体滞后，市民社会发育不足。[1] 其二，社会工作与社区矫正参与的支持缺乏分析。例如，方舒分析认为，社会工作的介入的缺乏，会影响社区矫正的长效机制和社会力量的广泛参与。[2] 其三，多元主体与社区矫正参与支持缺乏分析。谭恩惠等人分析认为，社会力量参与社区矫正缺乏归结为对其认识不足，社区矫正参与平台搭建不够，职业社区矫正工作者队伍缺乏等问题。[3] 孟晗分析认为，当前我国青少年社区矫正对象的社会支持主要依赖政府支持，对社会力量（社会资源）的整合度不够，支持网络缺乏，社区矫正的社会氛围尚未建立。[4]

第二，支持类型与社区矫正参与支持缺乏分析。例如，张寅通过实地研究对国家层面的制度支持体系、社区层面的环境支持体系、矫正工作者的专业支持体系、个体层面的情感支持体系四个支持系统进行分析指出，我国目前社区矫正对象的社会支持仍然存在一些问题：社区居民对社区矫正对象的认识不够，不能很好地包容社区矫正对象；社区矫正工作者的专业素质较

---

[1] 高梅书：《社区矫正社会参与不足之深层原因及对策探析——基于市民社会视角》，《中国刑事法杂志》2013年第8期。

[2] 方舒：《我国社会工作参与社区矫正机制的检视与创新》，《甘肃社会科学》2013年第3期。

[3] 谭恩惠、卫嵘：《社会力量参与社区矫正的积极性引导及参与路径研究》，《生产力研究》2011年第4期。

[4] 孟晗：《我国青少年社区矫正社会支持网络的构建》，硕士学位论文，华中师范大学，2012年。

低；社会力量参与社区矫正不足；①社区矫正对象的个人情感支持缺乏，主要仅来源于家庭的情感支持。这些问题，使得社区矫正对象在就业中受到排斥，社交需求得不到满足，增权意识得不到提高，不利于其顺利重返社会。②

2. 生产生活领域的社会排斥氛围存在分析

第一，总体排斥与社会排斥氛围存在分析。例如，骆群分析指出，社区矫正对象遭受到来自劳动力市场、社会保障、养老保险等各个领域的社会排斥，且相互交织发挥作用，导致矫正目标偏离、社会秩序受到威胁、社会公正遭到侵害、法治社会得到削弱等不利后果，进而最终会使社区矫正制度的理念无法彰显、功效得不到发挥。在此基础上，他提出消除或减弱社会排斥不利后果的反排斥策略，包括转变观念、情感支持、物质帮助、提高技能、机会平等、政策保障等。③再如，张济洲等人在对社区矫正青少年调查中发现，目前社会各界对社区矫正的意义、理念和功能认识还不够具体，许多居民对社区矫正对象存在误解，部分学校、企业等组织对矫正青少年存在抵触心理，甚至是排斥，这并不利于矫正青少年重返社会，甚至会加大其重新犯罪的可能性。④还如，张大维等人在对 H 省 764 名社会公众关于社区矫正认知的问卷调查中发现，公众对社区矫正的认知总体薄弱等。⑤

第二，分层排斥与社会排斥氛围存在分析。例如，刘丹阳分析指出：首先，在社区层面的环境支持中，社区内的公众对社区矫正对象排斥和歧视的态度，再加上矫正对象的再就业问题不能很好地加以处理，从而引起社区矫正对象消极应对；其次，在为社区矫正对象提供的专业支持中，社区矫正专业人员不足，专业素质较差，容易对社区矫正对象产生歧视；最后，在社区矫正对象的个人情感支持网中，部分社区矫正对象的家庭、朋友和邻里提供的情感支持还不到位，部分情感支持系统中仍有对社区矫正对象嫌弃、躲

---

① 鲍宇科、葛白：《社会治理视角下社会力量参与社区矫正问题研究——以浙江省为例》，《中国司法》2020 年第 11 期。
② 张寅：《社区矫正对象的社会支持研究》，硕士学位论文，南京大学，2012 年。
③ 骆群：《弱势的镜像：社区矫正对象社会排斥研究》，中国法制出版社 2012 年版，第 87—151 页。
④ 张济洲、苏春景：《公众认同、社会支持与教育矫正质量——基于山东省社区服刑青少年调查》，《青少年犯罪问题》2015 年第 4 期。
⑤ 张大维、杨灿：《社区矫正公众认知与社区矫治体系建设》，《上海城市管理》2018 年第 2 期。

避、排斥等现象。①

第三，就业歧视与社会排斥氛围存在分析。学界对社区矫正对象就业歧视问题的关注尤为凸显，一致认为社区矫正对象顺利就业是其回归社会的重要条件，然而，社区矫正对象在就业问题上面临诸多障碍的现实状况严重影响了社区矫正对象的复归，以及削弱了社区矫正的效果。Conklin 认为，社区矫正对象就业难既可能是其犯罪的重要动因，也可能增加其再犯概率。②骆群指出，社区矫正对象在就业过程中的困境主要表现为遭遇排斥。③

（四）社区矫正对象的社会支持改善探讨

除了就社区矫正对象社会支持的现状、功效和困境的研究，已有文献还就如何改善社区矫正对象的社会支持进行了研究。其核心的意涵是倡导社会力量参与社区矫正，以改善社区矫正对象的社会支持。例如，王志远等人从社区矫正的发端起源、理论根基两方面论述了社会力量参与是社区矫正发展不可或缺的重要支撑。④ 吴宗宪从社区矫正的实际工作出发，阐述了社会力量参与能够使社区矫正对象获得有效帮助的观点，验证了构建社区矫正对象完善的社会支持需要社会各界参与的事实，从而论证了各方社会力量参与社区矫正工作的必要性和重要性。⑤ 从具体手段上看，当前学术界关于社会力量参与改善社区矫正社会支持的研究，主要是围绕引入社会工作方法介入社会支持、吸纳社会志愿群体参与社会支持、整合社区社会组织提供社会支持等方面而展开探讨的。

1. 引入社会工作方法介入支持的探讨

第一，整体性的价值论证。其主要是探讨社会工作专业方法介入社区矫正对象社会支持的重要性。例如，张昱指出，社区矫正既不等同于思想政治工作，也不等同于刑罚执行工作，而是以一种专业化的方式开展工作。因而，社区矫正工作者与矫正对象建立关系的过程实质上是一个建立专业关

---

① 刘丹阳：《社区矫正的社会支持问题思考》，《法治博览》2015 年第 8 期。
② Conklin, J., *Why Crime Rates Fell*, Boston：Allyn and Bacon，2003：107—109.
③ 骆群：《社区矫正对象在劳动力市场上的社会排斥——对上海市的实证研究》，《青年研究》2008 年第 5 期。
④ 王志远、杜磊：《我国基层社区矫正：问题、根源与本质回归》，《甘肃社会科学》2016 年第 6 期。
⑤ 吴宗宪等著：《非监禁刑研究》，中国人民公安大学出版社 2003 年版，第 22—23 页。

系，尤其是信任关系的过程。这就需要社区矫正工作者以一种人性化、社会化的价值观念对待矫正对象，同时运用专业的工作技巧介入矫正对象。[1]

第二，专门性的方法探索。其主要是从不同视角研究了专业方法支持社区矫正对象融入社会的手段。其一，个案矫正方法。例如，费梅苹指出，社区矫正中个案社会工作方法的运用，主要在于矫正社工帮助矫正对象通过修正其心理、认知、社会关系等，以支持其恢复社会功能。[2] 还如，郭钰通过对青少年犯罪和偏差行为历程的个案深入访谈，尝试运用优势视角探讨个案管理模式的介入策略和服务手法，提出需要社会大众各类人士的广泛参与和配合，以为社区矫正对象提供支持性服务。[3] 其二，小组矫正方法。小组活动可以了解矫正对象进入社区矫正后所面临的角色认同、心理压力、人际交往等方面的动态需求，由此开展具体的社会工作介入服务。杨彩云等人认为，小组活动的开展应当以矫正对象动态呈现的需求为焦点，结合社区矫正对象的特点设计相应的小组活动，借助社工方法间接治疗化解社区服刑人员的负面情绪，支持其自我认知的重新建构。[4] 其三，心理矫正方法。例如，王红星认为，社区矫正对象存在着各种不同的心理态势，针对社区矫正对象存在的反矫正心理，应开展个别化教育，施以相应对策，扎实推进"因人施矫"，提供社会支持。[5]

第三，综合性的案例推介。其主要是通过介绍案例以解析改变哪些因素、运用什么方法以支持社区矫正对象发展。例如，一些学者总结了社区矫正社工在社区矫正过程中价值观念的运用，主要包括平等对待矫正对象、对矫正对象宽容接纳、尊重矫正对象的自我决定等。

2. 吸纳社会志愿群体参与支持的探讨

第一，志愿者参与支持价值优势探讨。社区矫正志愿者参与社区矫正，

---

[1] 张昱：《论社区矫正中刑罚执行和社会工作的统一性》，《社会工作》2004年第5期。
[2] 费梅苹：《社区矫正中个案社会工作方法运用的经验实证研究》，《华东理工大学学报》（社会科学版）2004年第2期。
[3] 郭钰：《犯罪青少年矫正社会工作的个案研究》，《哈尔滨师范大学社会科学学报》2013年第3期。
[4] 杨彩云、高梅书、张昱：《动态需求取向：小组工作介入社区矫正的探索性研究——以N市C区社区服刑人员角色认同小组为例》，《中国人民公安大学学报》（社会科学版）2014年第1期。
[5] 王红星：《剖析"反矫正"心理态势 推进"个性化"社区矫正》，《犯罪研究》2010年第2期。

有利于为社区矫正对象提供社会支持。叶慧娟研究指出,社区矫正志愿者有助于社区矫正对象社会资本的恢复、培育和增加。① 周国强分析认为,社会志愿者参与社区矫正的价值和优势表现在以下方面:一是缓解矫正领域专业人员短缺的困境,提高对矫正对象提供个别化服务的能力;二是为相关人员提供了利益诉求平台,有效平衡了各种利益关系。②

第二,志愿者参与支持水平提升探讨。例如,李晓娥认为,可建立多层次、多类别的社区矫正志愿者,提前防范并提供有效社会支持。③

3. 整合社区社会组织提供支持的探讨

社会组织是参与社区矫正、改善社区矫正对象社会支持的重要力量。刘武俊研究指出,社会组织在社区矫正工作和社会支持提供中具有其独特优势,主要表现在:可以为矫正对象提供各类服务,如心理矫正、就业培训、岗位提供等;可以作为矫正对象利益表达者、维护者和实现者;可以有效协调矫正对象与社区公众和政府机构间的关系。④ 荣容等人认为,当前社会组织参与社区矫正工作主要有两种模式:一种是政府主导、社会组织参与模式,其主要是通过政府购买服务方式实现;另一种是社会主导模式,其主要是由社会组织根据矫正对象的特殊需求提供个性化服务达成。⑤ 较具代表性的"上海模式"采用的是前者,即政府购买服务,社团自主经营。民办非企业性质的社会组织,实行董事会负责制,按照政府的委托和授权从事社区矫正工作,该做法有效整合了专业社团资源和力量,⑥ 拓展了社区矫正对象社会支持的供给范围。

四 研究述评

综上所述,本部分主要围绕社区矫正、社会支持、社区矫正对象社会支

---

① 叶慧娟:《志愿者:社区矫正制度功能实现的重要补足》,《兰州学刊》2013年第11期。
② 周国强:《社区矫正中的社会力量参与》,《江苏大学学报》(社会科学版)2009年第4期。
③ 李晓娥:《论社会管理创新视阈下的社区矫正社会力量培育》,《社会工作》2012年第9期。
④ 刘武俊:《社区矫正工作中的社会力量专论》,《中国司法》2012年第7期。
⑤ 荣容、肖君拥主编:《社区矫正的理论与制度》,中国民主法制出版社2007年版,第284页。
⑥ 杨旭:《社会组织参与社区矫正制度研究》,《重庆理工大学学报》(社会科学)2016年第11期。

持三个核心概念进行了文献回顾和文献综述，分别从社区矫正的研究范畴归纳、社会支持的理论视野梳理、社会支持的社矫运用分析等三个方面进行了较为全面的归纳研究。首先，从社区矫正的多元定义、社区矫正的适用对象、社区矫正的工作队伍、社区矫正的体制机制等方面对社区矫正的研究范畴进行了归纳；其次，从社会支持的多维内涵、社会支持的类型划分、社会支持的测量评估、社会支持的作用机制、社会支持的影响因素等方面对社会支持的理论视野进行了梳理；最后，从社区矫正对象的社会支持现状考察、社区矫正对象社会支持的功效挖掘、社区矫正对象的社会支持困境分析、社区矫正对象的社会支持改善探讨等方面对社会支持的社矫运用进行了分析。以上研究，总体上呈现了当前学界政界关于本主题研究的动态进展，从而为下文的研究奠定了理论基础，并找准了拓展突破的延展方向。

分析发现，已有与本主题相关的研究呈现以下主要特点。第一，从研究主题来看，以往围绕社区矫正、社会支持而进行的主题研究较多，分别作为两大独立的研究领域产生了较多成果，但将二者结合研究的较少，而关于社区矫正对象社会支持的研究则更少。第二，从研究方法来看，以往针对社区矫正与社会支持的关系分析和定性研究较多，而实证分析和定量研究较少，尤其是就社区矫正对象社会支持进行定量测评并对其影响因素进行研究的更为欠缺。第三，从研究内容来看，现有文献从社会支持的来源向度、形式向度、性质向度出发，对社区矫正对象社会支持现状的考察较多，而从功能向度就社区矫正对象社会支持进行评量的较少，对其进行影响因素分析及政策倡导的则更少。第四，从研究角度来看，现有文献对社区矫正对象社会支持现状的考察，多是从社区矫正对象这一"接收者"角度出发，对社会支持的来源主体尤其是社区矫正工作队伍这一"提供者"角度的系统分析较少，而将两者结合进行对比分析的则更少。第五，从评量指标来看。当前关于社会支持的类型划分和量表建构还显得不足，虽类型多样，但重复较多，标准不一，难以操作，尤其是针对社区矫正对象社会支持测量的指标体系还待建构。第六，从评量工具来看。当前关于社会支持的评定量表或问卷多引自西方，要么断章取义，要么翻译失真，已有文献甚至搜索不到较为完整的中文翻译量表，这亟待进行补充研究。

第三章
社区矫正对象社会支持的评量体系

  理论基础的梳理为评量体系的构建做好了铺垫,二者是逻辑相连并贯通互构的,也共同构成了社区矫正对象社会支持和基层治理中的社区矫正治理研究的理论探索内容。评量体系的构建,是开展社区矫正对象社会支持研究的一项基础性工作,只有在建构明晰准确的概念谱系、设计科学合理的指标体系、开发良好信效度的评定量表的基础上,才能更好地进行社会支持的现状评量、因素检验与政策倡导,从而更好地完善基层治理中的社区矫正工作,促进基层治理现代化。鉴于中国特色社区矫正实践,本研究的评量体系是基于"接收者—提供者"(受益者—施动者)的视角来构建的,该视角贯穿于评量体系建构的始终。接收者为社区矫正对象,提供者主要为社区矫正社会工作者。[①] 也就是说,社会支持的指标设立和评量设计,既要考虑到社区矫正对象的获得性,即其社会支持的获得现状;还要考虑到社区矫正对象的需求性,即其社会支持的需求现状;也要考虑到社区矫正对象的供给性,即其社会支持的供给现状。同时,还要考察与之相关的影响因素。本部分的推进逻辑,是在"接收者—提供者"的视角下,依次进行评量概念的建构、评量指标的设计、评量工具的开发和评量质量的检验。本部分的演进方法,是首先提出"接收者—提供者"视角,在阐释该视角的基础上建构相关概念谱系,围绕概念谱系中支持类型这一关键概念,分析其在功能向度下的演

---

  ① 本研究的第四部分,将通过调查数据论证一般公众对社区矫正的认知度较低,还不具备通过问卷调查来了解其对社区矫正对象进行社会支持的科学性,因此,本研究考察的提供者主要为社区矫正工作者。

进并进行归并整合，从而建构社会支持概念的外延结构（下文中的一级指标）；其次在此基础上，设计社区矫正对象社会支持评量指标并将其操作化；而后参照有代表性社会支持评定量表及其应用，开发社区矫正对象社会支持评定量表；最后，为保证社区矫正对象社会支持评量指标体系的质量，还将对该评量工具用于社区矫正对象社会支持考察的信度和效度进行检验。

一 "接收者—提供者"视角下的概念建构

尽管导论中已对本研究的核心概念进行了界定，但为了能使"社区矫正对象社会支持的评量体系"这一新事物、新概念和新工具被理解，还需要建构或厘清一些关键的技术概念，这些概念是围绕着社区矫正对象社会支持而展开的，因此，我们将之称为概念谱系。这些服务于社区矫正对象社会支持而建构的概念谱系，是相对复杂的系统，为了清晰呈现，我们结合社区矫正对象社会支持的特征，又将其置于"接收者—提供者"的视角中来考察。

（一）"接收者—提供者"视角与概念谱系

社区矫正对象社会支持的评量概念、评量指标、评量工具、评量质量及其由之构成的评量体系，均是由"接收者—提供者"视角一以贯之的。在这一视角下，我们首先建构了围绕社区矫正对象社会支持的概念谱系。

1. "接收者—提供者"视角

"接收者—提供者"视角，也称"受益者—施动者"视角，或者"需求者—供给者"视角，指社区矫正对象社会支持的评量体系建构均围绕作为互动关系的两大相对主体角度来展开分析，偏废任何一方都将是不完美的。也就是说，要对社区矫正对象社会支持进行考察，就既要考察作为"接收者"的社区矫正对象的社会支持获得状况，以及社会支持需求状况；还要考察作为"提供者"的社区矫正工作人员的社会支持供给状况。同样地，要对社区矫正对象社会支持进行评量，就既要建构适用于"接收者"的社区矫正对象的社会支持评量指标和评量工具，还要建构适用于"提供者"的社区矫正工作人员的社会支持评量指标和评量工具。

本研究提出的"接收者—提供者"视角，不仅是为了分别建构两个相关主体的社会支持评量指标、评量工具及其评量体系，而更是为了体现本研究的一个重要立场，即社会支持概念所包含的主客体互动立场、过程立场，以及彼此感知立场、反馈立场。也就是说，社区矫正对象社会支持，一定是连接主体、客体两端的概念，体现的是"接收者—提供者""受益者—施动者""需求者—供给者"之间密不可分的关系，不能只从一方考察或考察一方忽视另外一方。这一视角的凸显，实际也为后续提出政策倡导指明了方向。

2. 评量体系建构的概念谱系

概念建构，指在导论中阐释的已有核心概念界定以外，将建构与此部分研究直接相关的创新的技术概念，即社区矫正对象社会支持的评量体系中涉及的关键技术概念的建构。这些概念在已有文献中很少使用或者很少被界定，而根据研究需要和实践发展，确实应该作为新的概念或者范畴而加以明确，从而成为新的研究增长点和实践创新点。这里的概念建构，均是在"接收者—提供者"视角下完成的，因此其内涵、外延、类型、指标、工具等边界均贯穿着这一视角。此部分的概念建构，主要包括上述的社区矫正对象社会支持、社区矫正对象社会支持评量体系、社区矫正对象社会支持评量体系的建构等，而这每一个概念中又涵盖着若干子概念。

社区矫正对象社会支持，是社区矫正对象与社会支持两个核心概念的合成词，本研究将其作为一个新型的单独概念而呈现。在"接收者—提供者"视角下，社区矫正对象社会支持是指，依法接收社区矫正的被判处管制、宣告缓刑、暂予监外执行、裁定假释等符合法定条件的罪犯，获得社会中的多元主体及其网络提供的有形和无形帮助以摆脱困境顺利重返社会的资源和行为，是作为帮助接收者的社区矫正对象和作为帮助提供者的社会参与主体之间双向互动和彼此感知的过程。一方面，作为接收者的感知，社区矫正对象社会支持包括社区矫正对象自身的社会支持获得和需求的感知；另一方面，作为提供者的感知，社区矫正对象社会支持包括社会参与主体的社会支持供给的感知，本研究主要指社区矫正工作人员的社会支持供给的感知。延续导论中关于社会支持外延的界定，社区矫正对象社会支持的外延主要包含工具性支持、情感性支持、信息性支持、反馈性支持等具体类型。

社区矫正对象社会支持的评量体系，包括评量概念、评量指标、评量工具和评量质量等子概念要素。评量概念，是此处所讲概念谱系的总称。评量指标,是指评价测量社区矫正对象社会支持的一级指标、二级指标、三级指标的名称选定与设置,一级指标往往是社会支持的类型划分或者考察维度,二级指标往往是社会支持测量的操作要点和关键要素,三级指标往往是社会支持测量的主要题项或问题条目。评量工具,指评定社区矫正对象社会支持获得(需求)状况的量表或问卷,以及评定社区矫正工作人员社会支持供给的量表或问卷。评量质量,指社区矫正对象社会支持评定量表或问卷(社区矫正对象卷、社区矫正工作人员卷)用于社区矫正对象社会支持考察的信度和效度如何。

社区矫正对象社会支持评量体系的建构,包括评量概念的建构、评量指标的设计、评量工具的开发、评量质量的检验等分支系统,也就是说,对上文所述的评量体系的子概念要素进行建构,其既强调内容和结果,也强调形式和过程。因此,在下文的建构过程中,将特别重视阐释推导过程、形成逻辑,进而建构合理指标和恰当体系。

(二)功能向度的支持类型演进、归并与建构

社区矫正对象社会支持评量体系的建构,除了建构关键技术概念作为基础外,还要确定社区矫正对象的评量指标,这也是最为重要的一步。而其中,尤显重要的是确定社区矫正对象社会支持的一级指标,即在文献综述(理论基础)中业已讨论的社会支持的类型划分。在前文的理论回顾中,已经从支持来源的向度、支持功能的向度、支持形式的向度、支持性质的向度等方面,对社会支持的类型划分进行了综述回顾,在此将不赘述。

从文献分析可以看出,社会支持的构成要素众多,对社会支持的类型划分也多样。一是不同学科有异。由于各学科的研究对象和研究视角不同,社会支持的指标类型也有所不同。例如,医学界的研究者基于住院患者的特征考虑,通常将社会支持划分为心理支持、生理舒适支持、信息沟通支持、家属陪伴支持和环境设施支持等五类。[①]而社会科学界的学者往往援引医学界的分类进行更多类型的修改和调整。二是同一学科也有异。即使是同一学科的研究者也会因研究目的和关注焦点不同而选取不同标准。例如,有研究者侧

---

① 邵文利、杨莘等:《住院患者护理需求及满意度相关因素分析》,《中华护理杂志》2005年第12期。

重对社会支持内容功能的考察；有研究者侧重对社会支持来源主体的划分。特别值得注意的是，在考察测量中，社会支持的内容功能和来源主体是较难决然分开的，这是由于社会支持的内容往往是由某一种或多种支持主体所提供，具有较大的交叉性。因此，多数研究者在具体研究中没有将社会支持的内容和主体分开，而是在结合内容功能和来源主体基础上对社会支持进行综合考察。除此之外，还有研究者从支持性质视角将社会支持划分为客观支持、主观支持和支持的利用度；也有学者从支持形式将社会支持划分为正式支持、非正式支持和准正式支持；等等。结合前文综述，我们选择了参照功能向度下社会支持类型划分的方式。先是分析了学术界在这一向度下类型划分的演变过程，然后对其进行合理归并，在此基础上建构了恰当的社区矫正对象社会支持概念的外延结构。

1. 参照功能向度社会支持分类的缘由与吸纳

本研究主要借鉴支持功能向度下社会支持类型划分（一级指标设定）的经验来建构社会支持的外围结构概念，而将从支持来源向度、支持形式向度、支持性质向度的类型划分（一级指标设定）方法作为辅助。这一参照和选定原则主要是基于以下考虑。

其一，社区矫正对象社会支持的来源主体较为确定，暂不借鉴支持来源向度的分类。从实际调查来看，由于社区矫正实施时间较短以及其特殊的刑罚执行性质（很多时候就社区矫正对象在社区的信息具有保密性）等原因，当前一般公众、社会组织、企事业单位、行政部门等社会力量对社区矫正的认知偏低、参与更少。因此，从"提供者"的角度来看，本研究重点考察的供给主体是社区矫正工作人员。因此，社区矫正对象社会支持的来源主体较为确定，即社区矫正工作人员。由此，将不借鉴已有研究关于"支持来源向度"的分类方法。

其二，社区矫正对象社会支持的形式向度下的分类较为笼统，暂不能清晰反映社区矫正对象社会支持在"接收者—提供者"视角下的支持类型全貌。例如，就形式向度而言，因为主体来源的确定性，也就制约了支持形式的相对确定性。社区矫正工作人员提供的支持偏向于正式支持，因此，从支持形式向度分类对本研究不具有适用性。在后续的二级、三级指标的选定和设置时将其作为参考。

其三，社区矫正对象社会支持的性质向度下的分类较为简单，但具有部分借鉴性。主观支持和客观支持的分类方法，较难评量和反映社区矫正对象社会支持现状，更难从政策倡导的意义上对优化社区矫正工作提出针对性的建议。但有学者从主观感受的考量，又具有部分借鉴性。因此，从支持性质向度的分类方式将不作为本研究的主要参照。

尽管对其他几种向度下的分类方式只作参考，但对其分类的优点将予以吸纳。例如，性质向度下社会支持类型中有支持的利用度，考虑到作为"接收者"的主观感知及其接收效用，同时也考虑到"提供者"与其的互动性，因此，本研究也将其纳入其中，后续将其称为"反馈性支持"。

2. 功能向度的社会支持主要类型演变与归并

实际上，对比各种主要的社会支持类型划分可以发现，从功能向度下就社会支持进行类型划分的占据主导和多数。同时，从其主要类型的演变和归并可以发现，功能向度下社会支持划分也紧紧围绕着几种主要类型在展开。

第一，工具性支持与情感性支持分类与归并。其一，二分法及代表。在对社会支持研究中，早期学者对其划分较为单一。例如，Morgan 等人先将社会支持分为工具性支持、情感性支持两种类型。[1] 后来，Thoits 等人对社会支持也作了相同的分类。[2] 之后，Lin 将社会支持分为实质性支持和情感性支持，[3] 实际也是相似的分类。其二，三分法及归并。虽然有些学者将社会支持分为三种类型，但实质可以归并为两种类型。例如，徐勤较早将社会支持划分为经济支持、生活支持和感情支持三种类型。[4] 从支持的功能特征可以发现，经济支持和生活支持实际同属于工具性支持的范畴，因此其分类可归并为工具性支持和情感性支持两类。还如，张羽从支持功能和内容角度将社会支持划分为情感性支持、工具性支持、资讯性支持三种类型。其中，资讯性支持，指的是向个体传达赞扬或肯定性的讯息，从而提高个体的自信

---

[1] Morgan, A. & Zimmerman, M., "Easing the Transition to Nursing Homes: Identifying the Needs of Spousal Caregivers at the Time of Institutionalization", *Clinical Gerontologist*, Special Issue: *Mental Health in the Nursing Home*, 1990, 9 (3-4): 1-17.

[2] Thoits, P. A., "Stress, Coping, and Social Support Processes: Where Are We? What Next?" *Journal of Health and Social Behavior*, 1995, 35: 53-79.

[3] Lin, N., Ye Xiaolan & Ensel, W. M., "Social Support and Depressed Mood: A Structural Analysis", *Journal of Health and Social Behavior*, 1999, 40 (4): 344-359.

[4] 徐勤：《我国老年人口的正式与非正式社会支持》，《人口研究》1995 年第 5 期。

心，又被称为信任或尊重支持。① 根据资讯性支持的概念阐释，可将其归为情感性支持。因此，实质上其同样将社会支持作了工具性支持和情感性支持的二分界定。随着社会支持研究的深入，研究者对该二分法存在的缺陷和不足达成共识，在此基础上纷纷探索和增添新的支持内容和类型。

第二，工具性支持、情感性支持与社会交往支持分类与归并。其一，三分法及代表。荷兰社会学家 Vander Poel 在早期学术界较认同的工具性支持和情感性支持两分法的基础上，提出了社会支持还应包括社会交往或者社会活动的参与，即社会支持包括工具性支持（实际支持）、情感性支持和社会交往支持三方面。② 王晓借鉴 Vander Poel 对社会支持的分类，将留守妇女的社会支持分为实际支持、情感支持和交往支持三种类型。③ 刘巍同样将留守妇女的社会支持分为实际支持、情感支持和交往支持三类。④ 其二，三分法及转换。瞿小敏将老年人社会支持指标界定为生活照料、扩展服务支持和陪伴关爱支持三类。其中，生活照料支持，指帮助做饭、帮做家务、卧床时守护和爱护等；扩展鼓舞支持，指给予拥抱、分忧解愁、出谋划策等；陪伴关爱支持，指关心、倾听、陪伴、分享等。⑤ 根据三类支持的具体内容可知，其实际上是工具性支持、情感性支持和社会交往支持的具体内容。因此，这三类支持可以转化为工具性支持、情感性支持和社会交往支持三类。其三，四分法及归并。韦艳将老年女性的社会支持分为生活照料、经济支持、情感支持和社会交往四个方面。其中，生活照料，指子女与老年父母之间提供的洗衣、做饭、打扫卫生等日常家务帮助和穿衣、喂饭、洗澡等日常生活起居照料；经济支持，指老年人与子女之间提供的现金、衣物、食品等实物帮助。⑥ 从支持的内容属性可以看出，生活照料和经济支持实际上可以合并为

---

① 张羽、邢占军：《社会支持与主观幸福感关系研究综述》，《心理科学》2007 年第 6 期。
② Mart G. M. van der Poel, "Delineating Personal Support Networks", *Social Networks*, 1993, 15: 49—70.
③ 王晓：《农村留守妇女的社会支持网络问题研究——以上杭县为例》，硕士学位论文，长春工业大学，2010 年。
④ 刘巍：《西北农村留守妇女社会支持网络对其心理健康的影响：来自甘肃省的调查发现》，《妇女研究论丛》2012 年第 5 期。
⑤ 瞿小敏：《社会支持对老年人生活满意度的影响机制——基于躯体健康、心理健康的中介效应分析》，《人口学刊》2016 年第 2 期。
⑥ 韦艳等：《社会支持对农村老年女性孤独感的影响研究》，《人口学刊》2010 年第 4 期。

工具性支持。因此，其对社会支持的划分实质上是工具性支持、情感性支持和社会交往支持。

第三，工具性支持、情感性支持、信息性支持分类与归并。Fuhrer等人在实际支持、情感性支持的基础上，提出信息性支持类型。[1] 而实际支持可以看作为工具性支持。Richman等人将社会支持划分为有形支持、信息支持和情感支持三类。[2] 而有形支持也可以作为工具性支持。因此，对以上代表性的观点进行转化归并就可以看出，他们实际将社会支持划分为工具性支持、情感性支持和信息性支持三类。

第四，工具性支持、情感性支持、信息性支持、陪伴性支持分类与归并。其一，四分法及代表。Cohen等人将社会支持分为工具性支持、情感性支持、信息性支持、陪伴性支持（友谊支持）四类。[3] 程虹娟[4]、刘晓[5]等人也做了相同的分类。其二，五分法及归并。Wellman等人将社会支持分为感情支持、经济支持、服务支持、信息支持和陪伴支持五类。[6] 其中，经济支持和服务支持从内容性质上讲实际可以归并为工具性支持。因此，其划分仍然为工具性支持、情感性支持、信息性支持、陪伴性支持四类。

第五，工具性支持、情感性支持、信息性支持、评价性支持分类与归并。其一，四分法及代表。House将社会支持分为工具性支持、情感性支持、信息性支持、评价性支持四类。其中，评价性支持是指提供建设性的反馈和肯定。[7] 相似地，Langford等把社会支持归纳为工具性支持、情感性支

---

[1] Fuhrer R., Stansfeld S. A., "How Gender Affects Patterns of Social Relations and Their Impact on Health: A Comparison of One or Multiple Sources of Support from Close Persons", *Social Science &Medicine*, 2002, 54: 811.

[2] Richman, J. M., Rosenfeld, L. B., "The Social Support Survey: A Validation Study of a Clinical Measure of the Social Support Process", *Research on Social Work Practice*, 1993, 3 (3): 288-296.

[3] Cohen S. & Wills T. A., "Stress, Social Support, and the Buffering Hypothesis", *Psychological Bulletin*, 1985, 98 (2): 310-357.

[4] 程虹娟、张春和、龚永辉：《大学生社会支持的研究综述》，《成都理工大学学报》（社会科学版）2004年第1期。

[5] 刘晓、黄庭希：《社会支持及其对心理健康的作用机制》，《心理研究》2010年第1期。

[6] Wellman B. & Wortley S., "Brothers Keepers: Situating Kinship Relations in Broader Networks of Social Support", *Sociological Perspectives*, 1989, 32: 273-306.

[7] House J. S., *Work Stress and Social Support*, Mass: Addison-Wesley Educational Publishers Inc., 1981.

持、信息性支持、评估性支持四类。其中，其将评估性支持分为对支持的反馈和比较两方面。与之类似，黄希庭把社会支持分为手段支持、情绪支持、情报支持、评价支持四类。① 从支持的内容属性上看，该分类实际对应为工具性支持、情感性支持、信息性支持和评价性支持。其二，总体上的归并。从以上分类可以看出，评价性支持、评估支持、评价支持等，均具有供需过程中的主观反馈性。因此，以上分类实际上可以归并为工具性支持、情感性支持、信息性支持、反馈性支持四类。

第六，工具性支持、情感性支持、信息性支持、反馈性支持、社会交往支持五分法。其一，五分法及代表。Cutrona 等人将社会支持分为物质性支持、情感性支持、信息性支持、满足自尊的支持、社会或网络支持。② 其中，物质性支持相当于工具性支持。满足自尊的支持，具有接收者角度下主观反馈意义，可以视为反馈性支持。社会或网络支持，类似于社会交往支持。因此，其分类可以概括为工具性支持、情感性支持、信息性支持、反馈性支持、社会交往支持五类。其二，六分法及归并。Barrera 等人将社会支持分为物质的帮助、行为的援助、亲密的交往、指导、反馈、积极的社会交往六类。③ 由于工具性支持兼具金钱、实物和服务等支持内容，所以可将物质帮助和行为援助归并到工具性支持之中。因此，其对社会支持的划分实质上包括工具性支持、情感性支持、信息性支持、反馈性支持和社会交往支持五类。

3. "接收者—提供者"视角下外延结构建构

由以上分析可知，从功能向度来看，社会支持类型的多元划分中，一般均包含有工具性支持、情感性支持、信息性支持三类，这是主流的和主导的观点。结合实际调查经验，整合各种分类优势，从"提供者"的角度看，社区矫正工作人员的社会支持供给也应该包括这三类。从"接收者"的角度看，社区矫正对象的社会支持获得或需求除了以上三种类型，还应该包括反馈性支持。因此，社区矫正对象的社会支持获得或需求，就应该包括工具

---

① 黄希庭主编：《心理学与人生》，暨南大学出版社2005年版，第206页。

② Cutrona, C. E. and Russell, D., "*Type of Social Support and Specific Stress: Toward a Theory of Optimal Matching*", in Sarason, B. R., Sarason, I. G., and Pierce, G. R. (eds.), *Social Support: An Interactional View*, New York: Wiley, 1990, pp. 319-366.

③ Barrera, M. & Ainlay S. L., "The Structure of Social Support: A Conceptual and Empirical Analysis", *Journal of Community Psychology*, 1983, 11 (2): 133-143.

性支持、情感性支持、信息性支持和反馈性支持。总体来看,"接收者—提供者"视角下,社区矫正对象社会支持的外延结构是由工具性支持、情感性支持、信息性支持和反馈性支持建构起来的一组概念(见图3-1)。

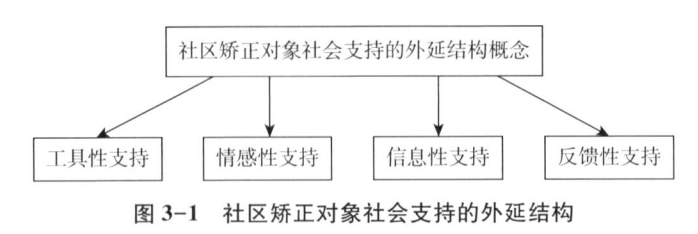

图 3-1 社区矫正对象社会支持的外延结构

二 社区矫正对象社会支持评量指标的设计

评量社区矫正对象社会支持,需要设计相应的评估测量指标。目前学术界尚没有专门针对该群体的社会支持进行评估指标设计的研究,但有一些与此相关的研究可供我们借鉴。上文通过梳理国内外学者对社会支持类型(一级指标)的划分,整合归并功能向度下有代表性的社会支持主要类型,建构了社区矫正对象社会支持的外延结构,这为设计社区矫正社会支持评量指标指明了方向。在此基础上,将进一步明确评量指标设计所须遵循的主要原则,从而建构社区矫正对象社会支持的结构体系,并对其进行操作化说明。

(一)社区矫正对象社会支持指标的设计原则

评量指标体系是在目标设定和对象属性基础上设计而成的评估和测量标准的系统。社区矫正对象社会支持是一个包含众多因素的系统,对指标的选定应全面具体,但并不是简单罗列,并且应具有代表性。同时,在指标选择过程中应注意指标的层次性和系统性,对各项指标进行层次的划分,不可混淆不同层次的指标,且同一层次的指标也不可相互重叠,互相交叉。最后还要具有操作性和对比性。总体来看,设计时遵循了以下基本原则。

1. 完备性和独立性

完备性,指的是一、二、三级指标设计的周延性,不遗漏应该考察的每个向度、范畴和方面。独立性,指的是一、二、三级指标设计的非重叠性,每个指标、题项或条目之间边界清晰，互不干扰。指标体系应根据研究目的反映社会支持各方面内容，否则就无法对研究对象的支持现状做出全面的判断。要实现全面评价支持的要求，就必须考虑研究对象的每种类型，不遗漏一、二、三级任何一项指标。独立性是指社区矫正对象社会支持的每个指标要从不同侧面反映研究对象的内容，指标之间相互独立，含义明晰。同时，同一层次的指标之间尽量不要出现重复，这关系到评价结果的效率和质量。

2. 目的性和代表性

目的性，指的是指标设计要切中研究的总体目标。代表性，指的是指标选取要具有典型性。任何评价指标都带有一定的目的性和导向性，是针对研究对象某一层面进行的评估，当有的指标不能反映所要求的目标时，就是无效的。本研究的对象是社区矫正对象社会支持，是从社会支持的内容功能层面进行指标评价的，因此反映社会支持其他形式的指标就视为无效。同时，这一评价指标既涉及社区矫正对象社会支持获得现状，也涉及其需求现状，还涉及社区矫正工作人员社会支持的供给现状，以及相关影响因素等。另外，指标的选定要具有代表性，指标体系并不是对所有相关指标的罗列，而是要抓住能反映研究对象本质特征的重要性指标。有的指标虽与评估内容有关，但所涉及的信息有限，因此应对其进行相应的处理，如社会支持中的经济支持，该指标与本次研究目标相关，但其反映的信息有限，因此将其整合进工具性支持中。

3. 操作性和可比性

操作性，指的是评量指标体系要便于实施。可比性，指的是各项指标之间可以根据一些变量进行比较分析。所设计的指标必须有可靠的数据来源，既要借鉴前人经验又要注重实践检验，同时还应考虑到指标测量的难易程度，获取及处理数据的可能性。指标不仅要有可操作性，还要有一定的可比性，即评价社区矫正对象社会支持指标要能够进行空间、时间、主体等方面的对比，这就要求采用统一的数据来源，使得各指标口径相一致，避免有些数据因获取途径不同，导致的数据口径有所差异。[①]

（二）社区矫正对象社会支持指标的结构体系

在已有理论和设计原则指导，及"接收者—提供者"视角下，本研究

[①] 李林杰等：《民生质量评价指标体系研究》，《统计与决策》2012年第17期。

构建了涵盖 4 个一级指标、12 个二级指标及若干题项（条目，或具体可操作变量）的社区矫正对象社会支持获得指标体系，以及包含 3 个一级指标、9 个二级指标和若干题项的社区矫正工作人员社会支持供给指标体系。在此基础上，对其操作化方案也进行了阐释。

1. 社区矫正对象社会支持获得指标体系

从"接收者"的角度看，社区矫正对象社会支持状况，除了获得状况，还有需求状况。社区矫正对象社会支持的获得和需求，分别指实际得到的社会支持，想要得到的社会支持在评量指标上具有一致性，那么，其指标体系也应具有相似性，此处重点阐释社区矫正对象社会支持的获得指标体系。社区矫正对象社会支持获得指标体系的设计分为三个步骤：首先，通过分析已有支持分类，借鉴设置一级指标。其次，通过分析已有支持外延概念，借鉴设置二级指标。最后，筛选确定三级指标（将在操作化中明确），设计完整的指标体系模型。

第一，一级指标的选择与设置。如前所述，不同向度下社会支持的类型划分方式多样，而这些类型又往往被学界作为社会支持评价指标体系的一级指标，因此，已有社会支持评价指标中一级指标的名称也是多种多样的。通过分析整理，现有关于社会支持的类型划分，主要集中在基于支持功能、支持来源、支持形式和支持性质等视角的分类，其类型在数量、名称和内容上总体如下（见表 3-1）。

表 3-1　　　　　　　　　不同视角下社会支持的一级指标

视角	代表人	社会支持的分类
支持功能	Pattison, Thoits[1]; Cutrona, Lin[2]; Morgan[3]	工具性支持、情感性支持

---

[1] Thoits, P. A., "Stress, Coping, and Social Support Processes: Where Are We? What Next?", *Journal of Health and Social Behavior*, 1995, 35 (S1): 53-79.

[2] Lin, N., Ye, X. & Ensel, W. M., "Social Support and Depressed Mood: A Structural Analysis", *Journal of Health and Social Behavior*, 1999, 40 (4): 344-359.

[3] Morgan, A. & Zimmerman, M., "Easing the Transition to Nursing Homes: Identifying the Needs of Spousal Caregivers at the Time of Institutionalization", *Clinical Gerontologist, Special Issue: Mental Health in the Nursing Home*, 1990, 9 (3-4): 1-17.

续表

视角	代表人	社会支持的分类
支持功能	Van der Poel①，刘巍②	实际支持、情感支持、交往支持
	Fuhrer R.③，Caplan④	实际支持、情感支持、信息支持
	House, J. S.	情感支持、帮助、信息共享、工具性支持⑤
	Cohen, S., Mckay, G.	工具支持、情感支持、信息支持、友谊支持⑥
	Wills, T. A.	工具支持、情感支持、信息支持、同伴性支持⑦
	Langford	工具支持、情感支持、信息支持、评估支持⑧
	Wellman, Wortley	情感支持、小宗服务、大宗服务、经济支持、陪伴支持⑨
	Cutrona, Russell	情感支持、友伴支持、尊重支持、信息支持、实质支持⑩
	Cobb S.	工具支持、情感支持、网络支持、满足自尊的支持、物质支持、抚育性支持⑪

---

① Mart G. M. van der Poel, "Delineating Personal Support Networks", *Social Networks*, 1993, 15: 49-70.

② 刘巍：《西北农村留守妇女社会支持网络对其心理健康的影响：来自甘肃省的调查发现》，《妇女研究论丛》2012年第5期。

③ Fuhrer R., Stansfeld S. A., "How Gender Affects Patterns of Social Relations and Their Impact on Health: a Comparison of one or Multiple Sources of Support from Close Persons", *Social Science & Medicine*, 2002 (54): 811.

④ Caplan G., *Support System and Mutual Help: Multidisciplinary Explorations*, New York: Grune & Straton, 1974: 19.

⑤ House J. S., *Work Stress and Social Support Reading*, MA: Addisoon-Wesley, 1981.

⑥ Cohen, S. & Mckay, G., "Social Support, Stress and the Buffering Hypothesis: A Theoretical Analysis", *Handbook of Psychology and Heath*, 1984 (4): 253-263.

⑦ Cohen, S. & Wills, T. A., "Stress, Social Support, and the Buffering Hypothesis", *Psychological Bulletin*, 1985, 98: 310-357.

⑧ Langford, C., et al., "Social Support: A Conceptual Analysis", *Journal of Advanced Nursing*, 1997, 25: 95-100.

⑨ Wellman B. &Wortley S., "Brothers' Keepers: Situating Kinship in Broader Networks of Social Support", *Sociological Perspectives*, 1989, 32 (3): 273-306.

⑩ Cutrona, C. E. and Russell, D., "*Type of Social Support and Specific Stress: Toward a Theory of Optimal Matching*", In Sarason, B. R., Sarason, I. G., and Pierce, G. R. (eds.): *Social Support: An Interactional View*, New York: Wiley, 1990: 319-366.

⑪ Cobb S., "Social Support as a Moderator of Life Stress", *Psychosomatic Medicine*, 1976, 3: 300-314.

续表

视角	代表人	社会支持的分类
支持功能	Barrera, Ainlay	物质帮助、行为援助、亲密的交往行为、指导、反馈、积极的社会交往[1]
	Hardy, Richman, Rosenfeld	有形支持、情感支持、倾听支持、情感挑战、现实确定支持、任务评定支持、任务挑战支持、个人援助[2]
	徐勤	经济支持、生活支持、感情支持[3]
	张羽	工具性支持、情感性支持、资讯性支持[4]
	郝晓宁、薄涛	工具性支持、情感性支持、社会交往支持[5]
	瞿小敏	生活照料、扩展鼓舞支持、陪伴关爱支持[6]
	韦艳、刘旭东	生活照料、经济支持、情感支持、社会交往[7]
	黄希庭	手段支持、情绪支持、情报支持、评价支持[8]
	程虹娟、方晓义、蔺秀云	物质支持、情感支持、信息支持、陪伴支持[9]
	刘晓、黄希庭	工具性支持、情感性支持、信息性支持、陪伴性支持[10]
	左海霞	物品支持、金钱支持、决策支持、心理支持、生产支持和交际支持[11]

---

[1] Barrera, M. & Ainlay S. L., "The Structure of Social Support: A Conceptual and Empirical Analysis", *Journal of Community Psychology*, 1983, 11 (2): 133-143.

[2] Hardy, C. J., Richman, J. M. and Rosenfeld, L. B., "The Role of Social Support in the Life Stress/Injury Relationship", *The Sport Psychologist*, 1991, 5: 128-139.

[3] 徐勤:《我国老年人口的正式与非正式社会支持》,《人口研究》1995年第5期。

[4] 张羽、邢占军:《社会支持与主观幸福感关系研究综述》,《心理科学》2007年第6期。

[5] 郝晓宁、薄涛:《我国城市老年人口的社会网络及社区养老分析——基于北京市的抽样调查》,《中国卫生政策研究》2012年第2期。

[6] 瞿小敏:《社会支持对老年人生活满意度的影响机制——基于躯体健康、心理健康的中介效应分析》,《人口学刊》2016年第2期。

[7] 韦艳、刘旭东等:《社会支持对农村老年女性孤独感的影响研究》,《人口学刊》2010年第4期。

[8] 黄希庭主编:《心理学与人生》, 暨南大学出版社2005年版。

[9] 程虹娟、方晓义、蔺秀云:《大学生社会支持的调查研究》,《中国临床心理学杂志》2005年第3期。

[10] 刘晓、黄希庭:《社会支持及其对心理健康的作用机制》,《心理研究》2010年第1期。

[11] 左海霞:《农村留守妇女社会支持系统构成研究》》,《山西农业大学学报》(社会科学版) 2010年第6期。

续表

视角	代表人	社会支持的分类
支持来源	陈琦、何静	政府支持、社会组织支持、个人支持[1]
	章友德、李光勇	社会支持、社区支持、家庭支持、个人支持[2]
	行红芳	政府支持、社区支持、组织支持、家庭支持[3]
	陶裕春、申昱	政府支持、机构支持、企业支持、社区支持、家庭支持、邻里支持、朋友支持以及同龄支持[4]
	李霞	政府支持、社会支持、学校支持、家庭支持、个人支持[5]
	陶沙、李伟	纵向支持、横向支持[6]
支持形式	金碧华[7]、井世洁[8]	正式支持、非正式支持
	林顺利、孟亚男	正式支持、非正式支持、准正式支持、专业技术性支持[9]
支持性质	肖水源、杨德森	主观支持、客观支持、对支持的利用度[10]
	Sufei，Xin	主观支持、客观支持[11]

---

[1] 陈琦、何静:《农村留守妇女社会支持研究综述——兼论社会工作的介入策略》,《妇女研究论丛》2015 年第 2 期。

[2] 章友德、李光勇:《社区服刑人员社会支持系统调查研究——以上海为例》,《华东理工大学学报》(社会科学版) 2015 年第 2 期。

[3] 行红芳:《老年人社会支持系统与需求满足》,《中州学刊》2006 年第 3 期。

[4] 陶裕春、申昱:《社会支持对农村老年人身心健康的影响》,《人口与经济》2014 年第 3 期。

[5] 李霞:《基于社会工作理念构建贫困大学生社会支持网络研究》,硕士学位论文,山东大学,2010 年。

[6] 陶沙、李伟:《抑郁倾向大学生社会支持结构及其满意度的研究》,《中国心理卫生杂志》2003 第 1 期。

[7] 金碧华:《支持的"过程":社区矫正假释犯对象的社会支持网络研究》,法律出版社 2014 年版。

[8] 井世洁:《断裂与重构:社区矫正青少年的社会支持——以上海市 J 区为例》,《社会科学》2012 年第 9 期。

[9] 林顺利、孟亚男:《国内弱势群体社会支持述评》,《社会工作下半月(理论)》2009 年第 11 期。

[10] 肖水源、杨德森:《社会支持对心理健康的影响》,《中国心理卫生杂志》1987 年第 4 期。

[11] Xin, S., Xin Z., "Birth Cohort Changes in Chinese College Students' Loneliness and Social Support: One Up, as Another Down", *International Journal of Behavioral Development*, 2015, 30 (7): 1-10.

结合理论回顾（文献综述）中的梳理，借鉴功能向度下支持类型的演进、归并与建构，从上文的统计分析可以发现，现有对社会支持类型划分的四个视角（支持功能向度、支持来源向度、支持形式向度、支持性质向度）中，以功能向度视角为主体，且多为西方当初引入国内时的本意，本土的借鉴运用也较多，而其他分类均显零散。与上文分析一致，此处指标体系建构中的一级指标借鉴了功能向度的分类，并对其进行了优化。

从功能向度来看，各种分类也有相似之处，通过归并分析可以发现，其类型总体呈现为较为集中的几类。虽然人们对社会支持类型认定的看法和表述各有差异，所包含的范围也有所不同，但可以通过归并的方法分析看出，绝大多数划分的社会支持一级指标都涵盖了工具性支持、情感性支持和信息性支持等基本方面。区别在于：有的将经济支持、服务支持单独列出，有的将其归入工具性支持；有的将社会交往单独列出，有的则将其归入情感支持；有的名称有所不同，如将信息支持称为资讯支持。最重要的一点是，对社会支持的指标分类较多忽视了对社会支持评价和反馈，有的对象虽然可以得到支持，但却拒绝利用支持，对所获得的支持视而不见，有的对象获得了支持，但却并没有得到应有的效果。因此，与前文建构的社会支持外延结构一致，本研究在建构社区矫正对象社会支持的指标体系时，也将评量社会支持的一级指标设置为工具性支持、情感性支持、信息性支持和反馈性支持四个。

第二，二级指标的分析与确定。社会支持类型即一级指标确定之后，具体指标的选择便成为社区矫正对象社会支持指标体系设计的关键，关系到社区矫正对象社会支持评价的全面性、科学性和客观性。社会支持评价指标设置的差异不仅体现在社会支持一级指标即社会支持类型的确定，也体现在同一支持类型不同指标的选择上（见表3-2）。

表3-2　　　　　　　　　已有社会支持测量二级指标的设置

代表人	工具性支持	情感性支持	信息性支持	反馈性支持
Cohen等人	财力帮助、物资资助、服务提供	接纳、尊重、称赞	指导、忠告	
Barrera等人	金钱、实物、行为帮助	倾听、尊重、关怀、理解	信息、建议、指导	对他人思想、行为和感情支持的反馈，正面社会互动

续表

代表人	工具性支持	情感性支持	信息性支持	反馈性支持
Langford	金钱、物资、服务	理解、关心、爱、信任	消息、建议	对支持的反馈、对支持的比较
Wills	财力、物质、服务	接纳、尊重、关心和理解支持	建议、指导	
程虹娟等人	金钱、物资、服务	情感安慰	建议、指导	
张羽	财力、物质、具体建议、指导	鼓励、关心、爱意、陪伴	赞扬、肯定	

例如，在国外，Cohen等人将工具性支持分为财力帮助、物资资助、服务提供具体三个指标；将情感性支持分为接纳、尊重和称赞三个指标；将信息性支持分为提供指导和忠告两个指标。Barrera等人认为工具性支持包括提供金钱、实物以及行为方面的帮助；情感性支持包括他人的倾听、尊重、关怀和理解四个方面；信息性支持包括提供信息、建议和指导三个方面；反馈性支持包括对他人提供思想、行为和感情支持的反馈，以及参与正面的社会互动两个方面。Langford把工具性支持细化为金钱提供、物资资助以及服务帮助；把情感性支持划分为理解、关系、爱和信任四个要素；用消息和建议代表信息性支持；将反馈性支持的指标细化为对支持的反馈以及对支持的比较两部分内容。Wills在选定工具性支持指标中，同样选取财力帮助、物质资助和服务提供等三个指标；情感性支持分为接纳、尊重、关心和理解支持四个方面；信息性支持用建议和指导两个指标来代表。还如，在国内，程虹娟等将工具特性支持分为金钱、物资、服务等方面；将情感性支持主要锁定为情感安慰；将信息性支持分为建议、指导等。张羽认为，工具性支持应分为财力帮助、物质资源供给、具体建议和指导提供；情感性支持应包括鼓励、关心、爱意、陪伴等四个指标；信息性支持是指提供赞扬或者肯定的讯息。

不同研究者出于研究对象的特殊性和研究目的、视角等的差异，对工具性、情感性、信息性和反馈性支持二级指标的选定存有差异，但通过归并分析发现，其总体上涉及的核心指标是相似的。综合以上指标划分，并考虑到指标的完备性，本研究建构的二级指标主要有：工具性支持应包括金钱支持、实物支持和服务支持3个指标；情感性支持应包括接纳、信任、倾听、尊重和理解等5个指标；信息性支持应包括政策类信息和生活类建议在内的2个指标；反馈性支持应包括倾诉方式、求助方式、活动参与3个指标。

第三，指标体系的建构与模型。根据以上分析，社区矫正对象社会支持获得指标体系是由一级指标、二级指标和三级指标构成的。其中，一级指标包括四个维度：工具性支持、情感性支持、信息性支持和反馈性支持。二级指标是在一级指标基础上选择若干兼具代表性和重要性的指标，主要为：工具性支持包括金钱支持、实物支持和服务支持；情感性支持包括接纳、信任、理解、倾听、尊重；信息性支持包括生活类信息和政策类信息；反馈性支持包括正面社会互动和对支持的利用等（见图3-2）。三级指标是在二级指标的基础上选取若干易操作且易于进行定量处理的题项或条目（将在操作化中列出）。需要指出的是，出于反馈性支持考察的是社区矫正对象对所获支持的主动利用情况，因此，社区矫正对象社会支持需求指标体系中将反馈性支持作剔除处理。除此之外，两类测量工具各题项基本一致。

当然，社区矫正对象的工具性、情感性、信息性和反馈性支持分别由许多因素组成，有的易于操作和定量处理，有的在获得有效定量数据上显得较为困难。因此，在指标选取过程中，特别是三级指标的确定不可避免地存在一定的缺陷。随着社区矫正工作的大力推进和法律制度的完善，社区矫正认知认可和参与介入等将逐渐增加，对社区矫正对象社会支持的指标选定和体系构建会得到不断的补充和完善。

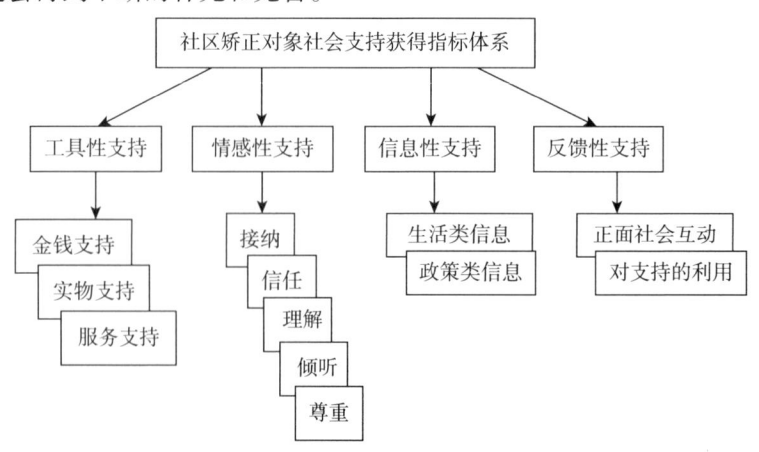

图3-2 社区矫正对象社会支持获得指标体系模型

2. 社区矫正对象社会支持供给指标体系

正如前文所述,社会支持是接收者与提供者的双向互动过程。"接收者—提供者"视角要求单独从社区矫正工作人员的角度来考察社会支持的供给状况,这也为社区矫正对象社会支持评量拓展了方向。社区矫正对象社会支持可以划分为支持主体、支持客体、支持内容、支持形式等多个方向,其中,支持主体也可以有一般公众、社会组织、企事业单位、社区矫正工作人员等。与其他社会支持主体相比,社区矫正工作人员身份具有一定的特殊性。除了上文分析的其他主体对社区矫正认知较低外,其特殊性还主要表现在以下几个方面:一是社区矫正工作人员的职业使命,要求他们为社区矫正对象提供社会支持;二是社区矫正工作人员对社区矫正政策和支持帮扶途径更好把握,有利于为社区矫正对象提供社会支持;三是社区矫正工作人员对社区矫正对象行为特点及需求状况的更好了解,有助于为社区矫正对象提供社会支持。换言之,社区矫正工作人员是社区矫正对象社会支持的主要提供者,考察社区矫正工作人员提供社会支持的现状及影响因素,对于完善社区矫正对象社会支持网络、解决社区矫正对象社会支持网络构建中的难题具有重要意义。

社区矫正工作人员社会支持供给指标的选定方法,与社区矫正对象基本相似。需要特别说明的是,由于反馈性支持的性质仅适用于对社区矫正对象的考察,因此将其从该指标体系中予以剔除(见图3-3)。除此之外,考虑到社区矫正工作人员很少为社区矫正对象提供金钱支持和实物支持,也不现

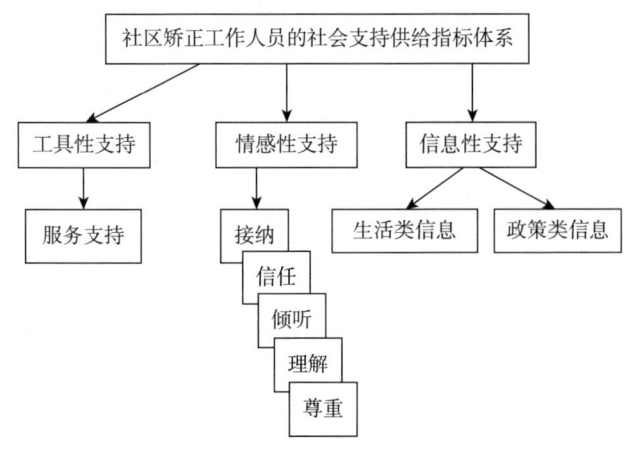

图 3-3 社区矫正工作人员的社会支持供给指标体系模型

实，因此在指标体系中将不予纳入。即相对实物支持和金钱支持而言，服务支持是社区矫正工作人员提供的主要支持类型，所以将"服务支持"作为社区矫正工作人员提供工具性支持的代表。根据社区矫正工作人员是否提供以上评估服务将其操作为二分变量，通过比例来对比分析该类支持的提供状况。

（三）社区矫正对象社会支持指标体系操作化

在确立了社区矫正对象社会支持指标的结构体系以后，还要对其进行操作化说明，以为后续开发测量工具或评量问卷做铺垫。操作化具有两大主要功能：一是对以上社区矫正对象社会支持指标结构体系的深化和具体化，是对三级指标的进一步明晰，通过呈现问卷调查中的主要题项或询问条目来完善评量体系；二是阐释和说明社区矫正对象社会支持指标体系的操作化方案。总体来看，其指标体系的具体操作及列表如下。

1. 工具性支持的操作化

工具性支持是社区矫正对象获得和需求、社区矫正工作人员供给的具体可见的社会支持。其中，前者包括3个二级指标和8个三级指标（评量题项），从实物支持、金钱支持和服务支持三个方面评量社区矫正对象社会支持获得与需求情况；后者因为实物支持、金钱支持很少，则主要包括1个二级指标和6个三级指标（评量题项），重点以服务支持为代表评量社区矫正工作人员提供社会支持的情况。

第一，实物支持。指社区矫正对象获得由他人提供的生活物资、专项补助等实际物品，以缓解社区矫正对象，尤其是处于贫困水平的社区矫正对象的生活境况。本研究通过"您是否获得过物资资助"以及"您是否有途径申请物资资助"这两个问题，来测量社区矫正对象实物支持获得与需求情况。回答设置为"是"和"否"两个选项。

第二，金钱支持。又称为资金支持，指给予社区矫正对象以金钱形式的支持，包括生活、医疗费用和最低生活保障。其中最低生活保障是由政府对家庭人均收入低于当地最低生活标准的人口给予一定的现金资助。金钱支持通过"您补足生活费用、医疗费用的途径是什么"这一问题作为衡量标准，其选项分为"自己工作、保险或退休金、其他亲友提供、其他"四个回答，通过对比自己工作和其他费用补足途径来获得矫正对象金钱支持情况。

第三，服务支持。指在社区矫正工作人员在矫正期间、解矫前和解矫释放初期为社区矫正对象提供的有利于其回归社会、适应社会的服务和支持，这是社区矫正对象获得的最主要的支持类型。对社区矫正对象服务支持获得和需求的测量、对社区矫正工作人员服务支持提供的测量，均通过6个三级指标设计题项来完成，即询问社区矫正对象获得和需求"教育学习、心理辅导、职业技能培训、人际能力培训、工作机会、公共服务"的情况，以及询问社区矫正工作人员提供上述6种社会支持的情况。

2. 情感性支持的操作化

情感性支持，是社区矫正对象获得精神层面的社会支持，支持形式主要包括陪伴、沟通、安慰、抚慰等。社区矫正对象在接受矫正期间，并没有与社会脱节，在日常生活中仍保持与他人的互动与联系，并获得来自他们的情感支持。对情感性支持的考察由5个二级指标，从接纳支持、信任支持、倾听支持、理解支持、尊重支持五个方面来测量。由17个三级指标来评量社区矫正对象情感性支持获得情况，由7个三级指标来评量社会矫正工作人员情感性支持供给情况。

第一，接纳支持。是与歧视排斥相对的概念，指社区矫正对象得到他人的正常对待，他人没有表现出刻意远离或者歧视的态度。一方面，对社区矫正对象情感性支持获得的考察，通过3个三级指标，由题项"有意疏远""不愿共用公共设施""他人特意保持空间距离"进行测量。另一方面，对社区矫正工作人员提供情感性支持的考察，通过2个三级指标，由题项"愿意与社区矫正对象共用公共服务设施""与社区矫正对象特意保持空间距离"进行测量。

第二，信任支持。指社区矫正工作人员与社区矫正对象之间的一种相互信赖和彼此肯定关系，是深入沟通交流的前提条件。一方面，对社区矫正对象信任支持获得情况的考察，通过3个三级指标，询问其获得不同支持来源的信任支持频率，具体通过家人、社区成员、社区矫正工作人员等主体与社区矫正对象互相信任的程度来测量；另一方面，对社区矫正工作人员所提供信任支持的考察，通过1个三级指标，询问"与社区矫正对象互相信任程度"来测量。

第三，倾听支持。指社区矫正对象的烦恼、想法和意见有人倾听和分享。一方面，对社区矫正对象倾听支持获得情况的考察，通过4个三级指标，由题项"家人倾听你的烦恼""社区成员倾听烦恼""社区矫正工作人员倾听烦恼""街道居委会倾听烦恼"等进行测量；另一方面，对社区矫工作人员倾听支持供给情况的考察，通过2个三级指标，由题项"倾听烦恼倾诉""仔细倾听意愿表达"等进行测量。

第四，理解支持。指社区矫正对象的某些行为、表现得到他人的理解。一方面，对社区矫正对象理解支持获得情况的考察，通过4个三级指标，由题项"亲朋理解""社区成员理解""社区矫正工作人员理解""街道居委会成员理解"等来测量。另一方面，对社区矫正工作人员理解支持供给状况的考察，则通过1个三级指标，由题项"对社区矫正对象的某些行为表示理解"来测量。

第五，尊重支持。指社区矫正对象的行为或劳动成果得到他人的平等对待。一方面，对社区矫正对象尊重支持情况的考察，通过4个三级指标，由题项"家人朋友尊重劳动成果""社区成员尊重劳动成果""社区矫正工作人员尊重劳动成果""居委会、街道办成员尊重劳动成果"等进行测量；另一方面，对社区矫正工作人员尊重支持供给情况的考察，则通过1个三级指标，由题项"尊重社区矫正对象的劳动成果"进行测量。

3. 信息性支持的操作化

信息性支持是指个体获得的来自他人的建议或支持，从而有助于问题和困难的解决。针对社区矫正对象而言，信息性支持通常包括政策类信息和生活类信息两大类。

第一，政策类信息。政策类信息是社区矫正对象信息性支持的重要方面，由3个三级指标构成，包括政策信息、教育信息和法律信息。政策信息，是与社区矫正相关的政策法规，包括社区矫正对象可以做、应该做、禁止做的规定和制度，这类信息与矫正对象能否顺利解矫有着直接联系；教育信息，是与矫正对象自身发展有关的信息，主要指矫正期间各类教育学习活动开展的信息；法律信息，是矫正对象维护自身权益，解决与法律相关问题的重要信息。对三个方面政策类信息的回答选项均由"是"和"否"构成，通过比例来对比分析不同政策类信息的获得情况。

第二，生活类信息。社区矫正对象获得的信息性支持除了宏观层面的政策类信息，还包括与社区矫正对象日常生活切实相关的生活类信息。社区矫正对象生活类信息支持，由5个三级指标构成，包括就业信息、工作建议、人际关系建议、家庭问题建议和生活建议。工作建议，主要是关于就业以及工作过程中遇到的问题的指导和帮助；家庭问题建议，是帮助社区矫正对象提供与处理家庭问题有关的建议；人际关系建议，包括在社区、工作场所以及日常生活中遇到的与人交往方面的建议帮助；活动信息，指社会交往活动、社区活动以及矫正活动有关的各类信息。对四个方面生活类信息的回答选项也由"是"和"否"构成，通过比例来对比分析不同生活类信息的获得情况。

对社区矫正对象信息性支持获得或需求情况的考察，与对社区矫正工作人员信息性支持供给情况的考察，三级指标或测量题项是一致的。

4. 反馈性支持的操作化

反馈性支持，是指社区矫正对象对社会支持的利用情况，包括正面社会互动与对支持的利用2个二级指标。根据反馈性支持的性质，仅社区矫正对象社会支持获得指标体系包含这一支持类型。

第一，正面社会互动。获取他人的支持是个彼此互动的过程，他人虽然愿意提供社会支持或提供了社会支持，但社区矫正对象不一定会主动参与或积极互动去获取这些社会支持。因此，对支持的反馈就包括社区矫正对象与社会支持提供者之间的正面社会互动情况，其表现方式就是主动或积极的联系等。这里选取主动联系家人、朋友、社区成员、社区矫正工作人员、街道办或居委会成员、警察等6个三级指标来测量社区矫正对象的正面社会互动情况。正面互动的方式呈现为从"积极主动联系—消极被动漠视"4种不同程度的情况，即经常主动、有时主动、偶尔主动、从不主动。

第二，对支持的利用。获取他人的支持也是充分利用的过程，他人虽然提供了社会支持或给予了支持的途径，但社区矫正对象还需要对其充分利用。因此，对支持的反馈就包括社区矫正对象对社会支持提供者提供支持的利用情况，这里选取利用教育学习、心理辅导、职业能力培训、人际能力培训、公共服务等5个三级指标来测量社区矫正对象对社会支持的利用情况。对支持的利用呈现为从"主动利用支持—不利用支持"4种不同程度的情况，即经常参加、有时参加、偶尔参加和从不参加。

基于以上分析，社区矫正对象社会支持获得指标体系，从操作的意义上讲，就包括一级指标、二级指标及三级指标（核心题项或条目），其中，核心题项将在下文中衍生和开发出具体的评定量表（评量问卷）。从社区矫正对象"接收者"的角度看，其社会支持获得指标体系列表如下（见表3-3）。

表 3-3　　社区矫正对象社会支持获得指标体系列表

一级指标	二级指标	三级指标（核心题项或条目）
工具性支持	实物支持	生活物资
	金钱支持	费用补足
	服务支持	教育学习
		心理辅导
		职业能力培训
		人际能力培训
		工作机会
		公共服务
情感性支持	接纳	有意疏远
		不愿共用公共设施
		特意保持空间距离
	信任	家人朋友信任
		社区成员信任
		社区矫正工作人员信任
	倾听	家人朋友倾听烦恼
		社区成员倾听烦恼
		社区矫正工作人员倾听烦恼
		街道办、居委会成员倾听烦恼
	理解	家人朋友理解
		社区成员理解
		社区矫正工作人员理解
		街道办、居委会成员理解
	尊重	家人朋友尊重劳动成果
		社区成员尊重劳动成果
		社区矫正工作人员尊重劳动成果
		居委会、街道办成员尊重劳动成果

续表

一级指标	二级指标	三级指标（核心题项或条目）
信息性支持	政策类建议	教育信息
		政策信息
		法律建议
	生活类建议	就业信息
		工作建议
		人际交往建议
		家庭问题建议
		活动信息
反馈性支持	正面社会互动	与家人互动
		与朋友互动
		与社区成员互动
		与社区矫正工作人员
		与街道办、居委会成员互动
		与警察互动
	对支持的利用	利用教育学习
		利用心理辅导
		利用职业能力培训
		利用人际能力培训
		利用公共服务

从以上分析可知，社区矫正工作人员的社会支持供给指标体系与社区矫正对象社会支持获得指标体系并不完全一致。如前所述，一方面，由于社区矫正工作人员供给者特定身份，其一级指标较社区矫正对象就缺少了反馈性支持；另一方面，基于社区矫正工作人员的工作特性和实际供给状况（调查中关于经济支持的需求、获得和供给均较低，考察意义较小故没有涉及），将重点考察工具性支持的服务性内容，即以服务支持为代表。从社区矫正工作人员"供给者"角度看，其社会支持供给指标体系列表如下（见表3-4）。

表 3-4　　　　社区矫正工作人员社会支持供给指标体系列表

一级指标	二级指标	测量题项
工具性支持	服务支持	教育学习
		心理辅导
		职业能力培训
		人际能力培训
		工作机会
		公共服务
情感性支持	接纳	愿意与社区矫正对象共用公共设施
		与社区矫正对象特意保持空间距离
	信任	与社区矫正对象互相信任
	倾听	倾听社区矫正对象的烦恼
		仔细倾听社区矫正对象表达意愿
	理解	对社区矫正对象的某些行为表示理解
	尊重	尊重社区矫正对象的劳动成果
信息性支持	政策类信息	政策信息
		教育信息
		法律信息
	生活类信息	就业信息
		工作建议
		人际关系建议
		家庭问题建议
		生活建议

三　社区矫正对象社会支持评量工具的开发

社区矫正对象社会支持评量指标的实施，需要有操作的评量工具，这就需要开发社区矫正对象社会支持评定量表，本研究所开发的是评量问卷。这一开发的基本逻辑是：先是梳理已有社会支持评定量表，呈现各自的评量方法，分析各自在实践中的运用；在此基础上，借鉴整合已有的经验，设计确定社区矫正对象社会支持评定量表。

（一）主要社会支持评定量表及其运用的经验

社会支持的评价测量离不开社会支持评定量表。对社会支持评定量表的应用总体上有两种情况：一是独立编制。研究者基于特定的研究对象和视角，在参考国内外研究文献基础上编制研究所需的支持评定量表，并利用它获取量化数据进行研究。二是修订完善。多数研究者选择借鉴有代表性量表基础上，直接移植或稍加修订生成符合特定研究对象和目的的量表进行实证研究。在国内，目前有关社会支持研究使用较多的是肖水源所编制的社会支持评定量表（SSRS）；在国外，较有影响的社会支持量表一般采用多轴评价的方法所设计。其中，使用较多的有 Zimet 设计的领悟社会支持量表（PSSS）、Schwarzer 和 Schulz 设计的 Berlin 社会支持量表（BSSS）以及 Sarason 编制的社会支持问卷（SSQ）。在测量内容上，多数研究者在上述量表基础上进行微调，以符合自己研究对象具体特征。在测量方法上，主要有他人报告法和自我测量法两种，他人报告法主要适用于低龄儿童的测量，自我测量法主要适用于成年人群的测量。

1. SSRS 及其运用的经验

肖水源和杨德森在参考国外有关研究和资料基础上，于1987年自行设计并编制了 SSRS。该量表包括3个维度，10个项目：主观支持4条、客观支持3条，对社会支持的利用度3条（见表3-5）。

表3-5　　　　　　　　　　肖水源等人的 SSRS

1. 您有多少可以得到支持和帮助的朋友？
2. 近一年您和谁住在一起？
3. 您和邻居的关系？
4. 您与同事的关系？
5. 从家庭成员处得到的支持和照顾有多少？
6. 过去在您遇到急难情况时，曾获得的经济支持或解决实际问题的帮助来源有？
7. 过去在您遇到急难情况时，曾获得的安慰和关心来源有？

> 续表
>
> 8. 您遇到烦恼时的倾诉方式是?
> 9. 您遇到烦恼时的求助方式是?
> 10. 对于各种团体组织的活动您的参与状况是?
>
> **各题选项略**

具体的记分方法是：第 1—4，8—10 条，每条只选一项，选择 1、2、3、4 项分别记 1、2、3、4 分；5、6、7 条采用特殊方法计分。社会支持总分是 10 个条目加总。分数越高，表明主观支持、客观支持及社会支持利用度越好。[1]

自 1987 年以来，社会支持评定量表在国内研究中被较多使用。从应用反馈意见来看，该量表拥有较高的信度和效度，其间隔两个月的重测信度为 0.92（P<0.01），各条目的重测信度为 0.89—0.94，并且该量表已经被广泛的研究证明具有很好的实证效度。在实际研究应用中，研究者在具体研究中会根据实际情况将社会支持评定量表稍作调整以符合特定研究对象的特征。通过文献检索和总结发现，运用社会支持评定量表进行实证研究的对象主要集中于老年人、大学生、青少年、留守儿童和服刑人员等群体。

第一，SSRS 与老年人社会支持评定量表的运用经验。其一，针对失独老人社会支持的评定量表运用。方曙光在借鉴 SSRS 基础上，对量表进行了符合老年人的适当调整，调整后的量表同样包括 10 个条目。通过计算客观支持、主观支持、支持利用度各自得分和三者相加获得的总分得出失独老人社会支持的具体情况。[2] 其二，针对城市空巢老人社会支持的评定量表运用。王玲凤等人基于城市空巢老人的特点修改了 SSRS，调整后的量表中，支持来源为 1—13 题，支持内容为 14—17 题，内含情感支持和实际支持；对支持的利用度直接采用 SSRS 中的第 8—10 题（18—20 题）。在计分方式上：1—13 题均有 5 个选项，支持程度由低到高，分别记 1—5 分；14—17 题选择一项或多项，每选 1 项给 1 分，没有则记为 0 分；对支持的利用度按选项

---

[1] 肖水源、杨德森：《社会支持对心理健康的影响》，《中国心理卫生杂志》1987 年第 4 期。
[2] 方曙光：《社会断裂与社会支持：失独老人社会关系的重建》，《人口与发展》2013 年第 5 期。

1—4分别记1—4分，总得分为对支持的利用度得分。①

第二，SSRS与大学生社会支持评定量表的运用经验。叶悦妹等人以肖水源的社会支持三因子模型（客观支持、主观支持、社会支持的利用度）为基础，编制了大学生社会支持评定量表自陈问卷。该研究基于大学生的实际特点，对部分条目进行了对应名称的修改，同时删去了"儿女"一栏；将第6、7题中"配偶"改为"恋人"。检验显示，该量表在大学生社会支持研究中同样具有较好的信度和效度。②卢谢峰在借鉴叶悦妹等人自陈问卷的基础上再次修改，以考察大学生社会支持与压力、健康之间的关系。其考虑到研究对象是大学生，因此对社会支持评定量表做了相关修订。③

第三，SSRS与青少年社会支持评定量表的运用经验。例如，孙仕秀在借鉴SSRS的基础上，对相关条目做了适合青少年群体特点的相关调整。其中，将原量表第5题中"家庭成员支持"删去"夫妻"选项，增加"监护人"选项。将原量表中所有有关"配偶"的条目改成"同伴"等，并对调整后的量表试测。修订后的青少年社会支持评定量表保持原量表的3个维度10个项目结构，重测信度和效度较为理想。④ 还如，邓琳双在借鉴SSRS的基础上，对相关条目做了适合中学生的修改。⑤

第四，SSRS与留守儿童社会支持评定量表的运用经验。其一，针对留守儿童社会支持与总体状况的评定量表运用。胡昆对SSRS进行了适应留守儿童特点的修订，其总体结构依然包含3个维度和10个项目。修订过的量表中，10个项目所涉及的支持源依据所研究对象的特征修改为父亲、母亲、祖父母、亲戚、其他和独自几类，并且10个项目的相关系数控制在0.76—0.92，分数越高表示支持水平越高。⑥ 其二，针对留守儿童社会支持与问题

---

① 王玲凤、施跃健：《城市空巢老人的社会支持及其与心理健康状况的关系》，《中国心理卫生杂志》2008年第2期。

② 叶悦妹、戴晓阳：《大学生社会支持评定量表的编制》，《中国临床心理学杂志》2008年第5期。

③ 卢谢峰、韩立敏：《大学生社会支持对压力与健康关系的调节作用》，《中国学校卫生》2011年第4期。

④ 孙仕秀等：《青少年社会支持与情绪行为问题的关系：心理弹性的中介与调节作用》，《中国临床心理学杂志》2013年第1期。

⑤ 邓琳双等：《人格与青少年疏离感的关系：社会支持的中介作用》，《中国临床心理学杂志》2012年第5期。

⑥ 胡昆：《农村留守儿童社会支持状况调查研究》，《中国健康心理学杂志》，2011年第8期。

行为的评定量表运用。刘霞根据初中留守儿童的实际情况，对社会支持评定量表中的一些条目进行了相应的改动，研究表明，对个别条目进行调整后的量表也具有较高的信效度。① 其三，针对留守儿童社会支持与生活满意的评定量表运用。魏军锋在对留守儿童社会支持与生活满意度的研究中，借鉴刘霞改进了的评定量表，保留了3个维度11个条目。计分规则与刘霞修订后的量表完全相同，客观支持的得分为前四项分数之和，主观支持为第5—7题得分之和，对支持的利用度得分为后四项分数之和，社会支持总分为客观支持、主观支持和对支持的利用度三者得分即所有条目得出之和，总分越高表示社会支持的程度越高。②

第五，SSRS与服刑人员社会支持评定量表的运用经验。其一，针对青年社区服刑人员社会支持的评定量表运用。庞荣采用SSRS对青年社区服刑人员社会支持水平进行了测量。统计分析结果显示：青年社区服刑人员社会支持水平与国内常模接近，且总体处于中等水平。另外，在比较三个维度支持水平高低时，利用实际均值与理论均值的比值来衡量，若比值大于1，可以认为其在某个维度或者指标上的社会支持较高；若比值小于1，则可判定为该项社会支持水平较低。统计分析结果显示，社区服刑人员主观支持水平>支持利用度>客观支持水平。③ 其二，针对男性青少年社区服刑人员社会支持的评定量表运用。李芳在对男性青少年服刑人员的社会支持研究中，借鉴SSRS设计了三个分量表，既可分别计分，又可计算总分。考虑到实际情况，对量表中的一些项目进行了修改。例如，将第6题和第7题中的"配偶"改为"父母"。④ 其三，针对服刑人员社会支持与幸福程度的评定量表运用。张梦柔在研究社会服刑人员社会支持与主观幸福感时，根据服刑人员的实际情况，对SSRS中一些项目进行了具体修改，修改后的量表依然保持3维度10项目结构，计分方法为4点量表计分法，三维度社会支持得出分别为前四项之和、中间三项之和、后三项之和，总分为3个分量表得分之和，得分越高

---

① 刘霞等：《初中留守儿童社会支持与问题行为的关系》，《心理发展与教育》2007年第3期。
② 魏军锋：《留守儿童的社会支持与生活满意度——希望与应对方式的多重中介效应》，《中国心理卫生杂志》2015年第5期。
③ 庞荣：《青年社区服刑人员社会支持水平测量与构建——基于上海市的问卷调查》，《中国青年研究》2016年第7期。
④ 李芳等：《男性青少年服刑人员社会支持的调查研究》，《犯罪研究》2016年第1期。

表明得到的社会支持程度越高。① 其四，针对服刑人员社会支持与改造表现的评定量表运用。徐进关于社会支持程度对服刑人员改造表现的影响研究中，结合服刑人员实际对 SSRS 部分内容进行了适当修改。修订后的量表一共有 14 题，计分方式为利克特五点计分法，每个题项分别计为 5、4、3、2、1 分。②

2. PSSS 及其应用的经验

Zimet 等人于 1988 年编制了 PSSS。③ 之后，经由姜乾金翻译到国内。PSSS 是一种强调个体自我理解和自我感受的社会支持量表，主要用于测量感知社会支持。该量表包括 3 个维度，12 个项目（见表 3-6）。其中，家庭支持，包括家庭具体支持、家庭情感支持、与家人讨论难题、家庭协助；朋友支持包括朋友帮助、困难时依靠朋友、与朋友分享快乐与忧伤、与朋友讨论难题；其他支持包括有问题时其他人的支持、与其他人分享快乐与忧伤、困难时其他人的支持、生活中其他人的情感支持等。评量采用 1—7 级计分法，分别计为 1—7 分，以总分反映个体感受到的社会支持总程度，分数越高表示领悟社会支持水平越高。④

国外后续的研究者发现，该量表可以提取为两个维度，即家庭内部的领悟支持和家庭外部的领悟支持。其中，前 4 道题涵盖了来源于家庭内部领悟社会支持，剩下的 8 道题涵盖了来源于家庭外部的领悟社会支持。

表 3-6　　　　　　　　　　Zimet 等人的 PSSS

1. 在我遇到问题时有些人（领导、亲戚、同事）会出现在我的身旁
2. 我能够与有些人（领导、亲戚、同事）共享快乐与忧伤
3. 我的家庭能够切实具体地给我帮助
4. 在需要时我能够从家庭获得感情上的帮助和支持
5. 当我有困难时有些人（领导、亲戚、同事）是安慰我的真正源泉
6. 我的朋友们能真正地帮助我
7. 在发生困难时我可以依靠我的朋友们
8. 我能与自己的家庭谈论我的难题

---

① 张梦柔：《服刑人员的社会支持与主观幸福感关系》，《中国健康心理学杂志》2016 年第 3 期。

② 徐进等：《社会支持程度对服刑人员改造表现的影响》，《中国健康心理学杂志》2011 年第 3 期。

③ Zimet, G. D., Dahlem, N. W., Zimet, S. G. & Farley, G. K., "The Multidimensional Scale of Perceived Social Support", *Journal of Personality Assessment*, 1988, 52: 30-41.

④ 黄丽、姜乾金、任蔚红：《应对方式、社会支持与癌症病人心身症状的相关性研究》，《中国心理卫生杂志》1996 年第 4 期。

续表

9. 我的朋友们能与我分享快乐与忧伤 10. 在我的生活中有些人（领导、亲戚、同事）关心着我的感情 11. 我的家庭能心甘情愿协助我做出各种决定 12. 我能与朋友们讨论自己的难题 **每题选项均为**：①极不同意 ②很不同意 ③稍不同意 ④中立 ⑤稍同意 ⑥很同意 ⑦极同意

领悟社会支持量表是国外社会支持研究较常使用的一种支持测量工具，其被引入国内后，成为继 SSRS 之后使用较多的社会支持评定量表。考虑到具体研究对象的不同，研究者往往会根据实际情况将量表进行调整和修改以满足研究要求。通过文献检索并进行综合分析发现，利用 PSSS 进行研究的研究对象群体主要集中于老年人、大学生和青少年群体。

第一，PSSS 与老年人领悟社会支持量表的运用经验。邓蓉通过修订 PSSS 研究了老年人社会支持与心理健康之间的关系，修订后的量表由 12 个问题组成，采用"1—5"的五点计分法计分。研究主要调查的是样本对象的家庭、朋友及其他重要人士的支持情况。其中，对社会支持的感知力是用作者建立起来的两个不同的变量去测量的。①

第二，PSSS 与大学生领悟社会支持量表的运用经验。针对大学生社会支持与自尊幸福的量表运用。例如，严标宾在对大学生的社会支持进行测量时，就 PSSS 进行了微小调整，修订后的量表依旧采用 7 点计分法，选项从"极不同意"过渡到"极同意"，计 1—7 分。② 还如，周蜀溪在对大学生社会支持与真实幸福感的关系研究中，借鉴 PSSS 将社会支持分为家庭支持、朋友支持和重要他人支持三个维度。研究中为方便被试回答和保持被试回答倾向的一致性及后期计算，每项问题均采用 5 点计分法，分数越高表示大学生感受到的社会支持程度越高。③ 另外，还有针对贫困大学新生社会支持的量表运用。

---

① 邓蓉、John Poulin：《非正式社会支持与中国老人的心理健康》，《贵州社会科学》2016 年第 4 期。
② 严标宾、郑雪：《大学生社会支持、自尊和主观幸福感的关系研究》，《心理发展与教育》2006 年第 3 期。
③ 周蜀溪：《社会支持与真实幸福感的关系：希望的中介作用》，《中国临床心理学杂志》2013 年第 3 期。

第三，PSSS 与青少年领悟社会支持量表的运用经验。例如，叶宝娟在对青少年社会支持进行研究时，通过修改 PSSS 形成了测量青少年社会支持的工具。根据研究目的，研究者将量表中"其他重要人"界定为"老师和同学"，修订后的量表包括 3 个维度，12 个项目。① 还如，陈维在对高中生社会支持的研究中，为了解支持来源情况，选取了 PSSS 作为测量工具。为了符合研究对象的客观特征，其对量表进行了简单的调整，计分方法采用 7 点计分，1＝完全不同意，7＝完全同意。对于维度得分和总量表得分，分数越高表明领悟社会支持程度越高。②

3. BSSS 及其应用的经验

Schwarzer 和 Schulz 于 2003 年编制了 BSSS。③ 该量表下分 6 个子量表，共 44 个项目，分别为：实际支持（11 个）、感知到的支持（8 个）、支持需求（3）、支持寻求（5）、提供的实际支持（11）、保护缓冲（6）等（见表 3-7）。其中，实际支持、提供的实际支持量表均包括情感性、工具性和信息性支持三个维度，感知到的支持包括情感性和工具性支持两个维度。另外，前 4 个子量表的测量对象是支持接受者；提供的支持量表的测量对象是支持提供者；而保护缓冲量表则是对双方进行测量评估。具体计分采用 Likert 4 分量表法，选项包括 1＝非常不同意、2＝有点不同意、3＝有点同意、4＝非常同意。量表总分可采用条目加总总分，亦可采用得分均值。BSSS 最初是为癌症患者研究所设计，从社会支持供给主体和接受客体两方面测量了社会支持的认知和行为等方面的内容，目的在于对个体在常规和压力环境下的支持数量、类型及功能进行系统评估。如今，该量表得到广泛应用，研究对象从临床患者延伸到弱势群体和其他健康群体。

---

① 叶宝娟等：《领悟社会支持、应对效能和压力性生活事件对青少年学业成就的影响机制》，《心理科学》2014 年第 2 期。

② 陈维等：《高中生社会支持、学业自我效能感与学习倦怠的关系》，《教学与管理》2016 年第 6 期。

③ Ralf Schwarzer & Ute Schulz. Berlin Social Support Scales（BSSS），Measurement Instrument Database for the Social Science, 2013, Retrieved from http://www.midss.org/sites/default/files/berlin_social_support_scales_english_items_by_scale.pdf.

表 3-7　　　　　　　　　　Schwarzer 等人的 BSSS[①]

	实际支持量表（Actually Received Support）
	情感性支持（emotional）
1.	亲朋接受我
2.	亲朋在我低落的时候安慰我
3.	亲朋使我感觉自己是重要的
4.	亲朋对我的现状表示关心
5.	亲朋保证他可以完全让我依赖
6.	亲朋鼓励我不要放弃
	工具性支持（instrumental）
7.	亲朋总是在我需要的时候出现
8.	亲朋对我的很多事情都很上心
9.	亲朋帮助我解决困难
	信息性支持（informational）
10.	亲朋帮助我发掘对改变我处境有好处的事情
11.	亲朋提供我改变我消极状态的积极活动
	感知到的支持量表（Perceived Support）
	情感性支持（emotional）
1.	身边有部分人是真正喜欢我的
2.	任何时候我不舒服，其他人都使我感觉到他们关心喜欢我
3.	无论什么时候我失落难过，总有人鼓励我
4.	当我需要安慰时，身边总有人可以依靠
	工具性支持（instrumental）
5.	我知道哪些人是我可以依靠的
6.	当我忧虑时，总有人帮助我
7.	在我需要帮助时，总会有人出现
8.	当我不知所措时，总有人会帮助我

---

① 在可及的中文文献中，目前没有检索到 BSSS 的中文版，本书中文版问卷为研究团队从英文原始问卷翻译而来。

续表

	支持需求（Need for Support）
1.	当我情绪低落时，我希望有人能够使我精神振奋
2.	我需要有人能够倾听我
3.	在我做重要决定时，我希望听到他人的建议

	支持寻求（Support Seeking）
1.	在重要时刻，我更愿意询问他人的意见
2.	当我情绪低落时，我会找其他人开导我
3.	当我忧虑时，我会找其他人倾诉
4.	当我不知所措时，我会主动询问他人
5.	只要我需要帮助，我都会主动寻求他人的帮助

	提供的实际支持量表（Actually Provided Support）
	情感性支持（emotional）
1.	我对他表现出珍惜并接受他
2.	当他失落时，我安慰他
3.	我使他感到自己是有价值的
4.	我对他的现状表达了关心
5.	我使他相信他可以完全依赖我
6.	我鼓励他不要放弃
	工具性支持（instrumental）
7.	当他需要我的时候我就会出现
8.	我为他做了很多
9.	对于他不能独立完成的日常事务，我都会帮助他
	信息性支持（informational）
10.	我帮助他发掘对改变他现状有用的积极事情
11.	我提供他改变消极状态的积极活动

	保护缓冲量表（Protective Buffering）
1.	我屏蔽所有不好的消息（为他）
2.	我避免使他情绪低落的所有事情
3.	我在他面前表现出能力
4.	我没有让他意识到我真正的消极情绪
5.	我避免任何批评
6.	我假装很坚强

通过文献检索并进行综合分析发现，利用BSSS研究对象群体主要有大学生、中学生、青少年、留守儿童等群体。

第一，BSSS与大学生社会支持量表的运用经验。侯志瑾等人在对大学生生涯社会支持研究中，在参考BSSS的基础上设计了大学生生涯社会支持量表。该量表最终确定为26个项目，将社会支持分为物质支持、情感支持、信息支持和建议支持四个维度，分别从父母亲、兄弟姐妹、老师、同学/朋友和亲戚五个来源进行施测。该量表使用5点计分法："1"表示几乎没有，"5"表示特别多的支持和帮助。考虑到研究对象的特殊性，指标设计将信息支持、建议支持分开来形成了两个独立的因子。①

第二，BSSS与中学生社会支持量表的运用经验。邹泓参考侯志瑾所修订的社会支持量表，在对中学生社会支持的测量时又进行了调整，将社会支持分为8个维度：工具性支持、情感支持、陪伴娱乐性支持、亲密感、价值增进、对关系的满意度、冲突与惩罚。其中，前五个维度用来考察中学生对重要他人（包括父母、最好的同性朋友、异性朋友、教师和亲戚）所提供的社会支持的主观感觉；后三个维度用来全面了解中学生与重要他人的关系。该问卷共24个题目，采用5级计分法，"不或一点也不喜欢"记作1分，"几乎总是或非常喜欢"记作5分。②

第三，BSSS与青少年社会支持量表的运用经验。伍新春继续在邹泓的调整量表和研究基础上，就社会支持（主动反刍）在青少年的感恩对创伤后成长的中介作用和积极影响进行了研究，社会支持问卷由16道题构成，从肯定、陪伴两个维度测量，采用5点计分。③

第四，BSSS与留守儿童社会支持量表的运用经验。刘霞在探讨小学留守儿童社会支持的特点及其与孤独感的关系研究中，为了获得留守儿童各类支持内容获得及支持提供源的状况，在参考BSSS基础上，对其进行了适当修订以适应研究对象的特征。修订后的问卷包括情感支持、工具性支持、陪

---

① 侯志瑾、白茹、姚莹颖：《大学生生涯社会支持量表的编制》，《中国临床心理学杂志》2010年第4期。

② 邹泓：《中学生的社会支持系统与同伴关系》，《北京师范大学学报》（社会科学版）1999年第1期。

③ 伍新春等：《青少年的感恩对创伤后成长的影响：社会支持与主动反刍的中介作用》，《心理科学》2014年第5期。

伴、肯定价值和亲密感 5 个维度，共 27 个项目。支持来源包括：母亲、父亲、老师和同学。问卷采用 5 级计分，"从不"计作 1 分，"几乎总是"计作 5 分，某类支持分数或支持来源分数越高表明留守儿童获得的该类支持或从该支持源获得的支持程度越高。[1]

4. SSQ 及其应用的经验

Sarason 等人于 1981 年编制了 SSQ。[2] 该问卷一共包括 12 个项目，分为两个维度：一是社会支持的数量，二是对社会支持的满意度（见表 3-8）。其中，社会支持的数量是指在需要时能够依靠的关系多少，通过个体列举出符合题项描述行为的人名首字母及与自己的关系进行测量；对社会支持的满意度是指个体对所获社会支持的主观体验，通过回答"非常不满意—非常满意"这六个选项进行测量。具体计分方式是：社会支持的数量由 1、3、5、7、9、11 这 6 个奇数题项进行测量，如回答"没有人"计 0 分，有几个来源则计几分。社会支持数量总分为这 6 题项的得分之和，最大得分为 54 分；对社会支持满意度由 2、4、6、8、10、12 这 6 个偶数项测量，每题只选一项，分别计 1、2、3、4、5、6 分。这 6 题项的得分加总即为社会支持满意度的得分，最大得分为 36 分。

表 3-8　　　　　　　　　　　Sarason 等人的 SSQ[3]

1. 当你需要帮助时，你认为哪些人可以依赖？（填写姓名首字母和关系） 没有人 （1）　　　　　　　　（2）　　　　　　　　（3） （4）　　　　　　　　（5）　　　　　　　　（6） （7）　　　　　　　　（8）　　　　　　　　（9） 2. 你的满意程度如何？ （1）非常不满意　　　（2）相当不满意　　　（3）有点不满意 （4）有点满意　　　　（5）相当满意　　　　（6）非常满意

---

[1] 刘霞等：《小学留守儿童社会支持的特点及其与孤独感的关系》，《中国健康心理学杂志》2007 年第 4 期。

[2] Sarason, I. G., Levine, H. M., Basham, R. B., et al., "Assessing Social Support: The Social Support Questionnaire", *Journal of Personality and Social Psychology*, 1983, 44: 127-139.

[3] 在可及的中文文献中，目前没有检索到 SSQ 的中文版，本书中文版问卷为研究团队从英文原始问卷翻译而来。

续表

3. 当你处于压力和紧张时，你认为哪些人可以帮助你放松？
没有人
(1)　　　　　　　　　　(2)　　　　　　　　　　(3)
(4)　　　　　　　　　　(5)　　　　　　　　　　(6)
(7)　　　　　　　　　　(8)　　　　　　　　　　(9)
4. 你的满意程度如何？
(1) 非常不满意　　　　(2) 相当不满意　　　　(3) 有点不满意
(4) 有点满意　　　　　(5) 相当满意　　　　　(6) 非常满意
5. 你认为哪些人完全接受你，包括你的缺点和优点？
没有人
(1)　　　　　　　　　　(2)　　　　　　　　　　(3)
(4)　　　　　　　　　　(5)　　　　　　　　　　(6)
(7)　　　　　　　　　　(8)　　　　　　　　　　(9)
6. 你的满意程度如何？
(1) 非常不满意　　　　(2) 相当不满意　　　　(3) 有点不满意
(4) 有点满意　　　　　(5) 相当满意　　　　　(6) 非常满意
7. 无论你发生了什么，哪些人是真正关心你的？
没有人
(1)　　　　　　　　　　(2)　　　　　　　　　　(3)
(4)　　　　　　　　　　(5)　　　　　　　　　　(6)
(7)　　　　　　　　　　(8)　　　　　　　　　　(9)
8. 你的满意程度如何？
(1) 非常不满意　　　　(2) 相当不满意　　　　(3) 有点不满意
(4) 有点满意　　　　　(5) 相当满意　　　　　(6) 非常满意
9. 当你情绪低落时，你认为哪些人能够帮你调整情绪？
没有人
(1)　　　　　　　　　　(2)　　　　　　　　　　(3)
(4)　　　　　　　　　　(5)　　　　　　　　　　(6)
(7)　　　　　　　　　　(8)　　　　　　　　　　(9)
10. 你的满意程度如何？
(1) 非常不满意　　　　(2) 相当不满意　　　　(3) 有点不满意
(4) 有点满意　　　　　(5) 相当满意　　　　　(6) 非常满意
11. 当你极度心烦时，你认为哪些人会安慰你？
没有人
(1)　　　　　　　　　　(2)　　　　　　　　　　(3)
(4)　　　　　　　　　　(5)　　　　　　　　　　(6)
(7)　　　　　　　　　　(8)　　　　　　　　　　(9)
12. 你的满意程度如何？
(1) 非常不满意　　　　(2) 相当不满意　　　　(3) 有点不满意
(4) 有点满意　　　　　(5) 相当满意　　　　　(6) 非常满意

相比前几种量表而言，SSQ 的优点在于，其包含了对社会支持的满意度评价，因此，同样受到研究者的关注。通过文献检索并进行综合分析发现，利用 SSQ 的研究对象群体主要集中在大学生。例如，程虹娟借用 SSQ 作为测量工具，探讨了大学生的社会支持状况。[1] 还如，张奇参照 SSQ 编制了大学生社会支持问卷，内容包括支持结构、支持性质和支持评价 3 个维度，共 24 个项目，分别为：社会支持的结构，包括同学朋友支持、家人支持、老师支持、恋人支持共 4 部分；社会支持的性质，包括物质支持、情感支持、陪伴支持、信息支持，其中情感支持又分为认同支持、倾听支持和信任支持 3 个指标；对社会支持的评价，即对社会支持的满意程度。在评分规则上，采用李克特 5 点评分法，分数越高表明获得的社会支持的程度越高。[2]

除了以上几种主要的社会支持评定量表或问卷及其运用的经验，还有学者在综合多种社会支持量表和问卷的基础上进行了糅合设计。例如，赵立在参考 Van der Poel 和肖水源等研究资料的基础上，结合实地访谈，编制了农民社会支持问卷。出于回答形式的一致和统计分析方便的考虑，对调查对象回答的计分采用三级计分法，分数越高表示农民的支持水平越高。[3]

（二）社区矫正对象社会支持评定量表的确定

在参考国内外有代表性的社会支持评定量表，并结合"接收者—提供者"视角下社区矫正对象与社区矫正工作者特征的基础上，我们设计并编制了社区矫正对象社会支持评定量表，包括社区矫正对象社会支持获得问卷和社区矫正工作人员社会支持供给问卷两个子问卷。由于社区矫正对象社会支持需求问卷与社区矫正对象社会支持获得问卷在指标评量上具有一致性，指标体系同样具有相似性，就合并使用。因此，本部分将重点对社区矫正对象社会支持获得问卷和社区矫正工作人员社会支持供给问卷进行阐释。

社区矫正对象社会支持评定量表主要包括 4 个维度，44 个条目（见表

---

[1] 程虹娟、方晓义、蔺秀云：《大学生社会支持的调查研究》，《中国临床心理学杂志》2005 年第 3 期。

[2] 张奇、王锦：《大学生自尊与社会支持的关系》，《心理与行为研究》2007 年第 2 期。

[3] 赵立、郑全全：《农民社会支持问卷的编制及信效度研究》，《中国临床心理学杂志》2007 年第 4 期。

3-9）。分别为：工具性支持 9 个（1—9 题）；情感性支持 16 个（10—25 题）；信息性支持 8 个（26—33 题）；反馈性支持 11 个（34—44 题）。具体计分方法是：第 1—2、26—33 题为单选题，第 3 题可多选，通过计算比例考察各类支持获得情况；第 4—25 题分五项计总分求均值，分别计 1、2、3、4、5 分；第 34—39 题，每题只选一项，分别计 4、3、2、1 分；第 40—44 题（未涉及指标体系中的工作机会），每题只选一项，分别计 4、3、2、1 分。

表 3-9　　　　　　　　　社区矫正对象社会支持评定量表

1. 您是否有途径申请到生活补助？ （1）是　　　　　（2）否
2. 您是否获得来自矫正工作人员的费用帮扶？ （1）是　　　　　（2）否
3. 那您补足生活费用、医疗费用的途径是什么？（可多选） （1）自己工作　　　　　　　　（2）保险或退休金 （3）其他亲友提供　　　　　　（4）其他
4. 您获得教育学习活动的情况： （1）从未　　（2）极少　　（3）有时　　（4）经常　　（5）总是
5. 您获得心理辅导的情况： （1）从未　　（2）极少　　（3）有时　　（4）经常　　（5）总是
6. 您获得职业技能培训的情况： （1）从未　　（2）极少　　（3）有时　　（4）经常　　（5）总是
7. 您获得人际能力培训的情况： （1）从未　　（2）极少　　（3）有时　　（4）经常　　（5）总是
8. 您获得工作机会提供的情况： （1）从未　　（2）极少　　（3）有时　　（4）经常　　（5）总是
9. 您获得公共服务（社区医疗服务、体育设施、社区图书馆）的情况： （1）从未　　（2）极少　　（3）有时　　（4）经常　　（5）总是
10. 亲戚、朋友有意疏远您： （1）从未　　（2）极少　　（3）有时　　（4）经常　　（5）总是
11. 社区成员不愿和您共用公共服务设施： （1）从未　　（2）极少　　（3）有时　　（4）经常　　（5）总是
12. 社区中其他人会特意和您保持空间距离： （1）从未　　（2）极少　　（3）有时　　（4）经常　　（5）总是
13. 您和您的家人、朋友互相信任： （1）从未　　（2）极少　　（3）有时　　（4）经常　　（5）总是
14. 您和社区成员（邻居、同事等）互相信任： （1）从未　　（2）极少　　（3）有时　　（4）经常　　（5）总是

续表

15. 您和社区矫正工作人员（社工、志愿者等）互相信任：
(1) 从未　　　(2) 极少　　　(3) 有时　　　(4) 经常　　　(5) 总是

16. 社区成员（邻居、同事）会倾听您的烦恼：
(1) 从未　　　(2) 极少　　　(3) 有时　　　(4) 经常　　　(5) 总是

17. 社区矫正工作人员（社工、志愿者等）会倾听您烦恼：
(1) 从未　　　(2) 极少　　　(3) 有时　　　(4) 经常　　　(5) 总是

18. 街道办、居委会成员会倾听您烦恼：
(1) 从未　　　(2) 极少　　　(3) 有时　　　(4) 经常　　　(5) 总是

19. 家人和朋友会理解您：
(1) 从未　　　(2) 极少　　　(3) 有时　　　(4) 经常　　　(5) 总是

20. 社区成员（邻居、同事等）会理解您：
(1) 从未　　　(2) 极少　　　(3) 有时　　　(4) 经常　　　(5) 总是

21. 社区矫正工作人员（社工、志愿者）会理解您：
(1) 从未　　　(2) 极少　　　(3) 有时　　　(4) 经常　　　(5) 总是

22. 街道办、居委会成员理解您：
(1) 从未　　　(2) 极少　　　(3) 有时　　　(4) 经常　　　(5) 总是

23. 家人、朋友会尊重您的劳动成果：
(1) 从未　　　(2) 极少　　　(3) 有时　　　(4) 经常　　　(5) 总是

24. 社区矫正工作人员（社工、志愿者等）会尊重您的劳动成果：
(1) 从未　　　(2) 极少　　　(3) 有时　　　(4) 经常　　　(5) 总是

25. 居委会、街道办成员会尊重您的劳动成果：
(1) 从未　　　(2) 极少　　　(3) 有时　　　(4) 经常　　　(5) 总是

26. 是否获得政策信息：　　　(1) 是　　　(2) 否
27. 是否获得教育信息：　　　(1) 是　　　(2) 否
28. 是否获得法律信息：　　　(1) 是　　　(2) 否
29. 是否获得就业信息：　　　(1) 是　　　(2) 否
30. 是否获得工作建议：　　　(1) 是　　　(2) 否
31. 是否获得家庭问题建议：　(1) 是　　　(2) 否
32. 是否获得人际交往建议：　(1) 是　　　(2) 否
33. 是否获得生活建议：　　　(1) 是　　　(2) 否

34. 您与家人主动联系的程度：
(1) 经常主动　　(2) 有时主动　　(3) 偶尔主动　　(4) 从不主动

35. 您与朋友主动联系的程度：
(1) 经常主动　　(2) 有时主动　　(3) 偶尔主动　　(4) 从不主动

36. 您与社区成员主动联系的程度：
(1) 经常主动　　(2) 有时主动　　(3) 偶尔主动　　(4) 从不主动

37. 您与社区矫正工作人员主动联系的程度：
(1) 经常主动　　(2) 有时主动　　(3) 偶尔主动　　(4) 从不主动

续表

38. 您与街道、居委会工作人员主动联系的程度： （1）经常主动　（2）有时主动　（3）偶尔主动　（4）从不主动 39. 您与警察主动联系的程度： （1）经常主动　（2）有时主动　（3）偶尔主动　（4）从不主动 40. 参加教育学习活动： （1）经常参加　（2）有时参加　（3）偶尔参加　（4）从不参加 41. 参加心理辅导活动： （1）经常参加　（2）有时参加　（3）偶尔参加　（4）从不参加 42. 参加职业技能培训活动： （1）经常参加　（2）有时参加　（3）偶尔参加　（4）从不参加 43. 参加人际能力培训活动： （1）经常参加　（2）有时参加　（3）偶尔参加　（4）从不参加 44. 参加公共服务活动： （1）经常参加　（2）有时参加　（3）偶尔参加　（4）从不参加

社区矫正工作人员社会支持供给指标评定量表（见表3-10），主要由3个维度，21个项目构成。其中，工具性支持6个（1—6题）；情感性支持7个（7—13题）；信息性支持8个（14—21题）。具体计分方法是：第1—6题、14—21题，选项分为"是""否"，通过计算比例考察工具性支持获得情况；第7—13题，每题选择一项，分别计1、2、3、4、5分。

表3-10　　　　社区矫正工作人员社会支持供给指标评定量表

1. 您提供教育学习活动的情况： （1）从未　　（2）极少　　（3）有时　　（4）经常　　（5）总是 2. 您提供心理辅导的情况： （1）从未　　（2）极少　　（3）有时　　（4）经常　　（5）总是 3. 您提供职业技能培训的情况： （1）从未　　（2）极少　　（3）有时　　（4）经常　　（5）总是 4. 您提供人际能力培训的情况： （1）从未　　（2）极少　　（3）有时　　（4）经常　　（5）总是 5. 您提供工作机会提供的情况： （1）从未　　（2）极少　　（3）有时　　（4）经常　　（5）总是 6. 您提供公共服务的情况： （1）从未　　（2）极少　　（3）有时　　（4）经常　　（5）总是 7. 您愿意与社区矫正人员共用公共服务设施： （1）从未　　（2）极少　　（3）有时　　（4）经常　　（5）总是

续表

8. 您会特意和社区矫正人员保持空间距离：				
(1) 从未	(2) 极少	(3) 有时	(4) 经常	(5) 总是
9. 您与社区矫正对象互相信任：				
(1) 从未	(2) 极少	(3) 有时	(4) 经常	(5) 总是
10. 您会倾听社区矫正对象的烦恼：				
(1) 从未	(2) 极少	(3) 有时	(4) 经常	(5) 总是
11. 您会仔细倾听社区矫正对象表达意愿：				
(1) 从未	(2) 极少	(3) 有时	(4) 经常	(5) 总是
12. 您对社区矫正对象的某些行为表示理解：				
(1) 从未	(2) 极少	(3) 有时	(4) 经常	(5) 总是
13. 您会尊重社区矫正对象的劳动成果：				
(1) 从未	(2) 极少	(3) 有时	(4) 经常	(5) 总是
14. 是否提供政策信息：				
(1) 是	(2) 否			
15. 是否提供教育信息：				
(1) 是	(2) 否			
16. 是否提供法律信息：				
(1) 是	(2) 否			
17. 是否提供就业信息：				
(1) 是	(2) 否			
18. 是否提供工作建议：				
(1) 是	(2) 否			
19. 是否提供家庭问题建议：				
(1) 是	(2) 否			
20. 是否提供人际交往建议：				
(1) 是	(2) 否			
21. 是否提供生活建议：				
(1) 是	(2) 否			

在具体的评量计分方法上总体具有相似性，以下进行举例说明。例如，在考察该表的6个三级指标时，对社区矫正对象服务支持获得的测量，通过6个三级指标设计题项来完成，即询问社区矫正对象"获得教育学习、心理辅导、职业能力培训、人际能力培训、工作机会、公共服务的情况"，测量题项的选项分别为"从未、极少、偶尔、经常、总是"，在计分上则分别赋值1、2、3、4、5分，通过均值大小衡量各类服务支持的获得情况。在操作中，将6个题项得分加总后求均值作为矫正对象服务支持的总体状况。又

如，在考察社区矫正对象社会支持获得一级指标情感性支持的所有二级、三级指标时，测量题项的选项均包括"从未、偶尔、有时、经常、总是"，在计分上则分别赋值1、2、3、4、5分。在操作过程中，将各情感性支持测量题项的得分加总后求均值，分数越高表明社区对象情感性支持的获得状况越良好。再如，在考察正面社会互动中6个三级指标时，其测量题项中有如下选项："经常主动、有时主动、偶尔主动、从未主动"，在计分上则分别赋值4、3、2、1分。还如，在考察对支持的利用中的6个三级指标时，其测量题项中有如下选项："经常参加、有时参加、偶尔参加、从未参加"，在计分上则分别赋值4、3、2、1分，将6个题项的得分加总作为支持利用度的最终指标，分值越大表明支持利用度越高。与之类似，社区矫正对象社会支持获得问卷、社区矫正对象社会支持需求问卷、社区矫正工作人员社会支持供给问卷的测量均仿照此计分方式。

四 社区矫正对象社会支持评量质量的检验

尽管我们在借鉴国内外社会支持评量方法的基础上对社区矫正对象社会支持进行了操作化并设计出相应的评量工具和测量题项，但这些题项的信度和效度究竟如何？换句话说，这些测量题目是否有效和可靠还不得而知。因此，为了保证测量工具对社区矫正对象社会支持研究的有效性和可靠性，我们需要对评量指标进行信效度检验。

由于信度和效度检验是针对量表进行的，即分析变量一般应是连续变量才可行，因此，对一些简单二分变量的测量题项（如信息性支持、实物支持和金钱支持等）不纳入检验程序，主要针对工具性支持、情感性支持和反馈性支持的主要测量题项进行检验。为了考察各题项的有效性，本研究对量表进行了探索性因子分析。[①] 另外，本研究还通过测量问卷内部一致性系数（Cronbach' alpha）对问卷信度进行了考察。

[①] 分析步骤如下：首先，做KMO和Bartlett球形检验，确定数据是否适合做因子分析；其次，采取主成分分析法提取因子，观察主因子解释总变异的百分比和各因子的因子载荷，若主因子解释总变异大于60%、因子载荷大于0.6，则说明结构效度较为良好。

（一）社区矫正对象视角的效度信度检验

从"接收者"的角度看，社区矫正对象社会支持评定量表的质量检验，包括结构效度检验和内在信度检验。经检验，该评定量表的效度信度均较好，评量质量较高。

1. 结构效度检验

本文采用主成分分析法对数据进行因子求解，将因子提取数量限定为 3 个，采用最大方差对提取的公因子进行直交旋转法，来检验题项的区别有效性和聚合有效性。[①] 然后，根据因子分析输出结果，删除因子载荷小于 0.4 的因子，从因子载荷量最小的题项开始，直至所有题项的因子载荷均达到 0.4 为止。通过探索分析，删除"社区他人特意保持距离"这个不合适因子，最后保留了 34 个测量题项。

34 个测量题项的因子分析结果表明，KMO 系数为 0.946，根据 Kaiser（1974）的观点，达到了"极佳的"水平，[②] 表明变量间有公共因子存在；Bartlett 球形检验的 X^2 为 126198.070（自由度为 561），显著性概率值 P = 0.000，小于 0.05 的显著性水平（见表 3-11），表示该相关矩阵不是单位矩阵，且总体的相关矩阵间存在公共因子。KMO 系数和 Bartlett 球形检验结果，均表明变量适合进行因子分析。

表 3-11　　　　　　KMO 检验和巴特利特球形度检验

Kaiser-Meyer-Olkin Measure of Sampling Adequacy		.946
Bartlett's Test of Sphericity	Approx. Chi-Square	126198.070
	df	561
	Sig.	.000

采用主成分分析法进行具体分析，结果显示，3 个限定公共因子累计解释的方差占总方差的 67.1%，超过 50% 的最低要求，3 个因子分别解释了

[①] 吴明隆编著：《SPSS 统计应用实务：问卷分析与应用统计》，科学出版社 2003 年版，第 62—87 页。

[②] 吴明隆编著：《SPSS 统计应用实务：问卷分析与应用统计》，科学出版社 2003 年版，第 41—59 页。

34.2%、19.1%、13.8%，解释率较为良好，因而可以认为抽取 3 个公共因子是合理的。表 3-12 是通过方差极大法对因子载荷矩阵进行旋转后的结果，可以看出所有因子载荷均大于 0.4，公共因子可解释指标变量的方差达到了要求。但是从该表也可以发现，反馈性支持中第 24、25、26、28 题 4 个题项较难区分，这可能是由于问卷数量较大造成的不可避免的误差。尽管删除这 4 个题项后可以使问卷的结构效度更加明晰，但考虑到家人、朋友、社区成员及街道、居委会成员同样是反馈性支持的重要测量内容，因此，最终保留这 4 个题项作为反馈性支持的测量内容。

表 3-12　　　　　　　　　探索性分析的因子负荷表

潜变量		题项	因子		
			1	2	3
工具性支持	1	教育学习	.487	.687	-.008
	2	心理辅导	.472	.807	-.153
	3	人际能力培训	.166	.821	-.114
	4	职业技能培训	.213	.789	-.171
	5	工作机会	.249	.879	-.216
	6	公共服务	.375	.817	-.215
情感性支持	7	亲朋有意疏远	-.677	-.218	.090
	8	社区成员不愿共用公共设施	-.614	-.320	.173
	9	亲朋互相信任	.494	.113	.061
	10	社区成员互相信任	.569	.056	.066
	11	社矫工作人员互相信任	.642	.454	-.198
	12	家人倾听烦恼	.740	.230	-.263
	13	社区成员倾听烦恼	.774	.112	-.239
	14	社区矫正工作人员倾听烦恼	.689	-.028	-.208
	15	街道办居委会倾听烦恼	.807	.280	-.293
	16	亲朋理解	.829	.322	-.227
	17	社区成员理解	.784	.361	-.316
	18	社区矫正工作人员理解	.770	.263	-.317

续表

潜变量		题项	因子		
			1	2	3
情感性支持	19	街道办居委会理解	.783	.413	-.277
	20	亲朋尊重	.824	.375	-.172
	21	社区成员尊重	.742	.343	-.249
	22	社区矫正工作人员尊重	.772	.241	-.137
	23	街道、办居委会尊重	.752	.439	-.270
反馈性支持	24	与家人主动联系	-.692	-.446	.184
	25	与朋友主动联系	-.613	-.489	.259
	26	与社区成员主动联系	-.567	-.361	.427
	27	与社区矫正工作人员主动联系	-.413	-.190	.588
	28	与街道、居委会人员主动联系	-.553	-.333	.521
	29	与警察主动联系	-.050	.140	.629
	30	主动参与心理辅导	-.135	-.237	.777
	31	主动参与教育培训	-.329	-.271	.667
	32	主动参与职业技能培训	.116	-.298	.739
	33	主动参与人际交往培训	-.210	-.426	.627
	34	主动利用公共服务	-.280	.009	.630

2. 内在信度检验

在因素分析之后，为深入了解问卷的可靠性和有效性，需进一步做信度检验。[1] Cronbach' alpha 系数是内在信度检验中最常使用的测量方法，如果内在信度 α 系数在 0.8 以上，说明量表有高的信度。[2]

通过可靠性分析发现，总体量表的 Cronbach α 系数为 0.780，而工具性支持、情感性支持和反馈性支持三个维度的 α 系数分别为 0.952、0.917、

---

[1] 信度有"内在信度"和"外在信度"两类：外在信度是指在不同时间测量时，量表的一致性程度；在"多选项量表"中，内在信度尤为重要。内在信度，指的是同一量表中的各题项是否测量的是同一概念以及各题项的一致性程度如何。

[2] Bryman A., Cramer D., "Quantitative Data Analysis with SPSS Release 8 for Windows: Aguide for Social Scientists", *Canadian Journal of Sociology*, 2002, 21 (3): 397-400.

0.899（见表 3-13）。根据度量标准可知，各维度量表和总体量表的信度即内部一致性程度较为良好。

表 3-13　　　　　　　　　　内在信度分析的 α 系数表

维度	N（case）	N（item）	α 系数
工具性支持	3184	6	.952
情感性支持	3207	17	.917
反馈性支持	3207	11	.899
总体	2991	34	.780

（二）社区矫正工作人员视角的效度信度检验

从"提供者"的角度看，社区矫正工作人员社会支持评定量表的质量检验，也包括结构效度检验和内在信度检验。经检验，该评定量表的效度信度均较好，评量质量较高。

1. 结构效度检验

将社区矫正工作人员相关连续变量进行 KMO 检验和巴特利球形度检验，结果如下表所示：题项的有效性和聚合性基本得到满足，KMO 值为 0.814，巴特利球度检验统计量的观测值为 3542.347，显著性概率值 P = 0.00。达到要求的显著性水平（见表 3-14）。根据 Kaiser 的 KMO 度量标准，说明原有变量适合进行因子分析。

表 3-14　　　　　　　　KMO 检验和巴特利特球形度检验

Kaiser-Meyer-Olkin Measure of Sampling Adequacy		.814
Bartlett's Test of Sphericity	Approx. Chi-Square	3542.347
	df	78
	Sig.	.000

采用主成分分析法进行具体分析发现，2 个因子可以解释总体变异的 57.187，其中，2 个因子分别解释了 35.1%、22.1%，解释率较为良好。同时，由表 3-15 因子负荷情况可知，因子结构清晰。也就是说，在方差贡献率较高、分子结构清晰的基础上，我们认定该量表具有较好的结构效度。

表 3-15　　　　　　　　　　探索性分析的因子负荷表

潜变量	题项	因子 1	因子 2
工具性支持	教育学习	.688	.185
	心理辅导	.807	.186
	职业技能培训	.894	.014
	人际能力培训	.892	.044
	工作机会	.879	.009
	公共服务	.755	.196
情感性支持	愿意共用公共服务设施	.192	.482
	特意保持空间距离	.062	.181
	互相信任	.103	.756
	倾听意愿表达	-.036	.876
	倾听烦恼倾诉	.107	.752
	理解某些行为	.070	.547
	尊重劳动成果	-.026	.851

2. 内在信度检验

进一步分析社区矫正工作人员社会支持评定量表的内在信度，通过可靠性分析发现，总体量表的 Cronbach α 系数为 0.812，而工具性支持、情感性支持和两维度的 α 系数分别为 0.909、0.540（见表 3-16）。根据度量标准可知，各维度量表和总体量表的信度即内部一致性程度较为良好。

表 3-16　　　　　　　　　内在信度分析的 α 系数表

维度	N (case)	N (item)	α 系数
工具性支持	489	6	.909
情感性支持	505	7	.540
总体	481	13	.812

在使用以上社会支持评定量表及其评量体系，对社区矫正对象进行社会支持现状和需求评量，对社区矫正工作人员进行社会支持供给评量之前，还需要对社区矫正对象社会支持的公众基础、队伍支撑等状况进行考察，以作为社会支持评量比较的背景、参考和补充。

第四章
社区矫正对象社会支持的公众基础

完善基层治理中的社区矫正，重要的是提升社区矫正对象的社会支持，而其关键便是公众基础。考察社区矫正对象社会支持的公众基础，主要是要考察社区矫正对象社会支持的公众潜力或公众态度，即一般公众对社区矫正的认知、认同和参与状况。社区矫正的本质是充分利用社会资源、广泛动员社会力量参与社区矫正，从而促进社区矫正对象顺利重返社会。公众基础，即公众对社区矫正的认知、认同及参与水平，是社区矫正对象获得社会支持的必要前提。只有具备一定的公众基础，社区矫正对象才能获得公众的社会支持。如果一般公众对社区矫正及其社区矫正对象这个主题根本就不认知，或者认知不多，就谈不上认同或参与，更谈不上支持或不支持了，那么从一般公众的角度考察社区矫正对象的社会支持就意义不大了。[①] 而要考察公众对社区矫正对象的认知、认可和参与状况，先要全景式地呈现我国社区矫正对象的基本状况。于是，倒推而知，本部分研究的基本逻辑是：先要介绍我国社区矫正对象具有怎样的数量和结构，并持有怎样的变化和趋势。只有清楚地呈现社区矫正对象的规模和增长态势之后，才可以将其作为参考值，以更加清晰并准确地判断公众认知、认可和参与究竟是处于怎样的水平。在此基础上，运用调查数据就一般公众对社区矫正的认知、认同及参与状况进行考察，接着对社会支持公众基础的生态系统结构进行分析，从而较全面地呈现社区矫正对象社会支持的公众基础。

---

① 调查研究的实际结果是，一般公众对社区矫正的认知、认同及参与均较低，因此，本研究将不从一般公众的角度考察社区矫正对象的社会支持状况及其影响因素。本部分的研究，实际上是论证一般公众当前不具备社区矫正对象社会支持研究的主体意义，从而将其排斥在研究主体之外。

一 公众面对的社区矫正对象规模

厘清社区矫正对象社会支持的状况,有必要先厘清社区矫正对象的规模状况。要了解社区矫正对象社会支持的公众基础,先呈现公众所要面对的社区矫正对象的规模状况也是非常必要的,这有利于我们从整体上把握要考察的研究对象情况。同时也是基于以下考虑:其一,社区矫正对象规模大小,自然会影响公众知晓度大小、接触面多少;其二,公众认知、认可和参与,以及后面要考察的社会支持状况,是相对于社区矫正对象的规模而言的;其三,社区矫正对象数量的增长速度,也为后续的因素分析和政策倡导提供了预期导向;其四,当前还没有就社区矫正对象规模进行系统研究或发布的统计数据,相关媒体报道和官方发布也是零星散落的,社会各界还没有对社区矫正对象有一个结构和变化上的清晰认识。以下将从面上和点上两个方面来呈现社区矫正对象的数量和增长状况,即既呈现宏观全国层面的情况,也呈现中观省级层面的情况,还呈现微观县级层面的情况。

(一)全国社区矫正对象的数量变化及特点

在全国层面,自2009年全面实行社区矫正以来,社区矫正对象数量增长迅速。从2009年8月到2017年1月,各地累计接收社区矫正对象由34.8万人增加到300余万人,增长了7倍多;累计解除社区矫正对象由16.4万人增加到超过230万人,增长了13倍;在册社区矫正对象由18.4万人突破到70万人,增长了近3倍。尤其是2013年至2017年年初,社区矫正对象的规模进一步扩大,全国累计接收社区矫正对象189.6万人,累计解除174.5万人,净增长15.1万人。从2014年到2019年,每年在册社区矫正对象都突破70万人。近年来有所减少,2022年年底有社区矫正对象62.9万人(见表4-1)。

表4-1　　　　　全国全面试行后社区矫正对象数量与增长

时间	累计接收矫正对象（万人）	累计解除矫正对象（万人）	现有社区矫正对象（万人）
2022.12	649.9	586.9	62.9

续表

时间	累计接收矫正对象（万人）	累计解除矫正对象（万人）	现有社区矫正对象（万人）
2020.07	495.0	431.0	约64.5
2019.07	431.0	361.0	70.0
2017.01	2013年以来189.6	2013年以来174.5	突破70
2016.07	298.0	228.0	超过70
2015.05	242.9	169.6	74.0
2015.02	232.2	158.3	73.9
2014.12	223.7	150.5	73.2
2014.08	184.7	113.8	70.9
2013.11	170.7	104.0	66.7
2013.10	166.5	100.7	65.8
2012.07	102.0	56.7	45.3
2012.06	98.6	54.6	44.0
2012.03	93.2	51.2	42.0
2011.07	72.3	39.3	33.0
2010.12	59.8	32.0	27.8
2009.08	34.8	16.4	18.4

注：作者根据相关官方媒体报道等数据整理而成。

统计分析发现，我国社区矫正对象的数量变化呈现以下主要特点。第一，绝对数量增加较大。无论是累计接收社区矫正对象数量，还是解除社区矫正对象数量，或是在册的社区矫正对象数量，均有明显增加。第二，各项增长速度较快。在2009年至2017年近9年的时间里，均以成倍的速度增长，尤其是累计解除社区矫正对象，年均增长超过一倍。第三，总体规模仍显偏小。我国社区矫正对象数量虽然增长较快，但如前文所述，总体基础仍然较少，与监禁矫正的比例不高。

（二）各地社区矫正对象的数量与增长

在地方层面，各省（市、自治区）和各县（市、区）的社区矫正对象数量有较大差异。根据司法部的统计，排在前三位的是山东省、河南省和浙江省。例如，截至 2015 年 12 月，山东省社区矫正对象达到 65000 人；截至 2016 年 1 月，河南省社区矫正对象达到 50000 人；截至 2014 年 7 月，浙江省社区矫正对象达到 45000 人。各地社区矫正人员在矫正期间的重新犯罪率也有不同，但一般在 0.2% 以下。无论数量多少，总体上纵向比较均有快速增长。代表性省份和代表性城市的社区矫正对象的构成及变化如下。

1. 代表性省份社区矫正对象的构成及变化

通过搜索可及的文献和网络资源，我们统计分析、整理呈现了各省份社区矫正对象的数量和规模等构成状况（见表 4-2），并对代表性省份的相关数据进行了变化情况分析。

第一，直辖市。北京、上海、天津作为第一批试点地区，重庆作为第二批试点地区，社区矫正对象数量增长和速度提升均较快。其一，北京市于 2003 年 7 月在 3 个区县开始试点；同年 12 月，扩大到 9 个区县；2004 年 5 月，试点在全市全面展开。截至 2014 年 10 月，北京市累计接收社区矫正对象 4.5 万名，解除矫正 4 万名。截至 2015 年 7 月，北京市累计接收社区矫正对象达 4.8 万余人，解除矫正近 4.4 万人。其二，上海市于 2002 年 8 月开始社区矫正工作试点。在徐汇区斜土街道、普陀区曹杨新村街道、闸北区宝山路街道试点时，平均每月接收社区矫正对象只有 100 余人。2003 年 1 月开始，试点范围扩大到 3 个街道所在的区共 31 个街道，当时平均每月接收社区矫正对象增加到 1100 人。2003 年 8 月开始，试点增加了 2 个区，扩大到徐汇区、普陀区、闸北区、卢湾区、浦东区 5 个区共 59 个街镇，平均每月接收社区矫正对象约 1800 人。2004 年 6 月，在全市 19 个区县全面开展。2005 年 8 月，全市 235 个街镇中有 184 个开展了社区矫正工作，共接受社区矫正对象 4411 人。截至 2014 年 7 月，上海市累计接收社区矫正对象达 56721 人，累计解除矫正 47409 人，在矫 9312 人。截至 2014 年年底，上海市的社区矫正对象已达 8800 多人。[1] 其三，天津市自 2003 年 12 月开始在 4 个区的 15 个街（乡镇）进行社区矫正工作试点，后扩大到 16 个区县的 216 个街（乡镇）。截至 2009 年 4 月底，天津市累计接收社区矫正对象 8197

---

[1] 上海市静安区司法局社区矫正中心主任丁海蓉曾介绍说，劳教制度废止后，社区服刑人员明显增加，过去几年全年累计的社区服刑人员 120 人左右，2013 年则达到了 250 人左右，增加比例超过了 1/3。

人，累计解除矫正 3893 人。截至 2011 年 7 月，在册社区矫正对象达 4209 人。截至 2014 年 7 月，在册社区矫正对象增加到 7178 人。截至 2015 年 9 月，累计接收社区矫正对象达 38093，解除矫正 31143 人，在矫 6950 人。截至 2016 年 8 月，天津市累计接收社区矫正对象达 42664 人，累计解除矫正 35940 人，在矫 6724 人。其四，重庆市从 2004 年开始社区矫正工作试点。截至 2014 年 11 月，已累计接收社区矫正对象 6.1 万人。截至 2015 年 7 月，重庆市累计接收社区矫正对象 71000 人，解除矫正 57000 人，在矫 14000 人。

第二，东部省份。江苏、浙江作为第一批试点地区，河北、广东作为第二批试点地区，福建作为后续试行地区，社区矫正对象数量和速度均有较快增长。其一，江苏省截至 2012 年 12 月底累计接收社区矫正对象 19 万人，累计解除矫正 14.2 万人，在矫 4.8 万人。截至 2015 年 6 月底，累计接收社区矫正对象 26.8 万人，累计解除矫正 22.9 万人，在矫 3.9 万人。其二，浙江省于 2004 年 5 月启动试点，截至 2010 年 3 月，累计接收社区矫正对象 73000 多名，累计解除 38000 余名，在矫 35000 人。截至 2014 年 7 月，累计接收社区服刑人员 18.9 万，累计解除矫正 14.4 万，在矫 45000 人。其三，河北省于 2009 年全面试行社区矫正工作，截至 2012 年 7 月，全省累计接收社区矫正对象 40871 人，累计解除矫正 19862 人，在矫 21009 人。截至 2015 年 6 月，河北省累计接收社区矫正对象 103050 人，累计解除矫正 62979 人，在矫 40071 人。其四，广东省于 2006 年开始试点，2008 年扩大试点，2010 年全面试行，2012 年社区矫正工作覆盖全省镇街。截至 2012 年 8 月，广东省累计接收社区矫正对象 3.5 万人，累计解除矫正 1.4 万人，在矫 2.1 万人。其五，福建省于 2006 年在厦门市思明区、泉州市丰泽区、三明市梅列区开始社区矫正工作试点。2007 年，在福州市鼓楼区等 35 个县（市、区）开展试点。2010 年，在全省试行。2012 年，社区矫正工作覆盖到全省。截至 2014 年 4 月，累计接收社区矫正对象近 75900 人，累计解除矫正 45000 人，在矫 30900 万人。截至 2015 年 11 月，福建省累计接收社区矫正对象近 11 万人，解除矫正 8.3 万人，在矫 2.6 万人。

第三，中部省份。湖北、安徽作为第二批试点地区，山西、河南、江西作为后面试行地区，社区矫正对象数量和速度也增长较快。其一，湖北省于 2005 年开始社区矫正工作试点，截至 2012 年年底，全省累计接收社区矫正对象达到 49210 人，解除矫正 25840 人。截至 2013 年 11 月，湖北省累计接收社区矫正对象已至61605人，解除矫正335609人，在矫25996人。截至2014年11月，全省累计接收社区矫正对象发展到76386人，累计解除矫正50072人，在矫26314人。其二，安徽省于2006年3月在合肥瑶海区等24个县（区）开始社区矫正工作试点。2007年8月，社区矫正工作在全省全面试行。截至2015年4月，全省累计接收社区矫正对象已达12万多人，解除矫正8万多人。其三，山西省于2007年在两市开始试点，2009年在全省全面试行。截至2014年11月，全省累计接收社区矫正对象达到58251人，解除矫正38307人，在矫19944人。截至2015年10月，山西省累计接收社区矫正对象已至68688人，解除矫正50303人。其四，河南省于2009年开始社区矫正工作试点，2011年年底全面试行，2014年覆盖全省所有省辖市、县、乡镇。截至2014年7月，全省累计接收社区矫正对象达到60000人，累计解除矫正20000人，在矫40000人。其五，江西省是全国最后4个开展社区矫正工作的省份之一。截至2012年5月，全省累计接收社区矫正对象15370人，解除矫正3738人，在矫11632人。截至2014年6月，全省累计接收社区矫正对象达到38533人，累计解除矫正18379人，在矫20154人。截至2015年5月，全省累计接收社区矫正对象已达51191人，累计解除30194人，在矫20997人。

表4-2　　全国代表性省（市、自治区）社区矫正对象数量与规模情况

省份	时间	累计接收矫正对象	累计解除矫正对象	现有社区矫正对象	矫正期再犯率
福建	2016.12	130000	105400	24600	0.19%
安徽	2016.10	166000	131000	35000	0.11%
天津	2016.08	42664	35940	6724	0.1%以下
贵州	2016.08	74000	54000	20000	0.2%以下
河南	2016.01	120000	70000	50000	0.07%
山东	2015.12	215000	150000	65000	0.05%以下
辽宁	2015.12	78431	51527	26904	0.1%
山西	2015.10	68688	50303	18385	0.19%
北京	2015.07	48000	44000	4000	0.1%以下

续表

省份	时间	累计接收矫正对象	累计解除矫正对象	现有社区矫正对象	矫正期再犯率
重庆	2015.07	71000	57000	14000	0.149%
江苏	2015.06	268000	229000	39000	0.1%
河北	2015.06	103050	62979	40071	0.15%
江西	2015.05	51191	30194	20997	0.068%
宁夏	2015.05	11673	7230	4443	0.2%以下
陕西	2015.02	33048	16952	16096	0.05%
湖南	2014.12	77300	40500	36800	0.2%以下
湖北	2014.11	76386	50072	26314	0.05%
内蒙古	2014.11	42062	27178	14884	0.2%以下
广西	2014.09	36930	18856	18074	0.18%
吉林	2014.08	44026	26074	17952	0.06%
上海	2014.07	56721	47409	9312	0.17%
四川	2014.07	92707	54178	38529	0.19%
浙江	2014.07	189000	144000	45000	0.1%
广东	2013.09	56278	28316	21000	0.16%
新疆	2013.01	14135	6338	7797	0.17%

注：作者根据相关官方媒体报道等数据整理而成。

第四，西部省份。内蒙古、广西、贵州作为第二批试点地区，陕西、宁夏、云南作为后来推进地区，社区矫正对象数量和规模也增长迅速。其一，内蒙古自治区于2004年开始社区矫正工作试点。截至2014年11月，全区累计接收社区矫正对象42062人，解除27178人，在矫14884人。其二，广西壮族自治区于2008年开始社区矫正工作试点，2010年开始在全区14个市、113个县（市、区）、1241个乡镇（街道）全面铺开。2009年全区在册社区矫正对象439人，截至2013年5月，全区累计接收社区矫正对象达23575人，累计解除8794人，在矫14871人。截至2014年10月，全区在册社区矫正对象增加到18074人，累计接收社区矫正对象达36930人，累计解除18856人。截至2015年1月，全区累计接收社区矫正对象发展到40397人，累计解除22290人，在矫18107人。其三，贵州省于2005年11月在贵阳市云岩区、南明区开始社区矫正工作试点，2010年9月在全省全面试行。2014年10月，全省累计接收社区矫正对象由试点时的282人增至44783人，在册社区矫正对象21577人。其四，陕西省于2010年5月开始试点，2011年全面开展。截至2014年10月，全省累计接收社区矫正对象29647人，累计解除14278人，在矫15369人。截至2015年2月，全省累计接收社区矫正对象33048人，累计解除矫正16952人，在矫16096人。其五，宁夏回族自治区于2009年7月开始社区矫正工作试点，2011年年底全区5个市21个县（市、区）243个司法所全部开展社区矫正工作。截至2011年6月，全区累计接收社区矫正对象2508人，累计解除640人，在矫1868人。截至2015年5月，全区累计接收社区矫正对象11673人，累计解除7230人，在矫4443人。其六，云南省2010年在册社区矫正对象有2万人，到2015年4月就增加到3.8万人。

第五，东北部省份。吉林、辽宁等东北地区作为后面开展地区，社区矫正对象数量和规模也有快速增长。例如，吉林省于2006年2月自行在部分地区开始社区矫正工作试点，2009年12月全面试行，2011年实现全覆盖。截至2014年8月，全省累计接收社区矫正对象已达44026人，累计解除矫正26074人，在矫17952人。还如，辽宁省于2006年5月自行在本溪市平山区等地开始社区矫正工作试点。截至2015年12月，全省累计接收社区矫正对象达到78431人，累计解除矫正51527人，在矫26904人。

2. 代表性城市社区矫正对象的构成及变化

除了宏观全国层面的数据、中观省级层面上的数据，我们还通过文献检索和实地调查等方式呈现了微观城市层面的数据，以反映研究主体的规模状况。

第一、三类城市的社区矫正对象数量及结构。通过搜索可及的文献和网络资源，统计分析、整理呈现了大中小三类城市社区矫正对象的数量和规模等构成状况（见表4-3）。数据研究发现：其一，各城市社区矫正对象已经具有了一定规模。其二，从部分城市的历史纵向数据可以看出，社区矫正对象的数量增速较快，如此大的规模单靠社区矫正工作人员的力量是不够的，从"接收者"的角度看，需要有社会力量的参与，尤其是需要社会支持。其三，考察社区矫正对象的社会支持状况，需要考察社区矫正对象的公众认知基础。其四，社区矫正对象矫正期间的再犯率较低，从"提供者"角度看，为其提供社会支持的危险性既是较小的也是可行的。

表 4-3　　　　　全国代表性城市社区矫正对象数量与规模情况

类型	城市	时间	累计接收矫正对象	累计解除矫正对象	现有社区矫正对象	矫正期间再犯率
大城市	长沙①	2017.01	14877	11962	2915	0.2%以下
	武汉	2016.09	19231	15924	3307	0.2%以下
	银川	2016.01	—	—	1577	—
	合肥	2015.10	15000	11000	4000	0.1%以下
	长春②	2015.07	9707	5913	3794	0.03%
	福州③	2015.04	17472	12741	4731	0.13%
	大连	2014.10	5942	2949	2993	0
	西安④	2014.07	4541	1975	2566	0.1%
	杭州⑤	2014.05	27194	22374	4820	—
	广州	2012.12	6500	3100	3300	0.1%
中等城市或地级市	吉林松原⑥	2017.07	8452	6429	2023	0.19%
	广东佛山⑦	2016.06	9013	6480	2533	0.2%以下

① 截至 2012 年 8 月，湖南省长沙市累计接收社区矫正对象 4917 人，累计解除矫正 2267 人，在矫 2650 人。

② 截至 2010 年 8 月，吉林省长春市全市 10 个县（市、区）156 个乡镇（街道）基本铺开试行社区矫正工作，累计接收社区矫正对象 845 人，解除 84 人，在矫 761 人。

③ 截至 2014 年 7 月，福建省福州市累计接收社区矫正对象 15185 名，期满解除矫正 10060 名，在矫人员 5125 名。矫正后重新犯罪 23 名，重新犯罪率 0.15%。

④ 陕西省西安市于 2010 年 7 月开始在 9 个区县 15 个司法所开始社区矫正工作试点，2011 年全面推开。截至 2013 年 6 月，西安市累计接收社区矫正对象 2633 人，累计解除 860 人，在矫 1773 人。其中，管制 14 人，缓刑 1352 人，假释 253 人，暂予监外执行 109 人。截至 2014 年，在全市 183 个司法所全面开展。

⑤ 浙江省杭州市于 2004 年 5 月 31 日在上城区启动社区矫正试点工作，2004 年年底在城区推开，2007 年 12 月在 13 个县（市）全面推开。

⑥ 吉林省松原市于 2008 年 4 月开始社区矫正工作试点，2008 年 12 月从公安机关接收社区矫正对象。当时共接收社区矫正对象 1000 余人。截至 2017 年 7 月，累计接收近 9000 人，增长了近 8 倍。

⑦ 广东省佛山市于 2009 年 6 月开始社区矫正工作试点，2010 年 5 月开始从公安机关接收社区矫正对象，2010 年 9 月底完成全面接收工作。当时，全市共计接收社区矫正对象 888 人。截至 2017 年 7 月，佛山市累计接收各类社区矫正对象已近 10000 人，增长了 10 多倍。

续表

类型	城市	时间	累计接收矫正对象	累计解除矫正对象	现有社区矫正对象	矫正期间再犯率
中等城市或地级市	浙江嘉兴①	2016.01	15888	12924	2869	0.091%
	陕西安康②	2016.01	2963	1944	1019	0
	福建漳州③	2015.12	17651	13448	4203	0.1%
	辽宁本溪④	2015.10	4739	3294	1445	0
	宁夏石嘴山⑤	2015.09	2009	1522	487	—
	湖北咸宁⑥	2015.07	4411	2975	1436	0.02%
	江苏镇江	2015.05	12013	10343	1670	0
	贵州六盘水⑦	2015.04	4455	2616	1839	—
	河北秦皇岛⑧	2015.02	6922	4340	2582	0.08%
	贵州黔东南	2014.12	5382	3093	2289	0.07%
	山东聊城⑨	2014.12	5799	2959	2840	—
	安徽六安	2014.11	12437	8858	3579	0.016%
	河南南阳⑩	2014.11	9119	3703	5416	—
	安徽阜阳⑪	2014.11	10142	5079	5135	低于0.11%

---

① 浙江省嘉兴市于2006年开始社区矫正工作试点。截至2014年7月，累计接收社区矫正对象12379名，解除矫正9567名，在矫2812名。

② 陕西省安康市于2010年开始社区矫正工作试点，2011年全面铺开。

③ 截至2015年7月，福建省漳州市累计接收社区矫正对象11900人，解除矫正16263人，在矫4363人。

④ 辽宁省本溪市于2006年5月在平山区开始社区矫正工作试点，2011年7月全面开展，全市7个县区司法局和59个司法所开始接收社区矫正对象，当年接收社区矫正对象1000余人。

⑤ 宁夏回族自治区石嘴山市于2009年开始社区矫正工作试点，于2010年全面启动。

⑥ 截至2014年9月，湖北省咸宁市累计接收社区矫正对象3908人，解除矫正2524人，在矫1384人。

⑦ 贵州省六盘水市于2010年9月开始社区矫正工作试点，于2011年全面铺开。

⑧ 河北省秦皇岛市于2010年全面开展社区矫正工作。

⑨ 山东省聊城市2014年新增社区矫正对象1596人，解除矫正1220人。

⑩ 截至2014年7月，河南省南阳市累计接收社区矫正对象8175人，解除矫正3079人，在矫5096人。

⑪ 安徽省阜阳市2006年6月在颍泉区开始试点，2007年8月在全市全面推开。

续表

类型	城市	时间	累计接收矫正对象	累计解除矫正对象	现有社区矫正对象	矫正期间再犯率
中等城市或地级市	湖北荆门	2014.10	3992	2543	1449	—
	广东云浮	2014.10	2440	1578	862	0
	广西梧州	2014.10	2199	1320	879	—
	江苏无锡①	2014.08	18000	15000	3000	0.1%
	广东梅州②	2014.06	6074	3652	2422	—
	浙江慈溪	2014.06	—	—	957	—
	湖北孝感③	2014.05	4174	2183	1988	0.14%
	陕西安康	2014.04	2108	1007	1101	0
	河北承德	2013.12	5928	3467	2461	0
	广西崇左④	2013.11	1188	538	650	0.08%
	湖北宜昌	2013.09	7501	4784	2717	0.12%
	内蒙古乌兰察布	2013.09	2474	1331	1143	—
	福建龙岩	2012.05	4512	1534	2978	0
小城市或县市区	吉林前郭	2017.07	1607	1286	321	0.1%
	广东南海	2017.04	3293	2499	794	0.2%以下
	上海普陀⑤	2016.01	1149	961	188	—
	福建大田县	2016.01	1457	1198	259	0
	辽宁台安县	2016.01	830	564	266	—
	辽宁瓦房店	2016.01	1624	1030	594	—
	宁夏兴庆	2016.01	1500	1027	473	—
	广西鹿寨	2015.12	531	359	172	0

---

① 江苏省无锡市 2005 年开始社区矫正工作试点。
② 广东省梅州市 2009 年全面开展社区矫正工作。
③ 湖北省孝感市于 2006 年在孝南区广场街开始社区矫正工作试点，2007 年在全市全面推行。截至 2013 年 11 月底，全市累计接收社区矫正对象 3593 人，累计解除矫正 1734 人，在矫 1859 人。
④ 广西壮族自治区崇左市于 2011 年全面开展社区矫正工作。
⑤ 上海市普陀区于 2007 年开始社区矫正工作试点。

续表

类型	城市	时间	累计接收矫正对象	累计解除矫正对象	现有社区矫正对象	矫正期间再犯率
小城市或县市区	云南宁洱①	2015.12	503	350	153	—
	青海化隆	2015.12	369	224	145	—
	贵州盘县	2015.11	2178	1441	737	—
	广西田阳	2015.10	750	528	222	0.5%–3%
	内蒙古乌兰浩特②	2015.07	709	406	303	—
	山东阳信	2015.06	727	440	287	0
	河北蠡县	2015.05	476	301	175	—
	湖北来凤③	2015.04	713	492	221	—
	湖北通山	2015.03	740	462	278	0.15%
	辽宁喀左④	2015.02	391	159	232	0
	上海静安	2015.01	—	—	250	—
	广东东源	2014.12	334	234	100	0
	广西钦南	2014.12	562	447	115	—
	浙江洞头	2014.11	515	401	114	0.8%
	江苏泰兴	2014.10	330	188	142	0
	河南灵宝	2014.09	436	167	269	—
	杭州富阳⑤	2014.09	2671	2239	432	0.2%
	湖北赤壁	2014.08	691	396	295	0
	湖北江陵	2014.08	267	137	130	0
	云南宁洱⑥	2014.06	374	—	—	0.5%
	贵州红花岗⑦	2014.03	720	326	394	—
	河南新郑	2012.08	478	102	376	—

① 云南省普洱市宁洱县于2009年开始社区矫正工作试点。
② 内蒙古自治区兴安盟乌兰浩特市于2007年开始社区矫正工作试点。
③ 湖北省恩施州来凤县于2006年开始社区矫正工作试点。
④ 辽宁省朝阳市喀喇沁左翼蒙古族自治县于2011年年初在东哨、南哨两个乡镇试点社区矫正工作，于2012年在全县铺开。2012年10月，公安机关与司法行政机关社区矫正人员交接完毕。
⑤ 浙江省杭州市富阳市于2007年开始社区矫正工作试点。
⑥ 云南省普洱市宁洱县于2009年1月开始社区矫正试点。
⑦ 贵州省遵义市红花岗区于2010年9月开始社区矫正工作试点，2011年6月在该区全面推开。

第二、三个地区的社区矫正对象数量及变化。在数据检索及统计分析的同时，我们还重点调查了3个地区共5个城市。其中，3个地区指中部的湖北省武汉市，南部的广东省佛山市，北部的吉林省松原市。5个城市，分别为大城市武汉市，中等城市佛山市、松原市，小城市佛山市南海区、松原市前郭县（见表4-4）。这些地区具有一定的代表性，分布在我国的北部、中部和南部，而且兼具了大城市（区域中心城市）、中等城市（地级市或较发达城市），以及地级市中的县或区，也具有一定的比较性。

表4-4　　　　　　　　　重点调查的三地区五城市分布

城市类型	北部	中部	南部
大		湖北省武汉市	
中	吉林省松原市		广东省佛山市
小	松原市前郭县		佛山市南海区

其一，湖北省武汉市的社区矫正对象数量及变化。截至2017年年初，武汉市现有土地面积8494平方公里，常住人口1077万人，户籍人口834万人。武汉市于2005年5月在7个中心城区试点，2007年5月，试点工作扩大到6个新城区。截至2009年5月，武汉全市共接收社区矫正对象4017人，在册社区矫正对象2118人。2012年在全市13个区全面铺开。截至2012年3月底，全市累计接收社区矫正对象7859人，累计解除5151人，在矫2708人。[①] 截至2012年9月底，全市累计接收矫正对象8796人，累计解除矫正5760人，在矫3036人。截至2016年9月底，全市累计接收矫正对象19231人，累计解除矫正15924人，在矫3307人（见表4-5）。由此可见，武汉市社区矫正工作推进速度较快，社区矫正对象数量较大，各项数据增速较快（见表4-5）。

[①] 参见孙天文《武汉市人民政府关于社区矫正及安置帮教工作情况的报告》，武汉市司法局局长在武汉市第十三届人大常委会第二次会议上的报告，2012年4月25日。

表 4-5　　　　　　　武汉市社区矫正对象数量变化情况

时间	累计接收矫正对象	累计解除矫正对象	在册社区矫正对象
2005.05	0	0	0
2009.05	4017	1899	2118
2012.03	7859	5151	2708
2012.09	8796	5760	3036
2016.09	19231	15924	3307

其二，广东省佛山市的社区矫正对象数量及变化。截至 2017 年 7 月，佛山市现有土地面积 3798 平方公里，常住人口 735 万人，户籍人口 386 万人。共辖 5 个区，其中，禅城区、南海区 2 个为中心城区，顺德区、高明区、三水区 3 个为新城区。佛山市于 2009 年 6 月开始社区矫正工作试点，2010 年 5 月开始从公安机关接收社区矫正对象，2010 年 9 月底完成全面接收工作。当时，全市共计接收社区矫正对象 888 人。截至 2012 年 3 月，佛山市累计接收各类社区矫正对象 2237 人，累计解除矫正 677 人，在矫 1560 人。截至 2014 年 9 月，佛山市累计接收各类社区矫正对象 5796 人，累计解除矫正 3342 人，在矫 2454 人。截至 2017 年 7 月，佛山市累计接收各类社区矫正人员已近 10000 人，增长了 10 倍多。由此可见，作为南方发达的地级市，佛山市的社区矫正对象初具规模，增长迅速（见表 4-6）。

表 4-6　　　　　　　佛山市社区矫正对象数量变化情况

时间	累计接收矫正对象	累计解除矫正对象	在册社区矫正对象
2009.06	0	0	0
2010.09	888	0	888
2012.03	2237	677	1560
2014.09	5796	3342	2454
2016.06	9013	6480	2533
2017.07	10000	——	——

其三，吉林省松原市的社区矫正对象数量及变化。松原市现有土地面积 2.2 万平方公里，常住人口 280 万人。共辖 1 区 4 县，分别为宁江区、扶余

市、乾安县、长岭县、前郭尔罗斯蒙古族自治县。松原市于 2008 年 4 月开始社区矫正工作试点，2008 年 5 月开始从公安机关接收社区矫正对象，2008 年 12 月底完成全面接收工作。当时，全市共计接收社区矫正对象 1041 人。截至 2014 年 10 月，全市累计接收社区矫正对象 5164 人，累计解除矫正 2065 人，在矫 3099 人。截至 2017 年 7 月初，松原市累计接收社区矫正对象已达 8452 人，解除矫正 6429 人，在矫 2023 人（见表 4-7）。其中，管制 19 人，缓刑 1887 人，假释 79 人，暂予监外执行 38 人，重新犯罪率为 0.19%。由此可见，作为北方人口规模偏少的地级市，松原市的社区矫正对象也有相当数量，且增长较快。

表 4-7　　　　　　吉林省松原市社区矫正对象数量变化情况

时间	累计接收矫正对象	累计解除矫正对象	在册社区矫正对象
2008.04	0	0	0
2008.12	1041	0	345
2014.10	5164	2065	3099
2017.07	8452	6429	2023

其四，佛山市南海区的社区矫正对象数量及变化。截至 2017 年 7 月，南海区现有土地面积 1074 平方公里，常住人口 259 万。辖桂城、狮山、大沥、西樵、里水、九江、丹灶七个镇街。2009 年，南海区在罗村街道（后并归狮山街道）、大沥街道开始社区矫正工作试点。2010 年 7 月，南海区司法局从公安机关接管社区矫正工作。2010 年 9 月，各镇街司法所正式接管社区矫正对象。自此，社区矫正工作在全区 7 个镇街推行。2010 年 7 月，南海区从公安机关接收社区矫正对象时，只有社区矫正对象 275 人，其后每年新增人数均在上升。截至 2017 年 4 月，已接收社区矫正对象 3293 人，累计解除矫正 2499 人，在矫 794 人。由此可见，与刚接管时相比，社区矫正对象数量增长约 11 倍，年新增近 700 人（见表 4-8）。

表 4-8　　　　　　佛山市南海区社区矫正对象数量变化情况

时间	新增	在册社区矫正对象
2010.07	0	0

续表

时间	新增	在册社区矫正对象
2010.09	275	275
2011.12	358	—
2012.12	377	—
2013.12	395	—
2014.12	528	—
2015.12	529	—
2016.12	659	—
2017.04	172	794

其五，松原市前郭县的社区矫正对象数量及变化。截至 2017 年 7 月，前郭县现有土地面积 7000 平方公里，常住人口 60 万。辖 22 个乡镇。前郭县于 2008 年 8 月开始社区矫正工作试点，同月开始从公安机关接收社区矫正对象，2008 年 12 月底完成全面接收工作。当时，全县共计接收社区矫正对象 345 人。截至 2017 年 7 月初，前郭县累计接收社区矫正对象 1607 人，累计解除矫正 1286 人，在矫 321 人（见表 4-9）。其中，管制 0 人，缓刑 299 人，假释 11 人，暂予监外执行 11 人，重新犯罪率为 0.1%。由此可见，与刚接管时相比，社区矫正对象数量增长近 4 倍。

表 4-9　　　吉林省松原市前郭县社区矫正对象数量变化情况

时间	累计接收矫正对象	累计解除矫正对象	在册社区矫正对象
2008.08	0	0	0
2008.12	345	0	345
2012.12	851	401	450
2013.12	1032	578	454
2014.12	1208	775	433
2015.12	1369	1018	351
2016.01	1384	1038	346
2017.07	1607	1286	321

从以上全国和地方社区矫正对象统计数据可知，我国社区矫正开展十五年来，社区矫正对象数量已具有一定规模，总体增长迅速。需要注意的是，虽然社区矫正已取得了一定的成效，但是随着社区矫正对象群体的不断扩大，单靠社区矫正工作人员的力量是远远不够的，需要全社会各界力量的广泛参与。没有社会公众的参与支持，何谈社区矫正对象的社会支持。但是，当前我国公众是否认识社区矫正，对实行社区矫正的态度如何，是普遍认同还是具有参与潜力，仍待考察。因此，在调查社区矫正对象社会支持现状之前，应首先考察广大公众对社区矫正的认知、认同及参与状况。

二 公众呈现的社区矫正态度状况

如此众多的社会矫正对象重返社会，自然离不开社会支持。社区矫正作为社会治理下犯罪治理的重要组成部分，其效果的取得除了社区矫正工作人员的正式支持，很大程度上依赖一般公众的非正式支持，尤其是对社区矫正的了解、知晓及认同、参与程度。社区矫正的有效开展既与社区居民、社会公众的态度密切相关，同时社会公众的正确认知和自愿参与在社区矫正过程中也发挥着重要作用。2014年，司法部等下发的《关于组织社会力量参与社区矫正工作的意见》，倡导社会各界参与支持社会矫正工作。社会支持是社区矫正的重要特征，社会各界力量的参与是社区矫正对象重新融入社会的重要媒介和内在需求。然而，公众对社区矫正对象是否支持、给予什么支持，很重要的前提条件是，公众是否知晓社区矫正，是否认可社区矫正，以及是否积极参与社区矫正。也就是说，社区矫正的公众认知、认同及其参与状况如何，直接关系到社区矫正对象的社会支持状况，关系到我国社区矫正工作的实施效果。因此，调查呈现社区矫正的公众认知、认同及参与状况，其重要性就不言而喻了。

（一）社区矫正的公众认知状况

公众对社区矫正的认知是其认同及参与社区矫正的前提。社区矫正只有为公众所认识、了解，才有可能进一步为公众所理解和认同，并在此基础上才会支持和参与到社区矫正工作中来，从而构建政府与社会共同参与、良性互动的基层社会治理创新路径。

社区矫正在我国虽已有十几年的实践和历史，但作为新生事物，社会公众对其认知程度还普遍偏低。调查发现，没听说过社区矫正的调查对象人数远远多于听说过社区矫正的人数。在 1563 个有效调查数据中，听说过社区矫正的调查对象仅有近三成，所占比例为 28.2%，而没听说过社区矫正的调查对象所占比例高达 71.8%，七成多的调查对象表示没听说过社区矫正，根本不知道什么是社区矫正，后者是前者的近 2 倍多（见表 4-10）。

表 4-10　　　　　　　　　您听说过社区矫正吗？

态度	频率	有效百分比（%）
听说过	441	28.2
没有听说过	1122	71.8
合计	1563	100.0

进而询问调查对象"您知道我国有社区矫正吗？"如表 4-11 所示，在 1049 名有效数据中，听说过社区矫正且知道我国已开展社区矫正的比例为 33.8%，9.3% 的调查对象虽然听说过社区矫正，但对社区矫正的认知仅停留在概念上，对我国社区矫正工作的开展情况并不了解。在调研过程中发现，绝大多数调查对象需要调研员在正式调查之前对社区矫正的概况做出解释，方能顺利完成问卷调查。另外，也有少部分公众知道所在社区居委会开展过相关矫正活动，但不知道其具体名称，不能将矫正活动与"社区矫正"这一名词迅速做出联系。由此表明，当前公众对社区矫正在我国的开展尚缺乏深入的认识。

表 4-11　　　　　　　　　您知道我国有社区矫正吗？

态度	频率	有效百分比（%）
知道	355	33.8
不知道	694	66.2
合计	1049	100.0

社会公众对社区矫正认知度偏低，在一定程度上与获知社区矫正的信息

途径有关。也就是说，公众获知社区矫正的途径多寡会影响公众对社区矫正的认知度高低。如表4-12所示，在365个[①]有效数据中，首先是从媒体处获知社区矫正的比例相对最高，所占比例为35.3%，这主要归功于社会媒体这一传播媒介本身所具有的传播广泛性。然而，我们也应清楚地认识到，社区矫正的普及和宣传尚未充分利用这一传播媒介，这是当前及今后提高社区矫正公众认知度需要加以重视的方面。其次是政府部门和学校，这两条途径所占比例分别为27.4%、18.6%。最后是从朋友和亲人处获得社区矫正认知，其比例相对较低，所占均不足10%，分别为9.9%、3.8%。由此可见，当前公众获知社区矫正的途径较为单一且并不通畅，这必将极大影响社区矫正公众认同度和参与度。另外需要注意的是，从未听说过社区矫正和不知道我国有社区矫正的绝大多数公众并未包括在获知社区矫正信息的考察之中。

表4-12　　　　　　　　您知道哪些社区矫正的途径？

态度	频率	有效百分比（%）
媒体	129	35.3
政府部门	100	27.4
学校	68	18.6
朋友	36	9.9
亲人	14	3.8
其他	18	4.9
合计	365	100.0

询问调查对象"您所在社区、乡镇或街道有社区矫正吗？"结果如表4-13所示，14.1%的调查对象表示所在社区、乡镇或街道已开展社区矫正，22.3%的调查对象表示所在社区、乡镇或街道没有或者不知道是否开展社区矫正。

---

① 此处365个与前面"知道我国有社区矫正"的355个之间，有10个误差，这也表明被调查者对是否真正知道社区矫正也是模糊的，在此为了保持数据原始状态，没有对其进行处理。

表 4-13　　您所在社区、乡镇或街道有社区矫正吗？

态度	频率	有效百分比（%）
有	142	14.1
没有	141	14.0
不知道	84	8.3
没听说社区矫正	593	58.7
不知道我国有社区矫正	50	5.0
合计	1010	100.0

询问调查对象"您听说过社区矫正中的'中途之家'吗？"如表4-14所示，仅有9.6%的公众听说过"中途之家"，26.5%的公众并不知道什么是"中途之家"，后者所占比例是前者的2倍多。

表 4-14　　您听说过社区矫正中的"中途之家"吗？

态度	频率	有效百分比（%）
听过	97	9.6
没听过	267	26.5
没听说社区矫正	593	58.9
不知道我国有社区矫正	50	5.0
合计	1007	100.0

（二）社区矫正的公众认同状况

社区矫正的公众认同是公众在知晓社区矫正的前提下（调查中是先由调查员介绍社区矫正的背景知识后再作答），对社区矫正工作及其对象产生的接受、认可和支持。社区矫正能否获得社会公众的支持和参与，不仅取决对社区矫正的认知程度，更重要的是形成对该制度的认同。公众认同是社区矫正有效运行的观念基础和社会基础，也是公众参与社区矫正的基本前提。[①]

---

① 刘同君、周媛、周国强：《公众认同：社区矫正的法社会学思考》，《华东师范大学学报》（哲学社会科学版）2012年第6期。

对社区矫正公众认同状况的测量由十个陈述构成。其中，前三项（1—3题）反映的是社会公众支持社区矫正的程度；中间四项（4—7题）反向计分，测量的是社会公众反对社区矫正的程度；第8、9题是从经济和政策层面对社区矫正公众认同的测量，最后一项则是从总体上测量社会公众对社区矫正的认同状况。每个题项均有5个选项，1＝非常不同意，2＝不同意，3＝不确定，4＝同意，5＝非常同意；1—3题、8—10题的分数越高，表明公众对社区矫正的认同度越高；而4—7题的分数越高，则表明公众对社区矫正所持反对态度越强烈。

询问调查对象对"社区矫正比监狱矫正更有利于罪犯改造"的看法，如表4-15所示，在1561个有效数据中，同意该看法所占比例为35.7%，表示非常同意的占6.6%，两者合并占比为42.3%，尚未达到一半以上，但远高于不同意或非常不同意该看法所占比例20.1%，前者是后者的2倍多。另外，37.5%的调查对象没有明确表态，保持中立观望态度。

表4-15　　　　　　　　　社区矫正比监狱矫正更有利于罪犯改造

态度	频率	有效百分比（%）
非常不同意	56	3.6
不同意	258	16.5
不确定	586	37.5
同意	558	35.7
非常同意	103	6.6
合计	1561	100.0

在公众对"社区矫正比监狱矫正更人性化"的看法中，如表4-16所示，六成多的调查对象表示同意该说法，11.0%的调查对象表示非常同意，即对该看法持认同态度的调查对象占近八成。而不同意和非常不同意该看法的调查对象所占比例分别为6.7%、1.3%，持否定态度的加总比例不足10.0%。另外还有14.7%的调查对象表示不确定，既没有反对也没有表示支持。综合来看，绝大多数公众认为在社区中进行矫正比在监狱中更显人性化。

表 4-16　　　　　　　　　社区矫正比监狱矫正更人性化

态度	频率	有效百分比（%）
非常不同意	21	1.3
不同意	105	6.7
不确定	229	14.7
同意	1033	66.2
非常同意	172	11.0
合计	1560	100.0

考察社会公众对"社区矫正是社会发展和文明的标志"的看法，由表 4-17 可知，对该表述持不同意和非常不同意态度的调查对象比例分别为 5.6%、1.4%，其合并比例即对该看法持否定态度的调查对象比例为 7.0%，不足一成。而对该表述持同意或非常同意的比例高达 73.5%，有七成多的调查对象认同该观点。还有 19.6% 的调查对象对该表述持不确定态度，所占比例不足两成。总的来看，绝大多数社会公众认为社区矫正是社会发展和文明的标志。

表 4-17　　　　　　　　　社区矫正是社会发展和文明的标志

态度	频率	有效百分比（%）
非常不同意	21	1.4
不同意	86	5.6
不确定	304	19.6
同意	943	60.9
非常同意	195	12.6
合计	1549	100.0

从"社区矫正对犯人的惩罚太轻"这一反向问题考察社会公众对社区矫正的态度，如表 4-18 所示，对该看法表示非常不同意的调查对象所占比例为 2.1%，表示不同意的调查对象比例为 27.6%，即有 29.7% 的调查对象不认同这一说法。对该看法表示不确定的调查对象所占比例相对最高，占比为 38.1%。而对该看法持同意和非常同意态度的比例分别为 27.0%、5.2%，

有 32.3% 的调查对象认同这一看法。总的来看，大多数公众由于对社区矫正的认知程度较低，因此对其惩罚特性多持中立的不确定态度。

表 4-18　　　　　　　　　　社区矫正对犯人的惩罚太轻

态度	频率	有效百分比（%）
非常不同意	32	2.1
不同意	429	27.6
不确定	592	38.1
同意	418	27.0
非常同意	80	5.2
合计	1551	100.0

从危险性角度考察社会公众对社区矫正的看法，通过询问调查对象对"社区矫正对社区有危险"的态度，如表 4-19 所示，4.0% 的调查对象表示非常不同意，24.7% 的调查对象表示不同意，有 28.7% 的调查对象并不认同社区矫正对社区存在潜在危险。27.6% 的调查对象同意这一说法，而对该说法表示非常同意的比例为 3.7%，有 31.3% 的调查对象认为社区矫正的实行对社区和自身有一定危险性，所占比例高于对该看法持否定态度的调查对象比例。另外，高达 40% 的调查对象表示并不确定社区矫正是否对社区有危险。总体来看，社会公众在社区矫正对社区危险与否上各占三成左右，从侧面反映了公众在是否支持社区矫正上是相当的，但仍需注意，仍有四成的公众对社区矫正预期的危险性存在不确定的态度。

表 4-19　　　　　　　　　　社区矫正对社区有危险

态度	频率	有效百分比（%）
非常不同意	62	4.0
不同意	382	24.7
不确定	619	40.0
同意	426	27.6
非常同意	57	3.7
合计	1546	100.0

从矫正效果视角考察公众对社区矫正的认同态度,如表 4-20 所示,对"经社区矫正的犯人比监狱矫正的犯人更容易重新犯罪"持不确定态度的比例较其他态度最高,所占比例为 38.9%,说明近四成的调查对象因不能预期社区矫正的成效而对该看法持中立态度。对该看法持非常不同意或不同意的比例为 35.7%,远远多于同意或非常同意该看法的调查对象,后者的综合比例为 25.4%,总体来看,近四成社会公众对社区矫正的矫正效果持积极乐观态度。

表 4-20　　　　经社区矫正的犯人比监狱矫正的犯人更容易重新犯罪

态度	频率	有效百分比(%)
非常不同意	72	4.6
不同意	483	31.1
不确定	604	38.9
同意	344	22.2
非常同意	49	3.2
合计	1552	100.0

考察社会公众对"罪犯在社区服刑是对受害人的不公"的看法,如表 4-21 所示,31.2%的调查对象同意该看法,4.8%的调查对象表示非常同意,两者的加总比例为 36.0%。而对该看法表示不同意与非常不同意的比例分别为 32.0%、3.3%,即有 35.3%的调查对象不认为罪犯在社区服刑是对受害人的不公,还有 28.6%的调查对象持不确定态度。由以上数据可知,认同该看法的比例略高于对该看法持否定态度的比例,也就是说,多数社会公众认为罪犯在社区服刑会对受害人及其家属造成不公平。

表 4-21　　　　罪犯在社区服刑是对受害人的不公

态度	频率	有效百分比(%)
非常不同意	52	3.3
不同意	498	32.0
不确定	445	28.6

续表

态度	频率	有效百分比（%）
同意	486	31.2
非常同意	75	4.8
合计	1556	100.0

从"成本—效益"角度考察公众对社区矫正的支持状况，就"如果社区矫正比监狱矫正省钱我就支持"的看法，如表 4-22 所示，10.8%的调查对象表示非常不同意，44.0%的调查对象表示不同意，即有 54.8%的调查对象并不是出于成本考虑而支持社区矫正。20.3%的调查对象对该看法持不确定态度，22.7%的调查对象表示同意该说法，另有 2.2%的调查对象对该看法表示非常同意。总体来看，半数以上的调查对象并不会因社区矫正比监狱矫正省钱就选择支持它，可见，社区矫正的低成本因素并不是公众选择支持社区矫正的关键所在。

表 4-22　　　　　　　　如果社区矫正比监狱矫正省钱我就支持

态度	频率	有效百分比（%）
非常不同意	167	10.8
不同意	680	44.0
不确定	314	20.3
同意	352	22.7
非常同意	34	2.2
合计	1547	100.0

如表 4-23 所示，不同意或非常不同意"因社区矫正为政府所倡导，所以我支持"的调查对象占比为 37.7%，两者所占比例分别为 30.1%、7.6%。而对该看法表示同意或非常同意的调查对象占比为 42.4%，两者所占比例分别为 38.2%、4.2%。总体来看，对该说法持肯定态度的比例高出持否定态度比例 4.7 个百分点。可见，政府决策的作用在我国起着重要的引导作用，当前以及未来社区矫正的推进发展仍离不开国家和政府的大力支持。

表 4-23　　　　　　　　因为社区矫正为政府所倡导，所以我支持

态度	频率	有效百分比（%）
非常不同意	118	7.6
不同意	467	30.1
不确定	309	19.9
同意	594	38.2
非常同意	66	4.2
合计	1554	100.0

询问调查对象"总的来说，权衡利弊后我支持社区矫正"，结果如表4-24所示，2.2%的调查对象表示非常不同意，13.5%的调查对象表示不同意，即有15.7%的调查对象在权衡利弊后对社区矫正持否定态度。有8.1%表示非常同意，51.6%表示同意，即有59.7%的调查对象在权衡利弊后仍对社区矫正持支持态度。总之，大多数社会公众在综合因素考虑下支持和认同社区矫正制度，但仍有部分公众或出于安全考虑，或出于刑罚严肃性考虑对社区矫正持中立甚至是否定态度。

表 4-24　　　　　　　　总的来说，权衡利弊后我支持社区矫正

态度	频率	有效百分比（%）
非常不同意	34	2.2
不同意	211	13.5
不确定	383	24.6
同意	805	51.6
非常同意	126	8.1
合计	1559	100.0

表4-25是公众对社区矫正认同状况的均值考察。如表所示，调查对象对"社区矫正更有利于罪犯改造""社区矫正比监狱矫正更人性化""社区矫正是社会发展和文明的标志""因为社区矫正为政府所倡导，所以我支持""总的来说，权衡利弊后我支持社区矫正"等正向说法的态度均值分别为3.25、3.79、3.78、3.01、3.50，均大于中间值3.0，表明社会公众对社

区矫正制度在中国的开展总体上持认同态度。而对"社区矫正对犯人的惩罚太轻""社区矫正对社区有危险""经社区矫正的犯人更容易重新犯罪""罪犯在社区服刑是对受害人的不公"等四项反向说法的态度均值分别为3.05、3.02、2.88、3.02，均在中间值3.0左右徘徊且总体大于3.0，表明社会公众对社区矫正总体持肯定态度，但对这一舶来品还是存在一定的担忧和芥蒂，这与我国几千年来受重刑主义思想的影响是分不开的。还有"如果社区矫正比监狱矫正省钱，我就支持"的均值为2.62，远低于3.0，表明社会公众对社区矫正这一刑罚制度持理性态度，并不会因其所带来的执行成本低而选择支持它。总之，当前我国社区矫正公众认同状况较为良好，但同时，部分公众仍直接或间接地对社区矫正这一新生事物表现出疑虑和担心。

表4-25　　　　　　　　　社区矫正公众认同状况

题项	N	极小值	极大值	均值	标准差
社区矫正比监狱更有利于罪犯改造	1561	1	5	3.25	.931
社区矫正比监狱矫正更人性化	1560	1	5	3.79	.777
社区矫正是社会发展和文明的标志	1549	1	5	3.78	.786
社区矫正对犯人的惩罚太轻	1551	1	5	3.05	.912
社区矫正对社区有危险	1546	1	5	3.02	.911
经社区矫正的犯人比监狱矫正的犯人更容易重新犯罪	1552	1	5	2.88	.912
罪犯在社区服刑是对受害人的不公	1556	1	5	3.02	.979
如果社区矫正比监狱矫正省钱，我就支持	1547	1	5	2.62	1.020
因为社区矫正为政府所倡导，所以我支持	1554	1	5	3.01	1.076
总的来说，权衡利弊后我支持社区矫正	1559	1	5	3.50	.902

（三）社区矫正的公众参与状况

一般公众对社区矫正的认知和认同是公众参与社区矫正工作的前提，公众参与社区矫正工作是认同社区矫正的重要体现，也是为社区矫正对象提供社会支持的必要条件。社区矫正在我国的实行打破了国家权力机关在犯罪治理过程中单一主体的局面，形成国家和社会联合、多主体共同参与的犯罪治理格局。但是，与国外社会民间组织自发参与到国家权力机关治理不同，我国社区矫正的实施是由国家权力机关自上而下地以"点—面"模式进行的推动，这必然导致社会公众参与不足问题的局限。[①]社区矫正是依托社区进行的司法执行活动，公众参与状况如何将直接决定社区矫正的运行效果。因此，社会公众参与社区矫正的状况也是考察社区矫正制度公众基础状况的一个重要方面。

表4-26显示的是社区矫正社会公众的参与状况。从表中我们可以看出，在1006名有效调查对象中，仅5.9%的调查对象表示主动参与过社区矫正，这表明我国社区矫正的公众参与度还很低；30.2%的调查对象虽知道我国已开展社区矫正但从未参与其中。在知道我国有社区矫正的363名调查对象中，高达83.7%的调查对象从未参与过社区矫正活动，这表明当前公众对社区矫正的主动参与意识还很低。总的来看，当前我国社区矫正的低参与度和低参与意识与社区矫正公众低认知度和认知途径受局限有着直接的联系。

表4-26　　　　　　　　　　您参与过社区矫正吗？

态度	频率	有效百分比（%）
参与过	59	5.9
没参与过	304	30.2
没听说社区矫正	593	58.9
不知道我国有社区矫正	50	5.0
合计	1006	100.0

三　社会支持公众基础的生态结构

通过上述对社区矫正公众认知、认同及参与状况的考察发现，现阶段我国社区矫正的公众认知度还很低，公众的知晓途径较单一，参与度不足且参与意识薄弱。公众虽认同状况良好，但依旧顾虑重重。其中，仅有28.2%的调查对象听说过社区矫正，33.8%的调查对象知道我国已开展社区矫正。在公众获悉社区矫正的各类途径中，媒体和政府部门是公众获知社区矫正相

---

① 张传伟：《我国社区矫正法律体系构建研究》，《东岳论丛》2011年第7期。

关信息的主要渠道,其他途径所占比例寥寥无几。在社区矫正的参与方面,仅 5.9%的调查对象表示主动参与过社区矫正,而知道我国有社区矫正但未参与过的比例是前者的近六倍。相比之下,在给被调查对象解释社区矫正的意涵后,社区矫正公众认同状况较为良好,绝大多数调查对象表示认同和支持社区矫正,但仍有相当一部分公众对社区矫正表示担心和顾虑,还有一小部分公众明确表示对社区矫正持反对态度。可见,社区矫正在我国的推进和发展还有很长一段路要走。基于此,以下对社区矫正公众认知、认同及参与的社会生态系统及其结构进行分析,以便有的放矢地推进社区矫正,为矫正对象社会支持奠定公众基础。

(一)公众认知的生态结构

知情才会举事,一项新政策只有在公众有所了解的前提下才会得到其认同和进一步的主动参与。要得到社会公众的普遍认同、参与,首先要做的就是对该制度的广泛宣传和普及,提高公众对社区矫正制度的认知度,从而使公众在社区矫正制度的被动接受中,潜移默化地对社区矫正制度有所了解,进而产生认同和认可。当前,我国社区矫正公众认知水平还较低,大多数公众并不知道社区矫正是什么。[1] 这很大程度与社区矫正的宣传普及不到位有关,以下主要从政府顶层、社会中层、社区基层三个方面探索制约社区矫正公众认知的原因。

1. 政府:顶层引导和宣传不到位

经过十几年的探索实践,我国社区矫正已形成多元主体共同参与的治理格局,但是,与国外自下而上模式不同,我国社区矫正仍是由国家权力机关所主导,自上而下推行的制度。因此,我国社区矫正的本土化推进离不开国家和政府层面的制度安排和政策宣传。然而,普通公众对社区矫正的认知还并不清晰。[2] 在社区矫正制度推行中尤为如此,大多数社会公众并不具备主动认知新制度的能力和权利。此时,国家和政府如果在普及宣传中不到位,

---

[1] 张大维、江山河、王慧芝:《社会公众对社区矫正的态度与影响因素》,《中国社会报》2014 年 8 月 25 日。

[2] 高梅书:《社区矫正社会参与不足之深层原因及对策探析——基于市民社会视角》,《中国刑事法杂志》2013 年第 8 期。

将直接导致社会公众对社区矫正制度的认知度普遍低下的结果，同时也影响到社会公众对社区矫正制度的认同和参与。

2. 社会：媒体传播和普及不全面

在信息化高度发达的时代，大众传媒的影响力已经渗透到社会生活的方方面面，左右着社会公众的思维方式和行为模式。在推进社区矫正普及的过程中，要积极重视大众传媒的宣传引导作用。当前，我国已经构建网络、电视、广播和报纸等多元媒体参与的立体传播模式，吸引公众的注意，将社区矫正制度的相关政策和信息多渠道地呈现在社会大众的视线内，扩大社区矫正的社会影响。但是，该模式下的宣传效果并不十分明显，因为社会媒体宣传是单向的过程，社会公众面对直白、乏味的政策介绍，有权利屏蔽关于社区矫正的宣传。

3. 社区：基层倡导和推行不积极

基层社区即是服刑人员进行矫正的场所，也是与矫正对象朝夕相处的社区成员、社区干部、矫正工作人员居住和工作的地方，因此，基层社区是公众获得对社区矫正认知最直接的途径。基层社区对社区矫正制度的宣传是否积极、普及效果是否良好，直接影响我国社会公众对社区矫正认知程度。但是，社区往往出于对治安安全和责任追究考虑，并不愿意将社区矫正对象置于社区中来，抱着"多一事不如少一事"的态度，因此，在对社区矫正制度宣传中主动性、积极性并不高，多数停留在表明响应政府政策号召，执行上级工作安排层次。另外，当前我国社区公共事务的常规宣传方式主要有墙体大字、条幅、广播等，这些方式对宣传社区矫正政策和知识，引导社区居民关心和支持矫正工作有着潜移默化的影响。但是，这种单向、静态的宣传方式所达到的实际效果并不明显，缺乏与社区居民之间的互动。

（二）公众认同的生态结构

目前，我国社会公众对社区矫正的认同状况较为良好，但仍有相当一部分公众对社区矫正或持中立态度，或有所担忧和顾忌，或明确表示不赞同社区矫正的开展。究其根本原因，主要是因为公众在观念上存在认识误区：一是"事不关己"的心态影响。部分公众认为社区矫正作为刑罚执行方式，应由司法行政部门负责，与自己无关或者认为即使参与也发挥不了任何作用。二是"重刑主义"的思想影响。我国传统社会是一个重视严刑峻法的社会，重刑主义在我国法律观念中延续了几千年，形成了深厚的文化支撑，抑制了民众对社区矫正的认同感，公众对其的态度也逐渐变为"眼不见，心不烦"。① 本部分将主要从社会、社区、学校三个层面对社区矫正公众认同的制约因素进行论述。

1. 重刑观念桎梏

任何一项制度的运行，其背后都有相应文化规范的支撑。② 我国社区矫正制度的推行尤为如此，传统的刑罚观念根深蒂固，而社区矫正制度作为舶来品，其所蕴含的现代刑罚观与传统的重刑主义的刑罚观念背道而驰，缺乏一定的社会心理基础。在很多人眼中，罪犯就等同于坏人，对待坏人最好的方法就是施之以严刑重罚，不然不足以平民愤。"中国民众的传统观念中，犯罪和监狱似乎是一对孪生子，只要一提到罪犯，人们往往会联想到监狱，认为只要犯罪了就应该蹲监狱，只有这样罪犯才能绳之以法，社会正义也才能得以伸张。"③ 历史和现实表明，重刑主义对我国社会的影响是深远的，其所带来的危害性显而易见。一方面，它损坏了司法的公平公正，增加了司法成本。另一方面，也不利于罪犯的改造及顺利回归社会，往往出现适得其反的结果，造成二次犯罪乃至多次犯罪行为的发生。④ 基于当前我国社会公众对社区矫正的认知状况，文化观念的彻底转变是一个量变到质变的过程，需要较长的时日。只有当社会公众普遍认同社区矫正制度所蕴含的康复、人本主义和文明的现代刑罚观，社区矫正制度的推行才会拥有强大的文化支撑。

2. 社区发育滞后

顾名思义，社区矫正是在社区这一场域中所进行的矫治活动，但这并不是说所有社区开展社区矫正都能取得很好的效果，对矫正社区的要求具有一定的条件性。如果一个社区具有良好的人文氛围、关怀情愫，人际关系和谐、彼此交往频繁，居民具有较好的归属感和凝聚力，则能成为社区矫正目

---

① 衣家奇：《中国非刑罚化改革的否证性分析》，《政法论坛》2005年第2期。
② 狄小华：《关于社区矫正的思考》，载陈兴良主编《刑事法评论》（第16卷），中国政法大学出版社2005年版，第631页。
③ 冯卫国：《行刑社会化研究——开放社会中的刑罚趋势》，北京大学出版社2003年版，第147页。
④ 胡学相、周婷婷：《对我国重刑主义的反思》，《法律适用》2005年第8期。

标顺利达成的温床。良好的社区氛围有助于社区矫正对象免受排斥，获得其他社区成员的接纳和尊重，促进社区矫正对象更好地接受再社会化教育，达到重返社会的目的。但是，当前我国社区尤其是城市社区的发育普遍存在滞后现象，社区成员之间联系松散，缺乏社区凝聚力，不利于对社区矫正及社区矫正对象的接受和认同。发育滞后的社区普遍存在社区居民关系疏散，缺乏公民精神，不愿参与公共事务，抱有"事不关己，高高挂起"的心理，对于社区矫正更不愿承担其带来的风险，这将直接导致社区内社区矫正的无法开展或对社区内矫正工作造成一定的阻力和困难。

3. 学校教育缺位

学校教育对思想和观念的传播有着至关重要的作用，是灌输、传播现代刑罚观和社区矫正制度的重要场所。相对于普通公众，学生尤其是青少年，他们出生在高度发达和开放的现代社会，对刑罚的传统观念尚未完全形成，较容易接受像社区矫正这类新鲜事物。同时，他们也是国家和社会未来改革发展的新鲜血液和中坚力量，向他们灌输符合时代和社会发展潮流的现代刑罚观至关重要。但是，在现实中，虽然我国各教育阶段的普通学生都接受了有关法律和刑法方面的教育知识灌输，但却并未形成完整系统的相关教育体系，而且这类通识教育并未与时俱进，对于实行十几年的社区矫正制度更是从未提及，这就造成本科以下教育阶段的学生对社区矫正的了解处于断层状态。而对于高等教育阶段，除了法学专业学生或从事社区矫正相关领域的研究者熟知，其他群体甚至连扮演传道授业解惑者角色的老师对社区矫正也很难说出个一知半解。因此，应重视学校教育在刑罚观念转变和社区矫正制度认知中的重要作用。

（三）公众参与的生态结构

社会力量参与是社区矫正的应有之义，社区矫正的初衷就是利用社会力量和社会资源对罪犯进行监管和教育，既节约监禁行刑方式的高昂成本，同时也让符合条件的罪犯在与社会不脱节的情况下，更好地进行改造，转变其犯罪思想，尽快完成再社会化的过程。由此可见，社区矫正工作的开展离不开社会公众的广泛支持和参与。在社区矫正推进过程中，我国已形成了司法行政人员，专职社工，包括社区居民、专家学者、大学生、退休干部等在内的社会志愿者组成的矫正队伍，但是，现阶段我国公众参与社区矫正的意识和程度还很低。其制约因素主要包括以下几个方面。

1. 公众知情权落实不够

知情才会行动，社会公众自愿参与社区矫正是建立在对社区矫正相关信息知晓的前提下，不仅包括对社区矫正制度的认知和了解，还包括对社区矫正对象信息的知晓程度。出于其他方面的考虑，目前我国关于社区矫正信息的公布并不完全，相关统计数据并未向公众开放，这极大限制了公众参与社区矫正的热情和主动性。在实际调查中，一方面，公众表示，对置于该社区矫正对象的情况并不是很了解，社区矫正工作人员并未很好地做到征求民意。公众对社区矫正对象信息的知情权是其接纳和支持社区矫正工作的重要前提，否则，将受到公众特别是社区居民的排斥和反对。另一方面，对于已经参与社区矫正的公众来说，对社区矫正对象情况的充分了解，是其协助开展矫正工作的充分条件，否则，在对社区矫正和社区矫正对象不了解的情况下，所产生的矫正效果很有限，这同样会影响公众参与社区矫正的积极性。

2. 社会组织发育不健全

社会组织多是由社会公众自愿参与联结起来形成的非政府组织，他们在社会公共事务中发挥着越来越重要的作用。在社区矫正中，社会组织是联结包括社区居民在内的社会公众，参与犯罪治理和支持社区矫正的社会团体。社会组织的作用在于对社会力量和资源的整合、利用，其参与行为更具能量和持久力。自2003年实行社区矫正以来，各省都在积极探索民间组织参与社区矫正，但是，相比西方社会，我国的社区矫正社会组织发育还很不健全，制约着社会组织在社区矫正运作中优势的有效发挥。首先，社区矫正社会组织的数量有限，大量"草根组织"被排斥在注册门槛之外；其次，社区矫正社会组织缺乏独立性，从"筹建、资金筹备、人员配给"等各个环节过度依附于国家和政府。总的来说，当前我国社会组织尚未有序地参与社区矫正工作。

3. 社会公众参与渠道单一

除了社区和社会组织的引导和吸引，参与途径的多寡和畅通同样是制约公众参与社区矫正的重要因素。据悉，当前我国公众参与社区矫正的途径同公众认知途径一样较为单一，这往往导致那些表示认知和认同社区矫正的公众，未能找到参与社区矫正的合适途径或者受参与渠道的限制，而不能较好参与。目前，社会公众参与社区矫正的途径主要有以下几种情况：政府向社会购买专职社工，该渠道主要针对与社区矫正相联系的高校师生或其他人员。普通公众多通过当地社区志愿服务方式直接参与社区矫正，这种方式通常是无偿服务，缺乏长久性，易造成矫正队伍的不稳定性。而高校教师和学生通常是以调查研究的方式对社区矫正工作进行一定督导。

第五章
社区矫正对象社会支持的队伍支撑

完善基层治理中的社区矫正，重在提升社区矫正对象的社会支持，除了公众基础外，另一个关键便是队伍支撑。社区矫正对象社会支持离不开一般公众，更离不开社区矫正工作队伍。从试点之初的"两高两部"文件到《中华人民共和国社区矫正法》均指出，我国社区矫正是司法行政部门主管、相关部门配合，居（村）民委员会、家庭成员、企事业单位、社会组织、社会工作者、志愿者等参与帮助符合条件的矫正对象顺利回归社会的非监禁刑罚方式。从以上规定可以看出，我国社区矫正工作队伍主要由司法行政机关工作人员等组成的社区矫正专职人员，政府招聘购买的各类社区矫正社会工作者，城乡社区"两委"群干，社会志愿者等组成。社区矫正工作队伍，是社区矫正对象社会支持的主要队伍支撑。社区矫正犯罪类型的多样化、社区矫正对象的独特性，决定了社区矫正工作开展的艰难性和复杂化。考察社区对象社会支持状况，厘清社区矫正对象社会支持的队伍支撑状况是非常必要的，其主要包括队伍机构、队伍规模和队伍结构等方面。

一 社区矫正对象社会支持的队伍机构

社区矫正对象社会支持的支撑队伍，总体上需要一定的承载机构，即社区矫正工作机构，其设置具体体现为社区矫正机构的组织架构和配建状况。

（一）社区矫正机构的组织架构

我国有专门的社区矫正机构（见图5-1）。在中央层面，司法部是业务主管部门，其下专门设立司法部社区矫正管理局。在省级层面，各省（区、市）司法厅（局）普遍成立了社区矫正委员会和社区矫正机构，2022年年初全国省级两类机构实现了全覆盖。另外，截至2022年年初，全国成立了335个地市级社区矫正委员会，占建制数的96%；市级社区矫正机构建成率为97%。在县级层面，县（市、区）司法局普遍成立了社区矫正机构和部分成立了社区矫正委员会，截至2022年年初，全国设立了2656个县区级社区矫正委员会，占建制数的93%；县级社区矫正机构建成率为99%。此外，司法部还要求县（市、区）建立社区矫正中心，截至2022年年初，全国达到2937个，作为县（市、区）司法行政机关指导司法所开展社区矫正工作的场所，设有各种功能室，用于与司法所相关工作对接，业务包括电子监管、视频指挥、巡察督查、应急处置、教育学习、心理咨询、健康辅导、就业指导、行政奖惩等工作，也是与公、检、法、民政等部门衔接沟通的工作平台。

需要说明的是，社区矫正中心是专门的社区矫正工作场所，一般建立在县（市、区）层面，由县（市、区）司法局社区矫正执法机构统一使用。以全国社区矫正人员最多的山东省为例，截至2016年10月，全省有社区矫正人员6.4万，该省按照"一县（市、区）一中心"的原则加强社区矫正中心建设，全省137个县（市、区）普遍建成社区矫正中心（司法部，2016）。还如，云南省从2015年起就分批推进，2017年全省129个县（市、区）全部完成社区矫正中心建设。也有部分地区在省（市、区）、市级层面建有社区矫正矫正中心，例如，2008年8月，天津市在市级层面上建立了天津市社区矫正中心。

在县（市、区）以下，街道（乡镇）也有近一半设立了社区矫正委员会，截至2022年年初，全国设立了18217个乡镇级社区矫正委员会，占建制数的43%。[①] 司法所具体承担着社区矫正工作，2016年9月时全国有司法所40746个，2022年年初已基本全覆盖。司法所一般为每位社区矫正对象建

---

① 姜爱东：《关于我国社区矫正工作发展形势与今后的工作任务》，《社区矫正理论与实践》2022年第1期。

```
                    ┌──────────────┐
                    │   国家司法部  │
                    └──────┬───────┘
      ┌──────────────┐     │
      │ 司法部社区    ├─────┤
      │ 矫正管理局    │     │
      └──────────────┘     │
                    ┌──────┴───────┐
                    │省（区、市）司法厅（局）│
                    └──────┬───────┘
      ┌──────────────┐     │     ┌──────────────┐
      │ 社区矫正     ├─────┼─────┤ 或社区矫正    │
      │ 管理局       │     │     │ 管理总队     │
      └──────────────┘     │     └──────────────┘
                    ┌──────┴───────┐     ┌──────────────┐
                    │地（市、州）司法局├─────┤ 社区矫正局    │
                    └──────┬───────┘     └──────────────┘
                    ┌──────┴───────┐
                    │县（市、区）司法局│
                    └──────┬───────┘
      ┌──────────────┐     │     ┌──────────────┐
      │ 社区矫正局    ├─────┤     │ 社区矫正中心  │
      └──────────────┘     │     └──────────────┘
                           │     ┌──────────────┐
                           │     │ 社区矫正小组  │
                    ┌──────┴───────┐ └──────────────┘
                    │ 街道（乡镇）  │ ┌──────────────┐
                    │ 司法所       ├─┤ 社区矫正小组  │
                    └──────┬───────┘ └──────────────┘
                           │          ……
                    ┌──────┴───────┐
                    │ 城乡社区居委会│
                    │ （村委会）    │
                    └──────────────┘
```

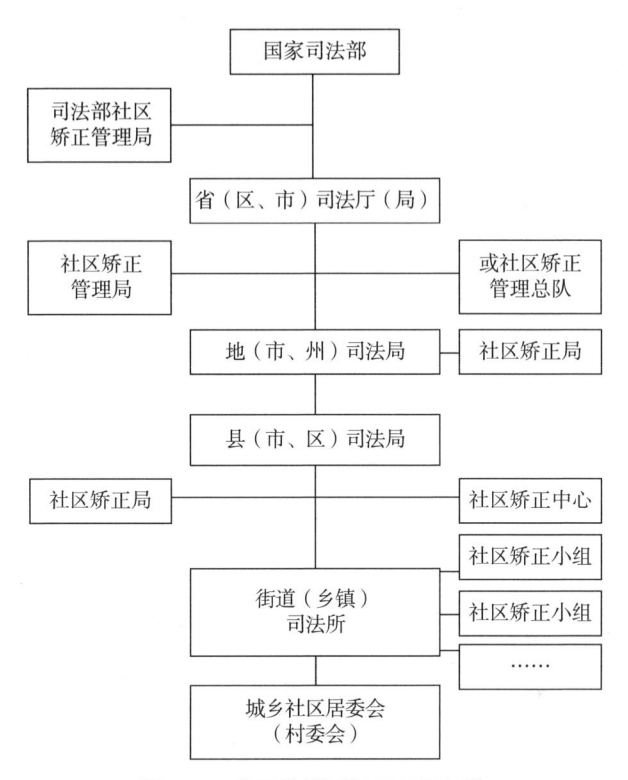

图 5-1 我国的社区矫正组织架构

立一个社区矫正小组。① 在街道（乡镇）以下，城乡社区"两委"成员（城市社区党委会和居委会）、农村社区（农村社区党委会和村委会）协助街道（乡镇）司法所做好社区矫正工作。

（二）社区矫正机构的配建状况

2009 年全国全面实行社区矫正工作以来，我国的社区矫正机构和设施建设大力推进，根据上文所述，截至 2022 年年初，全国社区矫正机构建成率，省级为 100%、市级为 97%、县级为 99%，县（市、区）级基本建立了社区矫正中心，北京、天津等 13 个省（市）积极建设了 109 家"智慧矫正中心"，海南等地还在村（居）建立了社区矫正工作站。另外，全国还建有

---

① 国务院法制办公室：《中华人民共和国社区矫正法（征求意见稿）》，2016 年。社区矫正小组一般由社区矫正机构工作人员、居民委员会或者村民委员会工作人员、社区矫正人员的家庭成员或者监护人、保证人，所在单位或者就读学校人员以及社会工作者、志愿者等组成。

教育基地 6171 个，公益活动基地 16296 个，就业基地 5467 个。[①] 总体呈现以下几个特点：第一，大力推进专门的社区矫正机构建设，从中央到地方基本建立了社区矫正机构；第二，着力探索建立社区矫正中心，加强社区矫正工作场地和设施建设；第三，配套建设社区矫正的服务、教育和就业基地，社区矫正小组配备更加规范（见表 5-1）。

表 5-1　　　　　　　　　我国社区矫正机构的配建情况

时间	机构情况
2011.01	全国有 24 个省（区、市）司法厅（局）、189 个地（市）司法局和 1135 个县（市、区）司法局设立专门社区矫正机构，共有 26762 个司法所开展社区矫正工作
2011.12	全国有 27 个省（区、市）司法厅（局）设立了社区矫正处，75% 的地市司法局、67% 的县（市、区）司法局单独设立了社区矫正处（科）
2012.01	司法部正式设立社区矫正管理局
2012.07	全国有 29 个省（区、市）司法厅（局）经批准设立了社区矫正局（处、办），77% 的地（市、州）和 73% 的县（市、区）司法局单独设立了社区矫正机构
2013.10	全国 30 个省（区、市）司法厅局，91% 的地（市、州），87% 的县（市、区）司法局设立了社区矫正机构
2014.01	北京、上海、江苏、江西等地在县（市、区）普遍建立社区矫正中心。全国已建立社区矫正中心（中途之家）685 个
2015.01	全国有 14 个省（区、市）成立省级社区矫正局，16 个省（区、市）设立社区矫正处；323 个地（市、州）、2607 个县（市、区）司法局单独设立社区矫正机构，分别占全国建制数的 97% 和 91%
2015.04	全国累计建立县（区）社区矫正（管理教育服务）中心 1108 个、社区服务基地 2.4 万余个、教育基地 8800 多个、就业基地 8000 多个，成立社区矫正小组 65.2 万个，办理调查评估 64 万件
2015.07	全国 97% 的地（市、州）和 92% 县（市、区）司法局成立专门社区矫正机构
2016.01	全国累计建立县（区）社区矫正中心 1339 个，社区服务基地 24787 个，教育基地 9218 个，就业基地 8165 个，社区矫正小组 67.2 万个

---

① 姜爱东：《关于我国社区矫正工作发展形势与今后的工作任务》，《社区矫正理论与实践》2022 年第 1 期。

续表

时间	机构情况
2016.10	各地建设不平衡，北京、江苏、安徽等地普遍建立，天津、吉林、河南、湖南、陕西、云南等地推进迅速，海南、广东、四川初步探索。全国已建立县（市、区）社区矫正中心1560个，占全国县（市、区）建制数的54.6%
2017.01	全国超过60%的县（市、区）建立了社区矫正中心
2022.01	全国省市县三级社区矫正机构建成率分别达到100%、97%、99%

注：作者根据官方媒体相关报道等数据整理而成。

二 社区矫正对象社会支持的队伍规模

机构承载的是工作队伍，要厘清社区矫正对象社会支持的队伍规模，首先要明晰社区矫正工作队伍的类型与构成。在此基础上，通过资料检索和实地调查，以统计分析全国社区矫正工作队伍总体数量和各地社区矫正工作队伍配建状况等。

（一）社区矫正工作队伍的类型与构成

社区矫正工作队伍[①]，包括社区矫正工作人员和社会志愿者。其中，社区矫正工作人员又包括四种类型。[②]

社区矫正工作人员，指直接从事社区矫正工作的社区矫正从业人员。其主要有以下四种（见表5-2）：第一，社区矫正专职工作人员（Official），是正式的、有公务员或司法警察身份的工作者；第二，社区矫正聘用职员（Staff），各地司法行政机关因购买服务而招聘的专职社会工作者；第三，专

[①] 此处的社区矫正队伍与社区矫正工作者不是在同一个意涵上使用的，社区矫正队伍除了包括4类社区矫正工作人员，还包括参与社区矫正的社会志愿者。下同。

[②] 通常情况下，学术界和实务界认为社区矫正工作队伍包括社区矫正专职工作人员（司法行政机关社区矫正工作者）、社区矫正社会工作者以及社区矫正社会志愿者三类人员。也有研究者将这三类人员整合成两类，即社区矫正专职工作人员和社区矫正辅助人员，后者包括社区矫正"准专业人员"和社会志愿者两类。参见吴宗宪《论社区矫正工作人员的种类与名称》，《中国司法》2005年第12期。

业社会工作者（Certified social worker），是政府出资购买的、签订正式协议向社会工作机构购买的社会工作者，也称职业社会工作者。[1] 第四，社区矫正"两委"群干（Community resident or village committee member），主要是城市社区"两委"负责社区矫正的委员、农村"两委"负责社区矫正的委员，他们一般由城乡社区支部书记或主任，城乡社区的民间调解主任担任，有少量补贴。

社会志愿者，是社区矫正的重要参与力量。社区矫正志愿者（Volunteer），是指热心社区矫正工作，自愿无偿协助对社区矫正人员开展法治教育、心理辅导、社会认知教育、技能培训等工作的人员，他们可能来自政府企事业单位、社区、社会组织等。

表5-2　　　　　　　　　　社区矫正工作队伍的类型与构成

队伍	种类名称	人员界定
社区矫正工作人员	社区矫正专职工作人员（执法人员）Official	也称社区矫正公务员或执法人员，是正式的、有公务员编制的社区矫正工作者
	社区矫正聘用职员（专职社工）Staff	也称体制内社工或社区矫正专职社工或辅员，是各地司法行政机关向社会招聘的、专职社区矫正工作人员；随着专业化、职业化发展趋势，其会越来越少
	社区矫正专业社工（专业社工）Certified social worker	也称体制外社工或专业社工，是各地司法行政机关向社会工作服务机构签订合同购买的专业社会工作者，具有社会工作资格证书；随着专业化、职业化发展趋势，这类人员会越来越多
	社区矫正群干 Community resident (village) committee member (volunteer)	也称社区矫正志愿者或司法干部或社区矫正"两委"群干，是城乡社区负责社区矫正的社区群干，他们一般由城市社区居委会主任（书记）、农村社区村委会主任（书记）或者城市社区居委会中的民间调解主任、农村社区村委会中的民间调解主任担任，有少量补贴
义工	社会志愿者 Volunteer	也称一般志愿者或义工，是热心社区矫正工作的民众

随着社区矫正工作的深入推进，社区矫正对象的数量也在不断增加，社

---

[1] 2005年1月，我国扩大社区矫正试点范围，明确了"运用社会工作方法，整合社会资源和力量对罪犯进行教育改造"。参见最高人民法院、最高人民检察院、公安部、司法部《关于扩大社区矫正试点范围的通知》，2005年1月20日。

区矫正工作队伍的规模和数量也在不断增长,但增长幅度却远远低于矫正对象的增长幅度。由此可见,适当扩充社区矫正工作队伍势在必行。

(二)全国社区矫正工作队伍总体数量

统计显示,我国社区矫正工作队伍具备了一定规模。[1] 如表5-3,分析发现我国从事社区矫正的社会工作者和社会志愿者在不断增加。各地要求加大社区矫正社会工作者的配备力量,例如,四川省要求按照社会工作者与社区矫正对象1∶10的比例,配备社区矫正社会工作者。[2] 广西要求探索按照社会工作者与社区矫正对象1∶15的比例,聘用社区矫正协管员(社会工作者)。广东要求探索按照社会工作者与社区矫正对象1∶20的比例,充实基层社区矫正工作力量。海南还积极引导2168名村(居)人民调解员、网格员协助开展社区矫正工作。但总体来看,无论是社区矫正专职工作人员,还是社区矫正社会工作者,或是社会志愿者的数量增长均较慢,前两者的增长尤其缓慢。

表5-3　　　　　　　　全国社区矫正工作队伍数量

时间	社区矫正专职工作人员	社区矫正社会工作者	社会志愿者
2022.01	1.3万多	4.5万(专门从事)	48.8万(长期从事)
2017.01	—	超过8.3万	—
2016.01	—	8.3万	69.0万
2015.07	1万多	8.1万	67.9万
2014.11	1万多	7.9万	64.2万
2013.10	9880	7.1万	60.1万
2012.06	—	—	46.8万

注:作者根据官方媒体相关报道等数据整理而成。

---

[1] 郝赤勇:《认真做好教育管理工作　切实提高社区矫正工作水平》,《中国司法》2015年第8期。
[2] 庞莹:《我省出台意见全面推进社区矫正工作 10名社区服刑人员配备一名社工》,《四川日报》2015年11月17日。

(三) 各地社区矫正工作队伍配建状况

除了全国层面的数据，我们还通过文献检索和实地调查等方式呈现了地区层面的数据，以反映社区矫正工作队伍的配建状况。

1. 代表性地区社区矫正工作队伍配建状况

通过搜索可及的文献和网络资源，统计分析、整理呈现了代表性地区社区矫正工作队伍的数量和规模等构成状况（见表5-4），并对其相关数据进行了变化情况分析。

第一，就省份而言。各省社区矫正专职工作人员、各类社会工作者、社会志愿者的绝对数量均不多。虽然在册社区矫正对象的数量有多有少，但可及的数据中，社区矫正专职工作人员最多的只有3000多人，少的不到2000人；各类社区矫正工作者多的也只近6000人，少的只有1000多人；社区志愿者的数量也只在20000人左右。但尽管各省社区矫正工作队伍人数不多，却增长较快。以湖北省为例，2012年时，其有社区矫正专职社会工作者1520人、社会志愿者11657人。而到了2015年6月，其社区矫正专职社会工作者就发展到3096人、社会志愿者就达到25830人，两年半时间内就分别增长了一倍多。

第二，就城市而言。各城市社区矫正专职工作人员、各类社会工作者、社会志愿者的绝对数量都较少。虽然城市人口数和在册社区矫正对象的数量不一，但各类社区矫正工作队伍均偏少，社区矫正专职工作人员、各类社会工作者最多的分别不到400人，社会志愿者最多的也只有4000多人。

表 5-4　　　　　　　代表性地区社区矫正工作队伍的数量

地区	时间	在矫对象	专职工作人员	社会工作者	社会志愿者
江苏	2015.10	39000	市县乡三级矫正执法人员平均达3.6、3.4和1.5人	3000多	—
湖北[①]	2015.06	26000多	3096	3015	25830

---

① 湖北在2012年时有社区矫正安置帮教专业工作人员1974人，专职社会工作者1520人，社区矫正志愿者11657人。

续表

地区	时间	在矫对象	专职工作人员	社会工作者	社会志愿者
广西①	2014.10	18074	1824	1173	18930
河北	2012.07	21009	—	5740	31549
湖北武汉②	2015.06	3300	328	210	—
福建福州	2014.07	5125	362	395	639
北京海淀	2015.07	—	—	—	4000多
苏州吴中	2014.12	340	25	42	400
安徽阜阳	2014.11	5135	351	156	4133

注：作者根据官方媒体相关报道等数据整理而成。

第三，就工作人员配比而言。社区矫正工作人员（专职工作人员与各类社会工作者）与在矫对象间的比率较低。在可及的数据中，配比均在1∶10与2∶10之间，两个端点分别为苏州市吴中区和安徽省阜阳市（见表5-5），可见社区矫正工作人员配备相对短缺。

表5-5　　　　社区矫正工作人员与在册社区矫正对象的配比

地区	时间	社区矫正工作人员	在矫对象	配比
广西	2014.10	2997	18074	1.7∶10
湖北武汉	2015.06	538	3300	1.6∶10
苏州吴中	2014.12	67	340	2.0∶10
安徽阜阳	2014.11	507	5135	1.0∶10
福建福州	2014.07	757	5125	1.5∶10

第四，就社工人员配比而言。社会工作者与在矫对象的比率也较低。在可及的数据中，配比绝大多数在1∶10（四川等地要求按照此比例配备）以下，最高的河北省为2.7∶10，最低的安徽省阜阳市只有0.3∶10（见表5-6），可见社

---

① 广西在每个司法所均配备1人负责社区矫正工作。在社区服刑人员较多的乡镇，探索按照15∶1的比例聘用社区矫正协管员（社会工作者）。

② 武汉共有154个司法所和10个司法工作站，平均每个司法所和司法工作站有2个社区矫正专职工作人员，全市共计约328名社区矫正专职工作人员。210名社区矫正社会工作者中，政府购买的社区矫正聘用职员206人（体制内社工），向社工服务机构购买专业社会工作者4人（体制外社工）。

区矫正社会工作者的配备较为短缺。

表 5-6　　　　　　　　社会工作者与在册社区矫正对象的配比

地区	时间	社会工作者	在矫对象	配比
江苏	2015.10	3000 多	39000	0.7∶10
广西	2014.10	1173	18074	0.6∶10
河北	2012.07	5740	21009	2.7∶10
湖北武汉	2015.06	210	3300	0.6∶10
福建福州	2014.07	395	5125	0.8∶10
苏州吴中	2014.12	42	340	1.2∶10
安徽阜阳	2014.11	156	5135	0.3∶10

2. 典型地区社区矫正工作队伍配建状况

为进一步了解社区矫正工作队伍的配建状况，通过重点调查武汉市和佛山市南海区的社区矫正工作队伍，并对其数量、变化及特点进行了统计分析。

第一，武汉市社区矫正工作队伍配建状况。2005 年，武汉市开始进行社区矫正工作试点。2008 年，武汉市社区矫正工作已经比较规范，此时 163 个街道乡镇（农场）共建立 163 个司法所。2015 年，武汉市有 13 个行政区和 4 个功能区。[1] 截至 2015 年 8 月，武汉市基本每个街道（乡镇）有 1 个司法所，共 154 个司法所。[2] 截至 2016 年 9 月，全市发展为 162 个司法所，社区矫正工作为其主要职能之一。

调查显示，截至 2016 年 9 月，武汉市各司法所社区矫正工作人员的配备情况如下：在武汉市 158 个司法所[3]中，配备 1—5 名社区矫正工作人员的比例最高，高达 93.7%，有 6 名以上社区矫正工作人员的司法所仅有 10 个，

---

[1] 武汉市当时涉及社区矫正工作的区司法局共 13 个（其他开发区，暂没有专门的社区矫正工作），分别是江岸区司法局、江汉区司法局、硚口区司法局、汉阳区司法局、武昌区司法局、青山区司法局、洪山区司法局、东西湖区司法局、汉南区司法局、蔡甸区司法局、江夏区司法局、黄陂区司法局、新洲区司法局。4 个功能区（包括 2 个开发区、1 个风景区、1 个化工区），暂时没有社区矫正机构。

[2] 江夏、蔡甸等远城区由于街道乡镇行政区划的变动，若之前没有设立司法所，为了开展工作，全市新增设立了 10 个司法工作站。

[3] 其中，4 个司法所的统计表无效。

占总数的6.3%（见表5-7）。其中，3人所最为常见，包括2名社区矫正公务员和1名购买的专职社区矫正社会工作者。总体来说，武汉市社区矫正工作人员队伍还相当薄弱，通常1—2名专职社工协助司法公务员管理20—60名社区矫正对象，必然导致管理难度大、效果差。

表5-7　　　　　　　　武汉市社区矫正工作人员配备情况

工作人员数量	1—5名	6—10名	11—15名	16—20名	合计
司法所数量	148	4	5	1	158
百分比（%）	93.7	2.5	3.2	0.6	100.0

全国全面推进社区矫正工作之后，2009年10月，武汉市根据市委、市政府《关于进一步推进和深化社区矫正工作的意见》精神，通过发布信息、公开报名、笔试、面试、心理测试等环节，招聘了164名社区矫正专职社会工作者（专职社工）。2009年11月，市司法局与市财政局又联合制定了《关于建立社区矫正专职社会工作者专项经费保障机制的通知》。2010年5月，报经法制办公室审批，市司法局制发了《武汉市社区矫正专职社会工作者管理办法（试行）》，规定了专职社工六项工作职能，十一项纪律要求，五项考核奖惩措施。2014年，市委、市政府印发《关于切实加强司法行政基层基础建设的意见》，要求"各区应当按照上年度社区服刑人员在册总数6%的比例（0.6∶10）配备社区矫正专职社会工作者"。截至2015年6月，全市在岗专职社工206名。[1]另外，还专门向武汉博雅社会工作服务中心购买了5个专业社工岗位。

武汉市专职社工人员配建呈现以下主要特点：其一，在年龄结构上。专职社工中，30岁以下的占总人数的54.84%，40岁以下的占整个专职社工队伍的87.7%。其二，在学历结构上。全部为大专以上学历，其中本科及以上学历占44.9%，法律专业毕业占91%，具有心理学、社会学、教育学等专业特长的占88.4%。其三，在职业认识上。99.36%的专职社工对党委统一领导、政府组织实施、社会广泛参与的社区矫正运行格局有较为深刻的认识。85.3%

---

[1] 参见田汉国《武汉市社区矫正专职工作者专业化发展调查》，第一届社区矫正与社会治理国际学术研讨会，2015年6月5日。

的社工认同严格管理理念，96.8%的认同平等尊重理念，84.6%的认同强制改造理念。专职社工在遵循"以人为本"工作理念的同时，并未削弱社区矫正作为非监禁刑罚执行的基本功能。其四，在专业技能上。在社区矫正工作中，矫正工作技巧、社会工作价值观和专业方法越来越受到专职社工的重视。

第二，佛山市南海区社区矫正工作队伍配建状况。如前文所述，2010年9月，南海区各镇街司法所正式接管社区矫正对象，也开始了社区矫正工作队伍的建设。截至2017年4月，社区矫正工作人员配建水平有很大提升，但总体显得不够。虽然区司法局与各镇街司法所组建了社区矫正工作队伍，但是社区矫正人员配备依然不足。从区至各镇街司法所，有编制的工作人员依然较少。区级社区矫正虽然有了具体的责任科室，但却没有增加人员编制。而各镇街司法所的在编人员都是通过内部抽调的方式，落实社区矫正工作人员。部分司法所除兼任的所长，并没有正式编制人员。部分镇街为解决人员不足的问题，通过招聘政府辅员的方式，一定程度上缓解了社区矫正的工作压力。然而，新增的辅员仍然无法匹配呈5倍增长的社区矫正对象数量。例如：正常1个工作人员每月工作20天，计160小时。若每月该工作人员集中跟进4次"双八"（教育学习与社区服务，各8个小时），则需要64小时；若每月负责1人入矫、1人解矫，各计4小时，则需要8小时。除去这两部分共计72小时，该工作人员还余88小时。以一个普通社矫对象日常报到计算，每月电话汇报需要1小时，当面汇报需要2小时（含谈话、撰写笔录及将笔录转录成电子版）。则每个工作人员每月可负责约30个普通社矫对象的日常报到（需要90小时）。然而，从目前各镇街司法所工作人员与社区矫正对象的配比中可以看出，仅九江的工作人员可以正常承接33个社区矫正对象，其余均是超负荷运转。甚至狮山、里水、大沥及桂城分别超1倍、2倍、3倍及4倍工作量（见表5-8）。超额的镇街中，丹灶、西樵的超负荷暂对日常规范工作影响较小，但其余四个镇街成倍增加的工作量严重影响了社区矫正工作的日常推进。此外，由于许多镇街的工作人员还兼顾安置帮教或人民调解等工作，工作力量显得更加薄弱。[1]

---

[1] 南海博雅社会工作服务中心、华南理工大学：《南海区社区矫正调查报告》，2017年6月。

表 5-8　　佛山市南海区社区矫正工作人员与社矫对象配比

人员类型 镇街区	在矫人数	工作人员 公务员	工作人员 辅员	工作人员与社矫对象配比
桂城	162	1	0	1∶162
狮山	204	1	2	1∶68
大沥	137	1	0	1∶137
丹灶	47	0	1	1∶47
里水	93	1	0	1∶93
西樵	86	1	1	1∶43
九江	65	1	1	1∶32.5
南海区	794	1	1	1∶347

三　社区矫正对象社会支持的队伍结构

在队伍机构、队伍规模之外，还有队伍结构。其反映的是社区矫正对象社会支持队伍支撑的内在特质和水平状况。只有建立一支专业化、职业化、高素质的社区矫正工作队伍，才能更好地为社区矫正对象提供高质量的社会支持。社区矫正对象社会支持的队伍结构主要包括身份构成、从业来源、教育程度、年龄分布、职业流动、收入水平、专业背景等七个方面，其将全面呈现当前社区矫正对象社会支持提供者或施动者的整体状况，也将为下文探讨社区矫正工作人员社会支持的供给测量提供参考。

（一）社区矫正对象社会支持队伍的身份构成

如表 5-9，社区矫正对象社会支持队伍的身份构成情况是：社会工作者（体制内专职社工[1]和体制外专业社工[2]）所占比例最高，为 51.9%；其

---

[1] 体制内专职社工，即社区矫正聘用职员，下同。
[2] 体制外专业社工，即专业社会工作者，下同。

次是社区矫正群干①，所占比例为 30.1%；再次是社区矫正专职工作人员②，所占比例为 15.8%；社会志愿者③的比例相对较低，为 2.2%。由于样本比例大致反映了总体构成状况，因此可以大致判断，社区矫正专职工作人员配备较少，专职社工与专业社工是社区矫正社会支持的主力，社区矫正"两委"群干是社区矫正社会支持的重要支撑，社区矫正社会志愿者很少。

表 5-9　　　　　　　　社区矫正对象社会支持队伍的身份构成

身份	频率	有效百分比（%）
专职工作人员	79	15.8
社会工作者	259	51.9
社区矫正群干	150	30.1
社会志愿者	11	2.2

对比分析不同地区社区矫正对象社会支持队伍的身份构成状况，由表 5-10 可以看出，武汉市和前郭县均以政府购买的社会工作者为主，分别为 77.1%、72.6%；佛山市社区矫正工作队伍中比重较大的是社区矫正群干，占 71.0%。由此可见，南部城乡社区在社区矫正工作中发挥重要作用，社区矫正社会工作者的发展空间很大。

表 5-10　　　　不同地区社区矫正对象社会支持队伍的身份构成（%）

地区	专职工作人员	社会工作者	社区矫正群干	社会志愿者
总体	15.8	51.9	30.1	2.2
武汉市	22.4	77.1	0.0	0.5
佛山市	5.7	19.0	71.0	4.3
前郭县	25.0	72.6	1.2	1.2

---

① 社区矫正群干，即社区矫正志愿者或社区"两委"中的司法群干，下同。
② 社区矫正专职工作人员，即司法机关公务员或社区矫正行政人员或社区矫正执法人员，下同。
③ 社会志愿者，即一般志愿者，下同。

(二) 社区矫正对象社会支持队伍的从业来源

如表 5-11 所示，统计分析社区矫正工作队伍的从业来源途径可知，一是六成多的社区矫正工作队伍来源于政府向社会的公开招聘，所占比例为 68.1%，这是社区矫正工作队伍的最主要来源。二是机构招聘，政府通过机构（社工机构等）招聘方式获得社区矫正队伍成员的比例为 17.0%，该部分人员主要是社会工作者。三是岗位转换，为 6.6%。四是还有 2.2% 的人员来源方式是借用，3.6% 的人员来源是通过其他方式。

社区矫正工作队伍中不同身份的从业来源也有所不同，例如，社区矫正专职工作人员的来源途径较为多样，但主要由政府招聘、岗位转换、部队转业构成，分别占 41.3%、25.3%、16.0%。而社会工作者的主要来源途径则是政府招聘和机构招聘。

表 5-11　　　　　　　　　　社区矫正队伍的从业来源途径

	频率	有效百分比（%）
政府招聘	341	68.1
机构招聘	85	17.0
部队转业	13	2.6
岗位转换	33	6.6
借用	11	2.2
其他	18	3.6

部分地区考察社区矫正队伍中工作人员的来源途径，由表 5-12 可知，政府招聘和机构招聘是各地区社区矫正工作队伍成员的主要来源途径。其中，前郭县、佛山市、武汉市的社区矫正采取政府招聘方式的比例依次递减，前郭县、武汉市、佛山市采取机构招聘方式的比例依次递增。由此可见，北部小城市前郭县因其经济发展水平及区域规模的限制，在社区矫正工作人员队伍招聘、扩充上只能主要依靠政府力量，而中部和南部的武汉市和佛山市除依靠政府力量，其快速发展的相关机构也在人员队伍建设中发挥着重要作用。

表 5-12　　　　　　　部分地区社区矫正队伍人员来源途径（%）

地区	政府招聘	机构招聘	部队转业	岗位转换	借用	其他
总体	68.1	17.0	2.6	6.6	2.2	3.6
武汉市	62.0	18.8	5.3	7.2	0.5	6.3
佛山市	69.5	20.0	1.0	4.8	3.3	1.4
前郭县	79.5	4.8	0.0	9.6	3.6	2.4

（三）社区矫正对象社会支持队伍的教育程度

调查发现，社区矫正对象社会支持队伍中，一半以上的成员是大学本科学历，占 57.4%；其次是大学专科，所占比例为 37.3%；中专或技校、高中和研究生及以上文化程度所占比例相对较低，占比分别为 2.6%、1.0%、1.8%（见表 5-13）。总体上来看，社区矫正队伍的教育程度大致呈橄榄型结构。

表 5-13　　　　　　　社区矫正工作队伍的人员教育程度

学历	频率	有效百分比（%）
高中	5	1.0
中专或技校	13	2.6
大学专科	190	37.3
大学本科	292	57.4
研究生及以上	9	1.8

从不同地区来看，佛山市社区矫正工作队伍中大学本科学历所占比例较其他两地区高，为 71.4%；武汉市次之，所占比例为 49.8%；前郭县相对较低，所占比例为 41.7%。在大学专科学历中，前郭县所占比例相对较高；其次是武汉市，佛山市相对较低；三者所占比例分别为 56.0%、45.6%、21.4%。其他学历水平在各地区所占比例均较低，在 3.5% 以下。从以上数据（见表 5-14）可知，大城市武汉市和中等城市佛山市的社区矫正工作队伍整体教育程度高于小城市前郭县。这主要与大中小城市职业工作要求水平、人才生存环境相关；同时，佛山市和武汉市社区矫正工作起步早于前郭

县，矫正工作开展时间较长，因此其社区矫正工作队伍建设也较为完备；另外，也与高等院校资源、就业竞争生态等相连。

表 5-14　　　　不同地区社区矫正队伍人员受教育程度（%）

地区	高中	中专或技校	大学专科	大学本科	研究生及以上
总体	1.0	2.6	37.3	57.4	1.8
武汉市	0.9	2.8	45.6	49.8	0.9
佛山市	1.4	2.4	21.4	71.4	3.3
前郭县	0.0	2.4	56.0	41.7	0.0

对比不同身份矫正工作人员的教育程度发现，社区矫正专职工作人员的教育程度是大学本科、研究生及以上的比例分别为 73.4%、5.1%，相比其他身份的社区矫正工作队伍为最高。社会工作者的教育程度主要集中在大学专科和大学本科，所占比例为 96.4%。社区矫正群干的教育程度以大学本科居多，所占比例为 76.7%，高于社区矫正专职工作人员 3.3 个百分点，教育程度在研究生及以上的比例则低于专职工作人员 1.8 个百分点，而社会志愿者的教育程度相比之下普遍偏低，中专或技校和高中的占 36.4%（见表 5-15）。总体来看，社区矫正专职工作人员和社区矫正群干整体受教育程度相对其他身份的矫正队伍成员要高。

表 5-15　　　　不同身份社区矫正队伍人员受教育程度（%）

类型	高中	中专或技校	大学专科	大学本科	研究生及以上
总体	1.0	2.6	37.5	57.1	1.8
专职工作人员	0.0	3.8	17.7	73.4	5.1
社会工作者	1.2	2.4	59.3	37.1	0.0
社区矫正群干	1.3	0.0	18.7	76.7	3.3
社会志愿者	9.1	27.3	27.3	36.4	0.0

（四）社区矫正对象社会支持队伍的年龄分布

表 5-16 是社区矫正对象社会支持队伍的年龄分布情况，从表中可以看

出，队伍中以30—39岁占多数，所占比例为45.5%；其次是40—49岁，所占比例为25.8%，高于20—29岁矫正工作人员比例1.3个百分点；而年龄在50—59岁、60岁及以上的比例相对较低，分别为4.0%、0.2%。由此可见，当前我国社区矫正工作队伍以30—39岁的年轻矫正工作人员为主力军，总体呈现金字塔型的年龄分布结构。

表5-16　　　　　　　　　社区矫正队伍的年龄结构

年龄	频率	有效百分比（%）
20—29岁	123	24.5
30—39岁	229	45.5
40—49岁	130	25.8
50—59岁	20	4.0
60岁及以上	1	0.2

具体从地区上来看，佛山市社区矫正工作队伍的年龄分布在50岁以下，且以30—39岁比例最高，占比为57.7%，较其他两地区所占比例要高。武汉市社区矫正工作队伍年龄在30—39岁的所占比例为37.0%，相比该地区其他年龄段所占比例最高；其次是20—29岁，所占比例高于佛山市6.3个百分点。前郭县矫正工作队伍的年龄集中分布于40—49岁，所占比例为44.0%；其次是30—39岁，占比为36.9%（见表5-17）。总体来看，相比前郭县而言，佛山市和武汉市的矫正工作队伍的年龄分布更具年轻态特征。

表5-17　　　　　　　各地区社区矫正队伍的年龄结构（%）

地区	20—29岁	30—39岁	40—49岁	50—59岁	60岁及以上
总体	24.5	45.5	25.8	4.0	0.2
武汉市	29.4	37.0	25.1	8.1	0.5
佛山市	23.1	57.7	19.2	0.0	0.0
前郭县	15.5	36.9	44.0	3.6	0.0

从社区矫正队伍的人员身份来看，社区矫正专职工作人员的年龄集中在

40—49岁，该比例为42.3%，较其他身份该占比要高。政府购买的社会工作者年龄集中在30—39岁，所占比例为42.1%。对于社区矫正群干，六成多的年龄在30—39岁，50岁以上的比例为零。社会志愿者的年龄集中在20—29岁，所占比例为45.5%（见表5-18）。由此可见，社区矫正专职工作人员年龄相对较长，大多数经历丰富、有一定工作经验，是社区矫正队伍的"主心骨"；而社会志愿者年龄相对较轻，主要是一些高校大学生。

表5-18　　　　　　　　各类社区矫正队伍的年龄结构（%）

类别	20—29岁	30—39岁	40—49岁	50—59岁	60岁及以上
总体	24.9	45.0	25.8	4.1	0.2
专职工作人员	11.5	24.4	42.3	20.5	1.3
社会工作者	31.7	42.1	25.3	1.0	0.0
社区矫正群干	13.3	61.3	25.3	0.0	0.0
社会志愿者	45.5	36.4	18.2	0.0	0.0

（五）社区矫正对象社会支持队伍的职业流动

社区矫正工作队伍的稳定性，直接关系到矫正工作开展的连续性及规律性，对社区矫正对象社会支持的供给和效果取得有着至关重要的影响。通过对社区矫正工作队伍从事矫正工作的时间长短即工作年限的分析，从侧面考察当前社区矫正队伍的稳定与否。总体上来看，社区矫正工作队伍从事社区矫正工作的年限集中在1—3年、5—7年，两者所占比例相同，均为25.3%。其次是不足1年，所占比例为18.8%。还有15.6%的工作年限在3—5年，15.0%的工作年限为7年以上，相对其他工作年限所占比例最低（见表5-19）。总体来看，当前社区矫正工作队伍并不十分稳定，工作时间3年和7年是社区矫正工作队伍的不稳定期。

表 5-19　　　　　　　　　　社区矫正工作队伍的工龄

时间	频率	有效百分比（%）
不足 1 年	95	18.8
1—3 年	128	25.3
3—5 年	79	15.6
5—7 年	128	25.3
7 年以上	76	15.0

从不同地区来看，如表 5-20 所示，武汉市社区矫正工作队伍在各年限上的占比相对较为均衡，5—7 年、1—3 年、3—5 年、不足 1 年、7 年以上所占比例依次递减。佛山市社区矫正工作队伍工作年限不足 1 年和 1—3 年的人数相对较多，所占比例分别为 28.7%、33.5%；其他年限的比例在 10%左右徘徊。前郭县 54.2%的社区矫正工作队伍从事矫正工作 5—7 年，所占比例相对最高；其次是 7 年以上，所占比例为 28.9%；其他年限所占比例均低于 10%。综合来看，分别作为大、中城市的武汉市和佛山市的社区矫正工作队伍从事矫正工作的年限相对较短，流动性较大，而小城市前郭县社区矫正工作队伍的流动性较小，具有相对稳定性。

表 5-20　　　　　　　　各地区社区矫正工作队伍的工龄（%）

地区	不足 1 年	1—3 年	3—5 年	5—7 年	7 年以上
总体	18.8	25.3	15.6	25.3	15.0
武汉市	15.4	24.3	22.4	27.6	10.3
佛山市	28.7	33.5	12.0	11.5	14.4
前郭县	2.4	7.2	7.2	54.2	28.9

进一步将社区矫正工作队伍的身份类型与工作年限进行交叉分析得出，工作年限在 7 年以上的社区矫正工作人员，比例最高的是社区矫正专职工作人员，占比为 38.5%；接下来依次是社区矫正群干，所占比例为 18.1%；再次是社会工作者，所占比例为 5.1%；社区矫正专职工作人员、社会工作者、社区矫正群干的工作年限在 3 年以上的加总比例分别为

66.7%、63.1%、46.3%（见表5-21）。综合来看，社区矫正专职工作人员和社会工作者相比其他身份社区矫正工作人员的工作年限要长，职业流动性相对较低。

表5-21　　　　　　　各类型社区矫正工作队伍的工龄（%）

类型	不足1年	1—3年	3—5年	5—7年	7年以上
总体	19.0	25.6	14.9	25.4	15.1
专职工作人员	5.1	28.2	12.8	15.4	38.5
社会工作者	14.1	22.9	21.7	36.3	5.1
社区矫正群干	28.2	25.5	13.4	14.8	18.1
社会志愿者	45.5	54.5	0.0	0.0	0.0

社区矫正工作福利制度完善与否与社区矫正工作队伍的稳定性有着重要关系。询问社区矫正工作队伍对福利制度的评价，六成多认为社区矫正工作福利制度比较完善并对其表示满意，所占比例为63.1%，而认为福利制度不完善的比例为36.9%（见表5-22）。由此可见，当前我国社区矫正工作福利制度总体较为完善，但仍有相当一部分社区矫正工作队伍认为不完善，这不可避免地对社区矫正工作队伍的稳定性造成了一定影响。

表5-22　　　　　　　社区矫正工作队伍对福利制度的评价

类型	频率	有效百分比（%）
完善	322	63.1
不完善	188	36.9

对比不同地区社区矫正队伍工作人员对福利制度的评价，武汉市社区矫正工作队伍认为社区矫正工作福利制度完善的比例为89.4%，较其他两地区要高；其次是前郭县，同类占比为81.7%；而佛山市相对最低，同类占比仅为28.6%（见表5-23）。

表 5-23　　各地区社区矫正工作队伍对福利制度的评价（%）

	社区矫正工作福利制度是否完善	
	完善	不完善
总体	63.1	36.9
武汉市	89.4	10.6
佛山市	28.6	71.4
前郭县	81.7	18.3

进一步对比不同身份社区矫正工作队伍对福利制度的看法，从图表5-25可以看出，社会工作者和社区矫正专职工作人员认为社区矫正工作福利制度较为完善的比例较其他身份矫正工作队伍要高，所占比例分别为83.4%、77.9%，可见两者所享受的矫正工作福利待遇相对较好。另外，社区矫正群干认为福利制度完善的占比为29.3%、社会志愿者为27.3%（见表5-24）。总体来看，社会工作者和社区矫正专职工作人员享受的福利待遇较好，社区矫正群干和社会志愿者的福利待遇较差。

表 5-24　　各类型社区矫正工作队伍对福利制度的评价（%）

人员构成	社区矫正工作福利制度是否完善	
	是	否
总体	62.1	37.9
专职工作人员	77.9	22.1
社会工作者	83.4	16.6
社区矫正群干	29.3	70.7
社会志愿者	27.3	72.7

（六）社区矫正对象社会支持队伍的收入水平

社区矫正对象社会支持队伍的收入水平是从经济层面考察社区矫正工作队伍的结构分层，社区矫正工作队伍收入水平的高低与其从事社区矫正工作的年限密切相关。通常情况下，收入水平越高，对矫正工作人员的吸引力越强，从事社区矫正的工作时间就越长。由表5-25可知，大多数社区矫正工作人员的收入在 1001—2000 元，属于较低收入水平，占 43.5%；收入在 4001 以上和 3001—4000 的比例分别为 24.0%、23.0%。总体来看，收入 1001—2000、4001 以上、3001—4000、2001—3000、1000 及以下所占比例依次递减。

表 5-25　　　　　　　　社区矫正工作队伍的收入水平

收入（元）	频率	有效百分比（%）
1000 及以下	14	2.8
1001—2000	221	43.5
2001—3000	34	6.7
3001—4000	117	23.0
4001 以上	122	24.0

分地区来看，武汉市高达 74.8% 的社区矫正工作队伍收入水平为 1001—2000 元，所占比例是总体水平的近 2 倍；佛山市社区矫正工作队伍收入在 3001—4000 和 4001 以上的比例相对较高，所占比例分别为 40.0%、43.3%，该地区社区矫正工作队伍平均收入处于中高水平；前郭县社区矫正工作队伍收入水平与武汉市大致相似，七成左右的社区矫正工作队伍收入是 1001—2000 元，所占比例为 70.2%，同样处于低收入水平（见表 5-26）。

表 5-26　　　　　　各地区社区矫正工作队伍的收入水平（%）

收入（元）\地区	1000 及以下	1001—2000	2001—3000	3001—4000	4001 以上
总体	2.8	43.5	6.7	23.0	24.0
武汉市	4.2	74.8	0.9	9.8	10.3
佛山市	2.4	1.0	13.3	40.0	43.3
前郭县	0.0	70.2	4.8	14.3	10.7

进一步考察不同身份社区矫正工作队伍的收入水平，如表 5-27 所示，社区矫正专职工作人员收入水平集中在 4001 以上和 3001—4000，两者占比分别为 49.4%、39.2%，收入在 1001—2000、2001—3000 的比例分别为

3.8%、7.6%。社区矫正群干的收入集中区间和社区矫正专职工作人员类似，收入4001以上和3001—4000的比例分别有54.0%和40.0%。相比之下，社会志愿者的收入水平相对最低，1000及以下的比例为45.5%；其次是2001—3000，占比为27.3%；收入为3001—4000、4001以上、1001—2000的比例均为9.1%，三者比例加总仍低于30.0%；由此说明，社会志愿者的经济状况并不好。社会工作者的收入水平集中于1001—2000，所占比例为86.0%。总体来看，社区矫正专职工作人员和社区矫正群干的收入处于中等及偏上水平，而其他身份社区矫正工作队伍的收入普遍偏低。其中需要注意的是，社区矫正专职工作人员的收入主要是作为矫正工作人员获得的职业收入，而村居委会志愿者、社会志愿者的收入并非从事社区矫正工作所得。

表5-27　　　　　各类型社区矫正工作队伍的收入水平（%）

收入（元） 类型	1000及以下	1001—2000	2001—3000	3001—4000	4001以上
总体	2.2	43.2	6.8	23.3	24.5
专职工作人员	0.0	3.8	7.6	39.2	49.4
社会工作者	3.7	86.0	4.4	5.8	0.3
社区矫正群干	0.0	1.3	4.7	40.0	54.0
社会志愿者	45.5	9.1	27.3	9.1	9.1

（七）社区矫正对象社会支持队伍的专业背景

社区矫正工作是一项专业性、政策性很强的刑罚执行活动，对矫正工作人员的专业技能和素质有着较高的要求，因此，社区矫正对象社会支持队伍需要具备一定的专业素养。考察社区矫正工作队伍的专业背景发现，具备法学、心理学、社会工作、教育学等专业背景的比例并不高，总体比例尚未达到一半。其中，法学专业的工作人员比例相对最高，所占比例为28.0%；而社会工作、教育学和心理学专业的工作人员所占比例分别为6.7%、6.1%、5.5%，均不足一成（见表5-28）。由此可见，当前社区矫正工作队伍中多数不具备法律专业知识和心理学、社会工作、教育学等专业背景，这一定程度上制约了社会支持的提供。

表 5-28　　　　　　　　社区矫正队伍工作人员的专业类别

	频率	有效百分比（%）
法学	137	28.0
心理学	27	5.5
社会工作	33	6.7
教育学	30	6.1
其他	262	53.6

社区矫正志愿者（社区矫正群干与社会志愿者）是社区矫正工作开展必不可少的辅助力量，已然成为社区矫正工作队伍不可或缺的重要组成部分。对社区矫正志愿者入岗前及入岗后的培训状况的考察是对社区矫正工作队伍专业背景的侧面反映。首先，分析社区矫正志愿者上岗前的培训情况，一半以上的志愿者接受过岗前培训，所占比例为66.7%；仍有相当一部分社会志愿者表示在入岗前并未接受过培训，该比例为33.3%。由此可见，对社区矫正志愿者的岗前培训工作并不到位，缺乏一定的专业性基础。

社区矫正志愿者进入社区矫正工作队伍前的培训必不可少。同样地，上岗后也需要进行一定的专业培训，以保证各项社区矫正工作的顺利开展。进一步考察社区矫正志愿者入岗后培训的情况发现，上岗后接受培训的情况较上岗前好。在有效调查数据中，上岗后接受过培训的比例为76.7%，近八成的社区矫正志愿者在上岗后接受过专业培训，而表示没有接受过培训的比例为23.3%。

综上所述，可以得出以下基本判断和总体结论：当前我国社区矫正对象社会支持的队伍支撑以社区矫正专职工作人员为主导力量，以社会工作者和志愿者为辅助力量开展矫正工作。从来源途径来看，社区矫正专职工作人员的来源途径主要包括政府对外招聘和政府内部调整两种方式，社会工作者主要由政府招聘和机构招聘获得。从教育程度来看，社区矫正工作队伍的教育程度大致呈橄榄型结构，以大学本科和大专教育程度为主。其中，社区矫正专职工作人员和社区矫正群干的整体受教育程度相对较高。从专业背景来看，绝大多数社区矫正工作队伍并不具备社会工作、社会学等专业背景，这必然会影响社区矫正工作的开展和社会支持效果的发挥。从年龄分布来看，社区矫正工作队伍以 30—39 岁的年轻矫正工作人员为主力军，总体呈现金字塔型结构；其中，社区矫正专职工作人员的年龄普遍稍高，该类力量是具有一定社会阅历和工作经验的矫正队伍的"主心骨"。此外，社区矫正工作队伍的稳定性与其对工作福利制度的评价、收入水平密切相关。分析发现，当前社区矫正工作队伍总体收入水平偏低，存在因人员流动造成的队伍不稳定问题。具体来看，社区矫正专职工作人员因其完善的福利制度和中等偏上的收入水平，较其他身份矫正工作队伍的工作年限长。然而，社会工作者和社会志愿者工作年限普遍偏短，会对社区矫正对象社会支持产生一定消极影响。

第六章
社区矫正对象社会支持获得与供需

在厘清了社区矫正对象社会支持的公众基础和支撑队伍等外围结构之后，将重点转向对社区矫正对象社会支持获得与供需的评量。也就是说，将正式运用社区矫正对象社会支持的评量体系来考察其获得、需求和供给状况。社会支持是社区矫正的主要特征，是社区矫正对象联系社会、融入社会和重返社会的必要渠道。良好的社会支持对社区矫正具有重要作用；相反，社会支持的缺乏或劣质的社会支持则会对社区矫正对象的身心健康和个体发展产生消极影响。然而，只有厘清"接收者"角度的社会矫正对象社会支持获得和"提供者"角度的社区矫正工作队伍社会支持供给的现状，并对其支持需求做出有效评估和回应，才能有的放矢地为社区矫正对象提供所需的社会支持。本部分将在大量调查数据的基础上，利用已建构的社区矫正对象社会支持评量体系对社区矫正对象社会支持获得、社区矫正工作队伍社会支持供给、社区矫正对象社会支持需求三个方面进行支持现状的评量，并进行多维度的差异性比较分析，以此实现对社区矫正对象社会支持的全方位考察，为促进社区矫正对象顺利重返社会、提高社区矫正管理服务质量和推进基层治理中社区矫正体制机制创新提供科学依据。

一 社区矫正对象社会支持获得总体比较

从"接收者"角度考察社区矫正对象社会支持获得的总体状况，可以由整体性支持获得、工具性支持获得、情感性支持获得、信息性支持获得、反馈性支持获得等状况来体现。

（一）整体性支持获得状况

社区矫正对象的社会支持获得在整体上呈现总体不高、来源多样、空间递减、专业递增等特征。通过询问被调查对象"社区矫正对象社会支持获得的来源及程度"，呈现社区矫正对象获得正式和非正式支持的整体情况、主要来源和程度差异等（见表6-1）。

表6-1　　　　　　　社区矫正对象社会支持获得的来源及程度

支持来源		N	极值	均值	标准差
非正式支持	家人	3335	(1, 4)	3.222	1.078
	朋友	3318	(1, 4)	3.045	1.076
	社区成员	3301	(1, 4)	3.041	0.935
正式支持	社区矫正工作人员	3324	(1, 4)	3.385	0.711
	居委会	3310	(1, 4)	2.943	1.121
	警察	3292	(1, 4)	3.048	0.948

首先，从总体上看，各类支持的均值均大于中间值2.5，表明社区矫正对象均得到了社区矫正工作人员、家人、社区成员、朋友、警察、居委会等来源主体的支持和帮助，但总体不高。其次，此六种来源的支持力度依次递减，社区矫正工作人员的支持均值最大，居委会的支持均值相对最小，两者分别为3.385、2.943，表明社区矫正对象获得来自社区矫正工作人员的支持力度最大，而获得来自居委会的支持力度最小。最后，从正式支持和非正式支持来看，非正式支持中家人的支持最多，朋友、社区成员的支持相对略少，呈现空间上由内而外的支持递减格局；正式支持中的社区居委会支持力度相对最小，警察次之，社区矫正工作人员支持力度最大，呈现随专业性递增而支持递增的趋势。

进一步分析可以得出，社区矫正对象社会支持获得的整体性支持状况还呈现另外两个突出特点。

第一，业缘血缘主导支持，机构家庭占据主体。社区矫正工作人员和家人是矫正对象获得各类支持的最主要来源，是社区矫正对象顺利回归社会的核心力量。其中，基于血缘和亲缘关系的家人在社区矫正对象接受矫正过程中的重要支撑作用不言而喻。而社区矫正机构的社区矫正工作人员作为社区矫正对象的矫正监管人，负责日常对社区矫正对象的监督管理、教育矫治和社会性帮扶，是除家人外接触相对最多的支持主体，因此，社区矫正对象从该类人员处获得的社会支持相对也较多。

问：您在社区矫正期间，从哪些人那里获得最多的支持和照顾？主要是哪些方面的支持和照顾？

答：当然是司法所，他们总是提醒我在矫正期间的注意事项，经常关注我的生活和工作情况，还有就是我的父母和亲友，在我们比较忙的时候，需要他们帮忙看护我们的小孩。

——C6-R01

第二，家庭支持两极分化，工作人员顺势补位。尽管家庭支持是主要的支持获得类型，然而，在实地访谈过程中也发现，有个别社区矫正对象表示其家人出于面子或者排斥心理，对其被置于社区中矫正持否定态度，更别说自觉承担起给予社区矫正对象工具性、情感性及信息性支持的责任和义务了，这对矫正对象各类支持的获得及矫正工作的开展产生了消极影响。这时，就需要社区矫正工作人员承担起这些社区矫正对象各类支持供给的责任，保证社区矫正对象获得所需的各类支持，顺利完成解矫并回归社会。

问：那矫正对象以及其亲属的态度如何呢？

答：这个就是两极分化了。一方面，绝大部分矫正对象都是服从的，其亲属也是支持的，社区矫正毕竟还是比劳教、收监更自由些。另一方面，也有不服从法院判决而闹事的，他们会把矛头指向我们司法工作人员，就像之前提到过那样。

——C6-R02

（二）工具性支持获得状况

工具性支持是社区矫正对象获得的有形、客观的支持，大体可分为金钱支持、实物支持和服务支持,测量变量分别对应补足生活费用、获得的生活物资,以及获得包括教育学习、心理辅导、职业技能培训、人际交往培训、公共服务和工作机会在内的生活性和发展性支持。

1. 金钱支持获得状况

金钱支持是个体适应社会的经济基础和工具条件,只有解决了消费来源问题,个体才能满足日常的衣食住行的基本需求。[①] 金钱支持的作用在于补足相对困难矫正对象的生活费用,帮助其渡过难关,顺利完成矫正过程。测量社区矫正对象从亲友、保险及养老金、监管人和自己工作等四类来源获得金钱支持的状况,得出表6-2。从表中我们可以得出,一半社区矫正对象靠自己工作获得所需生活费用,该比例为50.6%;其次是获得来自监管人提供的金钱支持,所占比例为35.1%;亲友所占比例为13.9%;另外,还有6.2%的社区矫正对象通过保险及养老金或其他方式获得金钱支持。自己工作、监管人、亲友、保险及养老金的费用支持力度依次递减。由此可见,一半的矫正对象能够依靠自身劳动就可满足所需的生活费用,不需要来自他人提供的金钱支持,部分困难矫正对象通过监管人和亲友资助获得金钱支持,还有一小部分年长的社区矫正对象以保险或养老金作为生活费用的补足途径。

表 6-2　　　　　　　　　　社区矫正对象获得的金钱支持

类型	亲友	保险及养老金	监管人	自己工作	其他方式
N	451	201	1141	1645	204
百分比(%)	13.9	6.2	35.1	50.6	6.3

2. 实物支持获得状况

实物支持同样是工具性支持的重要组成部分,尤其对于无固定住所、无亲友帮助、无就业条件的"三无"社区矫正对象来说,得到物资资助形式的实物支持对改善他们的生活境况至关重要。如表6-3所示,在被调查对象中,八成多的社区矫正对象表示并未获得任何物资支持,仅18.3%的社区矫

---

① 徐延辉、王高哲:《就业质量对社会融合的影响研究——基于深圳市的实证研究》,《学习与实践》2014年第2期。

正对象表示得到过相关的物资资助，如米、面、被褥等生活用品。在实地调研中还发现，获得实物支持的比重较少，主要是由于绝大多数社区矫正对象能够依靠自身工作或亲友帮扶即可满足基本生活需求，因此，仅部分因各种原因无法满足基本生活需求的社区矫正对象获得了他人的实物支持。

表 6-3　　　　　　　　　社区矫正对象获得的实物支持

类型	频率	有效百分比（%）
是	604	18.3
否	2695	81.7
合计	3299	100.0

社区矫正对象获得实物支持的低比例既与社区矫正对象自身的低需求有关，也与获得实物支持的渠道通畅与否有重要联系，因为可能存在一部分社区矫正对象因无处申请实物支持，从而导致所获得的实物支持整体比例偏低的情况。进一步分析社区矫正对象实物支持的获取途径情况，结果如表6-4所示，在被调查对象中，仅11.5%的社区矫正对象表示有申请物资资助的途径，高达88.5%的社区矫正对象表示并不知道如何申请到物资资助，所占比例是前者的近八倍。由此可见，当前我国针对困难社区矫正对象的补助申请并不健全，进一步证实了社区矫正对象实物支持的低获得与申请途径的不通畅有关。

表 6-4　　　　　　　　　是否有途径申请到物资资助？

类型	频率	有效百分比（%）
是	286	11.5
否	2199	88.5
合计	2485	100.0

3. 服务支持获得状况

服务支持是社区矫正对象获得的最主要和最重要的工具性支持之一，该类支持主要由社区矫正工作人员提供，通过教育学习、心理辅导、职业技能培训、人际能力培训、工作机会及公共服务等活动开展，转变矫正对象的犯罪心理，改变其犯罪行为，帮助其重新获得生存技能，进而达到教育矫正和社会性帮扶的目的。表6-5反映了其服务支持获得情况。

表6-5　　　　　　　　　社区矫正对象获得的服务支持

类型		N	极值	均值	标准差
基础性支持	心理辅导	3318	(1, 5)	3.630	1.262
	工作机会	3245	(1, 5)	3.472	1.197
	公共服务	3285	(1, 5)	3.519	1.255
发展性支持	教育学习	3340	(1, 5)	3.898	1.123
	职业技能培训	3243	(1, 5)	3.721	1.066
	人际能力培训	3256	(1, 5)	3.608	1.156

第一，社区矫正对象各类服务支持的获得均值均在中间值3.0以上，表明社区矫正对象总体获得了各类服务支持；但均没有达到4.0，说明总体不高；其中，人际能力培训、工作机会和公共服务低于其他类型的工具性服务支持。统计显示，社区矫正对象经常或总是获得教育学习、职业技能培训和心理辅导的比例稍高，但均在80.0%以下；而人际能力培训、工作机会和公共服务的比例则更低。第二，社区矫正对象获得的发展性支持多于基础性支持。从工具性服务支持的层次性来看，可分为基础性支持和发展性支持。前者关注改善社区矫正对象的现实境遇，包括心理辅导、工作机会和公共服务；后者则放眼于社区矫正对象的未来发展，包括教育学习、职业技能培训和人际能力培训。结果显示，社区矫正对象获得基础性支持的总体均值为3.540，发展性支持的总体均值为3.742，即社区矫正对象获得的发展性服务支持多于基础性服务支持。

就业是个体获得经济来源、社会声望、社会地位的重要基础。[1]但是岗前的政审制度无疑成了横在矫正对象面前的一座大山，多数社区矫正对象由于犯罪记录的客观存在而无法通过单位政审，影响其顺利就业。工作机会的获得是社区矫正对象得以重新就业的重要推手，由正式关系和非正式关系提

---

[1] 李光勇：《青年社区服刑人员社会融合测量与影响因素检验——基于上海市六个区的问卷调查》，《中国青年研究》2015年第9期。

供的就业机会，对矫正对象顺利走上工作岗位无疑发挥着不可替代的作用。从实地访谈中发现，当前社区矫正对象的再就业状况较为良好，大多数矫正对象在社区矫正工作人员或亲友的支持下获得了再就业的工作机会。

问：您们是否能为社区矫正对象提供工作机会？

答：我们作为社区矫正机构，是按照"上级领导，兄弟部门协调，公众参与"的理念来进行的。我们与兄弟单位除了工作上的合作，还会号召他们进行捐款。另外，我们还会去找一些企业，号召他们进行捐款，或者对服从他们条件的社区矫正人员招工。当然，与企业的合作都是不公开的，因为这些企业也不想外界晓得这些事，再说我们也只想办实事，不需要太高调，这样也能照顾到矫正人员的尊严。有些矫正人员自身都是企业家。同时，安置帮教也是重要的帮助办法。对于生活困难的社区矫正人员，他们最需要的就是获得工作机会。

——C6-R03

（三）情感性支持获得状况

情感性支持是社区矫正对象在接受矫正过程中获得的主观的、心理层面的支持，主要包括接纳、信任、倾听、理解、尊重等。与工具性支持主要提供外在、客观支持不同，情感性支持侧重的是社区矫正对象感受到的精神上的慰藉和关怀，该类支持对矫正对象主动接受矫正、顺利融入社会有着不可低估的作用。任何情感、情绪都是相互的，对于社区矫正对象这一特殊群体，只有在情感上不排斥他们，给予他们接纳、支持、感化，他们才更容易主动接受矫治，积极参加各类矫正活动，从而避免出现矫治不良反应。

1. 情感性支持获得状况

社区矫正对象获得的情感性支持状况，由对亲朋、社区成员、社区矫正工作人员、街道办及居委会成员、警察等群体的接纳、信任、倾听、理解和尊重支持进行测量获得。由表6-6可知，社区矫正对象五类情感性支持的获得均值都大于中间值3.0，表明社区矫正对象均获得了上述各类情感性支持。其中，接纳支持的均值最高，为4.046，倾听支持的均值最低，为3.520，表明社区矫正对象获得他人的接纳支持程度最高，而获得他人倾听支持的力度最低；除此之外，获得信任支持、理解支持和尊重支持的支持力度依次递增。

表 6-6　　　　　　　　社区矫正对象获得的情感性支持

类型	N	极值	均值	标准差
接纳支持	3315	（1，5）	4.046	1.009
信任支持	3297	（1，5）	3.547	1.119
倾听支持	3291	（1，5）	3.520	1.113
理解支持	3290	（1，5）	3.612	1.196
尊重支持	3320	（1，5）	3.859	1.076

2. 情感性支持获得来源

从来源角度转换得到情感性支持的四个主体维度，如表 6-7 所示，社区矫正对象获得四类来源主体情感性支持的均值大于中间值 3.0，表明社区矫正对象均获得四类支持主体的情感性支持，支持状况较好，但支持力度不是很高。其中，社区矫正工作人员的情感性支持均值最大，为 3.956，表明社区矫正对象获得来自社区矫正工作人员的情感性支持相比其他来源的力度最大；其次是亲朋和社区成员，支持均值分别为 3.690、3.668；街道办、居委会成员的情感性支持均值相对最低，为 3.346；表明亲朋和社区成员是社区矫正对象获得情感性支持的次之来源且力度相当，而获得街道办、居委会成员的情感性支持力度相对最小。总体上，社区矫正工作人员、亲朋、社区成员、街道办及居委会成员的情感性支持依次递减。

表 6-7　　　　　　　社区矫正对象获得情感性支持的来源

类型	N	极值	均值	标准差
亲朋	3260	（1，5）	3.690	0.993
社区成员	3296	（1，5）	3.668	0.912
社区矫正工作人员	3305	（1，5）	3.956	0.872
街道办、居委会成员	3303	（1，5）	3.346	1.418

（四）信息性支持获得状况

信息性支持是社区矫正对象再社会化得以实现的重要条件和资源，是社区矫正对象在矫正过程中不可或缺的支持类型。其中，政策信息、教育信息和法律建议等政策类信息是矫正对象了解相关政策规定，依法接受监督管理、获得政府政策帮扶的重要途径；而就业信息、工作建议、人际交往建议、处理家庭问题建议和活动信息等生活类信息是帮助社区矫正对象解决生活中遇到的各种问题，顺利融入社会的重要支持内容。

如表6-8所示，社区矫正对象获得的各类信息性支持的比例均在60.0%以上，获得的工作建议所占比例相对最高，为89.0%；获得的家庭问题建议所占比例相对最低，为61.7%。总体来看，社区矫正对象信息性支持的获得状况较好但不高，且工作建议、教育信息、活动信息、人际交往建议、就业信息、政策信息、法律建议、家庭问题建议支持力度依次递减。进一步考察政策类信息和生活类信息发现，政策类信息支持的综合比例为80.2%，其中，教育信息支持力度最高，法律建议支持力度最低；生活类信息支持的综合比例为82.1%，其中，工作建议支持力度最高，其次是活动信息，而获得有关家庭问题方面的建议相对最少。总体来看，社区矫正对象获得的生活类信息要略多于政策类信息。

表6-8 社区矫正对象获得的信息性支持

信息性支持		N	百分比（%）
政策性支持	教育信息	2922	88.6
	政策信息	2713	82.3
	法律建议	2300	69.8
生活性支持	就业信息	2798	84.9
	工作建议	2935	89.0
	人际交往建议	2878	87.3
	家庭问题建议	2034	61.7
	活动信息	2892	87.7

（五）反馈性支持获得状况

社区矫正对象如果获得了一定的工具性支持、情感性支持和信息性支持，但是，如果社区矫正对象不自觉接受或者不加利用的话，这些支持也就发挥不了应有的作用,此时,各类支持的获得与未获得也就没什么本质区别。对反馈性支持的考察,是对社区矫正对象获得的工具性支持、情感性支持、信息性支持的有益补充,是全面考察社区矫正对象社会支持获得的必不可少的方面。为了解社区矫正对象正面社会互动、对支持的利用等反馈性支持获得状况,此处主要从主动寻求支持和活动主动参与两方面入手进行考察。

1. 正面社会互动状况

社区矫正对象的正面社会互动状况,主要通过询问调查对象"社区矫正对象的正面社会互动"来体现。由表6-9所示,首先,从总体上来看,各类支持的均值均大于中间值2.5,表明社区矫正对象均得到了各来源主体的支持和帮助。其中,与家人互动的均值最大,社区矫正工作人员次之,两者分别为3.333、3.219,表明社区矫正对象获得家人和社区矫正工作人员的支持力度较大。家人、社区矫正工作人员、朋友、社区成员、警察、居委会等六种来源的互动力度依次递减。其次,从正式支持和非正式支持来看,正式支持中与家人互动的均值最高,朋友次之,而来自社区成员的支持相对最小,呈现由内而外社会支持递减格局;非正式支持中与社区矫正工作人员的互动力度最大,警察次之,社区居委会相对最小,呈现随专业性递减社会支持递减的趋势。

表6-9 社区矫正对象的正面社会互动

	支持来源	N	极值	均值	标准差
非正式支持	家人	3335	(1, 4)	3.333	0.886
	朋友	3322	(1, 4)	2.868	1.180
	社区成员	3309	(1, 4)	2.704	1.105
正式支持	社区矫正工作人员	3321	(1, 4)	3.219	0.825
	居委会	3323	(1, 4)	2.591	1.150
	警察	3304	(1, 4)	2.669	0.996

2. 对支持的利用状况

社区矫正对象对社会支持的利用,主要通过其对心理辅导、教育学习、职业技能培训、人际交往培训及公共服务的主动参与状况来测量。如

表 6-10 所示，社区矫正对象主动参与各项服务支持的均值都大于中间值 2.5，但基本在 3.0 以下，表明社区矫正对象对四类支持有一定的主动参与和利用，但力度还不够。其中，教育学习的均值最高，也只有 3.056；其次是心理辅导，相对较低的是人际交往培训，只有 2.530。社区矫正对象对教育学习、心理辅导、公共服务、职业技能培训、人际交往培训的主动参与度依次递减。进一步分别考察基础性支持和发展性支持，社区矫正对象主动参与教育学习、职业技能培训和人际交往培训等发展性支持的综合均值为 2.797，而心理督导和公共服务等基础性支持的综合均值为 2.917。由此可知，社区矫正对象对支持的利用度并不高，且对发展性支持的主动利用度要低于对基础性支持的主动利用度。[①]

表 6-10　　　　　　　　社区矫正对象对支持的主动利用

类型		N	极值	均值	综合均值	标准差
基础性支持	心理辅导	3331	(1, 4)	2.950	2.917	0.950
	公共服务	3311	(1, 4)	2.883		0.951
发展性支持	教育学习	3326	(1, 4)	3.056	2.797	0.955
	职业技能培训	3296	(1, 4)	2.806		1.073
	人际交往培训	3287	(1, 4)	2.530		1.085

二　社区矫正对象社会支持获得分类比较

为更加全面地评量社区矫正对象社会支持获得现状，在考察总体状况的基础上，以下还将进行多维度的差异性比较分析。从而对社区矫正对象社会支持状况进行系统、客观的评量，同时也为后续的影响因素检验和政策倡导奠定基础。多维度的比较分析包括不同地区、性别、年龄、教育程度、收入水平的社区矫正对象获得四类支持的差异状况。

[①] 前文分析中得出，社区矫正对象对发展性社会支持的获得要高于生活性社会支持。而此处显示，社区矫正对象对发展性社会支持的利用度要低于生活性社会支持。这说明，发展性社会支持的供给相对较多，但利用度相对较低；生活性社会支持的供给相对较少，但利用度相对较高。

（一）不同地区社区矫正对象社会支持获得状况

不同地区社区矫正对象社会支持的获得来源及总体程度，如表6-11所示，武汉市和前郭县矫正对象各支持来源均值都大于中间值3.0，但均小于4.0，而佛山市矫正对象各支持来源均值都小于3.0。由此可见，各地区矫正对象获得社会支持总体不高，中部和北部地区矫正对象从各来源主体处获得的社会支持优于南部地区。另外，不同地区社区矫正对象的主要支持来源也有所不同。其中，武汉市矫正对象的主要支持主体是家人和社区矫正工作人员，两者的均值分别为3.774、3.646；与武汉市相类似，前郭县矫正对象的主要支持主体也是家人和社区矫正工作人员，两者的均值分别为4.000、3.906；佛山市矫正对象获得社会支持的主要来源是社区矫正工作人员和警察，两者均值分别只有2.898、2.656。

结合实地调查发现，以上三地区的支持差异，可能与各地经济发展水平、地区发展战略及人际关系特性等相关。例如，南部城市的外来务工者多、社会流动性大、人员异质性高，其矫正对象所获支持程度可能就相对偏低，且正式支持多于非正式支持；而小城市往往因为熟人社会、各类支持主体熟悉并接触矫正对象的概率大，反而更容易提供社会支持。

表6-11　　　　不同地区社区矫正对象获得社会支持来源

地区	非正式支持			正式支持		
	家人	朋友	社区成员	社区矫正工作人员	街道和居委会	警察
武汉市	3.774	3.535	3.410	3.646	3.446	3.261
佛山市	2.201	2.112	2.355	2.898	2.021	2.656
前郭县	4.000	3.857	3.781	3.906	3.625	3.468

1. 工具性支持获得状况

第一，不同地区社区矫正对象金钱支持获得状况。由表6-12可知，各地区社区矫正对象依靠自己工作获得费用来源的比例均在60.0%以上，其中大城市武汉市所占比例最高，为76.3%，这与该地区经济发展较快、工作机会较多有一定联系；其次是佛山市，所占比例为69.6%；小城市前郭县所占比例最低，为60.9%，该地区工作机会相对较少，矫正对象由自己工作获得生活费用来源的比例相对最低。在获得亲友费用帮扶中，前郭县、武汉市和佛山市所占比例依次递减，占比分别为31.3%、23.2%、16.8%。三地区社区矫正对象获得矫正监管人费用帮扶的比例差异明显，其中，佛山市所占比例为60.3%，武汉市和前郭县占比均在20%—30%，前者是后两者的近三倍。

表6-12　　　　　不同地区社区矫正对象获得的金钱支持（%）

地区	亲友	保险及养老金	监管人	自己工作	其他方式
武汉市	23.2	10.7	20.1	76.3	9.0
佛山市	16.8	2.8	60.3	69.6	8.5
前郭县	31.3	5.4	29.0	60.9	14.3

第二，不同地区社区矫正对象实物支持获得状况。如表6-13所示，佛山市社区矫正对象获得物资资助的比例相对最高，所占比例为19.8%，高出总体水平1.5个百分点；其次是武汉市，社区矫正对象获得物资资助的占比为19.1%，高出总体水平0.8个百分点；前郭县矫正对象获得物资资助的比例相对最低，低于总体水平2.3个百分点。社区矫正对象获得物资资助的比例高低与是否有获得该支持的渠道密切关系，前郭县矫正对象获得该类实物支持的低占比很可能与该地区大多数矫正对象没有获得物资资助的途径有关。

表6-13　　　　　不同地区社区矫正对象获得的实物支持（%）

地区	是否获得物资资助 是	是否获得物资资助 否	合计
总体	18.3	81.7	100.0（3297）
武汉市	19.1	80.9	100.0（2054）
佛山市	19.8	80.2	100.0（1179）
前郭县	16.0	84.0	100.0（64）

进一步考察不同地区社区矫正对象申请实物支持途径状况，如表6-14所示，佛山市有途径申请物资资助的社区矫正对象比例较其他两地区高，为

16.5%，略高于总体水平4.1个百分点；武汉市矫正对象有途径申请到物资资助的比例为10.5%，低于总体水平1.9个百分点；前郭县有途径申请到物资资助的矫正对象所占比例相对较低，为3.4%，该地区绝大多数调查对象表示并未有途径申请到物资资助。由此印证了实物支持多少与获得该支持途径是否通畅存有重要关系，且大中城市的物资资助申请途径较小城市稍微好些。

表6-14　　　　　不同地区社区矫正对象获得实物支持的途径（%）

地区	是否有途径申请到物资资助		合计
	是	否	
总体	12.4	87.6	100.0（2485）
武汉市	10.5	89.5	100.0（1929）
佛山市	16.5	83.5	100.0（497）
前郭县	3.4	96.6	100.0（59）

第三，不同地区社区矫正对象服务支持获得状况。如表6-15所示，前郭县社区矫正对象获得教育学习、人际能力培训和职业技能培训等发展性支持的均值为4.811，获得心理辅导、公共服务和工作机会等基础性支持的均值为4.750，总体均值为4.780；武汉市社区矫正对象获得发展性支持的均值为4.091，基础性支持的均值为4.055，总体均值为4.073；佛山市社区矫正对象获得发展性支持的均值为3.080，基础性支持的均值为2.584，总体均值为2.832。总体来看，一是各地区社区矫正对象获得的发展性服务支持均高于生活性服务支持；二是前郭县、武汉市、佛山市社区矫正对象获得服务支持的程度依次递减；三是小城市社区矫正对象获得的生活性服务支持和发展性服务支持均高于大中城市；四是南部沿海中等城市社区矫正对象获得的服务支持总体较低，要特别引起重视。

表6-15　　　　　　不同地区社区矫正对象获得的服务支持

地区	基础性支持			发展性支持		
	心理辅导	公共服务	工作机会	教育学习	人际能力培训	职业技能培训
武汉市	4.224	4.044	3.898	4.313	3.985	3.976

续表

地区	基础性支持			发展性支持		
	心理辅导	公共服务	工作机会	教育学习	人际能力培训	职业技能培训
佛山市	2.519	2.547	2.685	3.109	2.900	3.231
前郭县	4.859	4.719	4.672	4.859	4.794	4.781

2. 情感性支持获得状况

第一，不同地区社区矫正对象情感性支持获得情况。如表6-16所示，从不同地区来看，前郭县社区矫正对象获得各类情感性支持的均值均大于4.5，高于武汉市和佛山市，表明前郭县社区矫正对象获得的情感性支持状况相对最好。武汉市社区矫正对象获得五类情感性支持的均值都在3.9以上，均未达到4.5，表明该地区各类情感性支持获得状况较好，但仍有提升空间。佛山市社区矫正对象获得信任、倾听、理解和尊重支持的均值均在中间值3.0以下，表明该地区社区矫正对象获得四类情感性支持的程度较低。这可能与沿海发达地区人口流动性大，人与人之间的感情交流较少这一特征有重要关系。总体来看，社区矫正对象获得情感性支持力度的排序依次为前郭县、武汉市、佛山市，都有一定提升空间。

表6-16　　　　　不同地区社区矫正对象获得的情感性支持

地区	接纳支持	信任支持	倾听支持	理解支持	尊重支持
武汉市	4.474	3.927	3.995	4.249	4.405
佛山市	3.256	2.826	2.641	2.435	2.848
前郭县	4.742	4.537	4.496	4.667	4.777

第二，不同地区社区矫正对象情感性支持来源情况。由表6-17可知，武汉市和前郭县社区矫正对象从各来源获得情感性支持的均值均在4.0以上，大于中间值3.0，表明两地区社区矫正对象从各支持来源主体获得情感性支持的状况较为良好。但武汉市的均值都低于4.5，说明矫正对象获得各方面情感性支持的力度还不够。社区矫正工作人员、亲朋、社区成员、居委会等来源的支持力度在两地区依次递减。就佛山市而言，亲朋、社区成员、居委会情感性支持的均值均小于中间值3.0，表明该地区矫正对象情感性支

持的来源程度较其他两地区低,要特别重视因为各来源主体为矫正对象提供情感性支持,尤其是要调动居委会、亲朋等的情感性支持力度。

表6-17　　　　　　　不同地区社区矫正对象情感性支持来源情况

地区	亲朋	社区成员	社区矫正工作人员	居委会
武汉市	4.216	4.105	4.349	4.118
佛山市	2.733	2.855	3.217	1.928
前郭县	4.657	4.641	4.727	4.516

3. 信息性支持获得状况

考察不同地区社区矫正对象信息性支持获得状况,如表6-18所示,武汉市社区矫正对象获得的法律方面建议和教育信息比例高于其他信息性支持。获得就业信息支持最低,为78.6%;佛山市社区矫正对象获得就业信息和工作建议较其他方面信息性支持要高,获得家庭问题建议的支持最低,只有17.9%;前郭县100%的被调查对象均表示获得过教育信息、政策信息和活动信息,获得各类信息性支持均在90%以上,相对较好。

表6-18　　　　　　　不同地区社区矫正对象获得的信息性支持

信息性支持		武汉市	佛山市	前郭县
政策性支持	教育信息	92.2	81.6	100.0
	政策信息	90.8	66.3	100.0
	法律建议	93.5	26.3	98.4
生活性支持	就业信息	78.6	95.6	90.6
	工作建议	86.0	93.9	95.3
	人际交往建议	84.6	91.4	98.4
	家庭问题建议	85.5	17.9	93.8
	活动信息	90.8	81.6	100.0

总体来看,武汉市和前郭县矫正对象获得的政策类信息要多于生活类信息;佛山市则相反,该地区生活类信息支持是社区矫正对象获得的主要信息性支持。武汉市的就业信息支持,佛山市的家庭问题建议支持要特别提高供给度。

4. 反馈性支持获得状况

第一，不同地区社区矫正对象正面社会互动状况。如表6-19所示，家人是武汉市和前郭县社区矫正对象正面社会互动程度最高的人群，两者均值分别为3.832、3.891，而佛山市社区矫正对象正面社会互动频率最高的是社区矫正工作人员，均值为2.711。对比不同地区发现，佛山市社区矫正对象与其他人群正面社会互动的均值均在1.0与3.0之间，低于其他两地区，表明该地区社区矫正对象正面社会互动状况较差，还有很大提升空间。总体来看，武汉市和前郭县社区矫正对象与他人的正面社会互动状况较佛山市而言相对好些，但总体并不十分理想，而佛山市则应给予特别关注。

表6-19　　　　　　　　不同地区社区矫正对象的正面社会互动

地区	家人	朋友	社区成员	社区矫正工作人员	居委会	警察
武汉市	3.832	3.471	3.158	3.491	3.094	2.689
佛山市	2.420	1.764	1.857	2.711	1.670	2.669
前郭县	3.891	3.651	3.661	3.766	3.254	2.047

第二，不同地区社区矫正对象对支持的利用状况。如表6-20所示，前郭县社区矫正对象主动参与各类支持的均值都在3.5与3.8之间，高于其他两地区，表明该县社区矫正对象正面社会互动状况相对好些，但与极值4.0相比还有提升空间。各种主动参与较为均衡，社区矫正对象对教育培训、心理辅导和人际交往培训的参与利用度相对稍高。武汉市社区矫正对象主动参加各类支持的均值较前郭县低，但高于佛山市。教育培训、心理辅导和公共服务是该地区社区矫正对象参与利用度较高的支持，但均不高，都低于3.5；而主动参与职业技能培训、人际交往培训的均值都低于3.0。佛山市社区矫正对象各类支持的参与均值较其他两地区普遍都低，其中，心理辅导、公共服务和教育培训是该地区矫正对象参与较多的支持类型，均在中间值2.5左右徘徊；而主动参与人际交往培训的均值不到2.0。因此，可以说前郭县和武汉市社区矫正对象对支持的利用度较佛山市而言相对好些，但总体并不理想，而佛山市则要特别给予关注。

表 6-20　　　　　　　不同地区社区矫正对象对支持的利用状况

地区	心理辅导	教育培训	职业技能培训	人际交往培训	公共服务
武汉市	3.128	3.392	2.919	2.811	3.051
佛山市	2.598	2.422	2.569	1.985	2.553
前郭县	3.641	3.797	3.524	3.635	3.563

（二）不同性别社区矫正对象社会支持获得状况

不同性别社区矫正对象社会支持的获得来源及总体程度，如表 6-21 所示，男性社区矫正对象从家人、朋友、社区成员、社区矫正工作人员和警察处获得社会支持的均值都在女性社区矫正对象之上，但各项均值都低于 3.5。表明男性社区矫正对象获得正式支持和非正式支持的力度均高于女性社区矫正对象，但总体均不高。

表 6-21　　　　　　　不同性别社区矫正对象的社会支持来源

性别	非正式支持			正式支持		
	家人	朋友	社区成员	社区矫正工作人员	街道和居委会	警察
男性	3.226	3.032	3.050	3.400	2.936	3.066
女性	3.180	3.028	2.975	3.291	2.967	2.933

1. 工具性支持获得状况

第一，不同性别矫正对象获得金钱支持状况。如表 6-22 所示，男性社区矫正对象靠自己工作获得生活费用来源的比例为 75.4%，高于女性矫正对象 20.2 个百分点；相比之下，女性社区矫正对象获得来自他人的金钱支持相对较多，但均不到 50.0%。其中，获得来自亲友提供的金钱形式支持的比例为 24.5%，获得来自监管人金钱支持的比例为 42.5%，而由保险及养老金补足各项费用的比例为 14.1%，获得其他方式的金钱支持比例为 15.9%，以上获得比例均高于男性社区矫正对象。由此可见，女性矫正对象相比男性矫正对象而言，获得金钱支持的力度较大。

表 6-22　　　　　不同性别社区矫正对象获得的金钱支持（%）

项目	亲友	保险及养老金	监管人	自己工作	其他方式
总体	20.0	8.9	34.9	72.9	9.0
男性	19.4	8.2	33.7	75.4	8.1
女性	24.5	14.1	42.5	55.2	15.9

第二，不同性别社区矫正对象实物支持获得状况。如表 6-23 所示，获得物资资助的女性社区矫正对象所占比例为 25.9%，而男性社区矫正对象同类占比为 17.1%，这表明女性社区矫正对象获得实物支持的程度要高于男性矫正对象。调查发现：一方面，这可能与女性这一群体的特性有关，女性相对男性处于劣势地位，他人多数情况下会主动提供实物支持，同时女性矫正对象相对男性更容易主动寻求或者接受该类支持；另一方面，也可能与两类群体获取物资资助的渠道是否畅通有关。

表 6-23　　　　　不同性别社区矫正对象获得的实物支持（%）

性别	是否获得物资资助 是	是否获得物资资助 否	合计
总体	18.4	81.6	100.0（3273）
男性	17.1	82.9	100.0（2818）
女性	25.9	74.1	100.0（455）

进一步对比社区矫正对象实物支持获取途径在性别上的差异状况，如表 6-24 所示，男性社区矫正对象表示有途径申请到实物支持的比例高于女性矫正对象，前者所占比例为 11.6%，后者占比为 10.8%。男性社区矫正对象实物支持获得途径的高比例与实物支持获取度的低比例表明，男性社区矫正对象虽然知晓实物支持获取途径，但相对较少地选择申请、利用该类支持。

表 6-24　　　　　不同性别社区矫正对象获得实物支持的途径（%）

性别	是否有途径申请到物资资助 是	是否有途径申请到物资资助 否	合计
总体	11.5	88.5	100.0（2461）

续表

性别	是否有途径申请到物资资助		合计
	是	否	
男性	11.6	88.4	100.0 (2146)
女性	10.8	89.2	100.0 (315)

第三，不同性别社区矫正对象服务支持获得状况。如表6-25所示，男性矫正对象获得教育学习支持的均值高于女性矫正对象；而后者获得的职业能力培训、心理辅导、人际能力培训、公共服务及工作机会的均值均高于前者。进一步对比性别间基础性支持和发展性支持获得状况，统计显示：女性矫正对象获得教育学习、职业能力培训和人际能力培训等发展性支持的均值为3.647，获得心理辅导、工作机会、公共服务等基础性支持的均值为3.572；男性矫正对象获得发展性支持的均值为3.610，获得基础性支持的均值为3.315。由此可见，女性和男性矫正对象获得的发展性支持均高于基础性支持，且女性获得的两类服务支持均高于男性。

表6-25　　　　　　　　不同性别社区矫正对象获得的服务支持

性别	基础性支持			发展性支持		
	心理辅导	工作机会	公共服务	教育学习	职业能力培训	人际能力培训
男性	3.387	3.220	3.337	3.951	3.386	3.494
女性	3.663	3.509	3.545	3.547	3.772	3.622

2. 情感性支持获得状况

第一，不同性别社区矫正对象情感性支持获得情况。如表6-26所示，男性矫正对象获得的各类情感性支持的均值都在3.5及以上，大于中间值3.0，表明男性矫正对象获得这五类情感性支持的状况较好，但并不是很高；其中，接纳支持、信任支持和尊重支持的均值均比女性高0.2，而倾听支持和理解支持的均值比女性高0.1。总体来看，男性矫正对象获得各类情感性支持的均值皆高于女性矫正对象，这表明男性矫正对象获得的情感性支持状况优于女性矫正对象。由于情感性支持取决于个体主观感受和体验的支持，因此，男性矫正对象情感性支持的高获得度主要是其对感受到的主观支持的满意度较女性要高，对女性所获情感性支持的内化引导很有必要。

表 6-26　　　　　　不同性别社区矫正对象获得的情感性支持

性别	接纳	信任	倾听	理解	尊重
男性	4.064	3.571	3.544	3.632	3.885
女性	3.912	3.407	3.359	3.472	3.685

第二，不同性别社区矫正对象情感性支持来源情况。如表 6-27 所示，社区矫正工作人员和亲朋同是男性、女性社区矫正对象情感性支持的主要来源。男性社区矫正对象获得正式支持和非正式支持的均值均大于女性社区矫正对象，这表明男性社区矫正对象获得各情感性支持来源主体的支持力度高于女性社区矫正对象，女性情感性支持的来源建设需求更大。

表 6-27　　　　　　不同性别社区矫正对象获得的情感性支持

性别	亲朋	社区成员	社区矫正工作人员	居委会
男性	3.706	3.693	3.982	3.375
女性	3.577	3.505	3.798	3.141

3. 信息性支持获得状况

对比分析不同性别社区矫正对象信息支持获得状况，如表 6-28 所示，从总体上来看，工作建议、教育信息、人际交往建议是男性社区矫正对象获得最多的信息性支持，所占比例分别为 89.2%、87.8%、87.3%。女性社区矫正对象获得的信息性支持位于前三位的分别是教育信息、活动信息和政策信息，所占比例分别为 94.0%、94.0%、88.5%。在政策类信息中，男性社区矫正对象的综合获得比例为 79.9%，女性为 82.2%，男性低于女性。其中，男性社区矫正对象获得的教育信息和政策信息比例均低于女性矫正对象，法律建议则高于女性。在生活类信息中，男性社区矫正对象的综合获得比例为 82.0%，女性为 82.4%，男女相当。其中，女性社区矫正对象获得的人际交往建议和活动信息比例高于男性矫正对象，而就业信息、工作建议以及家庭问题建议获得比例均低于男性矫正对象。综合来看，女性与男性社区矫正对象的信息性支持获得状况各有优劣，应该分类关注、重点突破。

表 6-28　　　　　　不同性别社区矫正对象获得的信息性支持（%）

信息性支持		总体	男性	女性
政策性支持	教育信息	88.6	87.8	94.0
	政策信息	82.3	81.3	88.5
	法律建议	69.8	70.5	64.2
生活性支持	就业信息	84.9	85.2	82.6
	工作建议	89.0	89.2	87.9
	人际交往建议	87.3	87.3	87.6
	家庭问题建议	61.7	61.7	60.0
	活动信息	87.7	86.7	94.0

4. 反馈性支持获得状况

第一，不同性别社区矫正对象正面社会互动状况。如表6-29所示，相比女性社区矫正对象而言，男性社区矫正对象与家人、朋友、社区成员等非正式群体以及社区矫正工作人员、居委会、警察等正式群体主动联系的均值均较高，可见，在正面社会互动中，男性社区矫正对象较女性矫正对象更易选择积极主动的方式。

表 6-29　　　　　　不同性别社区矫正对象的正面社会互动

性别	家人	朋友	社区成员	社区矫正工作人员	居委会	警察
男	3.352	2.903	2.746	3.237	2.635	2.684
女	3.197	2.625	2.418	3.116	2.310	2.592

第二，不同性别社区矫正对象对支持的利用状况。如表6-30所示，相对男性社区矫正对象而言，女性社区矫正对象对教育培训、心理辅导的主动参与均值较男性较高。而对职业技能培训、人际交往培训和公共服务的主动参与，男性矫正对象的利用均值均高于女性矫正对象。分别考察发展性支持和基础性支持：一方面，男性社区矫正对象主动参与教育培训、职业技能培训和人际交往培训等发展性支持的综合均值为2.839，女性矫正对象同类均值为2.762，这表明男性社区矫正对象对发展性支持的利用度略高于女性矫正对象；另一方面，男性社区矫正对象和女性社区矫正对象主动参与心理辅导和公共服务等基础性支持的综合均值相同，均为2.921，这表明对基础性支持的利用度在性别上几乎不存在差别。总体来看，男性社区矫正对象对支

持的利用度高于女性,且对发展性支持的利用度则更高。

表 6-30　　　　　　　不同性别社区矫正对象对支持的利用状况

性别	基础性支持			发展性支持			
	心理辅导	公共服务	综合均值	教育培训	职业技能培训	人际交往培训	综合均值
男性	2.954	2.887	2.921	3.056	2.902	2.559	2.839
女性	2.956	2.886	2.921	3.076	2.848	2.363	2.762

(三)不同年龄社区矫正对象社会支持获得状况

不同年龄段社区矫正对象社会支持的获得来源及总体程度,由表6-31所示,社区矫正对象获得各来源支持的力度与年龄大体上呈正向关系,即年龄越大,社区矫正对象从各来源获得的社会支持越多。进一步考察不同年龄段社区矫正对象正式支持和非正式支持可以发现,30岁以下矫正对象获得家人、朋友、社区成员等非正式支持的综合均值为2.870,获得社区矫正工作人员、居委会及警察等正式支持的综合均值为2.983;30—39岁矫正对象获得非正式支持和正式支持的综合均值分别为2.938、2.941;40—49岁矫正对象获得非正式支持和正式支持的综合均值分别为3.262、3.242;50—59岁矫正对象获得非正式支持和正式支持的综合均值分别为3.582、3.492;60岁及以上矫正对象获得非正式支持和正式支持的均值分别是3.572、3.420。由此可见,40岁以下年龄段的社区矫正对象获得的正式支持力度大于非正式支持;相反,40岁以上年龄段的社区矫正对象获得的非正式支持力度大于正式支持。也就是说,社区矫正对象中,年龄上青少年相对更容易接受到正式支持;而年龄上中老年相对得到的正式支持相对较少,而得到家人、朋友和社区成员等人际关系支撑的非正式支持相对较多。

表 6-31　　　　　　　不同年龄社区矫正对象的社会支持来源

年龄	家人	朋友	社区成员	综合均值	社区矫正工作人员	居委会	警察	综合均值
30 岁以下	2.956	2.789	2.866	2.870	3.279	2.681	2.988	2.983

续表

年龄	家人	朋友	社区成员	综合均值	社区矫正工作人员	居委会	警察	综合均值
30—39 岁	3.007	2.877	2.929	2.938	3.268	2.617	2.937	2.941
40—49 岁	3.425	3.201	3.159	3.262	3.476	3.130	3.119	3.242
50—59 岁	3.807	3.527	3.411	3.582	3.676	3.504	3.297	3.492
60 岁及以上	3.811	3.505	3.400	3.572	3.638	3.419	3.202	3.420

1. 工具性支持获得状况

第一，不同年龄社区矫正对象金钱支持获得状况。由表 6-32 可知，靠自己工作获得生活来源是 60 岁以下年龄段社区矫正对象获得金钱支持的主要方式；其中，30—49 岁的所占比例最高，30 岁以下、50—59 岁的所占比例次之。保险及养老金则是 60 岁以上劳动能力稍弱的老年矫正对象获得金钱支持的主要手段。随着年龄的增长，社区矫正对象依靠亲友资助和保险及养老金作为生活费用来源的比例总体也在上升，并以 60 岁及以上的社区矫正对象所占比例为最高，两者占比分别为 23.0%、51.4%。相反，获得来自监管人金钱支持的比例则随年龄的增长呈下降趋势。

表 6-32   不同年龄社区矫正对象获得的金钱支持（%）

年龄	亲友	保险及养老金	监管人	自己工作	其他方式
总体①	20.1	8.6	35.2	73.4	8.9
30 岁以下	24.3	4.1	43.7	71.9	8.5
30—39 岁	19.7	4.4	41.0	78.9	9.2
40—49 岁	16.9	7.6	26.3	76.7	9.7
50—59 岁	18.9	16.4	20.6	68.7	9.0
60 岁及以上	23.0	51.4	23.7	32.4	4.0

① 总体是指所有样本数中，选择某种方式所占总数的比例。需要注意几点，第一，因是多选题，可选多种方式，因此，各单项加总并不一定是 100%；第二，各单项是占总数的比例，而各类型各阶段的某项占比是某项总数所占该类型该阶段的比例，因此，总体中各单项（横向）并不等于各类型各阶段的某项（纵向）占比平均数。第三，核算中也有四舍五入等误差。全书均如此，下文不再赘述。

第二，不同年龄社区矫正对象实物支持获得状况。如表6-33所示，在被调查对象中，60岁及以上的社区矫正对象获得实物支持的比例为28.0%，相对其他年龄段的比例为最高，其次是50—59岁，获得比例为23.5%，30岁以下、30—39岁及40—49岁的获得比例均低于20%，分别为17.7%、19.5%、14.4%。由此可见，50岁以上年龄较大的社区矫正对象获得的实物支持相对也较多。

表6-33　　　不同年龄社区矫正对象获得的实物支持（%）

年龄	是否获得物资资助 是	是否获得物资资助 否	合计
30岁以下	17.7	82.3	100.0（826）
30—39岁	19.5	80.5	100.0（1122）
40—49岁	14.4	85.6	100.0（817）
50—59岁	23.5	76.5	100.0（371）
60岁及以上	28.0	72.0	100.0（93）

进一步对比不同年龄段社区矫正对象实物支持的获得途径，如表6-34所示，60岁及以上的社区矫正对象表示有途径申请到物资资助的比例相对最高，为14.8%；其次是30—39岁，所占比例为14.2%；其他年龄段的社区矫正对象所占比例均低于总体水平，40—49岁、30岁以下、50—59岁依次递减。总体来看，社区矫正对象获得实物支持的途径在年龄上呈现W形结构，以60岁及以上矫正对象所占比例为最高。

表6-34　　　不同年龄社区矫正对象获得实物支持的途径（%）

年龄	是否有途径申请到物资资助 是	是否有途径申请到物资资助 否	合计
30岁以下	10.2	89.8	100.0（559）
30—39岁	14.2	85.8	100.0（745）
40—49岁	10.8	89.2	100.0（685）
50—59岁	9.5	90.5	100.0（347）
60岁及以上	14.8	85.2	100.0（81）

第三，不同年龄社区矫正对象服务支持获得状况。如表6-35所示，社区矫正对象的年龄分别总体上与服务支持获得均值呈正向关系，即年龄越大矫正对象获得服务支持越多。

表6-35　　　　　　　　不同年龄社区矫正对象获得的服务支持

年龄	教育学习	心理辅导	职业技能培训	人际能力培训	工作机会	公共服务
30岁以下	3.783	3.450	3.728	3.514	3.369	3.374
30—39岁	3.673	3.308	3.565	3.424	3.241	3.217
40—49岁	4.032	3.841	3.775	3.736	3.648	3.751
50—59岁	4.337	4.258	3.953	3.959	3.874	4.064
60岁及以上	4.368	4.245	3.943	3.922	3.869	4.033

进一步考察发展性支持和基础性支持，30岁以下社区矫正对象获得教育学习、职业技能培训、人际能力培训等发展性支持的均值为3.68，获得心理辅导、工作机会和公共服务等基础性支持的均值为3.40；对应地，30—39岁社区矫正对象两类支持的均值分别为3.55、3.26；40—49岁社区矫正对象两类支持均值分别为3.85、3.75；50—59岁社区矫正对象两类支持均值分别为4.08、4.07；60岁及以上社区矫正对象两类支持的均值分别为4.08、4.05。由此可知，各年龄段社区矫正对象获得的发展性支持都要多于基础性支持。

2. 情感性支持获得状况

第一，不同年龄社区矫正对象情感性支持获得情况。由表6-36可知，接纳支持和尊重支持在各年龄段矫正对象情感性支持获得均值中相对较大，表明这两类支持是各年龄段矫正对象获得较多的情感性支持。相比其他年龄段，50—59岁、60岁及以上的社区矫正对象获得各类情感性支持的均值均大于其他年龄段，表明这两个年龄段社区矫正对象获得的情感性支持的力度相对较大；而30—39岁社区矫正对象获得各类情感性支持均值相对最低，表明该年龄段社区矫正对象获得情感性支持的力度最小。

表 6-36　　　　　　　不同年龄社区矫正对象获得的情感性支持

年龄	接纳	信任	倾听	理解	尊重
30 岁以下	3.916	3.440	3.365	3.391	3.670
30—39 岁	3.826	3.360	3.326	3.318	3.610
40—49 岁	4.189	3.639	3.638	3.824	4.026
50—59 岁	4.541	4.033	4.006	4.265	4.464
60 岁及以上	4.526	3.982	3.928	4.244	4.417

　　第二，不同年龄社区矫正对象情感性支持来源情况。如表 6-37 所示，通过将年龄段与情感性支持获得来源交叉分析得出，50—59 岁的矫正对象获得四类主体情感性支持的均值均大于其他年龄段，表明该年龄段矫正对象获得各类主体的情感性支持最多。另外，50—59 岁、60 岁及以上年龄段的社区矫正对象获得各来源主体情感性支持的均值均大于 4.0，高于其他年龄段的社区矫正对象，表明 50 岁以上年龄较大的社区矫正对象更容易获得来自家人朋友、社区成员、社区矫正工作人员及居委会的情感性支持，这与社区矫正对象获得实物支持的结论相似。

表 6-37　　　　　　　不同年龄社区矫正对象情感性支持获得来源

年龄	家人朋友	社区成员	社区矫正工作人员	居委会
30 岁以下	3.525	3.535	3.825	3.065
30—39 岁	3.451	3.472	3.775	2.987
40—49 岁	3.834	3.788	4.074	3.614
50—59 岁	4.260	4.145	4.388	4.163
60 岁及以上	4.247	4.106	4.376	4.083

3. 信息性支持获得状况

　　考察不同年龄社区矫正对象信息性支持获得状况，如表 6-38 所示，社区矫正对象获得的教育信息、政策信息、法律建议，及家庭问题建议、活动信息的比例，总体上随年龄增长呈上升趋势，表明年龄越大，社区矫正对象获得以上三种政策性信息支持和两种生活类信息支持越多。相反，社区矫正对象获得的就业信息、工作建议和人际交往建议等三种与就业密切相关的生活类信息则呈现随年龄增长呈下降趋势。进一步调查发现，这主要由于年轻矫正对象刚步入或即将步入社会，面临就业和人际交往等方面的现实压力和需求，对这方面的信息需求较年长者多，因此，获得的这三种信息也相对较多。

表 6-38　　　　　　　　不同年龄社区矫正对象获得的信息性支持

信息性支持		30 岁以下	30—39 岁	40—49 岁	50—59 岁	60 岁及以上
政策性支持	教育信息	86.2	88.8	90.1	91.5	85.7
	政策信息	76.2	78.8	88.0	92.0	93.4
	法律建议	58.6	60.7	78.9	93.4	94.5
生活性支持	就业信息	88.8	88.2	82.5	77.4	69.2
	工作建议	90.8	92.9	88.6	81.1	74.7
	人际交往建议	90.9	89.2	85.3	82.2	82.4
	家庭问题建议	52.8	51.6	69.4	85.4	91.2
	活动信息	88.0	86.3	88.7	90.4	94.5

4. 反馈性支持获得状况

第一，不同年龄社区矫正对象正面社会互动状况。社区矫正对象与其他群体主动联系程度在年龄上也有所差异。如表 6-39 所示，家人是各年龄段社区矫正对象主动联系程度最高的群体。其中，50—59 岁社区矫正对象该均值最高，其次是 60 岁及以上，30—39 岁均值相对最低，三者分别为 3.847、3.819、3.102。总体来看，年龄与社区矫正对象与正式及非正式群体正面社会互动的程度或正比关系，即年龄越大，社区矫正对象越可能选择主动联系，以需求支持和帮助。

表 6-39　　　　　　　　不同年龄社区矫正对象的正面社会互动

年龄	家人	朋友	社区成员	社区矫正工作人员	居委会	警察
30 岁以下	3.145	2.641	2.573	3.084	2.406	2.651
30—39 岁	3.102	2.592	2.455	3.087	2.317	2.688
40—49 岁	3.519	3.107	2.900	3.355	2.837	2.710

续表

年龄	家人	朋友	社区成员	社区矫正工作人员	居委会	警察
50—59 岁	3.847	3.439	3.147	3.544	3.146	2.685
60 岁及以上	3.819	3.526	3.108	3.479	3.021	2.473

第二，不同年龄社区矫正对象对支持的利用状况。如表 6-40 所示，40 岁以上社区矫正对象主动参与各项活动的均值都高于 39 岁以下社区矫正对象的同类参与均值；其中，50—59 岁年龄段社区矫正对象各项主动参与均值最高。由此可知，年长社区矫正对象对支持的利用度较年轻社区矫正对象要高，且 50—59 岁年龄段社区矫正对象的支持利用度最高。

表 6-40　　　　　　不同年龄社区矫正对象对支持的利用状况

年龄	心理辅导	教育培训	职业技能培训	人际交往培训	公共服务
30 岁以下	2.892	2.919	2.786	2.485	2.882
30—39 岁	2.835	2.903	2.732	2.364	2.816
40—49 岁	3.050	3.202	2.886	2.647	2.937
50—59 岁	3.195	3.409	2.921	2.830	3.308
60 岁及以上	3.000	3.358	2.739	2.706	2.785

（四）不同学历社区矫正对象社会支持获得状况

不同教育程度社区矫正对象社会支持的获得来源及总体程度状况，如表 6-41 所示，初中以下、研究生以上的社区矫正对象获得来自家人社会支持的均值较其他来源要高，表明家人这一非正式关系是教育程度处于两端的矫正对象获得社会支持的最主要来源；与之类似，初中以下、研究生以上的社区矫正对象从居委会获得社会支持要高于其他教育程度，表明居委会这一正式关系是教育程度处于两端的矫正对象获得同类支持来源中较多的。从总体支持获得来讲，初中教育程度的矫正对象从各来源主体获得的社会支持均处于优势，其获得除朋友外其他五类来源社会支持的均值都大于其他教育程度的矫正对象；研究生及以上教育程度的矫正对象获得朋友社会支持的均值相对其他教育程度矫正对象为最大。

表 6-41　不同教育程度社区矫正对象的社会支持来源及程度

教育程度	非正式支持			正式支持		
	家人	朋友	社区成员	社区矫正工作人员	居委会	警察
小学及以下	3.361	3.107	3.009	3.319	3.037	2.949
初中	3.631	3.396	3.301	3.533	3.313	3.203
高中或中专	2.988	2.816	2.882	3.323	2.711	2.997
大专	2.940	2.802	2.976	2.246	2.727	2.902
本科	3.159	3.022	2.986	3.461	2.919	3.099
研究生及以上	3.541	3.405	3.189	3.270	3.270	3.108

1. 工具性支持获得状况

第一，不同教育程度社区矫正对象金钱支持获得状况。如表 6-42 所示，各个教育程度矫正对象靠自己工作获得金钱支持的比例均超过 60.0%；其中，小学及以下的最低，为 64.2%，说明各个教育程度的矫正对象均主要靠自己工作得到金钱支持，小学及以下教育水平的矫正对象靠自己获得金钱支持相对较难。另外，在获得监管人金钱支持方面，本科以上、初中以下的矫正对象获得监管人资助相对较少，研究生及以上的矫正对象从监管人获得金钱支持的比例最低，为 16.2%；也就是说，处于高中或中专、大专等中间学历的矫正对象从监管人处获得金钱支持相对较多，研究生及以上的矫正对象从监管人处获得金钱支持最少。

表 6-42　不同教育程度社区矫正对象获得的金钱支持

教育程度	亲友	保险及养老金	监管人	自己工作	其他方式
小学及以下	21.9	7.9	32.5	64.2	17.9
初中	16.7	7.0	25.0	79.0	9.8
高中或中专	21.1	9.4	42.3	70.1	8.3
大专	25.2	10.5	44.4	66.6	6.1
本科	20.0	9.8	27.4	76.1	7.6
研究生及以上	22.6	16.1	16.2	67.7	9.7

第二,不同教育程度社区矫正对象实物支持获得状况。如表6-43所示,研究生及以上教育程度的矫正对象获得实物支持比例最高,为21.6%;小学及以下教育程度的矫正对象获得实物支持比例最低,为10.7%;中间学历层次的矫正对象获得实物支持比例相当,基本在19.0%上下波动。总体来看,实物支持的获得力度在教育程度上呈倒三角形结构,小学及以下教育程度的矫正对象实物支持获得力度最小,研究生及以上教育程度的矫正对象实物支持获得力度最大,因此,对低学历社区矫正对象的实物支持要特别关注。

表6-43　　　不同教育程度社区矫正对象获得的实物支持(%)

教育程度	是否获得物资资助 是	是否获得物资资助 否	合计
总体	18.2	81.8	100.0(3256)
小学及以下	10.7	89.3	100.0(214)
初中	20.4	79.6	100.0(960)
高中或中专	17.8	82.2	100.0(1162)
大专	18.6	81.4	100.0(533)
本科	18.0	82.0	100.0(350)
研究生及以上	21.6	78.4	100.0(37)

进一步分析不同教育程度社区矫正对象实物支持的获得途径。如表6-44所示,研究生及以上教育程度矫正对象有途径申请物资资助的比例为15.4%,与其他教育程度相比最高。而小学及以下教育程度所占比例与其他教育程度相比最低,为9.4%。总体来看,不同教育程度社区矫正对象有途径获得实物支持的比例从高到低依次为研究生及以上、本科、大专、高中或中专、初中、小学及以下,表明教育程度与实物支持获得途径之间是正向关系,即随着教育程度的增高而获得途径逐步增多。结合上述关于不同教育程度矫正对象实物支持获得状况可以发现,研究生及以上教育程度矫正对象实物支持的多获得途径与高获得率是一致的,小学及以下教育程度矫正对象实物支持的少获得途径与低获得率是一致的。由此可知,总体上看,扩大社区矫正对象实物支持获得途径,可以相对增加其实物支持获得程度。

表 6-44　不同教育程度社区矫正对象获得实物支持的途径（%）

教育程度	是否有途径申请到物资资助 是	是否有途径申请到物资资助 否	合计
总体	12.4	87.6	100.0（2450）
小学及以下	9.4	90.6	100.0（175）
初中	10.8	89.2	100.0（860）
高中或中专	11.5	88.5	100.0（775）
大专	12.3	87.7	100.0（332）
本科	13.0	87.0	100.0（276）
研究生及以上	15.4	84.6	100.0（32）

第三，不同教育程度社区矫正对象服务支持获得状况。如表 6-45 所示，初中教育程度的矫正对象获得各类服务支持的均值都大于其他教育程度，说明初中教育程度的矫正对象获得各类服务支持相对最多。考察基础性支持和发展性支持获得状况发现，各教育程度矫正对象获得发展性支持的综合均值和获得基础性支持的综合均值按获得多少排序分别是，初中为 3.953、3.884，本科为 3.826、3.630，小学及以下为 3.720、3.569，高中或中专为 3.667、3.351，研究生及以上为 3.653、3.555，大专为 3.542、3.255。由此可见，各教育程度矫正对象获得发展性服务支持均高于生活性服务支持，但综合获得差别不大。

表 6-45　不同教育程度社区矫正对象获得的服务支持

教育程度	基础性支持 心理辅导	基础性支持 工作机会	基础性支持 公共服务	基础性支持 综合均值	发展性支持 教育学习	发展性支持 职业技能培训	发展性支持 人际能力培训	发展性支持 综合均值
小学及以下	3.721	3.441	3.544	3.569	3.922	3.646	3.592	3.720
初中	4.011	3.761	3.880	3.884	4.164	3.866	3.830	3.953
高中或中专	3.416	3.335	3.303	3.351	3.754	3.695	3.552	3.667

续表

教育程度	基础性支持				发展性支持			
	心理辅导	工作机会	公共服务	综合均值	教育学习	职业技能培训	人际能力培训	综合均值
大专	3.302	3.182	3.282	3.255	3.710	3.649	3.268	3.542
本科	3.689	3.620	3.581	3.630	3.900	3.846	3.731	3.826
研究生及以上	3.757	3.314	3.595	3.555	3.946	3.556	3.457	3.653

2. 情感性支持获得状况

第一，不同教育程度矫正对象情感性支持获得情况。如表6-46所示，相对于其他教育程度而言，研究生及以上教育程度矫正对象获得的信任支持、倾听支持、理解支持及尊重支持较其他教育程度均为最高，而接纳支持以初中教育程度矫正对象获得程度为最高。总体来看，研究生及以上较高教育程度的矫正对象获得的情感性支持程度相对较高。

表6-46　　不同教育程度社区矫正对象获得的情感性支持

教育程度	接纳	信任	倾听	理解	尊重
小学及以下	4.114	3.496	3.349	3.651	3.817
初中	4.358	3.762	3.792	4.065	4.221
高中或中专	3.838	3.430	3.358	3.362	3.675
大专	3.975	3.385	3.389	3.292	3.587
本科	3.971	3.577	3.556	3.586	3.846
研究生及以上	3.856	3.943	4.076	4.188	4.354

第二，不同教育程度矫正对象情感性支持来源情况。从表6-47可知，其一，社区矫正工作人员是各教育程度矫正对象情感性支持的最主要来源。其二，研究生及以上教育程度的矫正对象获得来自亲朋、社区成员、社区矫正工作人员、居委会等正式和非正式情感性支持的均值均大于其他教育程度，表明研究生及以上教育程度矫正对象获得各来源情感性支持的力度与其他教育程度的矫正对象相比相对较好。其三，大专教育程度的矫正对象获得来自亲朋、社区矫正工作人员、居委会等正式和非正式情感性支持的

均值均小于其他教育程度,另其获得来自社区成员的正式和非正式情感性支持的均值除与高中或中专教育程度相当外,也小于其他教育程度,表明大专教育程度矫正对象获得各来源情感性支持的力度与其他教育程度的矫正对象相比相对较差。其四,总体来看,社区矫正对象获得四种来源情感性支持力度在教育程度上总体呈 N 形结构,且均以研究生及以上教育程度为最优。

表 6-47　　　　　不同教育程度社区矫正对象情感性支持来源

教育程度	非正式支持		正式支持	
	亲朋	社区成员	社区矫正工作人员	居委会
小学及以下	3.669	3.635	3.814	3.391
初中	4.034	3.951	4.191	3.879
高中或中专	3.482	3.506	3.841	3.050
大专	3.509	3.508	3.789	2.963
本科	3.668	3.653	4.015	3.293
研究生及以上	4.081	4.065	4.257	4.153

3. 信息性支持获得状况

将教育程度与社区矫正对象信息性支持获得状况进行交叉分析可以发现(见表 6-48),第一,研究生及以上教育程度的矫正对象获得的教育信息、政策信息和法律建议等政策性信息支持较其他教育程度的矫正对象要高,所占比例分别为 97.2%、88.9%、91.7%;其获得的家庭问题建议、活动信息等基础性信息支持较其他教育程度的矫正对象要高。第二,本科或大专教育程度社区矫正对象获得的就业信息、工作建议、人际交往建议等生活性信息支持较其他教育程度的矫正对象要高。第三,从政策性信息支持和基础性信息支持来看,小学及以下教育程度矫正对象两类信息性支持的获得比例分别为 82.1%、79.1%;初中教育程度矫正对象两类信息性支持的获得比例分别为 88.5%、84.7%;高中或中专教育程度矫正对象两类信息性支持的获得比例分别为 74.8%、80.9%;本科或大专教育程度矫正对象两类信息性支持的获得比例分别为 77.0%、81.4%;研究生及以上矫正对象两类信息性支持的获得比例分别为 92.6%、87.2%。由此可见，初中以下和研究生以上教育程度矫正对象获得的政策类信息相比其他教育程度的矫正对象要高，且这处于两端的教育程度矫正对象获得的政策性信息支持要高于基础性信息支持；相反，包括高中或中专、本科或大专在内处于中间的教育程度矫正对象获得的基础性信息支持高于政策性信息支持。

表 6-48　　不同教育程度社区矫正对象获得的信息性支持（%）

信息性支持		小学及以下	初中	高中或中专	大专	本科	研究生及以上
政策性支持	教育信息	87.2	91.1	88.3	84.3	89.1	97.2
	政策信息	87.2	86.3	75.7	82.1	88.5	88.9
	法律建议	72.0	88.0	60.4	53.6	70.1	91.7
基础性支持	就业信息	80.6	80.1	86.6	88.4	89.9	83.3
	工作建议	82.0	88.0	89.5	92.3	91.6	86.1
	人际交往建议	79.1	86.4	87.7	90.5	89.7	83.3
	家庭问题建议	66.4	80.6	51.7	46.2	59.2	86.1
	活动信息	90.0	88.1	89.1	79.6	91.3	97.2

4. 反馈性支持获得状况

第一，不同教育程度矫正对象正面社会互动状况。如表 6-49 所示，家人、社区矫正工作人员是各教育程度社区矫正对象的主要互动对象。其中，均以初中教育程度社区矫正对象的均值为最高，分别为 3.703、3.398。在与朋友主动联系中，以研究生及以上教育程度的社区矫正对象均值最高，为 3.432。在与社区成员和居委会主动联系中，均以初中教育程度的社区矫正对象均值最高，其均值分别为 3.065、2.968。而在与警察主动联系中，则以大专教育程度社区矫正对象的均值为最高，为 2.746。总体来看，初中教育程度的社区矫正对象相对更易选择主动联系的方式寻求支持。

表 6-49　　不同教育程度社区矫正对象的正面社会互动

教育程度	家人	朋友	社区成员	社区矫正工作人员	居委会	警察
小学及以下	3.410	2.912	2.804	3.241	2.682	2.387

续表

教育程度	家人	朋友	社区成员	社区矫正工作人员	居委会	警察
初中	3.703	3.297	3.065	3.398	2.968	2.698
高中或中专	3.173	2.642	2.509	3.099	2.384	2.679
大专	3.013	2.463	2.480	3.180	2.340	2.746
本科	3.245	2.939	2.584	3.215	2.555	2.697
研究生及以上	3.595	3.432	3.054	3.139	2.811	2.351

第二，不同教育程度社区矫正对象的主动参与状况。如表6-50所示，其一，本科及以下教育程度矫正对象主动参与度最高的两类支持活动是教育培训和心理辅导，而研究生及以上教育程度矫正对象参与度相对较高的两类支持活动是教育培训和公共服务。其二，教育培训是所有阶段教育程度矫正对象主动参与较多的支持活动。其三，本科及以下教育程度，矫正对象主动参与心理辅导活动要多于公共服务活动，而在研究生及以上阶段，矫正对象主动参与公共服务活动要多于心理辅导活动。其四，对于职业技能培训，本科及以上教育程度矫正对象对该支持的利用度高于本科以下教育程度的矫正对象，而人际交往培训在各教育程度上的利用度差异无明显波动。

表6-50　　　　　不同教育程度社区矫正对象活动主动参与情况

教育程度	基础性支持			发展性支持	
	心理辅导	公共服务	教育培训	职业技能培训	人际交往培训
小学及以下	2.903	2.747	3.148	2.742	2.360
初中	3.057	2.992	3.314	2.856	2.699
高中或中专	2.851	2.839	2.878	2.750	2.474
大专	2.970	2.857	2.927	2.705	2.303
本科	2.997	2.846	3.081	3.031	2.687
研究生及以上	3.000	3.351	3.243	3.000	2.667

（五）不同收入社区矫正对象社会支持获得状况

不同收入社区矫正对象社会支持的获得来源及总体程度，如表6-51所示。通过将家庭年收入与矫正对象社会支持来源进行交叉分析发现：

表 6-51　　　　　　　　不同收入社区矫正对象社会支持的来源

家庭年收入①	非正式支持			正式支持		
	家人	朋友	社区成员	社区矫正工作人员	居委会	警察
2万以下	3.275	3.114	3.076	3.364	3.049	3.047
2万—5万	2.988	2.761	2.862	3.302	2.696	2.973
5万—8万	3.517	3.340	3.264	3.556	3.194	3.137
8万—15万	3.593	3.490	3.331	3.469	3.269	3.227
15万以上	3.569	3.482	3.373	3.569	3.353	3.284

第一，家人和社区矫正工作人员是各收入水平矫正对象社会支持的两大主体来源。第二，2万—5万中等偏下收入水平的矫正对象获得各来源社会支持的均值与其他收入相比最低。第三，8万—15万中等偏上收入的矫正对象获得来自家人和朋友的社会支持较其他收入的均值要高，而15万以上相对高收入的矫正对象获得来自社会成员、社区矫正工作人员、居委会及警察的社会支持较其他收入的均值要高。第四，对比非正式支持和正式支持，2万以下、2万—5万、5万—8万、8万—15万、15万及以上收入水平矫正对象，获得非正式支持的均值分别为3.16、2.87、3.27、3.47、3.47，获得正式支持的均值分别为3.15、2.99、3.30、3.32、3.40。由此可见，2万及以下低收入、5万—8万中等偏下收入矫正对象获得的正式支持相对多于非正式支持；其他收入水平的矫正对象则是获得非正式支持相对多于正式支持。

1. 工具性支持获得状况

第一，不同收入社区矫正对象金钱支持获得状况。家庭收入水平的高低直接关系到矫正对象获得外来金钱支持的多少，一般情况下，社区矫正对象收入越高获得外来金钱支持越少。如表6-52所示，其一，在获得来自亲友金钱支持中，2万以下、2万—5万收入矫正对象所占比例相对较高，分别

---

① 为了表述方便，此处做了简化处理。收入区间的两个端点中，前一个端点含在前一区间中，后一个端点含在此区间中。即2万以下，含2万；2万—5万，不含2万、含5万，为20001—50000；5万—8万，为50001—80000；8万—15万，为80001—150000；15万以上，为150001及其以上。下同。

为 21.7%、24.6%，表明低收入和中等偏下收入水平的矫正对象获得亲友的金钱支持相对较多。而 5 万—8 万、8 万—15 万、15 万及以上收入矫正对象从亲友处获得金钱支持的比例逐步减少。其二，由保险及养老金补足金钱支持的矫正对象比例在各收入水平上相差无几，均在 10% 左右波动。其三，在获得监管人金钱支持方面，2 万以下低收入、2 万—5 万中等偏下收入水平的矫正对象获得的支持力度高于其他收入水平的矫正对象。其四，在靠自己工作获得金钱支持方面，随收入水平的不断增加而由自己工作获得金钱支持的比例不断升高，其中，8 万—15 万中等偏上收入、15 万以上高收入水平的矫正对象所占比例均在 80% 以上，以上说明社区矫正对象收入水平与获得外来金钱支持的程度呈反向关系。

表 6-52　　　　不同收入社区矫正对象获得的金钱支持（%）

家庭年收入	亲友	保险及养老金	监管人	自己工作	其他方式
总体	20.0	9.0	35.0	73.1	8.8
2 万以下	21.7	7.0	36.6	63.9	12.8
2 万—5 万	24.6	8.7	40.5	73.6	6.5
5 万—8 万	14.5	11.4	25.3	78.0	8.7
8 万—15 万	11.2	10.0	22.9	82.2	11.2
15 万以上	5.4	12.0	21.4	85.9	4.3

第二，不同收入社区矫正对象实物支持获得状况。由表 6-53 所示，2 万以下、2 万—5 万、5 万—8 万收入水平矫正对象获得实物支持的比例在总体水平以上，所占比例分别为 18.8%、23.7%、19.5%；而 8 万—15 万和 15 万以上收入水平矫正对象获得实物支持的比例均在总体水平以下。由此可见，在社区矫正对象实物支持总体获得比例较低的情况下，中等以下收入水平的矫正对象获得实物支持的程度相对较高。

表 6-53　　　　不同收入社区矫正对象获得的实物支持（%）

家庭年收入	是否获得物资资助 是	是否获得物资资助 否	合计
总体	18.4	81.6	100.0（3249）

续表

家庭年收入	是否获得物资资助 是	是否获得物资资助 否	合计
2万以下	18.8	81.2	100.0（844）
2万—5万	23.7	76.3	100.0（1511）
5万—8万	19.5	80.5	100.0（570）
8万—15万	17.6	82.4	100.0（210）
15万以上	16.4	83.6	100.0（114）

进一步考察不同收入水平矫正对象实物支持获得途径状况，如表6-54所示，8万以下收入水平矫正对象实物支持获得途径所占比例相当，均在12.0%左右波动，总体水平不高。而8万以上收入水平矫正对象实物支持获得途径随收入增加而减少，15万以上收入水平矫正对象实物支持获得途径所占比例最小，为5.0%。进一步分析可以得出，在收入水平方面，社区矫正对象实物支持获得途径与实物支持获得程度总体上呈正向关系，即总体上看，社区矫正对象实物支持获得途径越多，其实物支持获得程度越高。8万以上矫正对象之所以实物支持获得途径少，实物支持获得程度也低，结合调查分析发现，这主要是因为收入水平较高的矫正对象对实物支持的需求相对较少，对获得该支持途径的关注度就较低，从而知晓获得实物支持途径的比例相对较低，或者知晓但主动性不够、反馈性支持不高，这也就导致了获得的实物支持相对较低。

表6-54　　　　不同收入社区矫正对象获得实物支持的途径（%）

家庭年收入	是否有途径申请到物资资助 是	是否有途径申请到物资资助 否	合计
总体	11.5	88.5	100.0（2437）
2万以下	11.0	89.0	100.0（636）
2万—5万	13.0	87.0	100.0（1060）
5万—8万	11.5	88.5	100.0（468）
8万—15万	8.1	91.9	100.0（173）
15万以上	5.0	95.0	100.0（100）

第三，不同收入社区矫正对象服务支持获得状况。由表 6-55 可知，其一，15 万以上高收入水平矫正对象获得的心理辅导、教育学习和职业技能培训的均值高于其他收入水平的矫正对象。结合调查分析，这主要是因为高收入矫正对象身份变化带来的心理落差较大，因此获得了较多的心理辅导支持；另外，此类矫正对象相对注重自身的发展，善于捕捉教育学习和职业培训支持的机会，获得的支持也就相对多于其他收入水平矫正对象。其二，8 万—15 万中等偏上收入水平的社区矫正对象获得的工作机会和公共服务的均值较其他收入水平的矫正对象要高。其三，5 万—8 万中等收入水平的矫正对象获得人际能力培训的均值相对其他收入水平矫正对象要高。其四，5 万以上收入水平矫正对象获得的基础性支持高于 5 万以下收入水平的矫正对象。基础性支持获得均值位于前三位的依次是收入 15 万以上、8 万—15 万、5 万—8 万的矫正对象，分别为 3.831、3.792、3.742。其五，5 万以上收入水平矫正对象获得的发展性支持高于 5 万以下收入水平的矫正对象。发展性支持获得均值位于前三位的依次是收入 15 万以上、5 万—8 万及 8 万—15 万的矫正对象，分别为 3.926、3.855、3.819。由此可见，社区矫正对象收入水平与服务支持的获得总体上呈正比关系，收入水平相对较高的社区矫正对象获得各类发展性支持和基础性支持也相对较多。

表 6-55　　　　　　　不同收入社区矫正对象获得的服务支持

收入	基础性支持			发展性支持		
	心理辅导	工作机会	公共服务	教育学习	职业技能培训	人际能力培训
2 万以下	3.642	3.488	3.599	3.854	3.702	3.630
2 万—5 万	3.441	3.343	3.324	3.828	3.699	3.483
5 万—8 万	3.868	3.640	3.719	4.009	3.762	3.794
8 万—15 万	3.888	3.695	3.792	3.935	3.729	3.793
15 万以上	4.069	3.634	3.790	4.319	3.816	3.643

2. 情感性支持获得状况

第一，不同收入社区矫正对象情感性支持获得情况。由表 6-56 可知，其一，在接纳支持方面，各收入水平的矫正对象获得他人接纳支持的程度均高于其他情感性支持；其中，15 万以上收入水平矫正对象获得接纳支持的均值最大。其二,在信任支持方面,5万—8万收入水平矫正对象获得信任支持的均值最大,其次是8万—15万,再次是15万以上,说明中等及以上收入水平矫正对象获得信任支持的程度相对较大。其三,在倾听、理解及尊重支持方面,15万以上高收入水平矫正对象的均值都大于其他收入水平,说明高收入水平矫正对象除了获得接纳支持的均值最大,获得倾听、理解和尊重支持的均值也最大。总的来说,收入水平与社区矫正对象获得的情感性支持程度呈正向关系,即收入越高,社区矫正对象获得的接纳、信任、倾听、理解和尊重支持程度相对也越高。

表 6-56　　　　　　　不同收入社区矫正对象获得的情感性支持

家庭年收入	接纳	信任	倾听	理解	尊重
2万以下	4.008	3.382	3.408	3.601	3.793
2万—5万	3.892	3.491	3.399	3.407	3.710
5万—8万	4.277	3.783	3.788	3.887	4.104
8万—15万	4.278	3.773	3.783	3.921	4.129
15万以上	4.535	3.753	3.978	4.194	4.366

第二,不同收入社区矫正对象情感性支持来源情况。由表 6-57 可知,其一,15万以上收入水平的矫正对象获得来自家人朋友、社区成员、社区矫正工作人员、街道和居委会情感性支持的均值都大于其他收入水平,表明高收入水平矫正对象获得情感性支持的来源状况相对好些。其二,收入在 2万—5万中等偏下收入、2万以下低收入水平的矫正对象获得支持来源的均值相对其他收入水平均较低。其三,社区矫正对象获得各类情感性支持来源中,总体上呈现收入水平与获得程度的正向关系,即随矫正对象收入水平的升高,矫正对象获得各来源情感性支持的程度趋向增强。

表 6-57　　　　　　不同收入社区矫正对象情感性支持获得来源

家庭年收入	家人朋友	社区成员	社区矫正工作人员	街道和居委会
2万以下	3.600	3.580	3.847	3.330
2万—5万	3.541	3.554	3.877	3.109
5万—8万	3.959	3.898	4.159	3.673

续表

家庭年收入	家人朋友	社区成员	社区矫正工作人员	街道和居委会
8万—15万	3.982	3.899	4.125	3.718
15万以上	4.170	4.092	4.336	3.967

3. 信息性支持获得状况

对比不同收入水平社区矫正对象获得政策性和生活性支持的比例，由表6-58可知，其一，就政策性支持而言，5万以上收入水平矫正对象获得的政策性支持总体上要高于5万以下收入水平矫正对象；其中，8万—15万收入水平矫正对象获得的教育信息比例相对最高，15万以上收入水平矫正对象获得的法律建议相对最高。由此可见，中等及以上收入水平矫正对象获得政策类信息相对较多。其二，就生活性支持来说，2万—5万收入水平的矫正对象获得就业信息、工作建议及人际交往建议的比例较其他收入水平最高；8万—15万收入水平矫正对象获得活动信息支持的比例相对最高；15万以上收入水平的矫正对象获得家庭问题建议的比例相对最高。由此可见，2万—5万中等偏下收入水平矫正对象获得的教育信息、政策信息、法律信息等政策性支持相对最低，但其获得就业信息、工作建议、人际交往建议等生活性支持相对最高，出现了"一高一低"现象。

表6-58　　　　　不同收入社区矫正对象获得的信息性支持（%）

类型	内容	2万以下	2万—5万	5万—8万	8万—15万	15万以上
政策性支持	教育信息	89.9	84.8	93.3	93.5	93.0
	政策信息	84.8	76.0	89.0	88.8	93.9
	法律建议	68.3	63.3	81.6	75.8	82.6
生活性支持	就业信息	84.6	88.2	81.5	77.7	73.0
	工作建议	87.1	92.3	88.0	80.9	80.0
	人际交往建议	85.4	89.3	86.8	87.0	79.1
	家庭问题建议	62.8	54.3	71.4	70.7	73.0
	活动信息	90.0	84.4	81.8	95.3	88.7

4. 反馈性支持获得状况

第一，不同收入社区矫正对象正面社会互动状况。从表6-59可知，其一，社区矫正对象的正面社会互动在收入水平上差异规律并不十分明显，但不同收入水平的矫正对象选择与家人和社区矫正工作人员主动联系相对最多，均值在3.0—3.5。其二，15万以上收入水平的社区矫正对象与家人、朋友、社区成员、社区矫正工作人员、居委会及警察等非正式和正式群体主动联系的均值都相对最高，说明较高收入水平矫正对象更易选择积极主动的方式与他人互动以获得理解和支持。其三，在与家人、朋友、社区成员等非正式群体互动中，5万—8万收入水平矫正对象的均值次于15万以上收入水平，但均高于其他收入水平，说明非正式群体是5万—8万中等收入水平矫正对象主动联系的重要主体。

表6-59　　　　　　　不同收入社区矫正对象正面社会互动方式

家庭年收入	家人	朋友	社区成员	社区矫正工作人员	居委会	警察
2万以下	3.298	2.778	2.624	3.198	2.599	2.656
2万—5万	3.207	2.675	2.592	3.163	2.455	2.677
5万—8万	3.560	3.216	2.931	3.288	2.789	2.630
8万—15万	3.530	3.195	2.859	3.379	2.748	2.774
15万以上	3.612	3.461	3.122	3.405	2.940	2.783

第二，不同收入社区矫正对象对支持的利用状况。由表6-60可知，其一，不同收入水平矫正对象主动参与各项活动的差异并不明显，差别不是很大。相对而言，8万—15万中等偏上收入水平矫正对象主动参与心理辅导、职业技能培训的均值稍微多一点；15万以上高收入水平矫正对象主动参与教育培训、公共服务的均值稍微多一点；5万—8万中等收入水平的矫正对象主动参与人际交往培训的稍微多一点。其二，2万—5万收入水平矫正对象主动参与各项活动的均值都相对最低，说明中等偏下收入水平矫正对象的基础性和发展性支持利用情况都应引起重视。其三，5万以上收入水平矫正对象主动参与各项活动的均值要高于5万以下水平矫正对象，总体上看，中等以上收入水平的社区矫正对象对发展性和基础性支持的利用度普遍高于中等以下收入水平的社区矫正对象。

表 6-60　　　　　　　不同收入社区矫正对象对支持的利用情况

家庭年收入	基础性支持		发展性支持		
	心理辅导	公共服务	教育培训	职业技能培训	人际交往培训
2万以下	3.009	2.907	3.108	2.876	2.505
2万—5万	2.872	2.830	2.928	2.711	2.454
5万—8万	3.014	2.938	3.182	2.910	2.737
8万—15万	3.088	3.000	3.243	2.930	2.583
15万以上	3.017	3.044	3.328	2.826	2.614

三　社区矫正工作队伍社会支持供给比较

一般来讲，社区矫正工作队伍[①]是当前社区矫正对象在矫正期间获得社会支持最为重要的来源。社区矫正工作队伍在监督管理、教育矫正和社会性帮扶等方面发挥着重要作用，目的在于帮助社区矫正对象改变犯罪心理，扭转犯罪行为，顺利回归并融入社会。以下重点考察社区矫正工作队伍在工具性、情感性、信息性支持的总体供给及多维供给状况，以呈现对社区矫正对象社会支持的双向评量结果，即"提供者"角度的社会支持供给状况。

（一）工具性支持供给状况

从上述社区矫正对象工具性获得状况可知，绝大多数社区矫正对象能够依靠自己工作满足基本生活需求，总体上并不太需要实物支持和金钱支持；仅一小部分较困难的矫正对象需要并获得了相应的实物和金钱支持。因此，这两类工具性支持并非社区矫正工作队伍提供的主要支持类型。基于此，此部分也仅对社区矫正工作队伍提供的重要支持内容，即服务支持的供给进行评量和分析。

---

① 如前所述，此处的社区矫正工作队伍，除了社区矫正工作人员（四类），还包括社会志愿者。因此，将其统称为社区矫正工作队伍，但本研究考察的重点仍然是社区矫正工作人员。下同。

在社区矫正过程中，心理辅导、就业机会、公共服务等基础性支持，教育学习、职业技能培训、人际能力培训等发展性支持，是社区矫正工作队伍向社区矫正对象提供的最主要和最重要的服务支持。调查发现，如表6-61所示，教育学习和心理辅导是社区矫正工作队伍在矫正过程中为矫正对象提供的最主要的两大服务，所占比重均在85.0%以上；而就业机会、公共服务等基础性支持，职业技能培训、人际能力培训等发展性支持则相对较小，占比均低于80.0%。总体来看，社区矫正工作队伍提供服务支持的比重从大到小依次为：教育学习、心理辅导、公共服务、职业技能培训、就业机会、人际能力培训。

表6-61　　　　　　　社区矫正工作队伍提供的服务支持（%）

项目	基础性支持			发展性支持		
	心理辅导	就业机会	公共服务	教育学习	职业技能培训	人际能力培训
百分比	87.8	73.8	77.7	90.3	76.9	67.0

第一，不同地区社区矫正工作队伍服务支持的提供状况。由表6-62可知，武汉市和前郭县社区矫正工作队伍提供教育学习和心理辅导服务的力度相对大些；佛山市社区矫正工作队伍提供职业技能培训和人际能力培训等发展性服务支持相对大些。另外，与其他两地区相比，前郭县社区矫正工作队伍提供的教育学习、心理辅导、人际能力培训、就业机会及公共服务这五项服务支持均相对较高。总体来看，小城市前郭县社区矫正工作队伍服务支持的提供状况相对好些。

表6-62　　　　　　不同地区社区矫正工作队伍提供的服务支持（%）

地区	基础性支持			发展性支持		
	心理辅导	就业机会	公共服务	教育学习	职业技能培训	人际能力培训
武汉市	86.4	55.0	78.6	100.0	56.4	49.1
佛山市	84.2	87.1	73.2	76.1	92.8	78.9
前郭县	100.0	89.5	86.0	100.0	90.7	83.7

第二，不同性别社区矫正工作队伍服务支持的提供状况。如表6-63所

示，无论是心理辅导、就业机会、公共服务等基础性的服务支持，还是教育学习、职业技能培训、人际能力培训等发展性的服务支持，男性矫正工作人员的提供比例均高于女性矫正工作人员，说明男性矫正工作人员服务支持的提供力度明显大于女性矫正工作人员。

表 6-63　　不同性别社区矫正工作队伍提供的服务支持（%）

性别	基础性支持			发展性支持		
	心理辅导	就业机会	公共服务	教育学习	职业技能培训	人际能力培训
总体	87.6	74.1	77.6	90.3	77.0	67.2
男性	93.2	80.9	81.8	93.6	85.2	74.2
女性	82.8	68.1	74.0	87.2	70.0	61.2

第三，不同年龄社区矫正工作队伍服务支持的提供状况。由表 6-64 可知，其一，30 岁以下矫正工作队伍提供过各类服务支持的比例均低于总体水平，而且除了教育学习，其他各项服务支持提供均处于不同年龄段的最低水平，表明该段青年矫正工作人员在矫正过程中为社区矫正对象提供的服务支持还较为欠缺。其二，30—39 岁矫正工作队伍提供过就业机会、职业技能培训和人际能力培训等服务支持的比例均处于不同年龄段的最高水平，说明该年龄段的矫正工作队伍是提供这三项服务支持的主力军，但总体比例不高。其三，40 岁以上矫正工作队伍提供过心理辅导、公共服务和教育学习等服务支持的比例相对较高，说明该年龄段的矫正工作队伍是提供这三项服务支持的主要力量。

表 6-64　　不同年龄社区矫正工作队伍提供的服务支持（%）

年龄	基础性支持			发展性支持		
	心理辅导	就业机会	公共服务	教育学习	职业技能培训	人际能力培训
总体	87.5	74.2	77.8	90.1	77.2	67.3
30 岁以下	83.9	66.9	72.6	87.1	70.2	61.3
30—39 岁	86.4	79.4	78.5	86.0	80.7	70.2

续表

年龄	基础性支持			发展性支持		
	心理辅导	就业机会	公共服务	教育学习	职业技能培训	人际能力培训
40—49岁	92.3	73.8	80.8	98.5	77.7	70.0
50岁及以上	90.9	63.6	81.8	100.0	77.3	54.5

第四，不同学历社区矫正工作队伍服务支持的提供状况。由表6-65可知，其一，大专教育程度矫正工作队伍提供过心理辅导、公共服务、人际能力培训支持的比例相对最高，而其他教育程度矫正对象均只有一项服务支持处于最高，说明当前提供服务支持的主要力量是大专教育程度的矫正工作队伍。其二，中专或高中教育程度的矫正工作队伍提供过就业机会支持的比例相对最高，本科教育程度矫正工作队伍提供过职业技能培训支持的比例相对高些，研究生及以上教育程度矫正工作队伍提供过教育学习支持的比例相对最高，而且所有被调查者都提供了该项服务支持，但其提供的公共服务支持却最低，占比只有55.6%。其三，本科以上教育程度矫正工作队伍提供过职业技能培训的比例相对较高，但总体较低。其四，各教育程度矫正工作队伍提供过人际能力培训的比例相当，但都较低。

表6-65　　　　不同学历社区矫正工作队伍提供的服务支持（%）

教育程度	基础性支持			发展性支持		
	心理辅导	就业机会	公共服务	教育学习	职业技能培训	人际能力培训
总体	87.6	74.1	77.6	90.2	77.0	67.2
中专或高中	88.9	94.4	72.2	88.9	66.7	66.7
大专	92.1	70.9	79.9	92.1	70.9	67.2
本科	84.6	74.7	77.1	88.7	81.5	67.1
研究生及以上	88.9	77.8	55.6	100.0	77.8	66.7

第五，不同身份社区矫正工作队伍服务支持的提供状况。由表6-66可知，其一，社区矫正群干提供的就业机会、职业技能培训、人际能力培训等服务支持的比例相对最高，说明社区矫正群干是矫正过程中提供这三项服务支持的主要力量。其二，社区矫正专职工作人员提供公共服务支持的比例相

对最高,说明社区矫正专职工作人员的重点服务工作还是放在公共服务上;社会志愿者提供过心理辅导支持的比例相对最高,且为100%,说明参与社区矫正服务的社会志愿者具有某方面的一技之长。其三,教育学习服务是各类矫正工作队伍较多参与提供支持的服务项目,100%被调查的社区矫正专职工作人员、社区矫正聘用职员、社会志愿者均提供过该项服务支持。其四,特别需要注意的是,只有52.9%、51.0%的社区矫正聘用职员分别提供过就业机会支持和职业技能培训支持,只有72.7%和50.0%的社会志愿者分别提供过公共服务支持和人际能力培训支持,只有77.3%的社区矫正群干提供过教育学习支持,均处于各项服务支持的最低水平。总体看来,引导社区矫正聘用职员和社会志愿者参与提供服务支持的空间还较大。

表6-66　　　　　不同身份社区矫正工作队伍提供的服务支持(%)

工作人员身份	基础性支持			发展性支持		
	心理辅导	就业机会	公共服务	教育学习	职业技能培训	人际能力培训
总体	87.8	73.8	77.7	90.3	76.9	67.0
社区矫正专职工作人员	93.7	72.2	88.6	100.0	82.3	68.4
社区矫正聘用职员	80.4	52.9	74.5	100.0	51.0	51.0
专业社会工作者	92.3	66.5	77.5	92.8	70.3	65.6
社区矫正群干	80.0	92.0	75.3	77.3	96.0	78.0
社会志愿者	100.0	73.1	72.7	100.0	59.1	50.0

(二)情感性支持供给状况

社区矫正工作队伍情感性支持供给状况可从意愿、行动与结果三个方面进行考察,具体包括:其一,社区矫正工作队伍是否在情感上接受矫正对象,是否愿意与矫正对象沟通交流;其二,社区矫正工作队伍是否能够与矫正对象进行通畅的沟通行动;其三,社区矫正工作队伍提供接纳、信任、倾听、理解、尊重等五大类情感性支持的结果状况。

1. 社区矫正工作队伍对矫正对象的情感支持态度

调查中询问被访者"若不是工作需要,您是否愿意与社区矫正对象交流或交往"结果如表6-67所示。总体上看，如果不是工作需要，仍有八成多的社区矫正工作队伍愿意与社区矫正对象交流交往，这说明绝大多数社区矫正工作队伍对社区矫正对象是持接受和认同态度的。然而，仍有一小部分社区矫正工作队伍是排斥社区矫正对象或者对其态度模糊，社区矫正工作队伍对社区矫正对象的情感支持态度总体较好，但仍可提高。

表 6-67　　　　　　　社区矫正工作队伍的总体性情感支持态度

项目	频率	有效百分比（%）
愿意	419	82.2
不愿意	11	2.2
不确定	80	15.7

第一，不同地区社区矫正工作队伍对矫正对象的情感支持态度。如果不是工作需要，各地区社区矫正工作队伍愿意与社区矫正对象交流交往的情况如表6-68所示，武汉市社区矫正工作队伍表示仍愿意的比例稍低，为65.9%，三成多的社区矫正工作队伍持不确定态度；佛山市社区矫正工作队伍的整体意愿较高，为98.6%；前郭县社区矫正工作队伍表示仍愿意的比例为84.3%，略高于总体水平。总体上看，南部中等城市的社区矫正工作队伍对社区矫正对象的情感支持态度优于北部小城市和中部大城市。

表 6-68　　　　　不同地区社区矫正工作队伍的情感支持态度（%）

地区	若不是工作需要，您是否愿意与社区矫正对象交流或交往		
	愿意	不愿意	不确定
总体	82.2	2.2	15.7
武汉市	65.9	3.2	30.9
佛山市	98.6	0.5	1.0
前郭县	84.3	3.6	12.0

第二，不同性别社区矫正工作队伍对矫正对象的情感支持态度。如果不是工作需要，各性别社区矫正工作队伍愿意与社区矫正对象交流交往的情况

如表 6-69 所示，男性社区矫正工作队伍表示仍愿意的比例较高，超过了 90.0%；而女性社区矫正对象有该情感态度的比例相对较低，不到 80.0%，还有 21.8% 的女性持不确定态度。总体来看，男性社区矫正工作队伍对社区矫正对象的情感支持态度比女性相对要好。

表 6-69　不同性别社区矫正工作队伍的情感支持态度（%）

性别	若不是工作需要，您是否愿意与社区矫正对象交流或交往		
	愿意	不愿意	不确定
总体	82.8	2.2	15.0
男性	91.0	1.7	7.3
女性	75.6	2.6	21.8

第三，不同年龄社区矫正工作队伍对矫正对象的情感支持态度。如果不是工作需要，各年龄社区矫正工作队伍愿意与社区矫正对象交流交往的情况如表 6-70 所示，39 岁以下社区矫正工作队伍标识仍愿意的比例相对较高，但也不到 85.0%；其中，30 岁以下、30—39 岁社区矫正工作队伍所占比例相当，30 岁以下社区矫正工作队伍比例稍高。而 40 岁以上的社区矫正工作人员持该态度的比例相对较低，其中，50 岁及以上的占比最低，为 76.2%。由此可见，社区矫正工作队伍的年龄与其对社区矫正对象的情感支持态度呈反向关系，即越年轻的社区矫正工作队伍越愿意与社区矫正对象接触并交流或交往。

表 6-70　不同年龄社区矫正工作队伍的情感支持态度（%）

年龄	若不是工作需要，您是否愿意与社区矫正对象交流或交往		
	愿意	不愿意	不确定
总体	82.8	2.2	15.0
30 岁以下	84.7	2.4	12.9
30—39 岁	84.2	1.3	14.5

续表

年龄	若不是工作需要，您是否愿意与社区矫正对象交流或交往		
	愿意	不愿意	不确定
40—49 岁	79.7	3.9	16.4
50 岁及以上	76.2	0.0	23.8

第四，不同学历社区矫正工作队伍对矫正对象的情感支持态度。如果不是工作需要，各年龄社区矫正工作队伍愿意与社区矫正对象交流交往的情况如表 6-71 所示，中专或高中教育程度社区矫正工作队伍表示愿意的比例相对最高，为 93.8%；其次是研究生及以上社区矫正工作队伍，所占比例为 88.9%，前两者的比例均大于总体水平 82.7%；而大专教育程度的社区矫正工作队伍表示愿意的比例相对最低，为 77.8%，还有 18.0% 表示不确定。

表 6-71　　　不同学历社区矫正工作队伍的情感支持态度（%）

教育程度	若不是工作需要，您是否愿意与社区矫正对象交流或交往		
	愿意	不愿意	不确定
总体	82.7	2.2	15.1
中专或高中	93.8	0.0	6.3
大专	77.8	4.2	18.0
本科	85.2	1.0	13.8
研究生及以上	88.9	0.0	11.1

第五，不同身份社区矫正工作队伍对矫正对象的情感支持态度。如果不是工作需要，各身份社区矫正工作队伍愿意与社区矫正对象交流交往的情况如表 6-72 所示，各类社区矫正工作队伍表示愿意的比例均在 60.0% 以上；其中，社区矫正群干的意愿相对最高，为 98.7%，社区矫正聘用职员的意愿相对最低，为 66.7%；除了社区矫正群干，其他各类社区矫正工作队伍的意愿均低于总体水平，而且社区矫正专职工作者、社区矫正聘用职员、专业社会工作者所占比例均低于 80.0%。由此可见，除了社区矫正群干，其他各类社区矫正工作队伍对矫正对象的情感支持态度都有待引导。特别值得注意的

是，社会志愿者对社区矫正的情感接纳态度是除了社区矫正群干外最好的，这可能是因为社会志愿者本是出于主观意愿而参与对矫正对象提供情感支持。

表6-72　　　不同身份社区矫正工作队伍的情感支持态度（%）

工作人员身份	若不是工作需要，您是否愿意与社区矫正对象交流或交往		
	愿意	不愿意	不确定
总体	82.8	2.2	15.0
社区矫正专职工作者	79.5	3.8	16.7
社区矫正聘用职员	66.7	0.0	33.3
专业社会工作者	76.7	2.9	20.4
社区矫正群干	98.7	0.7	0.7
社会志愿者	81.8	9.1	9.1

问：社区矫正专职工作者有抗拒表现吗？

答：这种情况只发生在社区矫正刚刚实施的时候，部分基层司法人员觉得这些犯人应该由公安机关管理，不然增加他们的负担。不过既然是法律硬性规定，并且还有监督机关进行监督，他们还是继续按法律要求工作。随着法律意识不断增强，现在社区矫正工作者都没有那种抗拒心理。另外，我们对工作人员都有一年两次的专业培训，分别在年前和年底。一方面是法律专家进行专业知识讲座，另一方面是检察院派的人来讲座，专门通报一些反面案例，比如哪个省哪个地区的社区工作人员有渎职、玩忽职守的状况以及他们如何被严惩的。

——C6-R04

由此可见，对社区矫正工作队伍尤其是对社区矫正专职工作人员和社会工作者的培训是必不可少的，这关系到矫正过程中对矫正对象情感性支持的有效供给和矫正效果。

2. 社区矫正工作队伍与矫正对象的沟通状况

在考察意愿之后，还要进一步考察行动，即社区矫正工作队伍与矫正对象之间的实际交流沟通状况。社区矫正工作队伍与矫正对象的沟通交流是否顺畅，是考察矫正工作队伍情感性支持提供状况的先决条件；只有在沟通状况相对良好的前提下，矫正工作队伍才有条件为矫正对象提供有效的情感性支持。如表6-73所示，41.0%的矫正工作队伍表示能够与矫正对象进行基本沟通，31.4%的矫正工作队伍能够同矫正对象进行有效沟通，只有27.6%的矫正工作队伍能够同矫正对象进行顺畅沟通。由此看来，社区矫正工作队伍与社区矫正对象之间总体的沟通状况并不是很好，有待加强。

表6-73　　　　社区矫正工作队伍与矫正对象的总体性沟通状况

项目	频率	有效百分比（%）
能基本沟通	201	41.0
能有效沟通	154	31.4
互相信任，顺畅沟通	135	27.6

第一，不同地区社区矫正工作队伍与矫正对象的沟通状况。如表6-74所示，武汉市绝大多数矫正工作队伍能够与矫正对象进行有效或顺畅的沟通，仅14.7%的矫正工作人员与矫正对象的交流停留在基本沟通水平上；佛山市七成多的矫正工作队伍仅能够与矫正对象进行基本沟通，能够有效沟通或者顺畅沟通的比例仅占两成多；前郭县矫正工作队伍能够有效或顺畅与矫正对象沟通的比例高于总体水平，略低于武汉市。总体来看，各地社区矫正工作队伍与矫正对象沟通状况的良好程度依次为：武汉市、前郭县、佛山市。

表6-74　　　不同地区社区矫正工作队伍与矫正对象的沟通状况（%）

地区	能基本沟通	能有效沟通	能顺畅沟通
总体	41.4	31.4	27.5
武汉市	14.7	51.7	33.6
佛山市	77.5	6.4	16.2
前郭县	17.1	42.1	40.8

第二，不同性别社区矫正工作队伍与矫正对象的沟通状况。如表6-75

所示,男性矫正工作队伍与矫正对象能够进行顺畅沟通的比例为30.5%,高于女性矫正工作队伍5.9个百分点;而在能够进行有效沟通的矫正工作队伍中,女性则高出男性18.7个百分点。综合来看,女性社区矫正工作队伍与矫正对象沟通的状况优于男性,这可能与女性在沟通方面较男性有耐心且有一定沟通技巧有关。

表 6-75　不同性别社区矫正工作队伍与矫正对象的沟通状况(%)

性别	能基本沟通	能有效沟通	能顺畅沟通
总体	41.5	31.2	27.3
男性	48.4	21.1	30.5
女性	35.6	39.8	24.6

第三,不同年龄社区矫正工作队伍与矫正对象的沟通状况。由表6-76可知,50岁及以上矫正工作队伍与矫正对象能够进行有效或顺畅沟通的比例较其他年龄段的矫正工作队伍相对最高,接近95.0%;其次是40—49岁的矫正工作人员,接近65.0%;而30—39岁及30岁以下矫正工作队伍所占比例相对较低。总体来看,随着年龄增长,40岁以上社区矫正工作队伍能够与矫正对象进行有效沟通和顺畅交流比例也随之提高。

表 6-76　不同年龄社区矫正工作队伍与矫正对象的沟通状况(%)

年龄	能基本沟通	能有效沟通	能顺畅沟通
总体	41.7	31.1	27.2
30岁以下	44.5	28.6	26.9
30—39岁	46.6	27.1	26.2
40—49岁	35.8	36.6	27.6
50岁及以上	5.3	57.9	36.8

第四,不同教育程度社区矫正工作队伍与矫正对象的沟通状况。如表6-77所示,其一,在能够与矫正对象进行顺畅沟通的矫正工作队伍中,研究生及以上教育程度的矫正工作人员所占比例高达62.5%,是总体水平的2倍多;其次是本科教育程度的矫正工作队伍,所占比例为27.8%;再次是大专教育程度,所占比例为26.6%;中专或高中教育程度矫正工作队伍相对最

低，仅为 18.8%。其二，在能够与矫正对象进行有效沟通的矫正工作队伍中，本科教育程度矫正工作队伍所占比例相对较高，为 41.1%；其次是大专教育程度，为 25.9%。其三，将有效沟通与顺畅沟通的比例加总可知，社区矫正工作队伍教育程度与其和矫正对象的沟通状况呈正向关系，即教育程度越高的矫正工作队伍，其与矫正对象的沟通越顺畅有效。

表 6-77　不同教育程度社区矫正工作队伍与矫正对象的沟通状况（%）

教育程度	能基本沟通	能有效沟通	能顺畅沟通
总体	41.4	31.3	27.4
中专或高中	56.3	25.0	18.8
大专	47.5	25.9	26.6
本科	31.1	41.1	27.8
研究生及以上	25.0	12.5	62.5

第五，不同身份社区矫正工作队伍与矫正对象的沟通状况。由表 6-78 可知，其一，在能够与矫正对象进行顺畅沟通的矫正工作队伍中，社区矫正专职工作者所占比例相对最高，为 37.0%；其后依次是专业社会工作者和社区矫正聘用职员，而社区矫正群干所占比例最低，只有 16.3%。其二，在能够与矫正对象进行有效沟通的矫正工作队伍中，社区矫正聘用职员比例相对最高，为 54.0%；而社区矫正群干和社会志愿者这两类比例均低于总体水平，尤其是社区矫正群干所占比例只有 4.8%。总体来看，社区矫正专职工作者、专职社会工作者和社区矫正聘用职员与矫正对象沟通状况较为良好，而社区矫正群干需要引起特别重视。

表 6-78　不同身份社区矫正工作队伍与矫正对象的沟通状况（%）

身份	能基本沟通	能有效沟通	能顺畅沟通
总体	41.4	31.4	27.5
社区矫正专职工作者	17.8	45.2	37.0
社区矫正聘用职员	16.0	54.0	30.0
专业社会工作者	26.4	41.6	32.0
社区矫正群干	78.9	4.8	16.3
社会志愿者	54.2	20.8	25.0

3. 社区矫正工作队伍提供的情感性支持

在考察意愿、行动之后,还要进一步考察结果,即考察社区矫正工作队伍为矫正对象提供接纳、信任、倾听、理解和尊重等情感性支持的实际状况。由表6-79可知,其一,社区矫正工作队伍所提供的五类情感性支持的均值均大于中间值3,表明社区矫正工作队伍为矫正对象提供过这五类情感性支持。其二,在提供的各类情感性支持中,均值大于4的有尊重支持、倾听支持和信任支持,表明社区矫正工作队伍为矫正对象提供的这三类支持的力度相对较大。总体来看,社区矫正工作队伍提供的情感性支持的力度从大到小依次为:尊重、倾听、信任、理解、接纳。

表6-79　　　　社区矫正工作队伍的情感性支持提供总体状况

项目	N	极大值	极小值	均值
接纳支持	507	5	1	3.808
信任支持	513	5	1	4.140
倾听支持	514	5	1	4.369
理解支持	512	5	1	3.929
尊重支持	513	5	1	4.491

第一,不同地区社区矫正工作队伍的情感性支持提供状况。如表6-80所示,中部大城市社区矫正工作队伍提供的接纳支持、尊重支持的均值相对较高;而北部小城市社区矫正工作队伍提供的信任支持、倾听支持和理解支持的均值相对较高。总体来看,北部小城市社区矫正工作队伍提供的情感性支持力度相对较大,其次是中部大城市,而南部中等城市社区矫正工作队伍为矫正对象提供的情感性支持力度相对较小。

表6-80　　　　不同地区社区矫正工作队伍的情感性支持提供状况

地区	接纳	信任	倾听	理解	尊重
总体	3.808	4.140	4.396	3.929	4.491
武汉市	3.962	4.235	4.574	3.945	4.768
佛山市	3.613	3.918	4.031	3.822	4.086
前郭县	3.898	4.440	4.829	4.154	4.764

第二，不同性别社区矫正工作队伍的情感性支持提供状况。如表6-81所示，与情感性支持获得中男性优于女性情况相反，在情感性支持提供中，女性矫正工作队伍的提供力度大于男性。具体来看，除理解支持，女性矫正工作队伍提供的接纳、信任、倾听和尊重支持的均值均大于男性，而男性矫正工作队伍仅在理解支持上高于女性。总体来看，女性矫正工作队伍情感更细腻，对矫正对象提供的情感性支持优于男性。

表6-81　　　不同性别社区矫正工作队伍的情感性支持提供状况

性别	接纳	信任	倾听	理解	尊重
总体	3.806	4.138	4.394	3.928	4.487
男性	3.726	4.127	4.362	4.004	4.398
女性	3.876	4.147	4.422	3.863	4.564

第三，不同年龄社区矫正工作队伍的情感性支持提供状况。由表6-82可知，其一，各年龄段矫正工作队伍为矫正对象提供的信任支持、倾听支持和尊重支持的均值皆在4.0之上。其二，30岁以下矫正工作队伍提供的接纳支持和理解支持的均值相对最高，表明年轻的矫正工作队伍更能够理解矫正对象并愿意与矫正对象近距离接触。其三，40—49岁的矫正工作队伍提供的信任支持均值相对最大，其次是30岁以下，50岁及以上的最小，说明49岁以下年纪较轻的矫正工作队伍与矫正对象更易建立相互信任关系。其四，50岁及以上矫正工作队伍提供的倾听支持、尊重支持均值相对最大，表明年长的矫正工作队伍更乐意倾听矫正对象的烦恼、意愿和想法，并对矫正对象给予尊重。

表6-82　　　不同年龄社区矫正工作队伍的情感性支持提供状况

年龄	接纳	信任	倾听	理解	尊重
30岁以下	3.901	4.137	4.342	4.000	4.500
30—39岁	3.815	4.104	4.312	3.890	4.412
40—49岁	3.698	4.212	4.406	3.920	4.570
50岁及以上	3.727	4.045	4.431	3.909	4.681

第四，不同教育程度社区矫正工作队伍的情感性支持提供状况。由表6-83可知，大专教育程度的矫正工作队伍，除了在提供理解支持方面略低

于研究生及以上层次，其提供的接纳、信任、倾听和尊重支持的均值相对其他教育程度都为最大，说明大专教育程度的矫正工作队伍是当前为矫正对象提供情感性支持的主力。另外，各教育程度矫正工作队伍为矫正对象提供的接纳支持均较低，均值都在4.0以下。总体来看，社区矫正工作队伍并非教育程度越高，提供的情感性支持就越高。

表6-83　不同教育程度社区矫正工作队伍的情感性支持提供状况

教育程度	接纳	信任	倾听	理解	尊重
中专或高中	3.718	3.411	4.000	3.764	3.722
大专	3.884	4.233	4.611	4.064	4.670
本科	3.772	4.137	4.289	3.849	4.245
研究生及以上	3.312	3.750	3.937	4.125	4.125

第五，不同身份社区矫正工作队伍的情感性支持提供状况。如表6-84所示，专业社会工作者为矫正对象提供的情感性支持中，除了倾听支持稍低一点，提供的接纳、信任、理解和尊重支持相对其他身份矫正工作队伍的均值都最高，表明专业社会工作者出于职业素养和工作要求为社区矫正对象给予了更多的接纳、信任、理解和尊重支持。社区矫正专职工作人员所提供的倾听支持相对其他身份矫正工作队伍要高。另外，各身份矫正工作队伍为矫正对象提供的接纳支持均较低，均值都在4.0以下。总体来看，专业社会工作者是社区矫正对象获得情感性支持的最主要来源。

表6-84　不同身份社区矫正工作队伍的情感性支持提供状况

身份	接纳	信任	倾听	理解	尊重
社区矫正专职工作人员	3.816	4.202	4.683	3.974	4.658
社区矫正聘用职员	3.921	4.221	4.570	3.880	4.703
专业社会工作者	3.969	4.280	4.543	4.038	4.775
社区矫正群干	3.597	3.953	4.006	3.765	4.033
社会志愿者	3.807	4.140	4.396	3.929	4.491

（三）信息性支持供给状况

调查统计社区矫正工作队伍为矫正对象提供的政策性和生活性信息支持状况，结果如表6-85所示，除了为矫正对象提供法律建议支持的社区矫正工作队伍低于90.0%，为矫正对象提供其他信息性支持的矫正工作队伍均高于94.0%。其中，活动信息是矫正工作队伍提供最多的信息，其次是政策信息。总体来看，提供政策性支持的综合比例为93.4%，提供生活性支持的综合比例为95.6%，说明社区矫正工作队伍为社区矫正对象提供的生活性信息支持力度要大于政策性信息支持力度。

表6-85　　　　　　社区矫正工作队伍的信息性支持提供状况

信息性支持		N	百分比（%）
政策性支持	教育信息	487	94.4
	政策信息	502	97.3
	法律建议	457	88.6
生活性支持	就业信息	491	95.2
	工作建议	496	96.1
	人际交往建议	486	94.2
	家庭问题建议	485	94.0
	活动信息	507	98.3

第一，不同地区社区矫正工作队伍的信息性支持提供状况。如表6-86所示，在政策性支持的提供中，前郭县各类政策类信息的提供比例均高于其他两地区；其次是武汉市；佛山市相对较低，法律建议的提供比例为74.2%，应引起重视。在生活性支持的提供中，前郭县矫正工作队伍提供的就业信息、人际交往建议、家庭问题建议及活动信息的比例相对较高；而佛山市矫正工作队伍提供的工作建议力度高于其他两地区。总体来看，政策性支持提供比例在地区上的排序是：前郭县、武汉市、佛山市；生活性支持提供比例在地区上的排序为：前郭县、佛山市、武汉市。

表 6-86　　　　不同地区社区矫正工作队伍信息性支持提供状况（%）

类型	内容	总体	武汉市	佛山市	前郭县
政策性支持	教育信息	94.4	95.0	91.4	100.0
	政策信息	97.3	97.3	96.7	98.8
	法律建议	88.6	98.2	74.2	98.8
生活性支持	就业信息	95.2	89.6	99.0	100.0
	工作建议	96.1	92.8	99.5	96.5
	人际交往建议	94.2	93.7	94.3	95.3
	家庭问题建议	94.0	92.3	93.8	98.8
	活动信息	98.3	98.2	98.1	98.8

第二，不同性别社区矫正工作队伍的信息性支持提供状况。如表 6-87 所示，在政策性支持的提供中，女性矫正工作队伍提供的教育信息和政策信息多于男性，男性矫正工作队伍提供的法律建议多于女性。在生活性支持的提供中，男性矫正工作队伍所占比例均大于女性。总体来看，男性社区矫正工作队伍为社区矫正对象提供的信息性支持占主导。

表 6-87　　　　不同性别社区矫正工作队伍信息性支持提供状况（%）

类型	内容	总体	男性	女性
政策性支持	教育信息	94.4	93.2	95.2
	政策信息	97.3	96.6	97.8
	法律建议	88.6	92.0	85.3
生活性支持	就业信息	95.2	96.6	93.8
	工作建议	96.1	97.9	94.5
	人际交往建议	94.2	95.8	92.7
	家庭问题建议	94.0	94.5	93.4
	活动信息	98.3	98.3	98.2

第三，不同年龄社区矫正工作队伍的信息性支持提供状况。如表 6-88 所示，其一，30 岁以下矫正工作队伍提供的信息性支持中，除了法律建议，其他各项支持比例均相对最低，说明 30 岁以下矫正工作队伍提供的信息性

支持总体上较为薄弱。其二，30—39岁矫正工作队伍提供的工作建议比例相对最多，而提供的法律建议相对最少。其三，40—49岁矫正工作队伍提供的教育信息和人际交往建议比例相对最高，50岁及以上的矫正工作人员提供的政策信息、法律建议、家庭问题建议、活动信息、就业信息等五项信息性支持比例相对最高，且100.0%提供过前四项信息性支持。总体来看，40岁及以上社区矫正工作队伍是为社区矫正对象提供信息性支持的主要来源。

表6-88　　　不同年龄社区矫正工作队伍信息性支持提供状况（%）

类型	内容	总体	30岁以下	30—39岁	40—49岁	50岁及以上
政策性支持	教育信息	94.4	89.5	93.9	99.2	95.5
	政策信息	97.3	95.2	96.9	99.2	100.0
	法律建议	88.6	87.1	83.8	95.4	100.0
生活性支持	就业信息	95.2	94.4	95.2	95.4	95.5
	工作建议	96.1	94.4	97.4	96.2	95.5
	人际交往建议	94.2	91.1	93.0	98.5	95.5
	家庭问题建议	94.0	86.3	96.1	96.2	100.0
	活动信息	98.3	97.6	98.3	99.2	100.0

第四，不同教育程度社区矫正工作队伍的信息性支持提供状况。由表6-89可知，在政策性支持的提供中，研究生及以上教育程度矫正工作队伍提供的各项支持比例相对最低，本科教育程度矫正工作队伍提供的各项支持比例相对最高。在生活性支持的提供中，中专及高中教育程度矫正工作队伍提供的就业信息和工作建议比例相对最高，被调查对象表示均提供了就业信息和工作建议支持；大专教育程度矫正工作队伍提供的家庭问题建议和活动信息比例相对最高；研究生及以上教育程度矫正工作队伍提供的就业信息和人际交往建议比例相对最高，被调查对象表示均提供了就业信息和人际交往建议支持。总体来看，本科教育程度矫正工作队伍是矫正对象信息性支持的最重要的支持主体，研究生及以上教育程度矫正工作队伍在提供信息性支持方面还需要很好挖掘。

表 6-89　　不同教育程度社区矫正工作队伍信息性支持提供状况（%）

类型	内容	总体	中专或高中	大专	本科	研究生及以上
政策性支持	教育信息	94.4	94.4	92.1	97.9	88.9
	政策信息	97.3	94.4	97.4	97.6	88.9
	法律建议	88.6	83.3	83.9	97.4	55.6
生活性支持	就业信息	95.2	100.0	95.3	94.5	100.0
	工作建议	96.1	100.0	94.2	97.3	88.9
	人际交往建议	94.2	88.9	95.8	93.2	100.0
	家庭问题建议	94.0	88.9	95.8	93.2	88.9
	活动信息	98.3	94.4	99.5	98.3	77.8

第五，不同身份社区矫正工作队伍的信息性支持提供状况。如表 6-90 所示，在政策性支持的提供中，社区矫正专职工作者提供的教育信息和政策信息支持比例相对最高，专业社会工作者次之；专业社会工作者提供的法律建议支持比例相对最高，社区矫正专职工作者次之。在生活性支持的提供中，社区矫正群干提供的就业信息、工作建议、家庭问题建议的比例相对最高；社区矫正专职工作者提供的人际交往建议和活动信息支持比例相对最高。综上可知，社区矫正专职工作者、社区矫正群干是当前为社区矫正对象提供信息性支持的主要力量。

表 6-90　　不同身份社区矫正工作队伍信息性支持提供状况（%）

类型	内容	总体	社区矫正专职工作者	社区矫正聘用职员	专业社会工作者	社区矫正群干	社会志愿者
政策性支持	教育信息	94.4	96.2	95.2	96.1	92.0	92.6
	政策信息	97.3	98.7	97.1	98.0	97.3	92.6
	法律建议	88.6	96.2	96.1	96.7	70.0	92.6
生活性支持	就业信息	95.2	96.2	90.2	92.8	100.0	92.6
	工作建议	96.1	97.5	90.2	94.7	99.3	96.3
	人际交往建议	94.2	94.9	92.2	94.7	94.0	92.6
	家庭问题建议	94.0	94.9	90.2	94.3	95.3	88.9
	活动信息	98.3	98.7	98.0	98.6	98.0	96.3

四 社区矫正对象对社会支持的需求比较

在考察了"接收者"角度的社区矫正对象社会支持获得状况、"提供者"角度的社区矫正工作队伍社会支持供给状况等实然现状后,还需要考察"接收者"角度的社区矫正对象社会支持需求状况等应然现状,其是社区矫正对象社会支持现状评量的重要一环。从"接收者"角度出发了解其对工具性、情感性和信息性支持的主观需求和内在愿景,有利于社区矫正政策制定和实践操作部门能在需求导向下,参照获得现状和供给现状,瞄准问题、侧重引导和精准施策,有助于社会矫正工作队伍等支持主体有的放矢地为社区矫正对象提供针对性的社会支持,提高矫正效率和综合效益,促进社区矫正对象顺利完成解矫并回归社会。

社区矫正对象社会支持的需求来源及总体程度,可以通过询问社区矫正对象"当遇到无法解决的困难和问题时,认为谁能给您提供实质性帮助?"来考察。结果如表6-91所示,其一,在非正式支持中,接近85.0%的社区矫正对象希望在遇到困难时获得来自家人的支持;超过一半的社区矫正对象希望获得来自亲戚的支持,占54.4%;接近一半的社区矫正对象希望获得来自朋友或同事的支持,占47.5%;另外还有7.7%的社区矫正对象希望获得来自社区成员的支持。其二,在正式支持中,30.4%的社区矫正对象希望在遇到困难时获得来自司法所的支持,14.8%的社区矫正对象希望获得来自工作单位的支持,希望获得来自社会团体的支持相对较少,占7.3%。其三,仍有1.7%的社区矫正对象不期待获得任何来源的支持,结合调查发现,这主要因为此类群体收入水平相对较高且生活条件相对较好,需求的社会支持就很少。总体来看,社区矫正对象需要的非正式支持要高于正式支持,对来自家人、亲戚、朋友或同事、司法所、社区成员、社会团体等的社会支持期待依次递减,加强引导家人、亲戚、朋友或同事等参与社区矫正并为社区矫正对象提供社会支持非常必要。

表 6-91　　　　　　　　社区矫正对象社会支持需求来源状况

来源 主体	无	非正式支持				正式支持		
		家人	亲戚	朋友或同事	社区成员	工作单位	司法所	社会团体
N	55	2797	1803	1574	256	492	1009	241
百分比 （%）	1.7	84.4	54.4	47.5	7.7	14.8	30.4	7.3

（一）工具性支持需求状况

如前所述，社区矫正对象的实物支持和金钱支持等工具性支持需求是与其家庭经济基础直接相关的，家人是各收入水平社区矫正对象社会支持最主要的两大来源主体之一，家庭经济收入状况是影响社区矫正对象工具性支持需求的重要因素。因此，考察社区矫正对象工具性支持需求状况时，可先呈现其家庭经济基础状况，将其作为参考以大致了解其实物支持和金钱支持等工具性支持需求状况，然后再评量社区矫正对象服务性工具性支持状况。

1. 社区矫正对象工具需求的家庭基础

既然社区矫正对象的家庭经济水平是影响其工具性支持需求的重要因素，因此，在考察矫正对象工具性支持需求前，有必要对总体及各地矫正对象的经济条件做简单分析。如表 6-92 所示，社区矫正对象的总体家庭经济条件一般，家庭年收入并不高。分水平来看，90.0%的矫正对象家庭年收入在 8 万元以下；其中，占比较多的是家庭年收入 2 万—5 万元，占 46.3%；家庭年收入在 2 万及以下的次之，占 25.8%；17.8%的矫正对象家庭年收入为 5 万—8 万。另外，6.5%的矫正对象家庭年收入为 8 万至 15 万，3.5%的矫正对象家庭年收入在 15 万以上。分地区来看，武汉市矫正对象家庭年收入在 5 万以上的加总比例为 33.2%，高出总体水平 5.4 个百分点；其次是前郭县，对应比例为 25.0%，与总体水平相当；佛山市稍低，家庭年收入在 5 万以上的比例为 18.5%，略低于总体水平。综合来看，社区矫正对象的经济条件普遍不高，且大城市社区矫正对象的家庭经济水平高于中等城市和小城市，但结合访谈调查，其绝大多数能满足基本生活需求。

表 6-92　　　　　　　不同地区社区矫正对象家庭年收入状况（%）

地区	收入				
	2万及以下	2万—5万	5万—8万	8万—15万	15万以上
总体	25.8	46.3	17.8	6.5	3.5
武汉市	25.2	41.5	21.4	7.5	4.3
佛山市	25.9	55.6	11.5	4.9	2.1
前郭县	45.0	30.5	15.0	5.0	5.0

由以上数据并结合上文中社区矫正对象工具性支持获得状况可知，当前社区矫正对象的总体经济条件一般，虽面临来自生活和经济的多重压力，但大多数矫正对象能够依靠自己工作基本满足日常生活开销，对工具性支持中实物支持和金钱支持的需求较小。因此，本部分只对服务性工具支持的需求进行考察分析。当然，需要注意的是，仍有一小部分矫正对象处于贫困或半贫困状态，需要政府及其他相关部门给予重视并采取相应行动。

2. 社区矫正对象服务支持的需求状况

虽然社区矫正对象对实物支持和金钱支持等工具性支持需求较少，但对服务支持等工具性支持需求较多。如表 6-93 所示，其一，在基础性支持需求中，社区矫正对象对心理辅导、公共服务的需求比例均在 80.0% 以上；在发展性支持需求中，社区矫正对象对教育学习、职业能力培训的需求比例也在 80.0% 以上。其二，社区矫正对象对就业机会、人际能力培训的需求比例相对较低，但都在 60.0% 以上，分别为 71.5%、61.6%。其三，分别考察服务支持中的基础性支持和发展性支持，社区矫正对象对心理辅导、就业机会和公共服务等基础性支持的综合需求比例为 79.2%，对教育学习、职业能力培训和人际能力培训等发展性支持的综合需求比例为 76.3%。总体来看，社区矫正对象对基础性支持的需求高于对发展性支持的需求。

表 6-93　　　　　　　社区矫正对象服务支持的需求状况

类型	基础性支持			发展性支持		
	心理辅导	就业机会	公共服务	教育学习	职业能力培训	人际能力培训
N	2655	2270	2623	2657	2021	1956

续表

类型	基础性支持			发展性支持		
	心理辅导	就业机会	公共服务	教育学习	职业能力培训	人际能力培训
百分比（%）	83.6	71.5	82.6	83.7	83.6	61.6

需要特别注意的是，尽管问卷调查中反映出的社区矫正对象对就业机会的需求不是很高，但在访谈中发现，对就业机会的需求仍是大多数社区矫正对象迫切需要的支持类型。社区矫正对象因其档案中有犯罪记录，使得其在就业市场上受到一定的门槛限制。尽管部分社区矫正对象不存在因犯罪身份而对就业产生影响，这主要是因为部分矫正对象从事的是一些体力劳动，部分则是自己做小本生意，对身份、学历和年龄要求较低，但这并不表示可以忽视对社区矫正矫正对象的就业机会支持。

问：您觉得在社区矫正过程中遇到最大的困难是什么？

答：接受社区矫正时，再就业是容易遭受偏见和歧视的，现在找工作的时候，人家看你的年龄、学历，还有就是有无犯罪记录，所以对于这些受矫人员来说，除了原本是做生意的，不然出了事后，很容易就丢了工作，再找就很困难，于是经济也会比较困难，生活是个问题。

——C6-R05

第一，不同地区社区矫正对象服务支持的需求状况。如表6-94所示，其一，前郭县矫正对象对各项服务的需求比例较武汉市和佛山市高，且所占比例皆高达95.0%以上。其二，佛山市矫正对象对心理辅导、就业机会和公共服务等基础性支持的需求比例均高于武汉市。其三，武汉市矫正对象对教育学习、职业能力培训和人际能力培训等发展性支持的需求比例均高于佛山市，且均高于总体水平。其四，综合考察基础性支持和发展性服务支持，武汉市矫正对象对基础性支持的需求比例为75.6%，对发展性支持的需求比例为75.9%；佛山市矫正对象对基础性支持的需求比例为84.3%，对发展性支持的需求比例为57.6%；前郭县矫正对象对基础性支持和发展性支持的需求比例分别为97.4%、96.9%。由此可见，小城市矫正对象对基础性和发展性服务支持的需求比例均最高；中等城市矫正对象对基础性支持的需求次于小城市但高于大城市；大城市矫正对象对发展性支持的需求力度次于小城市但高于中等城市。

表6-94　　　　不同地区社区矫正对象各类服务支持的需求状况（%）

地区	基础性支持			发展性支持		
	心理辅导	就业机会	公共服务	教育学习	职业能力培训	人际能力培训
总体	83.6	71.5	82.6	83.7	63.6	61.6
武汉市	79.9	67.8	79.2	92.6	66.4	68.6
佛山市	89.0	76.3	87.5	67.7	57.2	47.8
前郭县	98.4	95.3	98.4	98.4	95.3	96.9

第二，不同性别社区矫正对象服务支持的需求状况。由表6-95可知，其一，女性矫正对象对心理辅导、就业机会、公共服务、教育学习、职业能力培训的需求比例均大于男性矫正对象，均在70.0%以上。其二，在对人际能力培训的需求中，男性矫正对象所占比例则高于女性矫正对象7.6个百分点。其三，从基础性支持和发展性支持来看，男性矫正对象对基础性支持的综合需求比例为78.5%，对发展性支持的综合需求比例为69.5%；女性矫正对象对这两类支持需求的综合比例分别为84.2%和70.3%。由此可见，女性矫正对象对服务支持的需求程度总体上大于男性，且对基础性服务支持的需求大于发展性服务支持；男性和女性矫正对象对发展性服务支持的需求总体差别不大，所占比例处于70.0%左右。

表6-95　　　　不同性别社区矫正对象各类服务支持的需求状况（%）

性别	基础性支持			发展性支持		
	心理辅导	就业机会	公共服务	教育学习	职业能力培训	人际能力培训
总体	83.7	71.5	82.7	83.6	63.6	61.6
男性	82.7	70.4	82.4	83.3	62.5	62.6
女性	89.9	78.0	84.6	85.8	70.2	55.0

第三，不同年龄社区矫正对象服务支持的需求状况。由表6-96可知，

其一，39岁以下矫正对象需求较大的服务支持是心理辅导、就业机会和公共服务，均高于其他年龄段。其二，40—49岁矫正对象需求较大的服务支持是职业技能培训和人际能力培训，均高于其他年龄段。其三，50岁及以上矫正对象需求较大的服务支持是教育学习，均高于其他年龄段。由此可见，39岁以下矫正对象相对而言更需要基础性服务支持，40岁及以上矫正对象相对而言更需要发展性服务支持。

表 6-96　　　　不同年龄社区矫正对象对服务支持的需求状况（%）

年龄	基础性支持			发展性支持		
	心理辅导	就业机会	公共服务	教育学习	职业能力培训	人际能力培训
总体	83.7	71.4	82.8	83.6	63.6	61.3
30岁以下	86.6	72.5	83.2	77.5	63.3	57.8
30—39岁	84.0	74.3	84.2	78.7	60.1	57.3
40—49岁	82.5	71.6	83.1	89.8	68.4	67.6
50—59岁	80.2	65.1	78.8	95.5	65.9	66.5
60岁及以上	80.5	50.6	73.6	95.4	49.4	65.5

第四，不同教育程度社区矫正对象服务支持的需求状况。由表 6-97 可知，其一，教育学习、心理辅导及公共服务是各教育程度矫正对象需求比例最高的三大服务支持。其二，小学及以下教育程度矫正对象对职业能力培训和就业机会的需求比例较其他教育程度高，初中教育程度矫正对象对人际能力培训的需求比例较其他教育程度高，中专或高中教育程度矫正对象对心理辅导的需求比例较其他教育程度高，研究生及以上教育程度矫正对象对教育学习和公共服务的需求比例较其他教育程度高。总体来看，除了研究生及以上教育程度矫正对象对公共服务和教育学习的需求较特殊，教育程度较低的矫正对象服务需求相对较高。

表 6-97　　　不同教育程度社区矫正对象服务支持的需求状况（%）

教育程度	基础性支持			发展性支持		
	心理辅导	就业机会	公共服务	教育学习	职业能力培训	人际能力培训
总体	83.5	71.5	82.6	83.5	63.4	61.5

续表

教育程度	基础性支持			发展性支持		
	心理辅导	就业机会	公共服务	教育学习	职业能力培训	人际能力培训
小学及以下	84.2	73.2	82.3	91.9	70.3	67.5
初中	83.0	72.5	80.6	91.0	68.8	69.1
中专或高中	85.9	73.0	83.0	75.6	60.3	55.1
大专	81.0	64.3	85.6	81.6	58.8	58.1
本科	80.7	73.1	81.8	86.9	61.9	63.4
研究生及以上	84.8	63.6	97.0	93.9	69.7	63.6

第五，不同收入社区矫正对象服务支持的需求状况。由表6-98可知，收入2万以下收入水平矫正对象对心理辅导、就业机会和职业能力培训的需求比例较其他收入水平的矫正对象高，2万—5万收入水平矫正对象对公共服务的需求比例较其他收入水平高，5万—8万收入水平矫正对象对人际能力培训的需求比例较其他收入水平高，8万—15万收入水平矫正对象对教育学习的需求比例较其他收入水平高。总体来看，中等及以上收入水平矫正对象对教育学习的需求高于中等以下矫正对象，中等偏下及低收入水平矫正对象对基础性服务支持的需求高于中等及以上矫正对象。

表6-98　　　　不同收入社区矫正对象服务支持的需求状况（%）

家庭年收入	基础性支持			发展性支持		
	心理辅导	就业机会	公共服务	教育学习	职业能力培训	人际能力培训
总体	83.6	71.3	82.6	83.5	63.4	61.3
2万以下	87.2	80.6	83.0	86.0	72.1	60.4
2万—5万	83.8	70.6	84.0	78.0	58.8	60.8
5万—8万	81.1	66.7	81.4	88.5	63.4	64.5
8万—15万	83.4	65.9	74.1	94.6	67.3	59.0
15万以上	66.3	42.3	83.7	93.3	52.9	64.4

（二）情感性支持需求状况

社区矫正对象的情感性支持需求状况可以从接纳支持需求、尊重支持需求、倾听支持需求、理解支持需求和信任支持需求等方面的状况来考察。

1. 接纳和尊重支持需求状况

如前所述，对社区矫正对象情感性支持获得情况的考察中发现，虽然社区矫正对象获得的接纳和尊重支持相对最好，但均值都不高，仅在 4.0 左右波动。结合实地访谈可进一步判断，社区矫正对象对这两类情感性支持仍然有较大需求。

表里不一，是社区矫正对象需求接纳和尊重支持的最大需求困境。就接纳和尊重支持而言，社区矫正对象并不满足于社会公众在不知晓其犯罪的情况下接纳和尊重自己，更希望在社会公众知道其罪犯身份的情况下仍能给予其接纳和尊重。调查数据和访谈结果显示：表面上看，社区矫正对象获得接纳支持的状况较好，大多数社区矫正对象表示并没有受到社区成员和一般公众的明显疏远和排斥；但实际上，这是因为公众对社区矫正的知晓度较低，且很少知道谁是社区矫正对象，对于该话题处于模糊的状态。调查中发现，凡是知道社区矫正对象罪犯身份的公众，还是表现出一定的排斥情感。社区矫正对象经常被贴上污名化标签，在一定程度上说，其比较容易受到社会主流群体的排斥。受到排斥的社会个体，自尊易受到伤害，也更容易感到孤独和抑郁，这并不利于其顺利重返社会。因此，社区矫正对象就公众对其的不接纳和不尊重还是有很大担忧。

问：在矫正期间，您有过因为自己是社区矫正对象的身份而被人歧视的经历吗？您希望被社会大众接纳吗？

答：表面上这个倒没有，周围人没有对我表现出太明显的排斥和疏远。这可能是因为没有太多人知道我是社区矫正对象，我们社区成员对这类事情一般不太上心，并没有太关注，大多数人连什么是社区矫正都不知道。再加上也没有大张旗鼓地公示公开，一般人都不知道我在接受矫正，只有家人和少数关系好的朋友知道这事儿，而且我这是一时冲动，属于无意犯罪。另外，我当然希望在大家知道我犯罪的情况下也能接纳我，也希望社会给我一个改错的机会。

——C6-R06

访谈显示，社区矫正对象之所以没有受到明显的排斥和疏远，接纳支持和尊重支持获得状况较好,主要是由于周围公众对社区矫正的不了解、对身边"潜伏"有社区矫正对象的不知情。然而,这并不能简单地认为社区矫正对象获得了较好的接纳和尊重支持。只有在绝大多数公众对社区矫正认知的前提下,并对社区矫正对象身份知情的情况下,依然表现出不排斥和不疏远,这才是真正意义上的接纳和尊重。因此,在社区矫正深入普及和推行的过程中,社区矫正对象必然会面临不被接纳和社会排斥的问题。例如,通过询问社区矫正对象"是否感觉周围人对你不尊重"以测量矫正对象对尊重支持的需求程度。结果显示,虽然61.6%的社区矫正对象表示未感到周围人对自己不够尊重,但仍有近四成表示有此感受。综上可知,社区矫正对象对接纳支持和尊重支持的需求较高,应该引起关注。

2. 倾听和理解支持需求状况

一般来讲,倾听和理解支持是个体获得情感疏导、精神安慰和重拾信心的重要方式,对社区矫正对象来说,更是其社会功能恢复和重新融入社会的重要途径。在很多情况下,社区矫正对象因其身份标签而受到情感困扰,因此其往往更加需要也应该采取倾诉的方式为自己解压,这样才能更好地树立生活信心,顺利重返社会。在访谈中,被调查的社区矫正对象均表现出对倾听和理解支持的强烈需求。

> 问:您遇到烦恼会怎样解决?您会主动找人抒发烦恼吗?一般找谁倾吐心事?您与哪些人的联系比较密切?
>
> 答:遇到烦恼的时候还是会想办法倾诉出来的,但多数情况下都是自己慢慢消化、自我调节,不想把自己的消极情绪带给其他人。当然也会遇到一些自己消化不了或大的烦恼,也或者是烦恼积累到一定程度了,不得不向他人倾诉,有时候也不是为了得到别人的建议或意见什么的,就是想有人单纯地倾听我的想法和困扰,得到他们的理解和支持,这样就会好受很多。一般情况下,我会和家人和朋友沟通,特别需要他们的支持和理解。

——C6-R07

调查发现,对大多数社区矫正对象来说,还是期望有人倾听他们的心声和烦恼并得到理解。在他们看来,只有这样才会感觉到自己是被他人所在乎的，是一个正常人。访谈中得知，在支持来源上，家人是社区矫正对象能够获得以及期待获得倾听和理解支持的最主要来源；但家人也有亲疏远近之分，配偶和父母是社区矫正对象最亲近、最信赖的支持来源。相当多的社区矫正对象在访谈中表露出对自己配偶和父母在情感支持上的感激，认为是他们的倾听、理解和包容才让他们更积极、乐观地面对生活。由此看来，社区矫正对象对家人的倾听和理解需求最为强烈。

如前所述，家人和社区矫正工作人员是社区矫正对象获得情感性支持的两大来源。从"接收者"获得的角度看，社区矫正工作人员、亲朋（家人含亲戚、朋友）、社区成员、街道办及居委会的情感性支持依次递减，但差别并不是很大，均值都处于3—4。从"提供者"供给的角度看，就社区矫正工作队伍内部而言，社区矫正专职工作人员、社区矫正社会工作者、社区矫正志愿者提供的倾听和理解支持依次递减。由此看来，除了来自家人这血浓于水的亲情纽带的非正式支持，在社区矫正期间联系紧密的社区矫正工作人员，尤其是矫正专职工作者和社区矫正社会工作者的倾听和理解支持也是至关重要的。访谈发现，绝大多数社区矫正对象表示希望能够与社区矫正工作人员保持轻松的关系，期望他们能倾听自己来自生活和工作等各方面的烦恼，从而获得被理解和支持。

> 问：社区矫正工作人员是否会认真聆听您的需求和烦恼，并帮您解决问题？你是否需要他们的倾听？
>
> 答：会啊，社区矫正人员会聆听我的烦恼并帮我解决问题。老伴太敏感了不敢跟她说，孩子们的工作和生活压力很大，也不方便跟他们说，我平时就和司法所的工作人员说。我所在的司法所配有专门的心理矫治人员，他每过一段时间会找我谈话，会问近期家里或者工作上有没有什么问题呀，或者有没有其他什么方面的问题啊之类的。如果我不愿意说，他会引导我希望我能吐露心声，很多时候都会把自己的烦恼和需求都告诉他，他都会认真倾听，而且会开导我，帮我想办法或者提一些建议解决问题。
>
> ——C6-R08

除此之外，社区矫正对象对朋友的倾听和理解支持需求也较强烈。日常生活中，通常每个人都有家人和朋友这两大关系圈，这是每个普通人具有的共性。访谈发现，除了以上提到的家人和社区矫正工作人员，大多数社区矫正对象都表示曾经向朋友倾诉过生活中的烦恼和困惑，同时也表示希望获得或继续获得来自朋友的倾听和理解。

>问：您遇到烦恼会怎样解决？您会主动找人抒发烦恼吗？一般找谁倾吐心事？您与哪些人的联系比较密切？
>
>答：遇到烦恼比较少吧，不过肯定会遇到，一般会跟亲人和朋友倾诉吧，当然跟他们联系比较密切。家人不用说了，他们都很支持我的，没有因为我这样就不管了什么的，有时候反过来照顾我情绪会多一点。至于朋友呢，因为都是年轻人嘛，很多话都能说到一起去，跟他们说说互相打打气、开开玩笑就过去了，也就不觉得是个事儿了。有时候有些事跟朋友说比跟家人说还方便些，跟家人说多了又怕他们担心。
>
>——C6-R09

调查发现，期待获得来自亲朋倾听和理解支持的社区矫正对象与年龄有着密切联系。年轻的社区矫正对象一般更多地会选择找朋友倾诉烦恼，而年长的社区矫正对象则愿意与家人（含亲戚）沟通。这可能是与代际关系的影响有关，在处于叛逆期或者说心智尚未成熟的年轻人看来，父母多数情况下并不理解他们，不懂得倾听，更多的是"唠叨"；相反，同龄朋友圈因有共同话题、相互了解，成了交换彼此快乐和烦恼的"知己"。而对于积累了一定的社会阅历、形成了一定的自我主见的成年人来说，家人和朋友同样是自己获得烦恼倾诉和理解支持的重要主体。

3. 信任和信赖支持需求情况

信任信赖，是在他人接纳、尊重、倾听、理解的基础之上建立起来的，是获得良好人际关系的基础，也是社区矫正对象获得各类支持的重要条件。信任信赖渗透于社会生活的方方面面，也会对社区矫正对象是否能顺利回归社会产生重要影响。一般来讲，一个人是否被信任，与这个人的过往经历、为人基础和身份特征相关。因此，家人朋友与一般公众，熟人与陌生人在看待社区矫正对象是有一定区别的。通常而言，家人朋友和熟人会以过往人品来判断是否该信任，而一般公众和陌生人则更倾向用身份标签来判断。社区矫正对象都是有着犯罪经历的"特殊群体",在一般公众看来,社区矫正对象是相对"危险"的"戴罪之人",在日常生活中便不愿与其建立信任信赖关系。访谈发现,社区矫正对象的"罪犯标签"使得其与一般公众的信任关系建立更加困难,而这种信任信赖支持需求也是他们渴望正常生活想获得的。

> 问:在矫正期间,您认为被他人信任了吗?
>
> 答:大多数情况下应该是这样的。在与我有接触的人中,一般都是信任我的,不然就不会跟我打交道了。对于一般不太熟悉的人,他们都不知道我是社区矫正对象,对我跟其他人都是一样的。但如果知道我是社区矫正对象的人,还是会另眼相看,时刻有些提防,不怎么信任,这样就给我们办很多事和正常生活带来不便。家人、朋友、社区矫正工作人员这些经常联系的人,我觉得应该也比较信任我,朋友嘛,得具体看是什么朋友,这个不一定。家人和社区矫正工作人员对我还是蛮信任的。对了,主要我犯的罪不是那种很严重的,像故意伤害什么的,是因为工作上犯的经济罪。
>
> ——C6-R10

综上所述,不同的群体对社区矫正对象的接纳、倾听、理解、尊重和信任支持是不一样的,但总体上均没有满足社区矫正对象的情感性需求,社区矫正对象更需要一般公众的情感性支持不带有标签色彩,并且对家人、朋友及社区矫正工作人员的情感性需求程度更大。

(三)信息性支持需求状况

社区矫正对象的信息性支持需求状况,如表6-99所示,其一,法律信息、政策信息和教育信息是社区矫正对象相对需求最大的信息性支持。其中,前两者均超过了60.0%,多半的社区矫正对象表示需要了解和掌握更多的法律知识和相关政策,来帮助自己尽快实现解矫和回归社会。其二,社区矫正对象对就业信息和工作建议的需求比例分别为32.5%、23.3%,两者整合表明,超过50.0%的社区矫正对象希望他人能够为自己提供与工作相关的信息。其三,还有10.7%的社区矫正对象需要获得婚恋信息,10.4%的社区矫正对象需要获得活动信息,说明此类信息支持并不能被忽视。其四,从政策类信息和生活类信息来看,社区矫正对象对教育信息、政策信息和法律信息等政策类信息的综合需求比例为 56.7%,远高于其对就业信息、工作建议、婚恋信息和生活信息等生活类信息的综合需求比例 19.2%。由此可见,政策类信息是当前社区矫正对象迫切需要的信息性支持类型。

表 6-99　　　　　　　　社区矫正对象信息性支持的需求状况

项目	政策性支持			生活性支持			
	教育信息	政策信息	法律信息	就业信息	工作建议	婚恋信息	活动信息
N	1326	1975	2258	1068	764	352	340
百分比(%)	40.4	60.2	68.8	32.5	23.3	10.7	10.4

第一,不同地区社区矫正对象的信息性支持需求状况。如表 6-100 所示,佛山市社区矫正对象对教育信息和政策信息等政策性支持的需求比例相对较高,分别为 59.4% 和 72.9%;与此同时,佛山市社区矫正对象还对工作建议和婚恋信息等生活性支持的需求比例相对较高,分别为 38.1% 和 24.6%。此外,武汉市对法律知识的需求相对较高;前郭县对就业信息和政策信息的需求相对较高。总体而言,三大地区社区矫正对象的信息性支持需求大小排序依次是中等城市、小城市和大城市。

表 6-100　　　　不同地区社区矫正对象各类信息性支持需求状况 (%)

地区	政策性支持			生活性支持			
	教育信息	政策信息	法律知识	就业信息	工作建议	婚恋信息	生活信息
总体	40.4	60.2	68.8	32.5	23.3	10.7	10.4
武汉市	29.6	53.1	74.9	37.9	15.0	3.1	14.9
佛山市	59.4	72.9	57.7	21.8	38.1	24.6	2.1
前郭县	38.1	55.6	74.6	55.6	17.5	3.2	15.9

第二,不同性别社区矫正对象的信息性支持需求状况。由表 6-101 可知,女性矫正对象对教育信息、政策信息及法律知识等政策性支持的需求比

例均要高于男性,前者所占比例分别为 49.7%、63.9%、70.2%。与之相反,男性矫正对象对就业信息、工作建议、婚恋信息及活动信息等生活性支持的需求比例要高于女性。整体上看,男性矫正对象对政策性支持的综合需求比例为 55.8%,对生活性支持的综合需求比例为 19.8%;女性矫正对象对这两类信息支持的综合需求比例分别为 61.3% 和 15.6%。由此可见,男性矫正对象对生活性支持的需求程度高于女性矫正对象,而女性矫正对象对政策性支持的需求程度高于男性矫正对象,且女性对政策性支持的需求程度要高于男性对生活性支持的需求程度。

表 6-101　　　　不同性别社区矫正对象信息性支持需求状况(%)

性别	政策性支持			生活性支持			
	教育信息	政策信息	法律信息	就业信息	工作建议	婚恋信息	活动信息
总体	40.4	60.2	68.8	32.5	23.3	10.7	10.4
男性	39.0	59.7	68.8	33.6	24.1	10.8	10.7
女性	49.7	63.9	70.2	24.3	18.9	10.7	8.5

第三,不同年龄社区矫正对象的信息性支持需求状况。如表 6-102 所示,39 岁以下矫正对象对教育信息、政策信息、工作建议和婚恋信息的需求比例较 40 岁以上矫正对象要高;40 岁以上矫正对象对法律知识、就业信息和活动信息的需求比例较 39 岁以下矫正对象要高。总体上看,各年龄段矫正对象对政策性支持的需求高于对生活性支持的需求。

表 6-102　　　　不同年龄社区矫正对象信息性支持需求状况(%)

年龄	政策性支持			生活性支持			
	教育信息	政策信息	法律信息	就业信息	工作建议	婚恋信息	活动信息
总体	40.5	60.6	69.1	31.9	23.7	10.9	10.4
30 岁以下	46.7	62.3	65.0	30.4	26.6	15.6	9.8
30—39 岁	45.9	63.7	66.7	30.0	27.1	14.7	9.8
40—49 岁	31.7	56.5	73.8	36.2	22.8	6.3	11.5
50—59 岁	29.2	56.3	74.8	33.2	12.1	1.9	10.7
60 岁及以上	42.6	59.6	70.2	27.7	10.6	1.1	10.6

第四，不同教育程度社区矫正对象的信息性支持需求状况。由表6-103可知，其一，各教育程度矫正对象对法律信息的需求程度相对最高，对活动信息的需求程度相对最低。其二，需求比例最高的单项是大专教育程度矫正对象对法律信息的需求，为80.7%；需求比例最低的单项是小学及以下教育程度矫正对象对婚恋信息的需求，仅4.8%。其三，就政策性支持需求和生活性支持需求综合而言，小学及以下教育程度矫正对象的需求比例分别为49.3%和18.5%；初中教育程度矫正对象的需求比例分别为50.5%和19.3%；中专或高中教育程度矫正对象的需求比例分别为59.0%和20.0%；大专教育程度矫正对象的需求比例分别为62.0%和19.0%；本科教育程度矫正对象的需求比例分别为61.1%和18.2%；研究生及以上教育程度矫正对象的需求比例分别为49.1%和14.6%。由此可见，大专教育程度矫正对象对政策性支持的需求度相对最高，中专或高中教育程度矫正对象对生活性支持的需求度相对最高。综合来看，初中、中专或高中、大专及本科教育程度矫正对象对信息性支持的需求度相对高些，而小学及以下、研究生及以上教育程度矫正对象对信息性支持的需求度相对低些，社区矫正对象对信息性支持的需求在教育程度上呈倒U形结构。

表6-103　　　不同教育程度社区矫正对象信息性支持需求状况（%）

教育程度	政策性支持			生活性支持			
	教育信息	政策信息	法律信息	就业信息	工作建议	婚恋信息	活动信息
总体	40.4	60.1	69.0	32.5	23.4	10.8	10.3
小学及以下	31.4	47.1	69.5	38.1	20.0	4.8	11.0
初中	30.9	49.5	71.3	40.4	17.2	4.7	14.7
中专或高中	49.0	66.7	61.4	28.3	25.4	18.2	8.1
大专	44.4	60.9	80.7	33.1	29.0	6.4	7.5
本科	37.9	74.9	70.4	21.9	27.6	13.7	9.7
研究生及以上	30.6	47.2	69.3	25.0	16.7	8.3	8.3

第五，不同收入社区矫正对象的信息性支持需求状况。由表6-104可知，其一，2万—5万中等偏下收入水平矫正对象对教育信息、就业信息、工作建议和婚恋信息的需求比例相对最高，8万—15万中等偏上收入水平矫

正对象对政策信息、法律信息和活动信息的需求比例相对最高。其二，从政策性支持来看，各收入水平矫正对象的综合需求比例依次为 54.6%、55.8%、60.2%、60.3%、58.1%；而从生活性支持来看，各收入水平矫正对象的综合需求比例依次为 18.4%、22.2%、15.5%、14.5%、12.6%。由此可见，各收入水平矫正对象对政策性支持的需求远远大于对生活性支持的需求。总体来看，社区矫正对象对信息性支持的需求在收入水平上也呈倒 U 形结构。

表 6-104　　不同收入社区矫正对象信息性支持需求状况（%）

收入	政策性支持			生活性支持			
	教育信息	政策信息	法律信息	就业信息	工作建议	婚恋信息	活动信息
总体	40.6	60.3	69.0	32.4	23.4	10.8	10.3
2 万以下	38.3	54.3	71.1	34.7	21.0	7.2	10.7
2 万—5 万	43.7	60.6	63.0	35.1	28.3	15.8	9.7
5 万—8 万	39.8	65.7	75.1	27.3	17.6	7.3	9.9
8 万—15 万	31.8	68.2	81.0	22.3	19.0	1.9	14.7
15 万以上	37.2	58.4	78.8	24.8	12.4	5.3	8.0

综上所述，社区矫正的终极目标是帮助社区矫正对象适应并顺利重返社会，而社会矫正对象回归社会离不开社会支持。社会支持是社区矫正的重要特征，良好的社会支持对社区矫正对象的教育、矫正和帮扶具有重要的积极作用。相反，社会支持的缺乏则会使社区矫正对象重返社会变得更加艰难，甚至会增加重新犯罪的可能。因此，来自不同群体和各界力量的社会支持是社区矫正对象重新融入社会的重要媒介和内在需求。然而，只有厘清社区矫正对象的社会支持获得、供给和需求现状，才能有效回应并实现进一步精准供给。

在评量中，本部分重点从"接收者"角度的社区矫正对象和"提供者"角度的社区矫正工作队伍双向主体入手，分别考察社区矫正对象的社会支持获得和需求状况、社区矫正工作队伍的社会支持供给状况。通过对"工具性支持""情感性支持""信息性支持""反馈性支持"四个维度的总体评量，以及对地区、性别、年龄、教育程度、收入水平五个要素的分类比较，详细呈现了社区矫正对象社会支持的获得和需求状况；通过对"工具性支持""情感性支持""信息性支持"三个维度的整体评量，以及对地区、性别、年龄、教育程度、工作身份五个要素进行分类比较，全面呈现了社区矫正工作队伍的社会支持供给状况。

研究发现，第一，就整体性支持而言，总体获得不高，供给整体不足，需求较为强烈。在社区矫正对象社会支持的获得中，社区矫正对象获得来自家人、朋友、社区成员的非正式支持，呈现空间上由内而外的支持递减格局；获得来自居委会、警察、社区矫正工作人员的正式支持，呈现随专业性递增而支持递增的趋势。总体来看，家人和社区矫正工作人员是社区矫正对象获支持获得的两大主要来源。在社区矫正对象社会支持的供给和需求中，因社会支持的四个维度不同和五个要素不同而呈现出的特点也不同。第二，就工具性支持而言，总体获得较好，供给整体适中，需求较为平淡。相比实物和金钱支持，服务支持是社区矫正对象获得相对较多、需求总体较高的支持类型；其中，社区矫正对象获得的发展性服务支持多于基础性服务支持，对基础性服务支持的需求高于对发展性服务支持的需求，社区矫正工作队伍对发展性支持的供给多于基础性支持。第三，就情感性支持而言，总体获得不足、供给表面适度、需求潜在性高。社区矫正对象获得他人接纳和尊重支持相对较好，但访谈发现却是在多数公众不认知情况下的结果。接纳、信任、倾听、理解、尊重支持是贯穿矫正社区对象"生命历程"不可或缺且要被重视的支持类型。第四，就信息性支持而言，总体获得不够，供给整体滞后，需求程度较高。社区矫正对象获得的生活类信息多于政策类信息，当前社区矫正对象更加迫切需要政策类信息支持。第五，就反馈性支持而言，总体获得不高。正面社会互动中的主动倾诉和主动求助状况均较欠缺，以向关系密切的人倾诉和求助的保守方式为主；对支持的利用以基础性支持利用为主，发展性支持利用相对较差。

第七章
社区矫正对象社会支持的影响因素

现状评估之后往往需要对为什么会形成这种状况进行影响因素分析。社区矫正对象社会支持的影响因素分析，简称因素分析，主要是指前文所呈现和分析的社区矫正对象社会支持当前所具有的状况是如何产生的，是由哪些因素来影响和制约的，具有怎样的基本规律和干预机制。因为社区矫正对象社会支持现状包括公众基础、支撑队伍和获得供给等基本状况，所以从总体上讲，社区矫正对象社会支持的影响因素分析也应该包括公众基础影响因素分析、支撑队伍影响因素分析和获得供给影响因素分析三大组成部分。这三大部分中，也有主次之分，由于本研究的重点是考察社区矫正对象社会支持的获得供给影响因素，因此，为了不打断主线，在结构安排上，在进行公众基础影响因素分析、支撑队伍影响因素分析之后，会侧重对社区矫正对象社会支持的获得和供给进行影响因素分析，以探索影响基层治理中社区矫正治理的重要原因。

一 社会支持公众基础的影响因素比较

社区矫正对象社会支持的公众基础，首先需要一般公众对社区矫正认知、认同和参与。通过前文对社区矫正公众认知、认同及参与状况的考察发现，现阶段我国社区矫正的公众认知度还很低，公众的知晓途径较单一，参与度不足且参与意识薄弱；但在对被调查者进行介绍后作答发现，公众认同状况良好，但依旧顾虑重重。因此，当前对社区矫正对象社会支持的公众基础进行影响因素分析,首要和关键的是要对社区矫正公众认知、认同及参与的影响因素进行分析。基于此,以下将对影响社区矫正公众认知、认同及参与因素分别进行分析,以便了解关键因素的影响方式、路径及机制,从而有的放矢地进行政策倡导,提高对社区矫正对象的社会支持。

(一)一般公众的因素特征

全国调查回收的 1564 份有效样本的因素特征如表 7-1。排除缺失值后,结构如下。性别方面,男性占 43.0%,女性占 57.0%;婚姻方面,未婚占 41.6%,已婚占 56.2%,离异占 1.3%,丧偶占 1.0%;教育方面,小学及以下占 4.4%,初中占 17.7%,高中占 12.7%,中专或技校占 7.9%,大学专科占 14.4%,大学本科占 32.0%,研究生及以上占 10.9%;就业状况方面,全职占 44.5%,非全职占 8.8%,待业/失业占 8.2%,退休占 6.9%,在校学生占 31.5%,无劳动能力占 0.1%;民族方面,少数民族占 4.1%,汉族占 95.9%;信仰方面,佛教占 5.6%,道教占 0.5%,伊斯兰教占 0.4%,基督教占 3.5%,无信仰占 89.0%,其他占 1.1%;政治面貌方面,中共党员占 27.9%,民主党派占 0.5%,共青团员占 26.9%,一般群众占 44.7%;年龄方面,最小的 12 岁,最大的 85 岁,平均年龄约为 35.86 岁;家庭人口方面,最少的 1 人,最多的 12 人,平均人口数为 3.91 人(见表 7-1)。

表 7-1　　　　　　　　　　一般公众的因素特征

变量	特征	频率	百分比(%)	变量	特征	频率	百分比(%)
性别	男	669	43.0	宗教信仰	佛教	85	5.6
	女	888	57.0		道教	7	0.5
婚姻	未婚	648	41.6		伊斯兰教	6	0.4
	已婚	876	56.2		基督教	53	3.5
	离异	20	1.3		无信仰	1363	89.0
	丧偶	15	1.0		其他	17	1.1

续表

变量	特征	频率	百分比(%)	变量	特征	频率	百分比(%)
教育	小学及以下	68	4.4	经济地位	很好	20	1.3
	初中	275	17.7		比一般好	179	11.6
	高中	197	12.7		一般	1075	69.6
	中专或技校	123	7.9		比一般差	214	13.9
	大学专科	224	14.4		很差	57	3.7
	大学本科	497	32.0	家庭支出	一万以下	123	8.2
	研究生及以上	170	10.9		一万到两万	343	22.7
就业状况	全职	694	44.5		两万到三万	294	19.5
	非全职	138	8.8		三万到四万	257	17.0
	待业/失业	128	8.2		四万到五万	151	10.0
	退休	108	6.9		五万以上	341	22.6
	在校学生	491	31.5	政治面貌	中共党员	434	27.9
	无劳动能力	2	0.1		民主党派	8	0.5
民族	少数民族	63	4.1		共青团员	419	26.9
	汉族	1459	95.9		一般群众	696	44.7
变量	频率/范围	均值	标准差	变量	频率/范围	均值	标准差
年龄	1258 [12, 85]	35.8606	13.73534	家庭人口	1556 [1, 12]	3.91	1.319

(二)公众认知的影响因素

社区矫正的公众认知状况受到多方面因素的影响,而提升社区矫正的公众认知有利于其推广和落地,尤其是推动公众为社区矫正对象提供社会支持。我们从个体特征[1]和刑罚观[2]两方面对社区矫正公众认知状况的影响因

---

[1] 个体特征,包括性别、年龄、婚姻状况、生育状况、教育状况、政治面貌、城乡来源、宗教信仰、亲戚、朋友以及熟人有无判刑状况等。
[2] 公众刑罚观,包括传统刑罚观和现代刑罚观。传统刑罚观包括惩罚和公正;现代刑罚观包括康复、文明、人本主义、社会风险、刑罚成本和政策倡导。

素进行分析。

一方面,将个体特征作为自变量,社区矫正的公众认知状况作为因变量,纳入二元 Logistic 回归分析,可得到模型 1,作为基准模型。另一方面,将个体特征作为控制变量,刑罚观作为自变量,[①] 社区矫正的公众认知状况作为因变量进行数据分析,得到模型 2(见表 7-2)。

表 7-2 社区矫正公众认知的影响因素的二元 Logistic 回归模型

变量		模型 1			模型 2		
		B	SE	Exp(B)	B	SE	Exp(B)
性别	女(男)	-.144	.142	.866	-.172	.154	.842
年龄	年龄	.101	.076	1.107	.136	.083	1.146
婚姻	未婚(婚姻经历)	-.480	.343	.619	-.342	.372	.710
生育	有小孩(无小孩)	-.116	.342	.891	-.1000	.376	.905
教育	教育年限	.194***	.059	1.214	.156**	.064	1.169
政治面貌	中共党员(一般群众)	.271	.187	1.312	.190	.199	1.210
	民主党派(一般群众)	1.297	.788	3.658	.997	.854	2.710
	共青团员(一般群众)	-.202	.225	.817	-.206	.239	.814
来源	城市居民(大学生)	-.163	.182	.849	.009	.196	1.009
	农村居民(大学生)	.364*	.217	.695	-.370	.236	.691
信仰	无宗教信仰(信教)	.213	.216	1.237	.127	.234	1.136
被判刑经历	亲戚被判刑	.324	.230	1.382	.356	.245	1.428
	朋友被判刑	.344	.221	1.411	.295	.243	1.343
	熟人被判刑	.195	.158	1.215	.141	.169	1.515
传统刑罚观	惩罚				-.390***	.150	.677
	公正				-.340***	.086	.711

[①] 通过对陈述进行打分来测量公众的刑罚观和对社区矫正的认同度。具体测量时通过李克特五度量表进行,其中 1 表示非常不同意、2 表示不同意、3 表示不太确定、4 表示同意、5 表示非常同意,这些变量具有数值意义。

续表

变量		模型 1			模型 2		
		B	SE	Exp（B）	B	SE	Exp（B）
现代刑罚观	康复				-.087	.143	.917
	文明				.345***	.124	1.413
	人本主义				.057	.123	1.059
	刑罚成本				-.012	.079	.988
	社区风险				-.137	.089	.872
	政策倡导				-.032	.081	.968
常量		-2.140	.567	.118	-.454	.960	.635
-2 Log likelihood		1327.984			1175.661		
Nagelkerke R²		.074			.160		
模型检验		卡方值=62.085***			卡方值=130.198***		
整体预测准确率		73.8%			75.5%		

*** P<0.01，** P<0.05，* P<0.1

模型1的sig.值小于0.01，Nagelkerke R²等于0.074，整体预测准确率为73.8%。这表示模型检验在置信区间99%内显著，同时对社区矫正公众认知具有一定的解释力，模型拟合度较好。模型1的结果显示，第一，性别、年龄、婚姻状况、政治面貌、城乡来源、宗教信仰、亲戚判刑经历、熟人判刑经历等都对社区矫正的公众认知状况不产生显著影响。第二，教育年限对社区矫正的公众认知产生显著影响。其具体影响机制是，教育年限在置信区间99%内显著，Exp（B）等于1.214，表明在控制其他变量不变的情况下，公众受教育年限越高，其对社区矫正的认知度也越高。

模型2的sig.值小于0.01，Nagelkerke R²等于0.160，整体预测准确率为75.5%。这表示模型检验在置信区间99%内显著，同时对社区矫正公众认知具有一定的解释力，模型拟合度较好。模型2的结果显示，第一，控制变量中性别、年龄、婚姻状况、政治面貌、城乡来源、宗教信仰、亲戚判刑经历、朋友判刑经历、熟人判刑经历都对社区矫正的公众认知状况不产生显著影响。而教育年限在置信区间99.9%上影响显著，并且随教育年限的增加，公众对社区矫正的认知状况更为良好。第二，刑罚观对于社区矫正认知状况的影响机制比较复杂，传统刑罚观对社区矫正制度的认知状况产生负向影响，而现代刑罚观中仅文明刑罚观对公众认知状况产生正向影响。具体来说，惩罚、公正、文明观念均在置信区间99%上显著影响社区矫正的认知状况，但表现为越认同惩罚和公正观念，则对社区矫正的认知状况越差；越认同文明观念，则对社区矫正的认知状况越好。

（三）公众认同的影响因素

由于因变量社区矫正公众认同的性质为连续变量，因此，我们通过建立多元线性回归模型来对其影响因素进行检验（见表7-3）。

表7-3　　　个体特征、刑罚观与社区矫正的公众认同线性回归模型

变量		模型1			模型2		
		B	SE	Sig.	B	SE	Sig.
性别	女（男）	-.002	.056	.972	-.020	.046	.669
年龄	年龄	.013	.029	.647	.009	.024	.694
婚姻	未婚（婚姻经历）	.017	.142	.906	.131	.116	.261
生育	有小孩（无小孩）	.079	.142	.576	.073	.117	.530
教育	教育年限	.036	.022	.114	.050	.019	.008
政治面貌	中共党员（一般群众）	.093	.077	.229	-.034	.062	.578
	民主党派（一般群众）	-.497	.346	.151	-.363	.294	.216
	共青团员（一般群众）	.018	.087	.834	-.046	.070	.510
来源	城市居民（大学生）	.071	.072	.326	.056	.059	.340
	农村居民（大学生）	.149	.083	.074	.061	.068	.370
信仰	无宗教信仰（信教）	-.055	.083	.510	-.040	.068	.555
被判刑经历	亲戚被判刑	.043	.095	.648	-.003	.077	.968
	朋友被判刑	.137	.093	.141	.044	.077	.569
	熟人被判刑	.046	.063	.464	.075	.051	.141
传统刑罚观	惩罚				-.240	.044	.000***
	公正				-.092	.025	.000**

续表

变量		模型 1			模型 2		
		B	SE	Sig.	B	SE	Sig.
现代刑罚观	康复				.262	.043	.000***
	文明				.213	.033	.000***
	人本主义				.163	.034	.000***
	刑罚成本				.098	.023	.000***
	社区风险				-.157	.026	.000***
	政策倡导				.214	.024	.000***
常量		3.164	.221	.000	1.341	.286	.000
R^2		.015			.406		
F		1.266			33.977		
Sig.		.222			.000		
Durbin-Watson		1.851			1.912		

一方面，我们将个体特征因素作为自变量，社区矫正的公众认同作为因变量进行数据分析，可得模型 1；另一方面，我们将个体特征因素作为控制变量，将刑罚观作为自变量，社区矫正的公众认同作为因变量进行分析，可得模型 2。模型 1 分析个体特征对社区矫正的公众认同的影响，而模型 2 分析刑罚观对社区矫正的公众认同的影响。模型 1sig. 值大于 0.1，模型较差；而模型 2sig. 值小于 0.01，R^2 为 0.406，Durbin-Watson 等于 1.912，说明模型 2 具有一定的解释力，自变量共线性低，模型较好。[①]

回归分析结果显示：第一，模型 1 中的性别、年龄、婚姻、生育、教育、政治面貌、城乡来源、信仰、被判刑经历等个体特征因素对社区矫正公众认同的影响都不显著；第二，模型 2 中的个体特征因素均对公众认知状况不产生显著影响，而包括传统刑罚观和现代刑罚观在内的刑罚观念均在置信区间 99%上对公众认知产生显著影响。

其具体影响机制是：其一，惩罚因素、公正因素及社区风险因素的系数 B 分别为-0.240、-0.092、-0.157，表明社会公众越认同惩罚、公正和社区风险的刑罚观，则越不认同社区矫正；其二，康复、文明、人本主义、惩罚

[①] 郑永君、张大维：《刑罚观与社区矫正的公众认同——基于湖北省调查数据的分析》，《青少年犯罪问题》2016 年第 1 期。

成本及政策倡导等现代刑罚观的系数 B 分别为 0.262、0.213、0.163、0.098、0.214，表明越认同这几类现代刑罚观的公众对社区矫正的认同度越高。

（四）公众参与的影响因素

探索影响社区矫正公众参与的因素，我们将社会公众"是否参与过社区矫正"作为因变量，将个体特征和刑罚观分别纳入 Logistic 二元回归模型。首先，将个体特征作为自变量，社区矫正公众参与状况作为因变量进行数据分析，可得到模型 1，作为基准模型；其次，将个体特征作为控制变量，刑罚观作为自变量，公众参与状况作为因变量，得到模型 2（见表 7-4）。

模型 1 的 sig. 值小于 0.1，Nagelkerke R^2 等于 0.144，整体预测准确率为 86.0%。这表示模型检验在置信区间 90% 内显著，同时对社区矫正公众参与具有一定的解释力，模型拟合度较好。模型 1 中，性别、年龄、教育年限、政治面貌、城乡来源、宗教信仰、亲戚判刑经历、熟人判刑经历、朋友判刑经历等都对社区矫正公众参与状况不产生显著影响。而婚姻经历在置信区间 90% 内显著，Exp（B）等于 0.253，表明相对于有婚姻经历的公众而言，未婚公众对社区矫正的参与度较低。

模型 2 的 sig. 值小于 0.01，Nagelkerke R^2 等于 0.319，整体预测准确率为 87.7%。这表示模型检验在置信区间 99% 内显著，同时对社区矫正公众认知具有一定的解释力，模型拟合度较好。模型 2 的结果显示：第一，控制变量中性别、年龄、婚姻状况、政治面貌、来源、宗教信仰、亲戚判刑经历、朋友判刑经历、熟人判刑经历都对社区矫正的公众认知状况不产生显著影响。第二，传统刑罚观中惩罚因素对社区矫正公众参与状况具有显著差异，该变量的 sig. 值小于 0.1，系数 B 为 -0.890，表明该变量在置信区间 90% 上显著影响社区矫正公众参与状况，具体表现为社会公众越认同惩罚刑罚观，则社区矫正公众参与度越低。

表 7-4　　社区矫正公众参与的影响因素的二元 Logistic 回归模型

变量		模型 1			模型 2		
		B	SE	Exp（B）	B	SE	Exp（B）
性别	女（男）	-.389	.417	.678	-.597	.012	1.019

续表

变量		模型 1			模型 2		
		B	SE	Exp(B)	B	SE	Exp(B)
年龄	年龄	.042	.207	1.043	.095	.709	2.099
婚姻	未婚（婚姻经历）	-1.375*	.811	.253	-1.224	.650	2.606
生育	有小孩（无小孩）	-.497	.759	.608	-.829	.043	1.139
教育	教育年限	-.093	.171	.912	-.086	.351	9.729
政治面貌	中共党员（一般群众）	.699	.486	.011	.717	.292	4.167
	民主党派（一般群众）	.545	.694	.183	.381	.281	9.301
	共青团员（一般群众）	-.324	.882	.723	-.271	.280	1.042
来源	城市居民（大学生）	-.419	.459	.658	.034	.444	.854
	农村居民（大学生）	-.604	.620	.547	-.433	.266	1.514
信仰	无宗教信仰（信教）	-.756	.543	.469	-.594	.644	.475
被判刑经历	亲戚被判刑	-.287	.706	.751	-.594	.324	1.270
	朋友被判刑	.282	.525	1.326	.709	.328	1.714
	熟人被判刑	-.108	.445	1.114	-.091	.231	.909
传统刑罚观	惩罚				-.890*	.112	.792
	公正				-.272	.110	.752
现代刑罚观	康复				.591	.101	1.012
	文明				.636	.147	1.140
	人本主义				-.083	.152	1.071
	刑罚成本				-.115	.108	1.067
	社区风险				-.352	.113	.926
	政策倡导				.294	.112	.826
常量		-.133	1.478	.875	-1.421	3.119	.242
-2 Log likelihood		193.422			155.294		
Nagelkerke R²		.144			.319		
模型检验		卡方值=6.353*			卡方值=3.489***		
整体预测准确率		86.0%			87.7%		

*** P<0.01, ** P<0.05, * P<0.1

二 社会支持队伍支撑的影响因素比较

社区矫正是一项复杂的系统工程,仅仅依靠社区矫正专职工作人员,很难完成监督管理、教育矫治和社会性帮扶工作,需要包括各类社会工作者及各类志愿者在内的社会力量的广泛参与。但在实践中也出现了,执法人员力不从心、专业水平低、职权分离,社工配备不合理、用人不专、流动性大,志愿者准入不严格、培训不到位、参与度低等亟待解决的问题,若不厘清正视这些问题,必将不利于社区矫正对象的社会支持提供。

(一) 专职工作人员支撑的影响因素

社区矫正专职工作人员,一般指司法行政机关中负责社区矫正工作的公务员或执法人员,其在基层主要是街道或乡镇司法所中的社区矫正行政人员,以下因素制约着其为社区矫正对象提供社会支持。

1. 一身兼数职:工作任务重

司法行政机关是负责社区矫正工作开展的具体职责承担部门,但是社区矫正却并不是司法行政机关的唯一业务。在基层,司法所承担着多项职能,包括人民调解、安置帮教、法治宣传、社区矫正、法律服务等,社区矫正只是工作的一部分。我国基层司法所人员数量不足与职能堆叠的矛盾造成了一人往往同时兼顾多项工作,这必然导致社区矫正工作时间受到挤压,很难将时间和精力投入社区矫正相关工作上,更难保证为社区矫正对象提供相应的社会支持,很大程度上影响了社区矫正工作开展的质量和效果。访谈中工作人员谈道:

问:该镇一个司法所平均有几个工作人员?

答:现在是有的司法所就是1个人,2个人的都很少,基本上就是1个人。这些专职人员自身并非专业的社区工作者,而且他们往往身兼数职,除了社区矫正工作者的身份之外往往还承担着一两个其他工作,导致他们不能尽心为社区矫正工作服务,甚至将之排在工作的最后。

——C7-R01

> 问：您觉得当前社区矫正工作队伍面临的最大的问题是什么？
>
> 答：我觉得最主要就是管理人员不足。我们恩施市所辖十七个乡镇办，社区矫正干部只有 32 个人，但却有 600 多个在册矫正人员，每个人都要管上一二十个，管理压力确实蛮大，现在公务员考试，每年只有一人进来（进入司法部门），确实太少了。加上每年有退休的干部，我们的人员还会减少。并且，司法所还有其他职能，一共九大职能，社区矫正只算其中一个，所以这管理压力可想而知。
>
> ——C7-R02

司法所行政人员工作任务繁重，而社区矫正工作却在进一步推进开展，这是社区矫正对象社会支持队伍不可避免的一大难题。

2. 专业水平低：工作难度大

社区矫正是一项严肃的刑罚执行活动，该工作对象的特殊性决定了工作性质和内容的特殊性，这就要求执行者具备较高的专业素质和能力水平，包括法律学、心理学、社会学、管理学和教育学等专业素养。但是，当前基层司法所普遍面临社区矫正专职工作人员专业素质低与矫正工作开展要求高的矛盾。

就司法所专职人员来说，绝大多数司法所行政人员是在工作岗位几十年的老干部，教育程度不高且专业背景单一，除了法律知识，对其他方面的专业知识了解甚少，专业素养总体不高。另外，对社区矫正这一新鲜事物并无丰富的工作经历和经验，尚处于摸着石头过河状态，往往很难短时间具备社区矫正工作开展所需的各项专业素质和能力，就更谈不上为社区矫正对象提供合适的社会支持。

> 问：负责社区矫正的工作人员是否都有相关的专业背景和工作经历呢？
>
> 答：很大程度上都没有相关的工作经历或者专业背景，不是说什么社工专业、法律专业之类的，好多都说不定什么专业，因为现在司法所的人员构成也比较老化，就是原来的一些老所长，有的还不一定上过大学呢。
>
> ——C7-R03

社区矫正专职工作人员中有一部分是通过国家考试的司法所公务员，该部分专职工作人员因接受专业、系统的相关教育，专业综合素质较高且对事物的接受和理解能力较好，但是缺乏相关工作经验、社会阅历少，存在专业知识和具体实践脱节问题。当然，在开展工作前会进行系统的培训，但这种培训多具有时间短、内容简单等特点，仅能对社区矫正政策法规、相关概念和工作流程有大致了解，与完全胜任社区矫正工作还有一定的距离，再加上社区矫正工作队伍数量不足，很难实现社区矫正工作的专业化和职业化。

问：作为司法所最年轻的专职人员，您在工作中有什么问题吗？

答：问题肯定是有的，主要是工作开展中很难将在大学课堂上学到的专业知识和实际工作完全连接起来，有很多东西在实际的操作中还是很难实现的，虽然工作之前也进行了培训，但时间很短，只有半个月的样子，很快就上岗开始工作了，具体怎么做还处于不断摸索、学习的过程。不过，相比刚开始工作那会儿，现在状态已经好很多了。

——C7-R04

与此同时，招录法律、社工、心理及教育方面专业知识的工作队伍和更新尚需一段时日，这就形成了司法行政机关工作人员队伍整体专业水平较低的局面，造成工作开展难度大。社区矫正队伍专业技能和整体素质的缺乏，将直接影响到刑罚执行的效果和权威性。在具体实践操作过程中，司法所工作人员往往缺乏矫正专业技能，难以胜任矫正工作。[1]

问：在社区矫正工作过程中，有遇到什么问题吗？

答：我认为我们自己从事社区矫正工作，经验比较足，但是缺乏理论基础，有时不如专业学习和培训的社工机构有效。比如我们社区有个矫正对象，20岁，家中就这一个小孩，父母对他很好，但是每隔一段时间就会出现情绪失控的状况，通过谈话了解他自己也认识到了，但是他总觉得自己控制不了自己，我们对这种情况难以进行精确分析找出原因。

——C7-R05

---

[1] 武玉红：《我国社区矫正队伍专业化建设探究》，《北京联合大学学报》2016年第3期。

3. 缺乏执法权：工作效率低

社区矫正工作的流程涵盖审前调查、交付衔接、危险评估、管理教育、奖励处罚、刑满解矫等一系列的流程，在这过程中存在不同机构、不同部门权力和责任相互重叠，交叉联系等情况。审判、检察、公安、司法、监狱等相关机关，根据相关法律规定均可能介入社区矫正工作。[①]司法机关工作人员在对社区矫正对象进行管理时，需要其他部门的协调配合，由于没有独立的社区矫正官制度，往往缺乏有效的执法权，现有社区矫正专职工作人员的执行力和威慑力很容易受到削弱工作程序变得冗杂而低效。

> 问：作为司法所行政人员，您认为在矫正工作过程中还存在哪些重要问题？
>
> 答：我们工作人员的身份问题也比较突出，我们这些负责社区矫正的干部，并没有执法权，只是起到协调管理的作用。有时候需要各个部门之间的配合，司法所的权力过小，很难取得其他部门配合。抓人的话，我们必须要找公安，矫正人员闹事、不听话的话，我们必须找法院、检察院对其进行制裁。虽然曾经有文件出台，需要公安配合，可是他们不怎么情愿，一拖再拖。所以很多时候我们的工作变得冗杂，效率不够高。所以政府应该加大司法所的执法权，并积极动员其他部门配合工作。
>
> ——C7-R06

（二）社会工作者支撑的影响因素

社区矫正社会工作者包括聘用职员和专业社会工作者，其是充实社区矫正工作队伍的重要来源，是社区矫正对象社会支持供给的重要力量。但与此同时，社区矫正社会工作者队伍在人员配合、角色定位和用人定编方面的不利因素制约着其支撑作用发挥，需给予相应重视。

---

① 申中刚：《我国社区矫正制度的确立与完善》，《天津师范大学学报》（社会科学版）2015年第3期。

1. 数量不足：配置不够合理

在调研中发现，一部分司法所的工作人员反映社工人员配备不足，直接对该所社区矫正对象的教育矫正质量和效果产生影响，为矫正对象提供的社会支持方面较为欠缺。目前来看，社区矫正社工多由各个司法所单独公开招聘或者通过社工机构购买获得，尚未形成按科学合理比例统一配备机制，导致有的司法所社区矫正对象多但社区矫正社工极其短缺，而司法所的社会工作者总体不足。

> 问：您觉得在矫正过程中还存在哪些问题与困难？比如活动经费、人员配备。
> 答：现在人员配备是最大的困难，司法所里面专门从事社区矫正这方面的专职人员是没有的，因为司法所所长他还有其他很多项工作。按照司法部前几天的调研来说，我们提建议就是一个是司法所必须要有2—3名专职的社会工作人员，就是专门干社区矫正工作这方面的。但是这个社工也不见得一定是社工专业，其他的学法律的、心理学的、社会学的这都可以当社工，专业面还是比较广的，和教育管理相关的都可以。
>
> ——C7-R07

另外，在社区矫正社工内部也存在配备不合理问题。当前，我国社区矫正针对矫正对象实行分级分类管理的手段，但缺乏针对社区矫正主体进行需求导向的分级分类管理和服务，所有社区矫正社工均按照所在基层司法所的日常工作需要被动开展活动，并未根据被服务矫正对象的实际需求科学合理配备社工。

2. 定位不清：缺乏专职专用

社会工作所具有的专业特色在社区矫正工作中发挥着不可替代的作用，现阶段该类人力资源的稀缺与其独特优势决定了社会工作者介入社区矫正工作专职专用的必要性。社会工作者在社区矫正工作开展中主要职责是对社区矫正对象进行评估和计划制订。一方面，在社区矫正对象正式进行矫正前，社区矫正社工要对预矫正对象的主观恶性、人身和社会危害性、重新犯罪可能性等各方面进行综合风险评估和心理评估，作为该矫正对象是否适合进行社区矫正评估的参考依据之一。另一方面，根据评估结果依据矫正对象不同的问题（如暴力、心理疾病、药物成瘾等）为社区矫正对象制订个性化的成长计划和专业化的矫正项目。

在社区矫正实践中，社工定位不清主要表现为与司法行政人员的角色分工不明确。由于机构设置的原因，社工的矫正工作从属于司法所，经常需要协助甚至替代司法行政人员扮演执法人员的角色。[①] 社区矫正和社会工作在我国本土化、专业化的程度并不高，再加上刚毕业的专业社会工作者缺乏社会工作和社区矫正工作经验，导致课堂所学知识和工作中的实际实践之间存在一定的距离。因此，许多社会工作者自己并不清楚社会工作与社区矫正之间的内在联系，不知道怎样将社会工作专业理论和方法应用到对社区矫正工作中，[②] 也不知道为社区矫正对象提供哪些行之有效的工作方法和手段。

> 问：您认为当前社会工作者参与社区矫正还存在哪些问题？您认为产生这两个问题的原因是什么？
> 答：问题的话主要是工作分配的不明确，还有就是社工参与社区矫正的融入问题。因为司法领域引入第三方，处于萌芽阶段，发展还不够充分，因此会导致分工不明，认可度不高。在实际工作中，社工自己也不清楚自己的职责和权限。
>
> ——C7-R08

多种因素下造成的社区矫正社工角色定位不清问题，导致了实际工作开展中社工"专职多用"现象的产生。社区矫正社工身兼数职在中国已屡见不鲜，日常工作多为与其专业背景不甚相关的行政工作所占据，甚至是"不务正业"，阻碍了社工真实作用的发挥。除此之外，由于矫正社工的"不专"加上对社工组织了解甚微，社工经常被矫正对象贴上"政府的人"的标签，认为社工是政府派来管理监督他们的，这不利于矫正对象与社工之间信任关系的建立，也影响了社工个案工作开展的效果。

---

① 黄瑞琦、张学军：《社工在未成年人社区矫正中的角色定位》，《社会工作》2014 年第 2 期。
② 段学芬、李丹：《社会工作介入社区矫正机制的研究——基于天津实践经验的分析》，《社会建设》2014 年第 2 期。

问：政府聘用的社工配合当地司法局或司法所的工作，那具体平时在哪里工作以及负责哪些工作呢？

答：在司法所。我们每个乡镇每个街道办事处都有司法所，那每个乡镇每个街道也都管着社区服刑人员。社工嘛，你帮助司法所对矫正对象做思想教育啊，法律教育啊，包括走访，配合司法所人员矫正对象家里、村里或者单位进行调查，看他平时表现情况怎么样。

——C7-R09

调研中发现，有的司法所除安排社区矫正社工本职工作，还将一些本该由司法所行政人员做的工作分配到这些社区矫正社工身上，使得社工任务繁重，分身乏术，对社区矫正对象的管理时间和社会支持大打折扣。另外，某些司法所甚至将购买的社工直接分配到行政工作岗位上，从事一些与社工专业知识关联微弱或几乎无关的常规工作，这些不合理的工作配备造成了购买经费和人力资源的浪费。

问：社区矫正工作人员的配备和工作情况如何？

答：该社区矫正中心成立于2012年9月，初始工作人员为4人，原本都在司法所从事司法行政等方面的工作，少数人是法律专业出身。城区内有社会工作者，但从事真正专业工作极少，多在乡镇政府从事一些文案工作。

——C7-R10

这种不合理分配方式主要源于基层司法所对社区矫正社工的职责划分不清，认为社工和司法所行政人员以及社会志愿者一样，应该合力完成各项矫正工作的开展，忽视了社工的专业优势。殊不知，没有明确的职责边界，就很难对工作开展监管和考核，更难调动社区矫正社工的工作积极性，工作效率和矫正效果就难以保证。[①]

---

① 刘武俊：《社区矫正工作中的社会力量专论》，《中国司法》2012年第7期。

3. 编制不足：队伍流动性大

社区矫正社工队伍流动性大是社区矫正队伍面临的另一大问题。多数情况下，社区矫正队伍人员往往不足，各地区也都积极地采取各项应对措施，虽取得了一定效果，但还是存在队伍流动性大的问题。从调查结果来看，社区矫正工作队伍较为稳定的多是司法所公务员和社区矫正群干，而具有专业素养和能力的社工，往往难以长久地稳定在矫正工作的岗位上。社区矫正工作队伍的不稳定，直接造成社工服务能力和水平的下降，对矫正对象的动态需求很难实现实时把握并提供精准支持，这就对矫正工作的顺利开展提出了挑战。

该问题很重要的原因是我国当前尚未形成健全的社区矫正用人制度，社区矫正队伍编制不足导致社会地位不高。我国基层司法所编制人员大多为2人或3人，有的司法所仅有一个司法所所长为编制人员，其他工作人员均处于无编状态，大多数社区矫正社工对社区矫正工作前景感到渺茫，打击了社区矫正社工的积极性和归属感，寄希望其较好地为矫正对象提供社会支持自然就很难，社区矫正工作能否落实并取得良好成效将大打折扣。

> 问：现在社区矫正工作的开展有什么阻碍吗？
>
> 答：队伍不稳定，社区矫正编制缺编严重。司法所的工作太杂了，我们不只是说专门做社区矫正工作，其他各项工作的任务都很重，例如，还有普法宣传、人民调解、档案建设等，但是我们的人手是不够的，往往我们就一个人，多的两个人，要干这么多活儿，哪能赶得过来啊。沉重的负担导致的结果是人员流动频繁，很多时候是刚熟悉就要换人。
>
> ——C7-R11

身兼数职、任务繁重、工资待遇偏低、社会地位不高，是当前我国各地社区矫正社工的真实写照，很多地方的社区矫正社工工资徘徊在当地最低工资水平，因而，大多数学历层次高、工作能力强的社工将社区矫正工作作为其工作历程中的一块跳板，等合适时机出现便会另择新枝，这是造成社区矫正工作队伍人心不稳、流动性大的重要因素，而人才外流势必严重影响矫正工作专业化和职业化的发展。

（三）志愿者支撑的影响因素

社区矫正志愿者包括社区矫正群干和社会志愿者两种，前者即司法行政机关俗称的社区矫正志愿者，后者即一般意义的志愿者。二者是社区矫正社会支持供给的潜在力量。

1. 人员短缺：缺乏参与平台

参与途径的多寡和畅通是制约志愿者参与社区矫正的重要因素。如前所述，当前我国公众参与社区矫正的途径同公众认知途径一样较为单一，这往往导致那些表示认知和认同社区矫正的公众，未能找到参与社区矫正的合适途径，或者受参与渠道的限制，从而使得社区矫正工作的开展不能得到社会力量的支持，即缺乏志愿者参与平台。

在对司法机关工作人员进行访谈时发现，社区矫正的志愿者力量参与较多的是社区"两委"成员（社区矫正群干），以及服刑人员家属、社区律师、实习学生、高校教师等一般志愿者。考察他们的参与途径可以发现：社区矫正群干、矫正对象家属一般是通过建立的社区矫正小组参与进来的，一般来说，他们也是约定俗成的参与者。社区律师一般是在"律师进社区"项目中通过政府购买实现的。高校教师和学生的参与方式一般是学生实习和与高校合作的项目，一般来说，高校教师和学生的参与是一种自联系的方式，包括司法系统对高校的联系，教师和学生的主动联系等。到目前为止，尚未形成针对志愿者多种方式参与的长效机制，很显然，志愿者为社区矫正对象提供社会支持的渠道短缺。

> 问：（参与途径）据您所知，当前社会力量参与社区矫正主要有哪些途径？
>
> 答：社会力量参与得较少，一般一些学生、老师都是自行联系，他们有找过我们司法所，我们让他们联系区局，毕竟他们是我们主管单位，有老师和区局合作建立心理咨询站，但是后边的一些活动也不是很多。
>
> ——C7-R12

2. 机制松散：准入不够严格

我国社区矫正志愿者资源相对有限，尤其是社会志愿者短缺，因而在吸收社会志愿者进入社区矫正工作过程中或多或少存在机制松散，准入不严的问题。与西方国家不同，我国面临志愿者资源有限的制约。从文化渊源的角度来看，西方国家最早参与到监狱教化的是牧师和信教的人。[①] 然而，由于我国能够生成志愿精神的文化土壤和形成机制较为欠缺，社会志愿者资源相对有限，因而，在吸收志愿者时往往"来者不拒"和"有名无实"，作用有限。

问：那你们在选拔这些农村社区矫正志愿者时有专门的考核标准吗？

答：没有，有志愿者就很不错了，志愿者工作很多很辛苦的，所以并没有真正意义上的志愿者。经过登记、信息报送之后就可以担任了。这些"志愿者"都是村委会的人，一般都由村委会书记、主任担任。另外，五花八门，特点各不相同，时间也难以保证，很难达到一个好的效果，毕竟很多活动是公益性质的，我们不能强求别人，我发现一时热心肠的人很多，但因为个人原因都没有坚持下去。

——C7-R13

3. 能力不足：缺乏专业培训

社区矫正是一项特殊的刑罚执行活动，社区服刑人员是一个特殊的群体，他们的心理需求和精神需要都不同于常人，简单的谈话很难对他们造成什么样的影响，同时缺乏谈话技巧的谈心往往会起到适得其反的作用，这就需要具备一定专业技能的人员才有能力参与其中。但当前参与社区矫正的社会志愿者普遍存在参与能力不足的问题，也就是说，部分社会力量缺乏参与社区矫正的专业素质和能力，如果不加以系统、专门培训的话，必然会对矫正工作开展带来一定消极影响。

问：社区矫正工作人员及志愿者是否有有关培训？

答：有啊，就算是专业出身的社工也需要培训啊。现在我们政法院校已经开设社区矫正专业的相关课程，因为像你们学的这种社工专业毕竟与社区矫正还有一定距离，所以招聘待岗之后经过培训才能上岗。前

---

① 翟中东、孙霞：《关于社区矫正的推进》，《中国司法》2005年第4期。

提是必须学习关于社区矫正这方面的知识。

——C7-R14

然而，在调研过程中发现，部分地区尤其是相对落后的农村地区缺乏对进入社区矫正的社会志愿者的培训工作，将岗前和岗后培训视为形式，更别提进行定期培训。

问：您上岗前接受过社区矫正培训吗？若接受过，大概进行了多长时间呢？那上岗之后还有接受培训吗？
答：上岗前并没有提供专门的培训；上岗后会有有关心理辅导之类的培训，也谈不上专业吧。

——C7-R15

当前，我国大多数社区矫正志愿者通常是按照社区矫正专职工作人员或者社区矫正社会工作者的安排和要求被动地从事一些基础性的工作，并没有起到较大实质作用，这就违背了社会力量广泛参与社区矫正的应有之义，对社区矫正对象的社会支持显示是不够的。

问：您认为当前社会志愿者参与社区矫正还存在哪些问题？您认为是什么原因导致这些问题的产生？
答：主要就是太形式主义了，一哄而散，没有什么实质性的效果，组织人家过来看场电影，参加个知识竞答活动，起不了什么作用的。他们没有专业的知识背景，只是为了做公益而来，对什么是真正的社区矫正不太了解。

——C7-R16

综合以上分析，我们可以判断，随着社区矫正对象规模的扩大，社区矫正对象社会支持的队伍支撑（社区矫正工作队伍）规模也在不断增长，但其增长幅度却远远低于社区矫正对象的增长幅度。当前，我国社区矫正对象社会支持的队伍支撑的整体结构，存在人员规模不足、质量参差不齐等问题。与此同时，不同类型支撑队伍也存在个体差异性，主要表现在：其一，社区矫正专职工作人员往往身兼多职、任务繁重,专业水平不高、工作开展难度大,缺乏相应执法权、工作效率低,极大地影响了对社区矫正对象的社会支持水平。其二,社区矫正社会工作者的人员短缺、分配不均;定位不清、专职不专干;待遇较差、人员流失严重,较大程度影响了对社区矫正对象的社会支持积极性。其三,社区矫正志愿者数量不足、缺乏参与途径,人员素质不高、准入不严格,缺乏专业培训、工作不够科学。社区矫正对象社会支持的队伍支撑状况直接关系着社区矫正对象社会支持获得的质与量。

三 社会支持获得供给的影响因素比较

社区矫正对象社会支持获得和供给的影响因素分析,首先是建立了多元回归的分析模型,在此基础上,分别分析社区矫正对象社会支持获得的影响因素、社区矫正工作队伍社会支持供给的影响因素,从而得出一些基本判断。

(一)社区矫正对象社会支持影响因素的分析模型

从社会支持"接受者"的角度出发,建立社区矫正对象社会支持获得状况分析模型。其中:因变量是社区矫正对象社会支持的获得状况,包括工具性支持、情感性支持、信息性支持和反馈性支持等四个维度;自变量是社区矫正对象自身相关背景状况,包括社区矫正对象的个体特征因素(性别、年龄、婚姻状况、生育状况、教育程度、民族、行动策略[①])、家庭环境因素(收入水平、居住类型)、矫正状况因素(矫正类型、矫正时间)等三个维度。

从社会支持"提供者"的角度出发,建立社区矫正对象社会支持供给状况分析模型。其中:因变量是社区矫正工作队伍社会支持的供给状况,包括工具性支持、情感性支持、信息性支持等三个维度;自变量是社区矫正工作队伍自身相关背景状况,包括社区矫正工作队伍的个体特征因素(性别、年龄、教育程度、专业及收入水平)、工作背景因素(工作身份、工作内容、工作年限)、沟通状况因素(沟通意愿、沟通效果)等三个维度。

[①] 行动策略,作为一种个体特征因素,是指社区矫正对象个体在获得社会支持过程中呈现的行动态度或倾向,具体表现为在求助或倾诉方式上是积极主动,还是消极漠视。

为实现数据分析的有效性及统一性，对各因变量作了相应技术处理。第一，在社区矫正对象社会支持获得状况因素分析中，工具性支持取社区矫正对象参与其中并发挥实际效用的服务支持为代表进行分析；信息性支持则将反映信息性支持的（0，1）变量等权相加，得到（1，2，3，4，5）的变量，以其均值作为因变量纳入相应分析模型；反馈性支持将原来相关的（1，2，3，4）变量等权相加，得到（1，2，3，4，5）的变量，同样以其均值作为因变量纳入相应分析模型。第二，在社区矫正工作队伍社会支持提供状况因素分析中，工具性支持和信息性支持均将相关的（0，1）变量等权相加，得到（1，2，3，4，5）的变量，以其均值作为因变量纳入相应分析模型。其中，支持获得及支持供给状况中的情感性支持均无须转换，将其整体均值直接纳入相应分析模型即可。

由于本研究的因变量是数值变量，为了探讨社区矫正对象社会支持获得和供给状况的影响因素，主要采用多元线性回归模型作为基本分析模型，其基本公式为：

$$Y = \beta_0 + \sum_{i=1}^{n} \beta_i x_i + \varepsilon_0$$

其中，Y 为社区矫正对象社会支持状况（分为两个维度：社区矫正对象社会支持获得状况、社区矫正工作人员社会支持提供状况）；x_i 为自变量，β_i 为回归系数[①]；β_0 为常数项，ε_0 为随机误差。另外，需要特别说明的是，考虑到样本量和自变量个数的影响，在本次回归分析中，将使用调整的多重判定系数即调整 R^2 作为评价模型拟合效果的标准。

（二）社区矫正对象与社区矫正工作队伍因素特征

在明晰"接受者"角度的社区矫正对象社会支持获得状况分析模型和"提供者"角度社区矫正对象社会支持供给状况分析模型后，还需要分别交代社区矫正对象和社区矫正工作队伍的样本状况，尤其是因素特征，以作为后续影响因素分析的参照。

1. 社区矫正对象的因素特征

社区矫正对象调查回收的 3343 份有效样本的因素特征如表 7-5。在性别结构上，男性占 86.1%，女性占 13.9%；在婚姻状况上，有婚姻经历占

---

① 表示当其他自变量取值保持不变的情况下，该自变量取值增加一个单位引起的因变量的变化量。

72.1%，未婚占 27.9%；在生育状况上，有孩子的占 68.7%，未生育的占 31.3%；在民族状况上，汉族占 99.3%，少数民族占 0.7%；在工作状况上，有工作的占 65.2%，无工作的占 34.8%；在家庭收入上，2 万以下的占 25.8%，2 万—5 万的占 46.3%，5 万—8 万的占 17.8%，8 万—15 万的占 6.5%，15 万以上的占 3.5%；在居住状况上，自有房产的占 52.2%，亲友借住的占 14.5%，独自租住的占 33.3%；在矫正类型上，缓刑的占 62.2%，管制的占 9.03%，假释的占 11.6%，暂予监外执行的占 16.9%；在年龄结构上，平均年龄约 37.6 岁，最小的 16 岁，最大的 76 岁，其中，30 岁以下的占 25.5%，30—39 岁的占 34.6%，40—49 岁的占 25.2%，50—59 岁的占 11.7%，60 岁以上的占 2.9%；在教育程度上，小学及以下的占 6.6%，初中的占 29.6%，高中或中专的占 35.5%，大学专科的占 16.3%，大学本科的占 10.9%，研究生及以上的占 1.1%。

表 7-5　　　　　　　社区矫正对象社会支持调查对象因素特征

变量		频次	百分比（%）	变量		频次	百分比（%）
性别	男	2856	86.1	家庭收入	2 万以下	851	25.8
	女	461	13.9		2 万—5 万	1525	46.3
婚姻	有婚姻经历	925	72.1		5 万—8 万	586	17.8
	未婚	2395	27.9		8 万—15 万	215	6.5
生育	有	2001	68.7		15 万以上	116	3.5
	无	911	31.3	矫正类型	管制	308	9.03
民族	汉族	3235	99.3		缓刑	2062	62.2
	少数民族	22	0.7		假释	385	11.6
工作状况	有	2174	65.2		监外执行	559	16.9
	无	1160	34.8	矫正时间	3 个月以下	248	7.5
居住状况	自有房产	1726	52.2		3—6 个月	745	22.5
	亲友借住	480	14.5		6—12 个月	687	20.7
	租住	1101	33.3		1—2 年	670	20.2
					3 年及以上	965	29.1

2. 社区矫正工作队伍的因素特征

社区矫正工作队伍调查回收的509份有效样本的因素特征如表7-6。在性别结构上，男性占46.4%，女性占53.6%；在收入水平上，月收入在1000元以下占2.8%，在1001—2000元的占43.5%，在2001—3000元的占6.7%，在3001—4000元的占23.0%，在4001元以上的占24.0%；在工作身份上，专职工作人员占15.8%，社会工作者占51.9，社区"两委"成员占30.1%，社会志愿者占2.2%；在专业背景上，法学的占28.0%，心理学的占5.5%，社会学的占6.7%，教育学的6.1%，其他的占53.6%；在工作年限上，不足1年的占18.8%，1—3年的占25.3%；3—5年的占15.6%；5—7年的占25.3%；7年以上的占15.0%；在年龄结构上，平均年龄约35.4岁，最小的21岁，最大的60岁，其中，20—29岁的占24.5%，30—39岁的占45.5%，40—49岁的占25.8%，50—59岁的占4.0%，60岁及以上的占0.2%；在教育程度上，高中的占1.0%，中专或技校的占2.6%，大学专科的占37.3%，大学本科的占57.4%，研究生及以上的占1.8%。

表 7-6　　　　　　　　社区矫正工作队伍的样本特征

变量		频次	百分比（%）	变量		频次	百分比（%）
性别	男	236	46.4	专业	法学	137	28.0
	女	273	53.6		心理学	27	5.5
收入	1000元以下	14	2.8		社会学	33	6.7
	1001—2000元	221	43.5		教育学	30	6.1
	2001—3000元	34	6.7		其他	262	53.6
	3001—4000元	117	23.0	工作年限	不足1年	95	18.8
	4001元以上	122	24.0		1—3年	128	25.3
工作身份	专职工作人员	79	15.8		3—5年	79	15.6
	社会工作者	259	51.9		5—7年	128	25.3
	社区"两委"成员	150	30.1		7年以上	76	15.0
	社会志愿者	11	2.2				

(三) 社区矫正对象社会支持获得的影响因素

社区矫正对象的身份、经历具有一定的特殊性，通常情况下，其获得支持的社会网络遭到了不同程度的"损坏"，获得的社会支持类型比较单一。根据生活经验和前文现状分析可以发现，与普通社会成员相比，社区矫正对象获得社会支持的难度较大；但究竟是哪些因素影响到社区矫正对象获得社会支持呢？目前还没有较为成熟的研究。依据常规经验和实践调查，可以从内在和外在两个方面来考量：从内在方面来看，社区矫正对象的年龄、性别、婚姻、生育、教育、民族、行动策略等个体特征因素对社会支持的获得是否会产生影响，以及影响有多大？从外在方面来看，社区矫正对象的家庭收入、居住类型等家庭背景，及矫正类型、矫正时长等矫正状况因素对社会支持的获得是否会产生影响？影响有多大？据此，以下将以社区矫正对象的个体特征、家庭环境、矫正状况三个维度作为自变量，以社区矫正对象的工具性支持、情感性支持、信息性支持、反馈性支持等四个维度的获得状况分别作为因变量，纳入相应的多元线性回归模型，就这些内外在因素对社区矫正社会支持获得状况的影响机制进行探讨与分析。

1. 工具性支持获得的影响因素

前文中考察了社区矫正对象的金钱支持、实物支持和服务支持等工具性支持获得现状，结果发现，相比服务支持而言，金钱支持和实物支持并非社区矫正对象迫切需求的工具性支持类型。因此，本部分社区矫正对象工具性支持获得影响因素考察中，取社区矫正对象参与其中并发挥实际效用的服务支持作为工具性支持的代表进行分析。

探索影响社区矫正对象工具性支持的因素，依然是通过建立回归模型来对可能的影响因素进行检验。以性别、年龄、婚姻状况、生育状况、教育程度、民族及行动策略等个体特征因素作为自变量，社区矫正对象获得的工具性支持作为因变量得到模型一；以个体特征因素作为控制变量，引入家庭收入、居住类型等家庭环境因素作为自变量，社区矫正对象获得的工具性支持作为因变量得到模型二；以个体特征因素、家庭环境因素作为控制变量，引入矫正类型、矫正时间等矫正状况因素作为自变量，社区矫正对象获得的工具性支持作为因变量得到模型三。通过多元线性回归分析，其结果如表7-7。

表 7-7　　　　社区矫正对象工具性支持获得多元线性回归分析结果

变量		模型一 B	SE	Beta	模型二 B	SE	Beta	模型三 B	SE	Beta
女（男）		-.405***	.053	-.135	-.419***	.053	-.140	-.232***	.049	-.077
年龄		.011***	.002	.106	.008***	.002	.072	.005**	.002	.044
结过婚（没有）		.293***	.058	.122	.216***	.056	.090	.127*	.052	.053
有小孩（没有）		.280***	.055	.125	.133**	.054	.060	-.003	.050	-.002
教育程度		-.094***	.021	-.082	-.102***	.021	-.089	-.046**	.019	-.040
汉族（少数民族）		-.582**	.236	-.044	-.717***	.235	-.052	-.518**	.220	-.036
行动策略		.289***	.018	.283	.232***	.018	.227	.184***	.017	.181
家庭收入					.019	.019	.018	-.018	.018	-.017
居住类型	亲友借住（租房）				.144***	.056	.050	.190***	.052	.066
	自有房产（租房）				.598***	.045	.284	.282***	.044	.134
矫正类型	假释（缓刑）							-.617***	.055	-.198
	监外执行（缓刑）							-.744***	.053	-.274
	管制（缓刑）							-.869***	.063	-.261
矫正时间								.142***	.014	.179
常量		2.786	.260		3.036	.259		3.128	.247	
R^2		.209			.268			.397		
AdjustedR^2		.207			.265			.394		
F		95.509			91.975			118.234		
Sig.		.000			.000			.000		

*** $P<0.01$，** $P<0.05$，* $P<0.1$

模型一整体回归模型的 F 值为 95.509，sig. 值为 0.000，小于 0.01，达到显著性水平，表示自变量个体特征与因变量工具性支持获得状况间显著相关。该模型的调整 R^2 等于 0.207，表明个体特征变量能部分预测工具性支持获得状况的变化。模型一的结果显示，性别、年龄、婚姻状况、生育状况、教育程度及行动策略这六个个体特征变量的 sig. 值均小于 0.01，表明这几个变量均在置信区间 99% 上对社区矫正对象工具性支持获得状况具有显著影响。而民族的 sig. 值小于 0.05，表明该变量在置信区间 95% 上对社区矫正对象工具性支持获得状况具有显著影响。其具体影响机制是：性别的 Beta 值等于 -0.135，其值为负，表明相比男性社区矫正对象而言，女性社区矫正对象获得的工具性支持相对较少；年龄的 Beta 值为 0.106，为正值，表明随着社区矫正对象年龄的增长，其获得的工具性支持也增多；婚姻状况的 Beta 值为 0.122，为正值，表示相比没有结过婚的社区矫正对象而言，有过婚姻经历的社区矫正对象获得的工具性支持相对较多；生育状况的 Beta 值为 0.125，为正值，表示相比没有生过孩子的社区矫正对象而言，生过孩子的社区矫正对象获得的工具性支持相对较多；教育程度的 Beta 值为 -0.082，其值为负，表明教育程度与工具性支持的获得程度呈反向关系，即受教育程度越低的社区矫正对象获得的工具性支持越多；行动策略的 Beta 值为 0.283，为正值，表明社区矫正对象越倾向采取积极主动的求助方式，其获得的工具性支持也越多；民族的 Beta 值为 -0.044，其值为负，表明相对于少数民族社区矫正对象而言，汉族社区矫正对象获得的工具性支持相对较少，即少数民族社区矫正对象获得的工具性支持多于汉族社区矫正对象。由此可见，个体能力较低、有配偶且年长、相对处于弱势的社区矫正对象获得的工具性支持状况相对好些。

模型二整体回归效果检验的 F 值等于 91.975，sig. 值小于 0.01，达到显著水平，表示控制变量个体特征和自变量家庭环境与因变量工具性支持获得状况间显著相关。该模型的调整 R^2 为 0.265，表明该模型可以部分解释工具性支持获得状况的变化。模型二的结果显示，控制变量中，性别、年龄、婚姻状况、生育状况、教育程度、民族及行动策略这七个个体特征因素均对社区矫正对象工具性支持状况影响显著。家庭环境变量中，亲友借住—租住对照组、自有房产—租住对照组的 sig. 值均小于 0.01，且两者的 Beta 值分别为 0.050、0.284，均为正值，表明这两个变量在置信区间 99% 上对社区矫正对象工具性支持获得状况具有显著影响，且亲友借住和自有房产的社区矫正对象获得的工具性支持多于租住的社区矫正对象。需要特别注意的是，家庭年收入对社区矫正对象工具性支持获得状况没有明显的影响。由此可见，租住房屋的社区矫正对象相对亲友借住和自有房产反而不太容易获得工具性支持，这可能是因为这类矫正对象的外来人身份或不稳定身份抑或边缘人身份而较难融入当地社会生活，从而较难获得工具性支持；而经济收入对工具性支持的影响不显著，说明对社区矫正对象获得工具性支持来讲，社会关系的融入比经济关系的融入更重要。

模型三整体回归模型的 F 值为 118.234，sig. 值小于 0.01，达到显著水平，表示控制变量个体特征、家庭环境及自变量矫正状况均对工具性支持获得状况具有显著影响。该模型的调整 R^2 为 0.394，表明该模型具有一定的解释力，模型拟合度较优。模型三的结果显示，控制变量中，性别、年龄、婚姻状况、教育程度、民族、行动策略等个体特征因素和亲友借住—租住对照组、自有房产—租住对照组等家庭环境因素对社区矫正对象工具性支持的获得状况具有显著影响。矫正状况变量中，矫正类型和矫正时长的 sig. 值均小于 0.01，表明这几个变量在置信区间 99% 上均对社区矫正对象工具性支持的获得产生显著影响。具体来看，假释—缓刑对照组、监外执行—缓刑对照组、管制—缓刑对照组的 Beta 值分别为 -0.198、-0.274、-0.261，均为负值，表明矫正类型为缓刑的矫正对象获得的工具性支持均多于假释、监外执行和管制的矫正对象；矫正时间的 Beta 值为 0.179，表明社区矫正对象获得的工具性支持随着矫正时间的增加而呈增长趋势。由此可见，犯罪类型较为轻缓且矫正时间相对较长的社区矫正对象会获得更多的工具性支持。这可能是因为矫正对象的矫正类型越宽松，其与社会中他人的交往关系越紧密，其能够获得的工具性支持也越多。

2. 情感性支持获得的影响因素

情感性支持是社区矫正对象积极情绪的源泉，也是社区矫正对象获得安慰和情感宣泄的重要来源。社区矫正对象一般不想让别人知道自己的犯罪经历，其心理负担通常较重，因此，获得他人的接纳、信任、倾听、理解和尊重，是缓解社区矫正对象负面情绪的重要方式，可以减轻社区矫正对象的心理压力，有助于社区矫正对象重新恢复生活的信心，有助于社区矫正对象对自己角色正确认知的形成，更有助于正常社会生活的快速融入和再社会化的最终实现。探索影响社区矫正对象情感性支持获得的因素，也是通过建立三个回归模型来对可能的影响因素进行检验，通过多元线性回归分析，其结果如表 7-8。

表 7-8　社区矫正对象情感性支持获得多元线性回归分析结果

变量		模型一 B	模型一 SE	模型一 Beta	模型二 B	模型二 SE	模型二 Beta	模型三 B	模型三 SE	模型三 Beta
女（男）		-.304***	.046	-.113	-.281***	.043	-.104	-.122***	.038	-.045
年龄		.014***	.002	.152	.009***	.002	.100	.008***	.001	.084
结过婚（没有）		.260***	.050	.119	.175***	.047	.080	.095**	.040	.043
有小孩（没有）		.413***	.048	.203	.230***	.045	.113	.057	.039	.028
教育程度		-.105***	.018	-.101	-.112***	.017	-.108	-.0549***	.015	-.052
汉族（少数民族）		-.055***	.212	-.052	-.848***	.202	-.065	-.736***	.179	-.055
行动策略		.243***	.016	.264	.169***	.015	.183	.124***	.013	.135
家庭收入					.073***	.016	.076	.036***	.014	.038
居住类型	亲友借住（租房）				-.056	.047	-.021	-.063	.041	-.024
居住类型	自有房产（租房）				.668***	.037	.349	.304***	.034	.159
矫正类型	假释（缓刑）							-.748***	.042	-.264
矫正类型	监外执行（缓刑）							-.933***	.041	-.378
矫正类型	管制（缓刑）							-.832***	.049	-.272
矫正时间								.104***	.011	.145
常量		2.930	.232		3.238	.221		3.568	.198	
R^2		.271			.385			.553		
AdjustedR^2		.269			.383			.551		
F		135.968			159.917			224.836		
Sig.		.000			.000			.000		

*** $P<0.01$, ** $P<0.05$, * $P<0.1$

以性别、年龄、婚姻状况、生育状况、教育程度、民族、行动策略等个体特征因素为自变量，以社区矫正对象情感性支持的获得状况为因变量，进入多元线性回归分析得到模型一。模型一整体回归模型的 F 值为 135.968，sig. 值小于 0.01，达到显著性水平，表示自变量个体特征与因变量情感性支持获得状况显著相关。调整 R^2 为 0.269，表明该模型具有一定的解释力，模型拟合度较好。模型一结果显示，性别、年龄、婚姻状况、生育状况、教育程度、民族、行动策略等个体特征变量的 sig. 值均小于 0.01，表明这几个变量均在置信区间 99% 上显著影响社区矫正对象情感性支持的获得状况。其具体影响机制是：性别的 Beta 值为 -0.113，其值为负，表明相对于男性社区矫正对象而言，女性社区矫正对象获得的情感性支持较少；年龄的 Beta 值为 0.152，为正值，表明年龄对社区矫正对象情感性支持的获得产生正向作用，即年龄越大，社区矫正对象获得的情感性支持也越多；婚姻状况的 Beta 值等于 0.119，其值为正，表明相比没有婚姻经历的社区矫正对象而言，有过该经历的社区矫正对象获得的情感性支持相对较多；生育状况的 Beta 值为 0.203，其值为正，表明与未生育孩子的社区矫正对象相比，有孩子的社区矫正对象获得的情感性支持更多；教育程度的 Beta 值为 -0.101，为负值，表明受教育程度越低的社区矫正对象获得的情感性支持越多，即受教育程度对社区矫正对象获得的情感性支持具有反向影响；民族的 Beta 值为 -0.052，其值为负，表明相对于汉族社区矫正对象而言，少数民族社区矫正对象获得的情感性支持较多。

将个体特征变量作为控制变量，引入家庭收入、居住类型等家庭环境因素作为自变量，以社区矫正对象情感性支持的获得状况作为因变量，纳入多元回归模型获得模型二。模型二整体回归模型的 F 值为 159.917，sig. 值小于 0.01，达到显著性水平，表示控制变量个体特征和自变量家庭环境与因变量情感性支持获得状况间显著相关。调整 R^2 为 0.383，表明该模型具有一定的解释力，模型拟合度较优。模型二结果显示，控制变量中，性别、年龄、婚姻状况、生育状况、教育程度、民族、行动策略等七个变量均在置信区间 99% 上显著影响社区矫正对象情感性支持的获得状况。家庭环境变量中，家庭收入的 sig. 值小于 0.01，且 Beta 值等于 0.076，其值为正，表明家庭收入对社区矫正对象情感性支持的获得具有正向影响，即社区矫正对象获得的情感性支持会随着家庭收入水平的升高而增多；自有房产—租房对照组的 sig. 值小于 0.01，且 Beta 值为 0.349，为正值，表明相对在外租房的社区矫正对象而言，自有房产的社区矫正对象情感性支持的获得状况较为良好。

将个体特征和家庭环境变量作为控制变量，在模型二基础上引入矫正类型和矫正时间等矫正状况作为自变量，以社区矫正对象情感性支持的获得状况作为因变量，纳入多元回归模型获得模型三。模型三整体回归效果检验的 F 值为 224.836，sig. 值小于 0.01，模型达到显著水平，表示控制变量个体特征、家庭环境及自变量矫正状况均对情感性支持获得状况具有显著影响。调整 R^2 等于 0.551，表明该模型具有一定的解释力，模型拟合度较优。模型三结果显示，矫正状况变量中，矫正类型与矫正时长的 sig. 值均小于 0.01，表明这几个变量均在置信区间 99% 上显著影响社区矫正对象情感性支持的获得状况。其中，假释—缓刑对照组、监外执行—缓刑对照组、管制—缓刑对照组的 Beta 值分别为 -0.264、-0.378、-0.272，均为负值，这表明相较于缓刑而言，被判处假释、监外执行和管制的社区矫正对象获得的情感性支持相对较少，可见，犯罪性质相对轻缓，社会给予社区矫正对象的情感关怀相对较多，其获得的情感性支持状况也就较好；矫正时间的 Beta 值为 0.145，其值为正，表明社区矫正对象接受矫正的时间越长，其获得的情感性支持也越多，也就是说，矫正时间对社区矫正对象情感性支持的获得产生正向影响。其余控制变量中，性别、年龄、婚姻状况、教育程度、民族、行动策略、家庭收入及自由房产—租房对照组等变量均在置信区间 99% 上对社区矫正对象情感性支持获得状况产生显著影响，而生育状况及亲友借住—租房对照组则不具有统计显著性。

3. 信息性支持获得的影响因素

社区矫正对象在面临生活或工作中的难题时，需要有人为其提供一定的信息和建议以帮助其解决困难和问题。通常情况下，对于社区矫正对象而言，信息性支持主要分为两大类：一类是政策类信息，包括政策信息、教育信息、法律建议等；二类是生活类信息，包括工作建议、家庭问题建议、人际交往建议、活动信息等。探索社区矫正对象信息支持获得状况的影响因素，是构建和完善社区矫正对象信息支持网络的重要基础，也是帮助社区矫正对象重新建立生活信心，恢复正常生活的重要举措。

以性别、年龄、婚姻状况、生育状况、教育程度、民族、行动策略等七个个体特征作为自变量，以社区矫正对象信息性支持的获得状况作为因变量，得出模型一；以个体特征为控制变量，引入家庭收入、居住类型等家庭环境作为自变量，以社区矫正对象信息性支持获得状况作为因变量，得出模型二；以个体特征和家庭环境为控制变量，以矫正类型和矫正时间等状况作为自变量，以社区矫正对象信息性支持的获得状况作为因变量，得出模型三。

其中，模型一分析的是个体特征对信息性支持获得状况的影响，模型二分析的是家庭环境对信息性支持获得状况的影响，模型三分析的是矫正状况对信息性支持获得状况的影响。三个模型整体回归模型的 F 值分别为 78.932、82.631、92.322，sig. 值都小于 0.01，表明三个模型均达到显著性水平；调整 R^2 分别为 0.172、0.238、0.329，说明三个模型均具有一定的解释力，且模型三拟合度为最优。通过多元线性回归分析，其结果如表 7-9。

表 7-9　社区矫正对象信息性支持获得多元线性回归分析结果

变量		模型一 B	SE	Beta	模型二 B	SE	Beta	模型三 B	SE	Beta
女（男）		-.101*	.061	-.030	-.086	.060	-.022	.006	.058	.002
年龄		.011***	.002	.090	.006**	.002	.009	.004*	.002	.035
结过婚（没有）		.034	.067	.012	-.063	.065	.014	-.084	.062	-.031
有小孩（没有）		.595***	.063	.233	.424***	.062	.094	.271***	.060	.106
教育程度		-.087***	.023	-.067	-.104***	.023	-.042	-.039*	.022	-.030
汉族（少数民族）		-.125	.266	-.008	-.248	.264	-.005	-.259	.256	-.016
行动策略		.302***	.021	.260	.233***	.021	.200	.197***	.020	.170
家庭收入					.071***	.022	.040	.029	.021	.024
居住类型	亲友借住（租房）				.124*	.065	.066	.048	.062	.015
	自有房产（租房）				.695***	.051	.269	.359***	.052	.149
矫正类型	假释（缓刑）							-.831***	.065	-.230
	监外执行（缓刑）							-.847***	.062	-.271
	管制（缓刑）							-.393***	.075	-.102
矫正时间								.106***	.016	.117
常量		2.609	.294		2.822	.292		3.135	.287	
R^2		.174			.241			.332		
AdjustedR²		.172			.238			.329		
F		78.932			82.631			92.322		
Sig.		.000			.000			.000		

*** P<0.01，** P<0.05，* P<0.1

模型一的结果显示,性别、年龄、生育状况、教育程度及行动策略对社区矫正对象信息性支持的获得状况影响显著。其具体影响机制是:性别的 sig. 值小于 0.1,说明该变量在置信区间 90% 上对社区矫正对象信息性支持的获得状况产生显著影响,Beta 值等于 −0.030,其值为负,表明相对男性社区矫正对象而言,女性社区矫正对象获得的信息支持相对较少;年龄的 sig. 值小于 0.01,且 Beta 值等于 0.090,为正值,年龄在置信区间 99% 上对社区矫正对象信息性支持的获得状况影响显著,且年龄对社区矫正对象获得的信息性支持具有正向作用,即年龄越大的社区矫正对象获得的信息性支持越多。这可能是因为相对年轻的社区矫正对象工作繁忙,无暇关注政策类和生活类信息,因此,对各类信息的主动获取和被动接受程度均有限;生育状况的 sig. 值均小于 0.01,且 Beta 值为 0.233,其值为正,表明相对没有孩子的社区矫正对象而言,有孩子的社区矫正对象获得的信息性支持相对较多;教育程度的 sig. 值小于 0.01,Beta 值等于 −0.067,为负值,表明教育程度在置信区间 99% 上对社区矫正对象信息性支持的获得状况产生负向影响,即社区矫正对象的受教育程度越低,其获得的信息性支持越多;行动策略的 sig. 值小于 0.01,Beta 值等于 0.260,其值为正,表明社区矫正越采取积极的行动策略,其获得的信息性支持也越多。其他控制变量中,婚姻状况和民族这两个变量对社区矫正对象信息性支持的获得状况均不存在显著影响。

模型二的结果显示,控制变量中,年龄、生育状况、教育程度及行动策略均对社区矫正对象信息性支持的获得状况影响显著。家庭环境变量中,家庭收入和居住类型均对社区矫正对象信息性支持的获得状况产生显著影响。具体来看,家庭收入的 sig. 值小于 0.01,说明该变量在置信区间 99% 上对因变量影响显著,其 Beta 值等于 0.040,为正值,表明家庭收入水平对社区矫正对象获得的信息性支持产生正向影响,即收入水平越高的社区矫正对象获得的信息性支持也越多;亲友借住—租住对照组、自有房产—租住对照组的 sig. 值分别小于 0.1、0.01,说明两变量分别在置信区间 90% 和 99% 上显著影响社区矫正对象信息性支持的获得状况,两变量的 Beta 值分别为 0.066、0.269,均为正值,表明与租住相比,亲友借住和自有房产的社区矫正对象获得的信息性支持相对较多。

模型三的结果显示,控制变量中,生育状况、教育程度、行动策略和自有房产—租房对照组变量对社区矫正对象信息性支持的获得状况产生显著影响，其他控制变量均不具有显著影响。矫正状况变量中，社区矫正对象的矫正类型和矫正时间的 sig. 值均小于 0.01，说明这几个变量均在置信区间 99% 上对社区矫正对象信息性支持的获得状况影响显著。其具体影响机制是：假释—缓刑对照组、监外执行—缓刑对照组、管制—缓刑对照组的 Beta 值分别为 -0.230、-0.271、-0.102，其值均为负，表明相对于缓刑而言，矫正类型为假释、监外执行和管制的社区矫正对象获得的信息性支持相对较少。矫正时间的 Beta 值等于 0.117，为正值，表明矫正时间对社区矫正对象信息性支持的获得状况具有正向影响，即社区矫正对象接受矫正的时间越长，其信息性支持的获得状况越良好。

4. 反馈性支持获得的影响因素

每个个体都生存于一定的社会关系之中，每个人都无法孤立地存在，与他人的联系是获得各类支持和帮助的来源。但是，处于不同境况中的社区矫正对象与他人的正面互动及对社会支持的利用状况也有所不同。社区矫正对象的反馈性支持受到各类因素的影响，既有社区矫正对象的内在因素，也有家庭环境、矫正状况等外在因素。

以社区矫正对象的性别、年龄、婚姻状况、生育状况、教育程度、民族、行动策略等个体特征为自变量，以社区矫正对象获得的反馈性支持为因变量，得出模型一；以个体特征为控制变量，以家庭收入和居住类型等家庭环境为自变量，以社区矫正对象获得的反馈性支持为因变量，得出模型二；以个体特征、家庭环境为控制变量，以矫正类型和矫正时间等矫正状况为自变量，以社区矫正对象获得的反馈性支持作为因变量，得出模型三。通过多元线性回归分析，其结果如表 7-10。

表 7-10　社区矫正对象反馈性支持获得多元线性回归分析结果

变量	模型一 B	模型一 SE	模型一 Beta	模型二 B	模型二 SE	模型二 Beta	模型三 B	模型三 SE	模型三 Beta
女（男）	-.293***	.045	-.114	-.295***	.045	-.114	-.176***	.043	-.068
年龄	.009***	.002	.103	.006***	.002	-.066	.005***	.002	.059
结过婚（没有）	.347***	.049	.168	.272***	.048	.131	.213***	.045	.103
有小孩（没有）	.284***	.047	.148	.152***	.046	.079	.016	.043	.008

续表

变量		模型一			模型二			模型三		
		B	SE	Beta	B	SE	Beta	B	SE	Beta
教育程度		-.083***	.017	-.084	-.102***	.017	-.103	-.055***	.016	-.055
汉族（少数民族）		-.470**	.202	-.041	-.611***	.200	-.051	-.490**	.192	-.040
行动策略		.216***	.015	.246	.160***	.015	.182	.128***	.015	.145
家庭收入					.051***	.016	.055	.021	.015	.022
居住类型	亲友借住（租房）				.191***	.048	.077	.180***	.045	.072
	自有房产（租房）				.547***	.038	.300	.274***	.038	.151
矫正类型	假释（缓刑）							-.564***	.047	-.209
	监外执行（缓刑）							-710***	.046	-.303
	管制（缓刑）							-.595***	.055	-.206
矫正时间								.076***	.012	.111
常量		2.888	.222		3.104	.220		3.302	.214	
R^2		.220			.285			.387		
Adjusted R^2		.218			.282			.383		
F		103.206			101.184			114.216		
Sig.		.000			.000			.000		

*** $P<0.01$, ** $P<0.05$, * $P<0.1$

模型一整体回归模型的 F 值为 103.206, sig. 值小于 0.01, 达到显著性水平, 表示自变量个体特征与因变量反馈性支持获得状况显著相关。调整 R^2 为 0.218, 表明该模型具有一定的解释力, 模型拟合度较好。模型一结果显示, 性别、年龄、婚姻状况、生育状况、教育程度、民族及行动策略等个体特征变量均对社区矫正对象反馈性支持的获得状况影响显著。具体来看, 性别的 sig. 值小于 0.01, 且 Beta 值等于-0.114, 为负值, 表明性别变量在置信区间 99% 上显著影响社区矫正对象反馈性支持的获得状况, 且较女性社区矫正对象而言, 男性社区矫正对象社会互动和支持利用上更易选择积极主动的方式; 年龄的 sig. 值小于 0.01, 且 Beta 值为 0.103, 其值为正, 表明年龄对社区矫正对象反馈性支持的获得状况具有正向影响, 年龄越大, 社区矫正对象获得的反馈性支持越多; 婚姻状况和生育状况变量的 sig. 值均小于

0.01，表明这两个变量均在置信区间99%上对社区矫正对象反馈性支持的获得状况产生显著影响，两者的Beta值分别为0.168、0.148，均为正值，表明相对未婚和未育社区矫正对象而言，有过婚姻经历或有孩子的社区矫正对象获得反馈性支持更多；教育程度的sig.值小于0.01，且Beta值等于-0.084，其值为负，说明社区矫正对象的教育程度越低，其正面社会互动和对支持的利用度越高；这可能是因为受教育程度较低的矫正对象为改善较差的生活状态，他们通常会选择积极主动的行动方式。民族的sig.值小于0.05，Beta值等于-0.041，为负值，表明民族在置信区间95%上显著影响社区矫正对象反馈性支持获得状况，且与汉族相比，少数民族社区矫正对象该类支持的获得状况较为良好；行动策略的sig.值小于0.01，说明该变量在置信区间99%上对社区矫正对象反馈性支持的获得状况影响显著，且社区矫正对象采取的行动策略越积极，其获得的反馈性支持状况越良好。

模型二整体回归模型的F值为101.184，sig.值小于0.01，达到显著性水平，表示控制变量个体特征、自变量家庭环境与因变量情感性支持获得状况间显著相关。调整R^2为0.282，表明该模型具有一定的解释力，模型拟合度较好。模型二结果显示，在控制变量中，性别、年龄、婚姻状况、生育状况、教育程度、民族及行动策略均对社区矫正对象获得的反馈性支持产生显著影响。家庭环境变量中，家庭收入和居住类型的sig.值分别小于0.05、0.01，表明两变量分别在置信区间95%、99%上对社区矫正对象反馈性支持获得状况产生显著影响。具体来看，家庭收入的Beta值等于0.055，为正值，表明家庭收入对社区矫正对象反馈性支持的获得产生正向作用，即家庭经济条件较好的社区矫正对象获得的反馈性支持较多；亲友借住—租住对照组、自有房产—租住对照组的Beta值分别为0.077、0.300，均为正值，说明相对独自租住而言，自有房产或亲友借住的社区矫正对象获得的反馈性支持较为良好。

模型三整体回归模型的F值为114.216，sig.值小于0.01，达到显著性水平，表示控制变量个体特征、家庭环境及自变量矫正状况均对反馈性支持获得状况具有显著影响。调整R^2为0.383，表明该模型具有一定的解释力，模型拟合度较优。综合来看，模型三较模型一、二的拟合度更优。模型三结果显示，在控制变量中，性别、年龄、婚姻状况、教育程度、民族、行动策略、居住类型等变量对社区矫正对象反馈性支持的获得影响显著。矫正状况变量中，矫正类型中假释—缓刑对照组、监外执行—缓刑对照组、管制—缓刑对照组及矫正时间的 sig. 值均小于 0.01，说明这几个变量均在置信区间 99% 上对社区矫正对象反馈性支持的获得状况影响显著。其中，假释—缓刑对照组、监外执行—缓刑对照组、管制—缓刑对照组的 Beta 值分别为 -0.209、-0.303、-0.206，均为负值，表明相对于矫正类型为缓刑的社区矫正对象而言，假释、监外执行和管制等矫正类型的社区矫正对象所获得的反馈性支持相对较少；矫正时间的 Beta 值等于 0.111，其值为正，表明矫正时间对社区矫正对象反馈性支持的获得产生正向影响，即接受矫正的时间越长，社区矫正对象与他人的正面互动及活动参与的程度越高，因此，获得的反馈性支持也就越多。

（四）社区矫正工作队伍社会支持提供的影响因素

如前文所述，社会支持是一个主观接受与客观供给的双向互动过程。在社会支持供给方面，相对其他社会支持主体而言，社区矫正工作队伍（社区矫正工作人员、社区矫正社会志愿者）中尤其是社区矫正工作人员的身份具有一定的特殊性，主要表现在以下几个方面：其一，社区矫正工作人员的职业性质要求他们要为社区矫正对象提供各类社会支持；其二，社区矫正工作人员自身的能力具备为社区矫正对象提供所需的各类社会支持的一些条件；其三，社区矫正工作人员的监管职责使其更加了解社区矫正对象的行为习惯，便于提供各类社会支持。社区矫正工作队伍是否确实为社区矫正对象提供社会支持，仍然会受到诸多因素的影响，包括个体特征、沟通状况、工作状况等内在和外在因素。探索影响社区矫正工作队伍工具性支持、情感性支持、信息性支持等社会支持提供状况的因素，对于完善社区矫正对象的社会支持网络，解决社区矫正对象社会支持构建中的难题具有重要意义。

1. 工具性支持提供的影响因素

探索哪些因素影响到社区矫正工作队伍对社区矫正对象工具性支持的提供状况，是提高社区矫正工作队伍社会支持供给效果的关键一步。以社区矫正工作队伍的性别、年龄、教育程度、专业和收入等个体特征为自变量，以社区矫正工作队伍工具性支持的提供状况为因变量，得到模型一；以个体特征为控制变量，以沟通意愿、沟通效果等沟通状况等为自变量，以社区矫正工作队伍工具性支持的提供状况为因变量，得到模型二；在模型二基础上，引入工作身份、工作内容及工作年限等工作背景作为自变量,以社区矫正工作队伍工具性支持的提供状况为因变量,得到模型三。通过多元线性回归分析,其结果如表7-11。

表7-11　社区矫正工作队伍工具性支持提供多元线性回归分析结果

变量		模型一 B	SE	Beta	模型二 B	SE	Beta	模型三 B	SE	Beta
女(男)		-.274***	.091	-.144	-.220**	.092	-.115	-.154***	.049	-.081
年龄		.006	.006	.050	.004	.006	.029	-.006	.004	-.046
教育程度		-.044	.075	-.029	-.051	.074	-.033	-.039	.040	-.025
专业	心理学(法学)	-.094	.200	-.023	.059	.199	.014	-.214**	.108	-.052
	社会学(法学)	.215	.186	.057	.463**	.188	.123	.065	.105	.017
	教育学(法学)	-.092	.198	-.022	.002	.196	.025	-.052	.106	-.012
	其他(法学)	.068	.098	-.080	-.026	.099	-.014	-.078	.055	-.041
收入水平		.063*	.038	.092	.101**	.041	.137	.096***	.029	.132
沟通意愿	不愿意(愿意)				-.513*	.291	-.078	-.001	.153	.001
	不确定(愿意)				-.371***	.127	-.137	-.010	.069	-.004
沟通效果					.319***	.056	.276	.081***	.031	.071
工作身份	矫正执法人员(志愿者)							-.097	.081	-.037
	矫正社会工作者(志愿者)							-.069	.078	-.036
工作内容	风险评估(没有)							.742***	.145	.125
	心理评估(没有)							.925***	.090	.265
	个性化成长计划(没有)							.960***	.077	.355
	专业化矫正项目(没有)							1.103***	.059	.495
工作年限								.032*	.019	.046
常量		4.201	.491		3.233	.508		.894	.319	

续表

变量	模型一			模型二			模型三		
	B	SE	Beta	B	SE	Beta	B	SE	Beta
R^2		.054			.136			.764	
Adjusted R^2		.038			.115			.755	
F		3.403			6.479			80.053	
Sig.		.001			.000			.000	

*** $P<0.01$, ** $P<0.05$, * $P<0.1$

模型一整体回归模型的 F 值为 3.403，sig. 值小于 0.01，模型具有显著性，调整 R^2 等于 0.038，表明以个体特征为自变量的模型预测率不高，模型拟合度较差。模型一结果显示，性别、收入水平变量对社区矫正工作队伍工具性支持的提供状况影响显著，而年龄、教育程度、专业等变量均不具有统计显著性。具体影响机制是：性别这一因素的 sig. 值小于 0.01，说明这一变量在置信区间 99% 上对社区矫正工作队伍工具性支持的提供状况具有显著影响，且其 Beta 值为 -0.144，为负值，表明相比女性社区矫正工作队伍而言，男性社区矫正工作队伍提供工具性支持的力度相对较大。这可能是由于女性社区矫正队伍在矫正工作中的精力投入相对有限，因此，其工具性支持的供给度相对也较低。收入水平的 sig. 值小于 0.1，且其 Beta 值等于 0.092，其值为正，表明收入水平对社区矫正工作队伍工具性支持的提供状况产生正向影响，即社区矫正工作队伍的收入水平越高，其提供的工具性支持也越多。

模型二整体回归模型的 F 值为 6.479，sig. 值小于 0.01，模型达到显著性水平，调整 R^2 等于 0.115，表明该模型的解释力一般，模型拟合度一般。控制变量中，性别、社会学—法学对照组在置信区间 90% 上显著影响社区矫正工作队伍工具性支持的提供状况，男性、高收入、社会学专业（与法学相对而言）的社区矫正工作队伍所提供的工具性支持相对较多。其中，社会学尤其是社会工作专业与社区矫正工作的工作要求契合度较高，因此该专业的社区矫正工作队伍所提供的工具性支持相对较多。沟通状况变量中，沟通意愿和沟通效果均对社区矫正工作队伍工具性支持的提供状况影响显著。其中，不愿意—愿意对照组、不确定—愿意对照组的 sig. 值分别小于 0.1、0.01，表明两变量均在置信区间 90% 上显著影响社区矫正工作队伍工具性支持的供给状况，两变量的 Beta 值分别等于-0.078、-0.137，均为负值，表明相对愿意与社区矫正对象沟通交流的社区矫正对象而言，持不愿意或不确定态度的社区矫正工作队伍所提供的工具性支持均较少。沟通效果的 sig. 值小于 0.01，且其 Beta 值等于 0.276，为正值，表明沟通效果对社区矫正工作队伍所提供的工具性支持具有正向影响，即与社区矫正对象沟通越顺畅有效，社区矫正工作队伍所提供的工具性支持的状况越良好。否则，社区矫正对象会因内心的不信任感对社区矫正工作队伍提供的工具性支持表现出直接或间接的不合作行为。

模型三整体回归模型的 F 值为 80.053，sig. 值小于 0.01，模型具有显著性，调整 R^2 为 0.755，表明该模型中的工作状况变量是影响社区矫正工作队伍工具性支持供给状况的主要影响因素，模型的拟合度相对较优。控制变量中，性别、心理学—法学对照组、收入水平、沟通意愿及沟通效果变量对社区矫正工作队伍工具性支持的提供状况具有显著影响。其中，与法学专业相比，心理学专业的社区矫正工作队伍因了解社区矫正对象的现状及需求，因此所提供的工具性支持相对较多。工作状况变量中，工作内容和工作年限对社区矫正工作队伍所提供的工具性支持影响显著。具体来看，工作内容变量中，风险评估、心理评估、个性化成长计划、专业化矫正项目的 sig. 值均小于 0.01，表明这几个因素均在置信区间 99% 上对社区矫正工作队伍工具性支持的供给状况影响显著，其 Beta 值分别等于 0.125、0.265、0.355、0.495，均为正值，表明与没有提供过以上四类工作内容的社区矫正工作队伍相比，已提供的社区矫正工作队伍对社区矫正对象工具性支持的供给度较高。由此可见，只有在对社区矫正对象进行客观评估基础上制订相应矫正计划，才能为社区矫正对象提供更多、更有效的社会支持。工作年限的 sig. 值小于 0.1，且 Beta 值等于 0.046，其值为正，表明工作年限越长，社区矫正工作队伍所提供的工具性支持越多。

2. 情感性支持提供的影响因素

社区矫正工作队伍与社区矫正对象交往密切，对社区矫正对象过往经历及现状了解相对更多，是社区矫正对象情感性支持的重要来源。社区矫正工作队伍与社区矫正对象的交往，是工作队伍的工作要求，但不同的社区矫正工作队伍对这一要求的执行情况也不尽相同。社区矫正工作队伍为社区矫正对象提供的情感性支持，并非客观不变，这种支持的供给会受到各种各样因素的影响,既包括主观因素,也有客观因素的存在。探究社区矫正工作队伍情感性支持提供状况的影响因素,对完善社区矫正工作队伍情感性支持供给有着重要意义。探索影响社区矫正工作队伍情感性支持提供的因素,也是通过建立三个回归模型来对可能的影响因素进行检验,通过多元线性回归分析,其结果如表7-12。

表7-12 社区矫正工作队伍情感性支持提供多元线性回归分析结果

变量		模型一			模型二			模型三		
		B	SE	Beta	B	SE	Beta	B	SE	Beta
女(男)		−039	.049	−.038	−.004**	.047	−.004	−.012	.046	−.012
年龄		.006*	.006	.050	.005	.003	.069	.001	.004	.009
教育程度		.008	.075	−.029	−.004	.038	−.055	−.001	.038	−.001
专业	心理学(法学)	−.224**	.200	−.023	−.116	.102	−.051	−.138**	.100	−.062
	社会学(法学)	−.042	.186	.057	.122	.097	.060	.032	.098	.016
	教育学(法学)	.010	.198	−.022	.073	.099	.033	.132	.097	.058
	其他(法学)	−.083	.098	−.080	−.018	.050	−.018	.042	.051	.041
收入水平		−.112***	.038	−.092	−.087***	.020	.222	−.048*	.027	−.123
沟通意愿	不愿意(愿意)				−.311*	.149	−.087	−.267*	.143	−.075
	不确定(愿意)				−.160**	.065	−.110	−159**	.063	−.109
沟通效果					.221***	.028	.353	.147***	.029	.236
工作身份	矫正专职人员(志愿者)							.301***	.075	.211
	矫正社会工作者(志愿者)						.	.261***	.072	.254
工作内容	风险评估(没有)							.471***	.140	.139
	心理评估(没有)							.159*	.084	.083
	个性化成长计划(没有)							.147**	.072	.099
	专业化矫正项目(没有)							.038	.055	.032

续表

变量	模型一 B	模型一 SE	模型一 Beta	模型二 B	模型二 SE	模型二 Beta	模型三 B	模型三 SE	模型三 Beta
工作年限							.008	.017	.022
常量	4.357	.264		3.699	264		2.929	.300	
R^2	.086			.212			.305		
Adjusted R^2	.071			.194			.277		
F	5.699			11.280			10.916		
Sig.	.000			.000			.000		

*** $P<0.01$, ** $P<0.05$, * $P<0.1$

以性别、年龄、教育程度、专业和收入水平等个体特征为自变量，以社区矫正工作队伍情感性支持的提供状况为因变量，进入多元线性回归分析得到模型一。该模型整体回归模型的 F 值为 5.699，sig. 值小于 0.01，模型达到显著性水平，调整 R^2 等于 0.071，各自变量的整体预测率为 7.1%，模型的拟合度较差。模型一结果显示，年龄、心理学—法学对照组及收入水平对社区矫正工作队伍情感性支持的提供状况影响显著。其具体影响机制是：年龄的 sig. 值小于 0.1，表明该变量在置信区间 90% 上对社区工作队伍情感性支持的供给状况影响显著，Beta 值等于 0.050，其值为正，表明年龄对因变量具有正向影响，即年龄越大，社区矫正工作队伍所提供的情感性支持越多。心理学—法学对照组的 sig. 值小于 0.05，Beta 值为 -0.023，其值为负，表明该因素子在置信区间 95% 上对社区矫正工作队伍情感性支持的供给状况影响显著，且心理学专业工作队伍因在心理矫治方面所具有的专业优势，对社区矫正对象所提供的情感性支持相对法学专业工作队伍较多；收入水平的 sig. 值小于 0.01，且 Beta 值等于 -0.092，表明收入水平在置信区间 99% 上显著影响社区矫正工作队伍情感性支持的供给状况，且产生负向影响。这主要是因为收入较低的社区矫正工作队伍在工作和生活上面临与矫正对象类似的心境，一定程度上能够切身体会和理解矫正对象的烦恼和困惑，从而在共鸣基础上给予矫正对象情感上的安慰和开导。

在模型一的基础上引入沟通意愿及沟通效果等沟通状况变量得到模型

二，该模型的整体回归模型 F 值为 11.280，sig. 值小于 0.01，模型达到显著性水平，调整 R^2 等于 0.194，表明引入的沟通状况变量能够增加 12.3% 的解释力。模型二结果显示，控制变量中，性别、社会学—法学对照组、收入水平等个体特征变量对社区矫正工作队伍情感性支持的供给状况影响显著。沟通状况变量中，沟通意愿和沟通效果均对矫正工作队伍情感性支持的供给状况产生显著影响，其具体影响机制为：不愿意沟通—愿意沟通对照组、不确定—愿意沟通对照组的 sig. 值分别小于 0.1、0.05，且两者的 Beta 值分别为 -0.087、-0.110，这表明两变量分别在置信区间 90%、95% 上显著影响因变量，且与不愿意与矫正对象沟通或持不确定态度的社区矫正工作队伍相比，内心真正愿意与社区矫正对象沟通交流的社区矫正工作队伍所提供的情感性支持更为良好；沟通效果的 sig. 值小于 0.01，且 Beta 值为 0.353，表明社区矫正工作队伍的沟通效果对社区矫正工作队伍情感性支持的提供状况在置信区间 99% 上产生显著影响，且沟通越顺畅有效，社区矫正工作队伍情感性支持的供给状况越良好。

以个体特征、沟通状况变量为控制变量，引入工作背景变量得到模型三，该整体回归模型 F 值为 10.916，sig. 值小于 0.01，模型达到显著性水平，调整 R^2 为 0.277，表明引入工作背景变量能够增加 8.3% 的解释力，模型的拟合度较为良好。控制变量中，收入水平、沟通意愿及沟通效果对社区矫正工作队伍情感性支持的供给状况影响显著。其他控制变量均不具有统计显著性。工作背景变量中，风险评估、心理评估及个性化成长计划对社区矫正工作队伍情感性支持的供给状况具有显著影响。其中，风险评估的 sig. 值小于 0.01，说明该变量在置信区间 99% 上显著影响因变量，且其 Beta 值等于 0.139，为正值，表明相对于没有为社区矫正对象提供过风险评估的社区矫正工作队伍而言，提供过风险评估的工作队伍的情感性支持的供给状况相对较为良好；心理评估和个性化成长计划的 sig. 值分别小于 0.1、0.05，说明两变量分别在置信区间 90%、95% 上对社区矫正工作队伍情感性支持的供给状况影响显著，两者的 Beta 值分别等于 0.083、0.099，均为正值，表明与前期未为社区矫正对象提供心理评估及制订个性化成长计划的社区矫正工作队伍相比，提供过此类工作内容的社区矫正工作队伍的情感性支持的供给状况也较为良好。

3. 信息性支持提供的影响因素

社区矫正工作队伍相对更有条件为社区矫正对象提供更多、更便捷、更权威的政策类信息和生活类信息，因此，其通常被视为社区矫正对象各类信息性支持的合适提供者。社区矫正工作队伍为社区矫正对象提供信息性支持的状况会受到各种主观和客观因素的影响，因此，探索影响社区矫正工作队伍信息支持提供的因素，对完善社区矫正工作队伍信息支持供给现状，进而构建矫正对象支持网络具有重要意义。

以社区矫正工作队伍的性别、年龄、教育程度、专业及收入水平等个体特征作为自变量，以社区矫正工作队伍信息性支持的提供状况为因变量可得模型一；以个体特征为控制变量，以沟通意愿和沟通效果等沟通状况为自变量，以社区矫正工作队伍信息性支持提供状况为因变量得到模型二；以个体特征和沟通状况为控制变量，以工作身份、工作年限等工作背景为自变量，以社区矫正工作队伍信息性支持提供状况为因变量可得模型三。通过多元线性回归分析，其结果如表7-13。

表7-13　社区矫正工作队伍信息性支持提供多元线性回归分析结果

变量		模型一 B	SE	Beta	模型二 B	SE	Beta	模型三 B	SE	Beta
女（男）		-.079	.063	-.060	-.067	.066	-.050	-.015	.059	-.012
年龄		.012**	.004	.138	.012**	.005	.131	.010**	.005	.115
教育程度		-.083	.051	-.080	-.090*	.053	-.085	-.038	.048	-.037
专业	心理学（法学）	-.149**	.138	-.052	-.107	.144	-.037	-.292**	.129	-.104
	社会学（法学）	-.077	.131	.029	.181	.137	.068	-.102	.126	-.039
	教育学（法学）	-.056	.133	-.020	-.020	.137	-.007	.051	.122	.018
	其他（法学）	-.070	.067	-.054	-.033	.071	-.024	-.038	.066	-.030
收入水平		-.045*	.026	-.090	-.030***	.029	-.060	.009	.035	.019
沟通意愿	不愿意（愿意）				-.268	.210	-.058	-.114	.183	-.026
	不确定（愿意）				-.069	.090	-.037	-.159	.081	-.109
沟通效果					.117***	.040	.144	-.017	.037	-.021

续表

变量		模型一			模型二			模型三		
		B	SE	Beta	B	SE	Beta	B	SE	Beta
工作身份	矫正执法人员（志愿者）							.101	.096	.057
	矫正社会工作者（志愿者）						.	.174*	.093	.135
工作内容	风险评估（没有）							.625***	.173	.154
	心理评估（没有）							.207*	.107	.087
	个性化成长计划（没有）							.510***	.092	.277
	专业化矫正项目（没有）							.284***	.070	.187
工作年限								-.049**	.022	-.103
常量		5.009	.335		4.649	.366		3.255	.380	
R^2		.043			.067			.274		
Adjusted R^2		.027			.044			.245		
F		2.707			2.981			9.374		
Sig.		.006			.001			.000		

*** $P<0.01$, ** $P<0.05$, * $P<0.1$

模型一分析的是个体特征对社区矫正工作队伍信息性支持供给状况的影响，模型二分析的是沟通状况对社区矫正工作队伍信息性支持供给状况的影响，模型三分析的是工作背景对社区矫正工作队伍信息性支持供给状况的影响。三个模型的 sig. 值均小于 0.01，表明三个模型均达到显著性水平。三个模型的调整 R^2 分别为 0.027、0.044、0.245，说明模型一、模型二的解释力较差，模型三的解释力较好；相对模型一、二而言，模型三的拟合度较优。也就是说，社区矫正工作队伍的工作背景变量是影响其信息性支持供给的重要因素。

模型一结果显示，年龄与收入水平对社区矫正工作队伍信息性支持的供给状况影响显著。其具体影响机制是：年龄的 sig. 值小于 0.05，表明该变量在置信区间 95% 上对社区矫正工作队伍信息性支持的供给状况影响显著，且

Beta 值为 0.138，为正值，表明年龄对社区矫正工作队伍信息性支持供给状况的影响呈正向关系，即年龄越大，社区矫正工作队伍所提供的信息性支持越多。这大概是因为随着社区矫正工作队伍年龄的增长，其自身的阅历与实际经验越丰富，能够为社区矫正对象提供越多、越有效的信息与建议；收入水平的 sig. 值小于 0.1，且 Beta 值为 -0.090，为负值，表明收入水平在置信区间 90% 上对社区矫正工作队伍信息性支持的供给状况影响显著，且收入水平对社区矫正工作队伍所提供的信息性支持具有负向作用，即收入水平越低的社区矫正工作队伍，所提供的信息性支持反而越多。而性别、教育程度、专业等个体特征因素均不具有显著性。

模型二结果显示，控制变量中，年龄与教育程度对社区矫正工作队伍信息性支持的供给状况影响显著。沟通状况变量中，沟通效果的 sig. 值小于 0.01，说明该变量在置信区间 99% 上显著影响社区矫正工作队伍信息性支持的供给状况，且 Beta 值等于 0.040，其值为正，表明沟通效果对社区矫正工作队伍信息性支持的供给产生显著正向影响，即社区矫正工作队伍与社区矫正对象之间越能够进行通畅有效的沟通，前者为后者所提供的信息性支持越多。可见，良好的沟通是支持行为发生的重要前提条件。

模型三结果显示，控制变量中，年龄与心理学—法学对照组对社区矫正工作队伍信息性支持的供给状况具有显著影响。其中，心理学—法学对照组的 sig. 值小于 0.05，且 Beta 值等于 -0.104，为负值，表明与心理学专业相比，法学专业社区矫正工作队伍为社区矫正对象提供的信息性支持较多。社区矫正对象的特殊性决定其对法律建议、政策信息及教育信息等政策类信息的高需求，而法学专业工作队伍所具有的与法律及社区矫正相关的信息及建议正好与其需求相契合。工作状况变量中，矫正社会工作者—社会志愿者对照组的 sig. 值小于 0.1，其 Beta 等于 0.135，为正值，表明该因素在置信区间 90% 上对因变量显著影响，即与社会志愿者相比，社区矫正社会工作者所提供的信息性支持较多；风险评估、个性化成长计划及专业化矫正项目的 sig. 值均小于 0.01，说明这三个变量在置信区间 99% 上显著影响因变量，而心理评估的 sig. 值小于 0.1，说明该变量对因变量在置信区间 90% 上具有显著影响。四者的 Beta 值分别等于 0.154、0.087、0.277、0.187，均为正值，表明与未提供上述四类工作内容的社区矫正工作队伍相比，提供过的社区矫正工作队伍信息性支持的供给度相对较高；工作年限的 sig. 值小于 0.05，Beta

为-0.103，其值为负，表明工作年限在置信区间95%上对社区矫正工作队伍信息性支持的供给影响显著，且社区矫正工作队伍所提供的信息性支持并非随其从事矫正工作的年限拉长而增长。

综合来看，个体特征、家庭环境及矫正状况是影响社区矫正对象社会支持获得的重要因素，个体特征、沟通状况及工作背景是影响社区矫正工作队伍社会支持供给的重要因素，除了以上这些影响因素，还会受到社会生态与政策环境的影响，而这些需要更加宏观、更加深入的社会调查方可得出结论，从而寻求到更加精确的解决之道，帮助社区矫正对象更快、更好地重新融入社会，达到社区矫正的效果。

第八章
社区矫正对象社会支持的政策倡导

政策倡导是本研究的最后任务和高级目标，其是在理论探讨、现状评量和因素分析之后顺势完成的。社会支持对于社区矫正对象的有效矫治具有关键作用，是社区矫正工作高质量发展的必要前提，更是社区治理创新和基层治理创新的重要基础。前文围绕构建社区矫正对象有效社会支持这一核心问题，在回顾国内外社区矫正对象社会支持相关理论的基础上，从"接受者—提供者"视角出发，建构了社区矫正对象社会支持的评量体系。通过全国性和重点性实地调查收集的大规模数据资料，对社区矫正对象的社会支持公众基础现状、队伍支撑现状和获得供需现状进行了多层面、多维度的评量，进而系统检验了社区矫正对象社会支持所具现状的影响因素。承前启后，以下将在全面把握上述研究要点的基础上，结合加强基层治理体系和治理能力现代化建设的要求，提出完善社区矫正对象社会支持的政策倡导，包括总结性的依据，即主要判断和基本结论，以及概要性的倡导，即路径选择和精准策略。

一 主要判断与基本结论

为了使概要性的倡导显得更具研究延续性，将先对前文的研究做一个总结性的归纳。这既可以将其看作本研究的主要判断和基本结论，也可以将其看作概要性倡导的先驱依据，还可以将其看作政策倡导的一部分，因为其观点意涵本身就带有一定的政策倡导性。

（一）接点矫治：社区矫正工作转型与社会支持需求导向

接点矫治，是本研究在后文呼应导论的基础上，对我国社区矫正工作形势得出的一个基本判断。接点，通常指关键部位和衔接卡点。[①] 当前我国的社区矫正工作进行了接点矫治期，即进入了前后衔接的关键接点，接点期的社区矫正需要纳入社区治理创新和社会治理创新的背景下综合考虑，以其为接点开启新的社区矫正和治理历程。微观上以《中华人民共和国社区矫正法》进入立法程序并通过实施为接点，宏观上以党的十八大尤其是党的十九大为接点，并延伸至建党百年和党的二十大召开，回顾我国社区矫正工作实施的两个视角、六个步骤和近二十年时间，社区矫正的政策推进和法律演进速度较快且成效显著。但在全面深化改革和司法体制创新的新时期，尤其是面向国家、市域、基层治理体系和治理能力现代化，以及中国式现代化的新时期，社区矫正工作需要全面审视和转型。前文研究判定，一是接点前我国社区矫正在制度化和法治化方面强力部署，开始关注社会参与和协同矫治；二是接点前我国较多重视社区矫正制度的提供和供给，而较少关注社区矫正对象的获得和需求，及如何来考核"供给方"的效益和评量"接收方"的效用，对社区矫正的社会支持及社会参与关注仍不够。由此看来，如果说接点前社区矫正工作更注重"向上看"的话，接点后也要注重"向下看"；既要注重政策法制的行政推动，更要注重效用评量的社会参与。接点矫治的工作转型，要求工作对象应回归到"社区矫正对象"这个原点，工作目标应回归到"顺利重返社会"这个中心。前文研究发现，只有很好评量社区矫正对象社会支持的状况、检测影响因素并进行政策优化，才能达到使社区矫正对象顺利重返社会的目标。这种社会支持评量及其影响因素检验的目标是借用政策倡导来优化社会支持环境，而这种政策倡导的根本应该是需求导向的。

社区矫正工作转型与社会支持需求导向，是社区矫正对象社会支持研究的目标和手段，即通过需求导向（广义的对象满足导向，即基于矫正对象获得和需求与社会多元提供和供给评量促成的需求满足）社会支持的建设，达

[①] 张大维、陈涛：《接点服务：小农户衔接现代农业的供需结构与均衡路径》，《中国农村研究》2020年第2期。

至政策倡导在宏观层面上提出的社区矫正工作转型。由此看来，社区矫正对象社会支持研究具有重要的理论意义、政策意义和实践意义，当然也是呼应了三大研究缘起，即现行政策的实务工作倡导、围绕社区的研究旨趣拓展、支持弱群的社会生活回归等。总体来看，全文的研究回应了导论的预设，得出以下总体判断。第一，基本回应了当初的问题意识，即如何在社会治理创新背景下准确评量社区矫正对象社会支持现状并分析其影响因素从而进行政策倡导。第二，基本解决了社区矫正对象社会支持的相关基础理论问题和评价指标问题，社区矫正对象社会支持的相关公众基础问题和支撑队伍问题，以及社区矫正对象社会支持的相关影响因素问题，社区矫正对象社会支持的相关政策倡导问题，等等。第三，基本落实了"一个背景、二元维度、三类指标、四大内容"的总体框架，即贯穿了社区治理创新和社会治理创新这个背景，把握了主客体二元维度、供和需的二元维度，关注了内含工具性支持、情感性支持和信息性支持三类指标（考察矫正对象时会增加反馈性支持）的社会支持现状及其影响因素，推演了社区矫正社会支持的理论探讨、现状评量、因素检验与政策倡导四大范畴。第四，基本实现了三大创新，包括：研究视角的创新，即建构了"接收者—提供者"、"受动者—施动者"视角及相关概念谱系，内含了社会支持现状评量的多元指标、影响因素检验的多面比较等；研究方法的创新，即贯穿使用类型学的方法、综合运用评量检验模型、使用大量调查统计数据等；研究领域的创新，即拓展了社区矫正、社会支持、社区建设、社会治理等研究领域。与此同时，评量检测方法的引入，以及多种检测方法交叉糅合互通，更加彰显了通过社会支持需求导向促进社区矫正工作转型，达至社会矫正创新、社区治理创新和社会支持创新的判断。

（二）交叉实证：社区矫正研究转向与社会支持系统考察

交叉实证，是本研究在后文呼应理论回顾的基础上，对我国社区矫正学术研究得出的一个基本判断。交叉，是指用于指导社区矫正工作实践的社区矫正理论探讨，在新时期不仅要实现社区矫正、社会支持、社区建设、社会治理等多个研究领域的彼此交叉、相互融合、嵌入整合，还要实现多个学科、多种方法、多元维度的交叉。例如，社会支持的评量，更多来源于医学、心理学的病理和精神评估中，本研究判定，当前我们可以将其引入分析社区矫正的受动对象以提高社区矫正工作的效用。实证，是指社区矫正对象社会支持的研究更需要重视实证的研究方法，需要从传统定性研究走向定量研究，或者二者结合的整合研究。前文研究表明，当前社区矫正对象社会支持的理论研究，主要从社区矫正的研究范畴、社会支持的理论视角、社会支持的社矫运用等方面来展开。其中，社区矫正的研究范畴，又主要从多元定义、适用对象、工作队伍、体制机制等方面来展开；社会支持的理论视角，又主要从多维内涵、类型划分、测量评估、作用机制、影响因素等方面来展开；社会支持的社矫运用（社区矫正与社会支持二者的交叉研究及运用），又主要从现状考察、功效挖掘、困境分析、改善探讨等来展开。深入分析判断，已有研究将社区矫正、社会支持结合研究的较少，而关于社区矫正对象社会支持的研究则更少；对社区矫正与社会支持的实证分析和定量研究较少，而就社区矫正对象社会支持进行实证研究的则更少；从功能向度就社区矫正对象社会支持进行评量的较少，对其进行影响因素分析及政策倡导的则更少；从"接收者—提供者"或"社区矫正对象—社区矫正工作队伍"双向互动视角，来进行社区矫正对象社会支持现状评量和因素分析的较匮乏；关于社会支持的类型划分和量表建构还显得不足，特别是针对社区矫正对象社会支持评量的指标体系还待建构；关于社会支持的评定量表或评估问卷有待优化，尤其是针对社区矫正对象社会支持的评量工具关注不够；等等。这些理论梳理及其形成的结论，在行文逻辑上，为社区矫正对象社会支持评量体系的建构奠定了基础；在项目研判上，实际上是提出了社区矫正研究转型与社会支持系统考察的新命题。

社区矫正研究转型与社会支持系统考察，是社区矫正对象社会支持研究得出的新的学术命题。理论指导实践，实践转型，首先需要理论转向；社区矫正工作转型的政策倡导，首先要倡导社区矫正研究转向。就是要改变过去单纯定性研究社区矫正、单纯研究社会支持学术气候，转向融入社会治理与社区建设的交叉实证研究气候；还要改变过去单纯关注社区矫正制度本身，而忽略了社区矫正对象这个对象主体的生态现象。由此可见，在这一过程中研究社区矫正对象的社会支持问题，则需要进行社会支持系统考察，而不是简单的"新瓶装旧酒"。例如，不是粗略地借用照搬以前某种关于社会支持的分类、某类关于社会支持的指标、某个关于社区矫正对象研究的"蜻蜓点水"，而是要将诸类理论的科学性进行符合社区矫正对象实践性的改造，将研究的科学性和实践的艺术性进行融合改良甚至创造。还如，不能因为社区矫正对象的"特殊性"不便接触，而不对其进行大规模的问卷调查，不采用实证研究方法对其进行数据分析等。所以，社区矫正对象社会支持的系统考察，是包括基础理论的铺垫、概念谱系的建构、相关指标的选用、评量体系的确定、检测模型的设计等诸多要素的系统考察，是对社会支持的现状评量、因素检验和政策倡导等多要素进行的系统考察。

（三）体系建构：社区矫正对象社会支持评量的择优工具

体系建构，是本研究在后文呼应评量体系的基础上，对社区矫正对象社会支持研究的技术手段得出的一个基本判断。体系，是指社区矫正对象社会支持的评量，不是简单的几个要素的叠加，更不是几个零星数据的拼凑；其必须形成相关要素前后承接、高度逻辑关联的评定测量系统。前文研究表明，这个评量系统是由视角选定与概念建构、指标设计及其操作化、经验借鉴与工具开发、效度检验与信度检验等层层递进、逻辑清晰、关联密切的完整体系。体系建构，就是基于这种完整体系的诉求，对社区矫正对象社会支持进行深度考察时，需要建构的社区矫正社会支持评量体系。前文研究发现，评量体系中的"接收者—提供者"视角体现了本研究主题所要阐释的主客体互动立场、过程立场，以及彼此感知立场、反馈立场，其连接了主体与客体的两端，实际也是倡导社区矫正对象的社会支持不能只顾一端而忽略另一端。这一视角决定了相关概念谱系的建构和社会支持类型的划分。例如，"接收者"视角下社区矫正对象社会支持的外围结构（一级指标）包括工具性支持、情感性支持、信息性支持和反馈性支持；"提供者"视角下社区矫正工作队伍社会支持的外围结构（一级指标）则包括工具性支持、情感性支持和信息性支持。前文研究发现，评量体系中的评量指标设计，需要遵循完备性和独立性、目的性和代表性、操作性和可比性等主要原则，结合"接收者—提供者"二元视角，分别需要构建内含一、二、三级指标的社区矫正对象社会支持获得指标体系和社区矫正工作队伍社会支持供给指标体系。例如，"接收者"视角下社区矫正对象社会支持的一级指标中，工具性支持又由实物支持、金钱支持和服务支持等二级指标测量，情感性支持又由接纳支持、信任支持、倾听支持、理解支持和尊重支持等二级指标测量，信息性支持又由政策类信息和生活类信息等二级指标测量，反馈性支持又由正面社会互动和对支持的利用等二级指标测量，二级指标之下又在易操作、易处理原则下设定若干条目作为三级指标，并对其进行操作化方案的阐释。

社区矫正对象社会支持评量的择优工具，是指社区矫正对象社会支持的现状评量需要建构一套评估体系，其核心是在借鉴已有模型指标的基础上扬弃，结合社区矫正对象社会支持实际，选择最优的评定量表。前文研究认为，当前有关社会支持研究使用较多的评定量表或问卷有肖水源编制的社会支持评定量表（SSRS）、Zimet 设计的领悟社会支持量表（PSSS）、Schwarzer 和 Schulz 设计的 Berlin 社会支持量表（BSSS）、Sarason 编制的社会支持问卷（SSQ）等。如何优选或筛选量表或问卷，研判的基本原则：一是对以上工具进行扬弃、借鉴和吸纳，形成优选方案；二是借助"循证实践"或"证据为本"的理论和实务方法，力求做到研究的科学性和实践的艺术性融合，既要满足理论又要符合实际；三是基于"接收者—提供者"二元视角，创设的社区矫正对象社会支持评定量表应该具有社区矫正对象社会支持获得问卷和社区矫正工作人员社会支持供给问卷两个版本；四是评定量表的效度信度要较好，评量质量要高。除此之外，评量工具的择优也映射出另一个问题，这种社会支持评量是双向的，即既要评量"接收者"视角社区矫正对象的社会支持获得和需求，又要评量"提供者"视角公众基础和支撑队伍的社会支持提供和供给。

（四）基础薄弱：公众参与社区矫正对象社会支持的潜力泯没

基础薄弱，是本研究在后文呼应公众基础的考量上，对社区矫正对象社会支持现状的公众态度得出的一个基本判断。基础，是指公众基础，其是任何一项制度得以有效实行或任何一个政策得以有效实施的前提；就社区矫正对象的社会支持来讲，只有具备一定的公众基础、社会氛围和大众环境等，社区矫正对象社会支持的政策倡导才能被理解和支持，才能从被动走向自觉。那么，虽然这种公众基础最终体现为社会支持，但其初级阶段表现为对社区矫正制度和社区矫正工作是否认知、认可和参与；也就是说，只有一般公众对社区矫正认知、认同和参与了，才能最终形成自觉的社会支持。前文研究发现，由于社区矫正处于实施的初级阶段，这种基础就体现为一般公众对社区矫正的认知、认同和参与，在这个基础上，社区矫正对象才能获得来自内含一般公众的社会力量支持。基础薄弱，是指社区矫正对象社会支持的公众基础、公众潜力是薄弱的，这股力量还没有真正符合其基础定位，在一般公众中还没有形成较好的社区矫正对象社会支持的社会氛围和大众环境。前文研究判定，我国一般公众对社区矫正的公众态度淡漠，认知度、参与度均较低；值得欣慰的是，社会大众对社区矫正的认同度较高，但其前提是要对被调查者介绍社区矫正相关知识背景。因此，可以说，当前我国社区矫正对象社会支持的公众基础仍较薄弱，但如果能为公众大力有效普及社区矫正知识，一般公众可以具备承担起基础角色的希望。

公众参与社区矫正对象社会支持的潜力湮没，是指一般公众在社区矫正对象社会支持上本应具有较大潜力，但却由于内外因而暂处于湮没状态。映射出社区矫正对象社会支持公众基础薄弱的一个现实是，社区矫正对象的规模却在不断增长。也就是说，一方面，社区矫正对象的规模增长迅速；另一方面，一般公众对社区矫正的认知、认同和参与并没有同步增长，基础夯实的力度不够。前文研究表明，无论是全国面上还是地方点上，社区矫正对象的数量规模和增长速度都较大。就全国而言，累计接收、累计解除和当前在册的社区矫正对象数量均有较大幅度增长，在矫的绝对数量已成规模，2014年以来每年在册社区矫正对象都突破了70万人，全面试行社区矫正以来，累计接收增长了7倍、累计解除增长了13倍、当前在册增长了3倍。就社区矫正对象数量占全国罪犯总数的比例来看，我国已经占到了1/3，但与主要发达国家一般在2/3以上相比，仍然有一些差距；也就是说，尽管我国社区矫正对象数量和速度增长加快，但上升的空间还较大，从而也折射出对公众基础的要求会更大。然而前文研究显示，仅有28.2%的被调查对象听说过社区矫正，仅22.7%的被调查对象知道我国已开展社区矫正。知都不知道，更何谈认同和参与。仅有5.9%的调查对象表示主动参与过社区矫正，高达83.7%的调查对象从未参与过社区矫正活动。虽然被调查对象表现出一定的认同态度，但前提是为其做好知识讲解。这种公众态度或公众基础呈现的状况，与公众认知、认同及参与的社会生态系统及其结构是密切相关的。其中，公众认知的生态结构归因有，政府层面上的顶层引导和宣传不到位、社会层面上的媒体传播和普及不全面、社区层面上的基层倡导和推行不积极等；公众认同的生态结构归因有，重刑观念桎梏、社区发育滞后、学校教育缺位等；公众参与的生态结构归因有，公众知情权落实不够、社会组织发育不健全、社会公众参与渠道单一等。由此看来，当前情形下社区矫正对象社会支持的提供还不能倚望一般公众,更多的还需要加强社区矫正工作队伍,做好引领示范。

(五)支撑不强:工作队伍提供社区矫正对象支持的配建滞后

支撑不强,是本研究在后文呼应支撑队伍的基础上,对社区矫正对象社会支持现状的主体力量得出的一个基本判断。支撑,是指队伍支撑,即社区矫正工作队伍的支撑,承担支撑功用的社区矫正工作队伍是社区矫正对象社会支持的主体力量,是当前形势下社区矫正对象社会支持的主要寄托势力,这种定位是在当前公众认知不足、社会参与起步的情形下的应景判定。前文研究表明,社区矫正对象离不开一般公众的支持,更离不开包括社区矫正专职工作人员、社区矫正社会工作者(专职社工和专业社工)、社区矫正志愿者(城乡社区矫正群干和社会志愿者)在内的社区矫正工作队伍的支撑。尽管从长远来看,社会参与是主流和方向,但从专业性、职业性和实践性的角度讲,社区矫正工作队伍仍是当前社区矫正对象获得社会支持的主要供给支撑。支撑不强,是指社区矫正工作队伍在社区矫正对象社会支持的供给方面发挥的功用并不是很好,或者配建并不是很到位,支撑力度不强不仅体现在社区矫正机构配建科学化和实权化不够方面,还体现在社区矫正工作队伍的规模化和职业化不足方面,也体现在社区矫正工作队伍的专业化和优质化不强方面等。

社区矫正工作队伍提供社区矫正对象社会支持的配建滞后,是指在能够为社区矫正对象提供有效社会支持方面,对社区矫正工作队伍的配建,跟不上社区矫正发展形势、赶不上社区矫正对象增长趋势、配不上其应具有的主体支撑定位,显得配套建设滞后。第一,社区矫正工作队伍的承载机构配建科学化和实权化不够。虽然从中央到地方的社区矫正机构的组织架构较为完整,但并没有形成相对独立的、具有较强执法权的社区矫正专门机构(如美国的 Department of Corrections 或 Probation Department 或 Parole Department),相对独立性和执法权较弱;尽管目前正在大力建设社区矫正中心,全国60.0%以上的县市区建立了社区矫正中心,但也多体现为工作操作平台,统领力度、整合力度和执法力度仍显不够。第二,社区矫正工作队伍的规模化和职业化不足。一方面,前文首次将社区矫正工作队伍进行了梳理划分,明显可以看出这支队伍里很多人员是临时充实其中的。全国来看,从事社区矫正工作的专职工作人员 1 万多人，社会工作者 8.3 万人，社会志愿者 69 万多人，即便有一定规模，但通过矫正对象与工作队伍的配比测算发现，当前社区矫正队伍仍然显得短缺。另一方面，与上述弱化的社区矫正机构相对应，我国自然没有形成社区矫正工作的职业体系，现有工作队伍很大程度上还缺乏如社区矫正官、缓刑官、假释官或指导员（如美国的 Corrections Officer 或 Probation Officer 或 Parole Officer 或 Field Agent）应具备的从业资质，社区矫正官职业化建设滞后。第三，社区矫正工作队伍的专业化和优质化不强。一方面，社区矫正工作队伍的专业化不强，仍有 30.0%以上是兼职或业余的，具有法学、社会工作、心理学和教育学等专业背景的队伍不到 50.0%；另一方面，社区矫正工作队伍的优质化不强，本科以下教育程度的超过 40.0%，年龄结构有些失衡，工资待遇不高、流动性较大等。

（六）供需失衡：社矫对象社会支持获得不足与类型分异

供需失衡，是本研究在后文呼应获得供需的基础上，对社区矫正对象社会支持现状的内核特质得出的一个基本判断。之所以说是内核特质，是因为只有在厘清社区矫正对象社会支持获得与供需现状的基础上，才会顺理成章进行后面的因素分析尤其是政策倡导，才能有的放矢地为社区矫正对象提供所需的社会支持。从这个意义上讲，前文的公众基础和队伍支撑是现状评量的外围结构和先行铺垫，前文的理论回顾和评量体系是现状评量的装备指导和工具手段，最终落脚于获得与供需现状这个关键要点或内核特质。供需，是从"接收者—提供者"视角，呈现的一种互动关系，而不是孤立地仅就社区矫正对象的社会支持而谈作为研究本体的获得状况。供需失衡，体现的是一种关系状态，是指社区矫正对象的社会支持需求与社区矫正工作队伍的社会支持供给不能匹配，需大供小而引起的供需矛盾状态。虽然社区矫正对象社会支持获得大小的机理或机制为供需失衡，但其"实在"的直观体现仍然为"获得"状况。因此，"需求—供给"两端连接在一起，是为了分解"获得"这个焦点。

社区矫正对象社会支持获得不足与类型分异，是对供需失衡所致后果的现状呈现和总体判断，是本研究得出的焦点性结论。结合前文研判，社区矫正对象的社会支持获得在整体上呈现为总体不高、来源多样、空间递减、专业递增，业缘血缘主导支持、机构家庭占据主体，家庭支持两极分化、工作人员顺势补位，以及人口学特征与范畴学类型的交叉导致获得差异的规律多变等特征。获得不足与类型分异主要表现为以下两方面。

一方面，社区矫正对象社会支持的获得不足，即社区矫正工作队伍供给相对较小、社区矫正对象需求相对较大，这种供需失衡自然导致的结果就是获得不足。其一，在整体性支持获得中，社区矫正对象社会支持的获得总体不高，获得来自家人、朋友、社区成员的非正式支持呈现空间上由内而外的支持递减格局，获得来自居委会、警察、社区矫正工作人员的正式支持呈现随专业性递增而支持递增的趋势。其二，在工具性支持获得中，总体获得较好，相比金钱支持和实物支持而言，服务支持获得稍强，且获得的发展性服务支持多于基础性服务支持；50.0%多的矫正对象依靠自身劳动满足所需的生活费用，将近50.0%的困难矫正对象通过监管人和亲友资助获得金钱支持，不到20.0%的获得过实物支持，针对困难矫正对象的补助申请并不健全；大多数矫正对象在社区矫正工作人员或亲友的支持下获得了再就业的工作机会。其三，在情感性支持获得中，总体获得不足，部分矫正对象存在心理问题；获得他人的接纳支持程度相对较高，获得他人倾听支持的力度相对最低，获得信任支持、理解支持和尊重支持的支持力度依次递增；另外，获得社区矫正工作人员、亲朋、社区成员、街道办及居委会的情感性支持依次递减。其四，在信息性支持获得中，总体不足，工作建议、教育信息、活动信息、人际交往建议、就业信息、政策信息、法律建议、家庭问题建议支持力度依次递减，获得的生活类信息要略多于政策类信息。其五，在反馈性支持获得中，总体获得不高，正面社会互动较为欠缺，部分矫正对象存在心理压力，不愿敞开心扉主动倾诉；对支持的利用相对较低，且以基础性支持利用为主，发展性支持利用不足。

另一方面，社区矫正对象社会支持的类型分异，即社区矫正对象在工具特性支持获得、情感性支持获得、信息性支持获得、反馈性支持获得等类型上及其每类的分项指数上均存在差异。与此同时，不同地区、不同性别、不同年龄、不同学历、不同收入等的社区矫正对象在社会支持的获得上也存在差异。其一，在不同地区对象的支持获得上，中部和北部地区矫正对象获得的社会支持优于南部地区。获得工具性支持方面，就金钱支持获得而言，南北中地区矫正对象从外界获得均低于40.0%，前郭县、武汉市和佛山市矫正对象获得亲友金钱帮扶依次递减。就实物支持获得而言，前郭县、武汉市、佛山市所占比例依次递增；就服务支持获得而言，小、大、中城市社区矫正对象获得服务支持的程度依次递减，小城市矫正对象获得的生活性服务支持和发展性服务支持均高于大中城市。获得情感性支持方面，北、中、南地区的矫正对象获得力度依次递减，提升空间较大。获得信息性支持方面，武汉市和前郭县矫正对象获得的政策类信息要多于生活类信息，佛山市则相反。获得反馈性支持方面，小、大、中城市社区矫正对象正面社会互动和对支持的利用度总体上依次递减。其二，在不同性别对象的支持获得上，男性社区矫正对象获得正式支持和非正式支持的力度均高于女性社区矫正对象，但总体均不高。获得工具性支持方面，女性矫正对象获得金钱支持、实物支持和服务支持的力度均高于男性；获得情感性支持方面，男性矫正对象获得的情感性支持状况及来源广度优于女性；获得信息性支持方面，女性与男性社区矫正对象的信息性支持获得状况各有优劣，应该分类关注、重点突破；获得反馈性支持方面，男性社区矫正对象正面的社会互动和对支持的利用度均高于女性。其三，在不同年龄对象的支持获得上，社区矫正对象中年龄上的相对依附者（老年和青少年）获得正式支持相对多些，而年龄上的相对独立者（中年）获得的正式支持相对少些，而获得家人、朋友和社区成员等人际关系支撑的非正式支持相对较多；另外，不同年龄矫正对象对四类支持的获得呈现的规律有所不同。其四，在不同教育程度对象的支持获得上，总体而言初中教育程度的矫正对象从各来源主体获得的社会支持均处于优势，研究生及以上教育程度的矫正对象获得朋友社会支持相对大些。同样，不同学历矫正对象对四类支持的获得呈现的规律也各有特点。其五，在不同收入对象的支持获得上，2万及以下低收入、5万—8万中等偏下收入矫正对象获得的正式支持相对多于非正式支持；其他收入水平的矫正对象则是获得非正式支持相对多于正式支持。此外，不同收入矫正对象对四类支持的获得呈现的特点也各不一样。其六，在不同就业对象的支持获得上，相比有工作的矫正对象而言，无业矫正对象获得各类支持的力度较低。

社区矫正对象社会支持获得不足与类型分异是由供需失衡造成的，社区矫正工作队伍的社会支持供给不足与社区矫正对象社会支持需求较大形成当前的供需悖论。

一方面，社区矫正工作队伍社会支持的供给整体不足。其一，在整体性支持供给中，总体上是随工作队伍专业性递减而供给力度递减。其二，在工具性支持供给中，服务支持供给状况相对好些，但个性化成长计划、专业化矫正项目的供给仍有待提高，社区矫正社工的作用仍急需加强。其三，在情感性支持供给中，社区矫正工作队伍的角色认同存在一定偏差，相当部分工作队伍并非出自本愿与矫正对象沟通交流，从而影响到支持供给力度和互动效果；其四，在信息性支持供给中，社区矫正工作队伍提供的生活性信息支持力度大于政策类信息支持力度，对法律信息和政策建议的供给度相对较低；另外，年龄大小与供给力度呈正相关，即总体上社区矫正工作队伍年龄越大，其社会阅历及经验越丰富，所提供的各类建议和指导相应越多。

另一方面，社区矫正对象社会支持的需求总体仍较大。其一，在整体性支持需求中，社区矫正对象需求的非正式支持要高于正式支持，对来自家人、亲戚、朋友或同事、司法所、社区成员、社会团体等的社会支持期待依次递减（对前4项的需求比例分别为85.0%、54.4%、47.5%、30.4%）。其二，在工具性支持需求中，社区矫正对象对基础性服务支持的需求高于对发展性服务支持的需求；小城市矫正对象对基础性和发展性服务支持的需求比例均较高，中等城市矫正对象对基础性服务支持的需求次于小城市但高于大城市，大城市矫正对象对发展性服务支持的需求力度次于小城市但高于中等城市；女性矫正对象对服务支持的需求程度总体上大于男性，且对基础性服务支持的需求大于发展性服务支持，男性和女性矫正对象对发展性服务支持的需求总体差别不大，所占比例处于70.0%左右；不同年龄段的社区矫正对象对服务支持的需求各有偏好；总体上教育程度较低的矫正对象服务需求相对较高；中等及以上收入水平矫正对象对教育学习的需求高于中等以下矫正对象，中等偏下及低收入水平矫正对象对基础性服务支持的需求高于中等及以上矫正对象。其三，在情感性支持需求中，社区矫正对象更需要一般公众的情感性支持不带有标签色彩，且对家人、朋友及社区矫正工作人员的情感性需求程度更大；社区矫正对象对接纳支持和尊重支持的需求较高（有近40.0%的社区矫正对象感到周围人对自己不够尊重），对家人的倾听和理解需求相对最为强烈，绝大多数社区矫正对象表示希望获得社区矫正工作人员的倾听，期待获得倾听和理解支持的程度与年龄密切相关。其四，在信息性支持需求中，社区矫正对象对法律信息、政策信息和教育信息的需求相对较大，对政策类信息的需求大于对生活类信息的需求，50.0%多的社区矫正对象对工作信息有需求。除此之外，三大地区社区矫正对象的信息性支持需求大小排序依次是中等城市、小城市和大城市；男性社区矫正对象对生活类信息的需求程度高于女性，而女性矫正对象对政策类信息支持的需求程度高于男性；各年龄段社区矫正对象对政策类信息的需求高于对生活类信息的需求；社区矫正对象对信息性支持的需求在教育程度、收入水平上均呈倒 U 形结构。

（七）因素有序：社区矫正对象社会支持影响因素多元有规律

因素有序，是在回应前文而作出因素分析后，本研究对社区矫正对象社会支持现状的多元归因得出的一个基本判断。因素，是指社区矫正对象社会支持的影响因素，分布在三个层面多个维度上。其中，三个层面，指公众基础、支撑队伍、获得供给；多个维度，指在每个层面内部，均具有多个维度的影响因素方向，例如，在获得供给层面，就要分别从社区矫正对象的社会支持获得、社区矫正工作队伍的社会支持供给两个维度去探寻，而进一步剥离，还要从个体特征、家庭环境、矫正状况，以及工作背景、沟通状况等方面去探寻；以此类推，影响因素是一个庞大的系统，是影响社区矫正对象社会支持状况的要素合集，是提出社区矫正对象社会支持政策倡导的重要依据。然而，尽管影响因素的系统庞大，但并不是无序、找不到规律的。因素有序，是指影响社区矫正对象社会支持状况的因素是有章可循、总体规律和基本有序的，可以通过数据分析、关联把握、交叉列表等，找出影响社区矫正对象社会支持获得和社区矫正工作队伍社会支持供给的基本要素、判断结论和主要归因，从而比较清晰地为政策倡导服务。

社区矫正对象社会支持影响因素多有规律，是对"因素有序"的进一步阐释，指社区矫正对象社会支持的影响因素虽然很多但是有规律。

第一，社区矫正对象社会支持的公众基础的影响因素较为单一。社区矫正对象社会支持的公众基础主要通过一般公众对社区矫正的认知、认同及参与状况来判断，那么社区矫正对象社会支持的公众基础的影响因素则也是通过考察一般公众对社区矫正认知、认同及参与的影响因素来判定。其一，影响公众认知的因素。主要研判有：性别、年龄、婚姻状况、政治面貌、城乡来源、宗教信仰、亲戚判刑经历、熟人判刑经历等都对社区矫正的公众认知状况不产生显著影响；教育年限对社区矫正的公众认知产生显著影响，总体是教育程度与公众认知呈正相关；惩罚观等传统刑罚观对社区矫正制度的认知状况产生负向影响，而现代刑罚观中仅文明观对公众认知状况产生正向影响。其二，影响公众认同的因素。主要研判有：年龄、婚姻、生育、教育、政治面貌、城乡来源、信仰、被判刑经历等个体特征因素对社区矫正公众认同的影响都不显著；一般公众越认同惩罚、公正和风险等传统刑罚观则越不认同社区矫正，越认同康复、文明、人本主义、惩罚成本及政策倡导等现代刑罚观则越认同社区矫正。其三，影响公众参与的因素。主要研判有：性别、年龄、教育年限、政治面貌、城乡来源、宗教信仰、亲戚判刑经历、熟人判刑经历、朋友判刑经历等都对一般公众参与状况不产生显著影响；而婚姻经历对公众参与产生显著影响，相对于有婚姻经历的公众而言，未婚公众对社区矫正的参与度较低；刑罚观对公众参与产生显著影响，一般公众越认同传统的刑罚观，则公众参与度越低。

第二，社区矫正对象社会支持的支撑队伍的影响因素较具层次。社区矫正对象社会支持的支撑队伍主要通过专职工作人员、社会工作者和志愿者三类群体的配建状况来判断，那么社区矫正对象社会支持的队伍支撑的影响因素则也是通过考察这三类群体配建的影响因素来判定。其一，影响专职工作人员支撑的因素。主要研判有：基层司法所的社区矫正专职工作人员配备不足、身兼数职、任务繁重，真正从事社区矫正工作的时间和精力相当有限，很难保证为社区矫正对象提供相应的社会支持；基层司法所的社区矫正专职工作人员要么教育程度不高、专业背景单一、职业素养不足，要么实践经验偏少、社会阅历不多、知识转化不强，对社区矫正这一新鲜事物来讲，很难在短时间内充实专业能力，更谈不上为社区矫正对象提供合适的社会支持；社区矫正专职工作人员在对社区矫正对象进行管理时，由于没有独立的社区矫正官制度，往往缺乏有效的手段和执法权，需要其他部门的协调配合，权责交叉任务重叠较多，工作程序冗杂而显得低效。其二，影响社会工作者支撑的因素。主要研判有：社区矫正社工的购买或配备没有制度保障，社区矫正对象多而社工严重不足，尚未形成按科学合理比例统一配备的机制，多数司法所没有严格意义上的专业社工，专职社工的削减与专业社工的增加趋势较慢；尽管对矫正对象实行分级分类管理，但很少形成需求导向的分级分类服务，缺乏需求导向的科学合理社工配备机制；"依附—庇护"的制度环境使得社工角色定位不清，与司法行政人员的角色分工不明，"专职多用"现象突出，社工的理论转化不够，专业优势体现不足，作用发挥受限；社区矫正用人制度缺乏，社区矫正队伍编制不足，社会地位和工资待遇不高，社区矫正社工流动性大，导致对需求持续把握断层，社工服务水平下降，精准支持提供不足。其三，影响志愿者支撑的因素。主要研判有：社区矫正群干（"两委"志愿者）的待遇机制落实不够，义务劳动的结果就是敷衍了事；社区矫正宣传普及动员机制缺失，社会志愿者广泛参与长效机制缺乏，志愿者为矫正对象提供支持的渠道短缺；社会志愿者短缺，致使吸收准入不严，结果是"来者不拒"和"有名无实"，实效不佳；系统指导和专业培训机制缺乏，志愿者缺乏参与社区矫正的专业素养，参与能力不足。

第三，社区矫正对象社会支持的获得供给的影响因素较为复杂。社区矫正对象社会支持获得的影响因素和社区矫正工作队伍社会支持供给的影响因素，是因素检验的重中之重。之所以说其复杂，是因为其不仅涉及两个维度，还涉及多个方面。例如，社区矫正对象社会支持获得维度的影响因素，就要从个体特征、家庭环境、矫正状况等方面去进行因素检验；而社区矫正工作队伍社会支持供给维度的影响因素，也要从个体特征、工作背景、沟通状况等方面去进行因素分析；而这所有方面的内部，还有多个分支要素。之所以说其有序，是因为前文研究表明，影响社会支持获得和供给的因素具有一定的规律可循。

其一，社区矫正对象社会支持获得的影响因素。主要研判有：个体特征、家庭环境、矫正状况等三方面均对社区矫正对象社会支持的获得状况产生显著影响。就性别而言，相对女性，男性矫正对象在社会支持获得中更具优势，且工具性支持最为明显，情感性支持次之，信息性支持相对最小；就年龄而言，年龄对社会支持的获得具有正向影响，在随年龄增长而社会支持递增趋势中，情感性支持表现最为明显，反馈性支持相对最小；就婚姻状况而言，相比未婚矫正对象，已婚矫正对象的社会支持获得更显优势，其中，反馈性支持表现得更为突出；就生育状况而言，相比未育矫正对象，已育矫正对象的社会支持获得更显优势，其中，信息性支持表现得更为突出；就教育程度而言，教育程度与社会支持的获得呈负向关系，随着教育程度降低而社会支持增加趋势中，情感性支持表现得最为明显，其后依次是信息性支持、工具性支持和反馈性支持；就民族类型而言，少数民族矫正对象社会支持获得体现出了一定的民族优势，在情感性支持中更为明显，工具性支持次之，反馈性支持最小，而信息性支持没有显著差别；就行动策略而言，越倾向采取消极求助方式的矫正对象，其社会支持的获得越显劣势，信息性支持、工具性支持、情感性支持、反馈性支持依次递减；就家庭收入而言，总体是家庭收入水平与社会支持获得呈正相关，随着收入水平降低而社会支持减弱趋势中，情感性支持最为明显、信息性支持次之、反馈性支持较小，而工具性支持不显著；就居住类型而言，自有房产矫正对象获得的社会支持多于亲友借住，且上述两类居住类型又均大于独自租房居住；就矫正类型而言，与缓刑相比，矫正类型为假释、管制及监外执行的矫正对象社会支持的获得更显劣势；就矫正时间而言，总体上时间与社会支持的获得呈正相关，随着矫正时间增加而社会支持增多趋势中，工具性支持表现得更为明显，其后依次是信息性支持、情感性支持，反馈性支持最小。

其二，社区矫正工作队伍社会支持提供的影响因素。主要研判有：在学历方面，教育程度与社会支持的供给不具有显著影响；在性别方面，男性相比女性在社会支持供给方面更具优势，工具性支持表现更为明显，情感性支持次之，而信息性支持不显著；在年龄方面，年龄与矫正工作队伍社会支持的供给呈正相关，随着年龄增长而支持供给增多趋势中，信息性支持表现更为明显，情感性支持次之，而工具性支持不显著；在专业学科方面，相对于其他专业而言，社会学和法学在社会支持的供给中更具优势；在收入水平方面，收入水平与情感性支持和信息性支持的供给状况呈负相关，而工具性支持的供给则随着收入水平的增高而增多；在沟通意愿方面，愿意与矫正对象沟通的矫正工作队伍社会支持的供给状况优于持不愿意或不确定态度的矫正工作人员；在沟通效果方面，矫正工作队伍与矫正对象的沟通效果越顺畅，其社会支持的供给越良好，其中工具性支持表现得最明显，情感性支持次之，反馈性支持最小；在工作身份方面，相对社会志愿者而言，社区矫正社会工作者所提供的信息性支持更具优势，而在工具性和情感性支持的供给中不具有显著性；在工作内容方面，相对未提供过专业化服务而言，提供过的矫正工作队伍各类支持的供给状况均较为良好；在工作年限方面，工作时长与矫正工作队伍信息性支持的供给呈负向关系，信息性支持并非随其从事矫正工作的年限拉长而增多，并且与工具性支持、情感性支持提供之间也不具有显著性。

二　路径选择与精准策略

政策倡导中需特别说明两个问题。第一，按照常理，每一个政策倡导的提出均是依据前文中阐述的问题、呈现的现状、统计的数据、得出的判断、形成的结论等有针对性地一一对应地提出路径选择和对策建议，但考虑到前文尤其是上文的主要判断和基本结论阐述得已经较为详尽，为了不再赘述和增加篇幅，此处采用的每一个主题性政策倡导均与前文分析大致对应，这样就不再重复前文的判断和结论等，只提出具体的路径选择和精准策略。第二，按照常理，路径选择和精准策略应该分开阐述，但考虑到针对前文的每一个主题或每一个判断或每一个结论均涉及路径选择和精准策略的倡导问题，为了前后对应的连贯性，所以在下文的阐述中，就每一个主题性判断的政策倡导均会将二者进行继替整体阐述。

上文业已得出结论，我国社区矫正工作已经进入接点矫治期，社区矫正研究亟须步入交叉实证期，这实际也成为本研究最终提出优化社区矫正对象社会支持路径选择和精准策略的现实背景。经过二十余年的探索，我国社区矫正制度和社区矫正工作已经进入了推进的"关键期"，步入了针对社区矫正对象提供有效社会支持以彰显制度优势的"焦点期"。我国的社区矫正能否体现制度优势，社区矫正对象能否顺利回归社会，社区矫治能否融入社会治理创新，关键在于是否按照党的二十大报告提出的健全共建共治共享的社会治理制度，做到人人有责，提高一般公众的社区矫正知晓率并引导社会力量多元参与、完善社区矫正工作队伍的配套制度建设以提升质量、优化社区矫正社会支持评量体系探寻获得供需的影响因素等，在此基础上对症下药，共同缔造为社区矫正对象顺利解矫重返社会提供所需的社会支持。近年来，我国社区矫正工作虽取得了一定成效，社区矫正对象社会支持逐渐进入了社会视野，在社会矫正工作队伍促进下初显优势，但在社区矫正实践过程中针对社区矫正对象的社会支持，仍然存在着支持评量体系欠缺、一般公众基础薄弱、支撑队伍质效不高、社会力量参与不足、精准施策把握不够等问题，因此，理论研究者和实务工作者可从建构社会支持的评估测量体系（上文主要判断和基本结论中已经做了详细阐释，此部分将不再赘述其需如何建构）、增强社区矫正的一般公众基础、提高社区矫正工作人员质与量、吸纳其他社会力量的参与支持、把握支持需求导向的关键要素等方面着手，有的放矢地进行精准施策，提升社区矫正对象社会支持水平，促进其顺利回归社会，提高社区矫治实效。

（一）夯实基础：增强社区矫正的一般公众基础

本部分主要是回应前文"公众基础"现状及其"因素分析"和"基本结论"，辅助回应其他相关支持现状及其因素分析和主要判断，并提出的政策倡导。上文业已判定，社区矫正对象社会支持的公众基础薄弱，公众参与社区矫正对象社会支持的潜力泯没，这是政策倡导面对的现实。知情才会举事，一项新政策、新制度只有在社会公众有所了解的前提下才会得其更好的认同和参与。社区矫正制度起初作为舶来品，与中国传统刑罚观相排斥，其公众认知度不高，缺乏相应社会基础。中国特色的社区矫正制度要得到一般公众的有效认同和广泛参与，首先要做的就是对该制度进行大力宣传和对该知识进行全面普及，提高公众对社区矫正制度的认知，从而使公众在对社区矫正制度的被动接触中，潜移默化地对其有所了解并转为认知自觉，为进一步认同和参与社区矫正工作，尤其是为社区矫正对象提供社会支持奠定基础。针对前文分析和结论，适应当前形势和发展，应实现"线上"与"线下"宣传的结合，全方位地推动公众认知、认可及参与社区矫正，形成社区矫正对象社会支持的良好氛围。

1. 加强宣传：普及认知环境

公众认知不足的破解办法主要靠加强宣传。加强宣传，即要通过多种方式、途径在合适的时间、地点去传播、告知一般公众关于社区矫正的背景知识，尤其是引导其关注社区矫正对象社会支持的基本知识。普及认知环境，即形成一种普及社区矫正基础知识而使公众认知的生态环境。这种宣传和普及，从手段上讲，总体上有两种，即线上宣传和线下宣传。

一方面，线上宣传。通过构建手机、电视、电影、广播等多元资讯网络媒体参与的立体传播模式，吸引公众的注意，将社区矫正制度的相关政策和知识多渠道地呈现在社会大众的视线内，扩大社区矫正的社会影响和社会认知，消除恐惧心理和污名印象，形成认同和参与社区矫正对象社会支持的氛围。传统媒介和新型媒体是普及知识和政策的重要手段，利用其进行宣传可以有多种类型：在形式上，除了可以直接播报，还可以采用动画漫画，甚至可以充分利用名人说法和典型个案对社区矫正制度进行线上讲解宣传；在内容上，除了可以介绍社区矫正的内涵定义、主要类型、社会价值、重要意义等，还可以介绍社区矫正对象的监管方式、主要过程、困难需求、社会支持等；在介质上，可以有传统的报纸、广播、电视，还可以有公共场所的广播电视橱窗，可以是QQ、微信、微博，也可以是手机短信及专门APP等。

这里特别提出，要重视名人说法和典型个案的宣传手段。其一，充分利用名人效应。凭借网络传媒和名人效应的融合作用，加大社区矫正的宣传力度。例如，邀请各界明星、新媒体人或者公益达人等具备公益形象的名人录制关于社区矫正的公益宣传片，利用名人的号召力和公信力可使社区矫正的宣传达到事半功倍的效果。其二，充分重视典型个案。要对典型、成功个案加以重视，及时总结案例，通过典型案例的跟踪报道，向社会公众展示社区矫正专业化和职业化的具体过程，对社区矫正形成直观的认识和了解。同时，还要注重对顺利完成矫正、成功回归社会的解矫人员的宣传，在征得解矫对象同意的前提下，以成功案例示范带动，以减轻或消除社会对矫正对象的歧视和偏见，从而进一步认可社区矫正对象，并从"美德""和谐""助人"等关键词意义上去实现参与社区矫正对象的社会支持。

另一方面，线下宣传。通过构建报纸、橱窗、传单、展板等线下媒介，或发动社区民间精英和草根领袖等进行社区矫正宣传示范引领，或开展各类表演、评比、展示、表彰等社会活动，引起公众的关注，将社区矫正制度的相关政策和知识多渠道地呈现在社会大众的脑海中，扩大社区矫正的社会影响和社会认知，消除恐惧心理和污名印象，形成认同和参与社区矫正对象社会支持的氛围。线下宣传往往具有可触性、现实性和生活性等特点，既可以是可触的物质媒介，也可以是社区身边的人物，还可以是喜闻乐见的活动，因此在社区矫正本身的宣传和社区矫正对象社会支持的宣传上均具有生活性优势。

首先，可以加强舆论引导，积极运用报纸、橱窗、传单、展板等传统媒介开展线下宣传，及时回应公众对社区矫正工作的态度，提高一般公众的认知度和认同度，为参与社区矫正对象社会支持营造良好的氛围。其次，发挥城乡社区的共同体作用和社区精英的引领示范作用。城乡社区是矫正对象日常生活的主要场所，是社区居民和矫正对象彼此联结的重要场域，是宣传推介社区矫正制度的最直接、最有效的生活单元，城乡社区群众性自治组织可以通过召开社区居民和社区矫正对象共同参与的交流会议，创造社区成员直接了解置于社区进行矫正的罪犯，获得关于社区矫正制度的具体信息，消减或消除对社区矫正的偏见，真真切切地认知、了解社区矫正制度，接纳、尊重社区矫正对象。在城乡社区中，城乡社区"两委"成员、社区精英、草根领袖、民间能人、热心人士、家族长辈等是社区矫正制度和知识宣传的主体，通常他们在社区中具有较高的威信和威望，是社区中的"主心骨"，在提高社区矫正公众认知过程中发挥着不可或缺的作用，因此，可充分发挥其示范效应，发动他们向社区成员宣传和普及社区矫正制度和知识。最后，可以以县（市、区）或街（乡、镇）或城乡社区等为单位开展形式多样、丰富多彩的宣传活动。例如，组织开展"社区矫正宣传月"活动、社区矫正"小手拉大手"活动、"社区矫正对象关爱周"活动，或者进行有关社区矫正和社会支持的演讲比赛，基层司法所社区矫正工作成效大比拼，展示表彰社区矫正工作队伍风貌等，通过寓教于乐、喜闻乐见的方式，影响一般公众、激励工作人员，营造社区矫正认知、认可和认同的氛围。

2. 正确引导：营造认同氛围

公众认同不够的解决办法主要靠正确引导。正确引导，即要通过科学、适当的方法促使公众在认知社区矫正对象的基础上发生潜移默化的改变，进而逐渐认同社区矫正，并接纳社区矫正对象。认知是初级感知，认同往往带有一种生活体验，需要更加深层次的了解，有时需要思想观点上的转变，甚至需要形成一种认同的风气和氛围，才能实现常态的认同格局。这种正确引导，主要体现在两个方面，即转变刑罚观点和形成认同风气。

一方面，通过引导实现公众从传统刑罚观念到现代刑罚观念的转变。上文研判认为，刑罚观念是社区矫正公众认同的重要影响因素，传统刑罚观与公众认同态度呈反向关系，现代刑罚观与公众认同态度呈正向关系。我国自古以来所具有的重刑刑罚观念和监禁刑路径依赖，一定程度上影响了公众对社区矫正的认同感。实现刑罚观的转变，主要依赖现代刑罚观的广泛传播，使得社会公众处于现代刑罚观的浸染下潜移默化而转向。引导培育公众形成现代刑罚观，需要从社区、学校和社会等方面协同推进。

首先，通过社区空间和社区群众性自治组织倡导和传播现代刑罚观。中国式现代化需要特色现代刑罚观，社区是人们的生活共同体，是公众交往接触最多的空间，社区矫正行政主管部门应该利用好社区空间做好诸如康复包容、人本文明、成本效益、社会价值等方面的现代刑罚观引导；加强对社区群众性自治组织骨干的培育和培训，使其在日常工作和管理服务中有形无形地发挥引导员作用，倡导和传播现代刑罚观。其次，通过学校教育和专家学者等倡导和传播现代刑罚观。一是发挥学校教育和人才培养的引导作用。转变公众对刑罚的传统观念，除文化传播的社会培育，学校教育也是灌输、传播现代刑罚观的重要场所。为培育和革新学生关于刑罚的现代观念，可针对不同年龄段的学生，灌输适当的正确的刑罚观念，对其观念进行潜移默化的影响。具体操作上：针对本科以下的学生，可以编写与现代刑罚观和社区矫正有关的教材课本，开设专门的理论和实践通识课程，配备相关专业或者经培训合格的教师授课；针对本科及以上非法律专业的学生，适当将社区矫正和相关法律课程纳入公共课程或公选课程，向教师和学生普及关于社区矫正的相关法律和实践知识，与时俱进地传递现代刑罚知识，从高校教育抓起培育公众现代刑罚观念，这些学生会起到"播种机"和"宣传队"的作用，通过社会实践活动和日常生活实践影响身边公众形成现代刑罚观。二是发挥高校教师和专家学者的引导作用。他们在人们思想观念的转变上具有天然的魅力和独特的优势，要充分发挥他们的特长对现代刑罚观和社区矫正制度进行研究，鼓励其通过发表论文、召开会议、咨政服务、提出意见、出席对话、论坛讲座等方式向公众传播现代刑罚观。最后，通过社会营造和文化塑造倡导和传播现代刑罚观。社会是一个大熔炉，在社会生活和工作的各类场所，利用各种传播媒介进行现代刑罚观的倡导和传播，例如，凭借广播、电视、网络、报纸、手机等媒介，利用名人名师、官员领袖等进行社区矫正制度相关知识的宣传和讲解，在此过程中，将现代刑罚观同时进行传播和引导，使得一般公众将现代刑罚观和社区矫正制度结合起来进行认识和价值判断，从而使公众对社区矫正对象社会支持产生认同感。

另一方面，通过引导使公众形成开放包容共享的认同风气。风气或氛围的形成需要一定阶段的积累，社区矫正的认同风气或氛围，影响着社区矫正工作的顺利开展，也影响着社区矫正对象与社区矫正工作队伍的互动，以及社区矫正对象融入和适应社区的进程。其一，明确认同风气的意义。开放、包容、共享的社区风气或氛围有助于社区矫正对象免受排斥，获得其他社区成员的接纳和认同，促进社区矫正对象更好地接受再社会化教育，达到重返社会的目的；相反，封闭、歧视、排斥的社区风气会一定程度影响社区居民或村民对社区矫正对象的态度和行为,从而使其对矫正对象产生抵触情绪,而处于排斥和歧视风气下的社区矫正对象极易将负面情绪内卷化,造成社会交往的边缘化和退缩化,[1]影响矫正对象融入社区的进程,甚至产生逆反心理走上重新犯罪的道路。由此可见,良好社区风气或氛围的营造,对一般公众的社区矫正认同和接纳会产生重要影响。其二,探索认同风气的途径。首先,要拉近居民之间的紧密度和亲密度,调动社区居民参与社会活动和与自身利益切实相关的社区公共事务。例如,针对社区居民年龄层次,开展丰富多样的社区活动(才艺课、广场舞、辩论赛、时装秀、厨艺展、亲子班等)。其次,将社区风气与社区矫正相挂钩,将好的社区风气引入或嵌入社区矫正实践,使得社区居民与社区矫正对象之间形成平等的良性互动。例如,通过开展包括社区居民和社区矫正对象在内的交流和沟通会,提供社区居民和社区矫正对象互相了解和认识的机会,从而引导社区居民接受和认可现代刑罚观和社区矫正制度。其中,会议形式可多样化,会议氛围尽量非正式和轻松活跃。最后,引导社区矫正对象回馈或服务社区,使其懂得感恩的情怀,在主动的社区服务中自然地形成彼此尊重和接纳的氛围。

3. 设法调动:增加参与途径

公众参与不强的提升办法主要靠设法调动。前文已然判定,一般公众对社区矫正的认知不够,即使认知,也较少参与;即便参与,也缺乏主动性,更多的是被动参与。要提升参与度和协商感,除了前文所述增加认知和认同,在法治社会建设和全面依法治国的当下,就是要设法调动公众参与,拓宽居民参与途径。这种设法调动,主要体现在两个方面,即吸纳公众评判矫正对象基础上形成顺势参与和吸引公众进入搭建的多元平台形成分类参与,尤其要发动虽非体制内但又受聘于政府和社区从事相关治理事务的人员参与,形成既非完全意义上的正式治理,也非完全意义上的非正式治理,而是处于二者之间的亚正式治理。[2]

一方面,吸纳公众评判矫正对象基础上形成顺势参与。知情才会行动,

---

[1] 张济洲、苏春景:《公众认同、社会支持与教育矫正质量——基于山东省社区服刑青少年调查》,《青少年犯罪问题》2015年第4期。

[2] Jiang, S., Zhang, D., Darrell D. I., "The Prevalence and Importance of Semiformal Organizations and Semiformal Control in Rural China: Insights from a National Survey", *Asian Journal of Criminology*, 2022, 17 (3): 331-352.

为鼓励公众参与社区矫正，尤其是参与为社区矫正对象提供社会支持，就需要保证公众的知情权，公开有关社区矫正的必要信息，包括社区矫正的法律法规、适用对象、人数规模、犯罪类型、主要特点、矫正年限、执行程序等，要主动撕开"面纱"，而不是有意"包裹"。在具体操作上：其一，公开社区矫正制度及本地社区矫正数据，结合认知宣传和认同引导的过程和手段，利用多元化社交传媒对社区矫正数据进行宣传、公示和公开，使公众对其产生参与的兴趣；其二，公开社区矫正程序和矫正对象相关信息，确实对社区矫正对象进行一定的审前调查和风险评估，然后再针对评估结果进行公示，让公众做到心中有数，既可以适当防范，又可以预演参与。一是审前调查，要充分征求所在社区居民的意见看法，若多数居民强烈反对某社区矫正对象进入社区服刑，则应充分考量民意和谨慎判决，只有在社区居民普遍接受的前提下，才可考虑适用社区矫正。在公示方法上，可以考虑通过城市社区居委会或农村社区村委会公示栏定期更新矫正信息，适当给予民众一定的知情权，从而提高公众对社区矫正工作的参与度和积极性。二是风险评估，科学开展入矫前的风险评估很有必要，[①] 其既是对矫正对象生理心理状况的考量，也是对矫正对象社会风险的预估，还是对其重新犯罪可能性的评价，该评估不仅对于科学制订矫正方案，提高矫正质量具有重要价值，而且适当公开评估结果还可以有效降低公众的恐惧心理，其是社区居民具体了解社区矫正、接纳社区矫正对象、参与社区矫正实践的必要前提。

另一方面，吸引公众进入搭建的多元平台形成分类参与。针对不同的公众群体，应搭建不同的参与平台和渠道。首先，针对专业人士，一是要为司法行政部门工作人员、社区矫正领域专家学者等社区矫正领域的相对专业人员提供参与、交流、互动的平台和渠道。例如，通过开展社区矫正工作论坛、招标社区矫正研究课题、成立社区矫正专家协会等方式，将多学科、多界别的各类精英，吸引到参与推进社区矫正制度和为社区矫正对象提供社会支持中来。二是要为司法行政部门工作人员、社区矫正领域专家学者等提供与社区矫正对象接触的机会，邀其参与到普法教育、感恩教育等活动中来。其次，针对普通居民，一是要建立和完善专门的社区矫正志愿者参与制度，为社会志愿者的吸纳提供途径。拓宽社会志愿者参与社区矫正的途径，是社

---

① 冯卫国、王超：《中外社区矫正风险评估因素结构差异研究》，《法学杂志》2014 年第 7 期。

区矫正进入"接点矫正"期后的重要任务。为了调动一般公众对社区矫正的参与意识,还应建立志愿者激励机制,激发公众参与社区矫正工作并为矫正对象提供社会支持的主动性和积极性。二是要在继承原有参与渠道的基础上,顺势利用新媒体等手段在社区矫正公众参与中的积极作用,将电子化、网络化作为公众参与社区矫正对象社会支持的重要突破口,着重拓展网络平台,[①] 通过网络平台互动,如建立微信公众号,鼓励公众对社区矫正进行建言献策,为公众了解和参与社区矫正提供多元平台。

(二)强化支撑:提高社区矫正工作人员量与质

本部分主要是回应前文"支撑队伍"中"社区矫正工作人员"(社区矫正专职工作人员、社区矫正专职社工、社区矫正专业社工、社区矫正群干)配建现状、"支持供给"及其"因素分析"和"基本结论",辅助回应其他相关支持现状及其因素分析和主要判断,而提出了政策倡导。社区矫正对象的社会支持离不开公众基础,更离不开社区矫正专职人员、专职社工、专业社工及社区矫正群干等社区矫正工作人员的力量支撑,而后者是社区矫正工作开展的主体队伍,尤其重要。前文研究判定,社区矫正工作人员配建滞后,数量不足,质量不高,支撑不强。破解这一问题,需要强化支撑,提高社区矫正工作人员的数量和质量。具体来讲,就需要:一是配齐数量,科学配备吸纳社区矫正工作人员,使其规模化和常态化;二是配强质量,创新社区矫正工作人员配建制度,使其专业化和职业化;三是协同高效,促成四类社区矫正工作人员优势主导,使其协同化和优势化。

1. 配齐数量:科学配备吸纳社区矫正工作人员

社区矫正工作人员短缺的解决办法主要靠配齐数量和吸纳社工。前文已然判定,我国目前社区矫正专职工作人员、社区矫正专职社工、社区矫正专业社工的总量偏少,社区矫正工作人员与社区矫正对象的配比明显偏低,有的基层司法所仅有 1 名社区矫正工作人员(为社区矫正专职工作人员),要管理 162 名社区矫正对象,配比低至 1∶162;另外,社区矫正"两委"志愿者权利义务模糊,激励机制欠缺。具体解决办法有以下几种。

第一,测算科学配比,扩大招录职数。通过典型试验,测算出一个工作

[①] 周国强:《我国公民参与社区矫正的困境与出路》,《学海》2013 年第 6 期。

人员在教育监管帮扶等工作量饱和的情况下可以负责多少个社区矫正对象。依此类推，测算出这四类人员的配备数量。例如，前文做过测算，仅就社区矫正对象日常报到、签到和解矫等仪式性的工作而言，每个工作人员最多只可同时负责约30个普通社区矫正对象（不包括严管对象），这还并没有将监管、教育、帮扶等工作计算在内，更谈不上抽出时间为社区矫正对象提供社会支持，即便这样，也远远高出了1∶162的实际，由此看来，社区矫正行政部门有必要在充分测算工作量的基础上科学配置社区矫正工作人员比例。总体来看，目前需要加大配建力度，增加人员数量。针对社区矫正专职工作人员（执法人员），要适当增加人员编制；针对社区矫正社会工作者，要适当加大政府购买数量；针对社区矫正"两委"志愿者，要适当为其提供津贴激励，正式明确其协助社区矫正工作的权利和义务，从而扩大积极参与人员数量。

第二，增加社工规模，吸纳专业社工。当前，不仅社区矫正工作人员总体规模偏小、数量不够，而且就单体人员来讲，各类数量规模也不足。以社区矫正社会工作者为例，社会工作者与在矫对象的比例失衡，在可及的数据中，配比绝大多数在1∶10以下，还有相当部分低于1∶30，迫切需要增加社区矫正社工的数量。一般情况下，社区矫正专职工作人员（执法人员）数量的增加可以通过增加编制、公开招录，其易被接受、操作成型，因是公务员编制，也会极受欢迎。相比之下，增加社区矫正社会工作者数量，不仅存在观点较新、被接受难，而且经验不足、应聘者少等问题，其受欢迎程度、受支持的力度和招聘难度明显增大；而由于其是社区矫正工作专业化发展的方向、能够为社区矫正对象提供更为专业化的社会支持，因此，增加社区矫正专职社工，尤其是社区矫正专业社工显得尤为重要。司法行政部门通过向社会公开招聘专职社工、向社工机构购买专业社工作为社区矫正工作人员，为社区矫正对象提供专业服务，是加强社区矫正工作队伍专业化建设和职业化建设的可行方案，也是弥补社区矫正专职工作人员短缺的有效路径，对提升社区矫正工作队伍的专业能力，提高社区矫正对象社会治理力度，提高社区矫正工作绩效具有重要意义。

其一，厘清认识，引入社工。社工除了是弥补社区矫正工作人员不足的重要元素，还因其专业方法的高绩效而被国际普遍认同。国外社区矫正实践表明，社区矫正工作的开展离不开社会工作者的广泛参与，离不开该群体所提供的专业社工方法，离不开他们所制订的个性化矫正方案等。随着我国社区矫正工作的推进，近几年我国部分地方司法行政部门开始探索购买配备了专业社工充实到矫正工作队伍，效益明显；但也要清楚地认识到，当前社会工作者在社区矫正工作中发挥的作用较大但影响较小，主要原因是数量很小、普及不够，自然其话语力量、总体效益偏低。为提高社区矫正工作人员的社会影响和工作效益，首先就是要增加社工数量，因此，应重视和加大对社工的引入，要按照社工与社区矫正对象的科学比例，配备社会工作者。

其二，合理配备，专职专用。在空间配备上，为避免出现人员配备的不平衡，要实行"按比配备"。即根据测算，严格按照社区矫正社工与社区矫正对象的合理比例为各街道（乡镇）基层司法所配备社区矫正社工名额。可借鉴和吸取各地先进经验和模式，参照其比例配备社区矫正社工。例如，四川要求按照社会工作者与社区矫正对象1∶10的比例，配备社区矫正社会工作者；广西要求探索按照社会工作者与社区矫正对象1∶15的比例，聘用社区矫正协管员（社会工作者）。在内部配备上，应根据被服务矫正对象的实际动态需求，实现"按需配备"。即根据测算，将社区矫正对象的需求分为一般、中等、较大三个等级，分别对应初级社工、中级社工、资深社工，矫正社工对应的社区矫正对象并非固定不变，而是依矫正对象需求变化实行动态配置。[①] 为了使数量不流于规模的"虚名"，既要使其用到"刀刃"上，还要落实岗位责任制；既不能让社工越俎代庖、缺位错位，又不能让经验丰富、资历深厚的社工从事简单、低级的事务，而是让他们更好地将精力和能力放到专业、复杂、特殊的矫正对象身上，实现贡献的最优组合，发挥最大效用，达到"人尽其用"。

其三，创新方式，多样吸纳。引入社工时，还要注意创新方式，采用多种形式吸纳。目前主要有三种：一是由区（市、县）司法局公开招聘专职社工，经遴选培训后由司法局统一向司法所调配；二是由街道（乡镇）及其司法所根据需要，直接向社工机构购买专业社工；三是高校社工专业本科生或研究生到司法所实习实践，长段定点工作。这三种形式各有优劣，应根据情况适当选择。第一种是传统上较普遍的吸纳社工的方式，其优点是：该

[①] 武玉红：《我国社区矫正队伍专业化建设探究》，《北京联合大学学报》（人文社会科学版）2016年3月。

方式由区（市、县）司法局成立专门平台招聘社工转而统一协调分配，并依下属各街道（乡镇）的具体情况对社工名额进行增减，其通过形成一个具有整体性和统一性的系统，有效地将人力、物力和财力各项资源尽其所用。例如，某一街道（乡镇）司法所社区矫正对象人员增多则相应对其增调社工，某一司法所社区矫正对象有所减少则减少该司法所的社工。其弱点是：所聘人员的学历层次、专业背景稍弱，专业充电、工资待遇较差，从专业化趋势看，其终将会被逐步淘汰。第二种是时下正在发展的吸纳社工的方式，其优点是：学历层次、专业背景较强，专业充电、工资待遇较好，从专业化发展看，其将是主流的趋势；其弱点是：人数较少，团队不足。在调研中发现，通常情况下，一个司法所配备一名专业社工，各司法所社工之间并未产生合作联系，而专业社工却强调团队合作效应。例如，调研中发现，社工因无工作上的交流对象，很多时候不得不向实习生寻求帮助和指导。第三种是现阶段社区矫正中必不可少的方式，是专业社工吸纳方式的辅助手段。其优点是：专业性强、实施成本低，背后还有高校教师支撑；其弱点是：偶然短暂、上手较慢、不连续性。

第三，优待社区两委，吸纳全员参与。当前，城乡社区"两委"中，社区党组织书记或主任或综治委员，被司法行政部门和基层司法所确定为"当然的"社区矫正工作人员，称为"社区矫正志愿者"，成为司法所在基层社区的行政末梢和管理触角。社区"两委"作为法定的群众性自治组织，自然有协助政府完成相应工作的义务，但并不是无条件的、来者不拒的。城乡社区"两委"本身事情很杂、负担较重、待遇较低，"上面千条线、下面一口针"。因此，要使社区党组织书记或主任或综治委员在社区矫正工作中能真正发挥实效，为社区矫正对象提供社会支持，还需要在实施"准入"清单的基础上，按照"权随责走、费随事转"的原则，为城乡社区"两委"落实协助开展社区矫正工作的经费，适当给予其待遇补贴，或采用恰当方式进行激励；[①] 将社区矫正工作纳入社区服务体系建设的统一规划，为社区"两委"提供必要的服务设施和信息平台。除此之外，还应通过一些机制吸纳社区"两委"成员全员参与，而不只是将重任落到个别社区精英肩上。

---

① 司法部办公厅：《关于组织社会力量参与社区矫正工作的意见》，司法部政府网，2014年11月14日。

2. 配强质量：创新社区矫正工作人员配建制度

社区矫正工作人员薄弱的化解办法主要靠配强质量和创新制度。解决了数量问题，还需要解决质量问题。要使社区矫正工作人员支撑力量变强，就要实现专业化和职业化，同时还要减少人才流失，实现队伍稳定等，这些都要通过创新社区矫正工作人员配建制度、配强质量来实现。建立完善社区矫正工作人员配建制度体系，一方面，是对社区矫正工作人员的规范化、专业化和职业化进行监督管理的必然要求；另一方面，也是对社区矫正工作人员的有效保障和制度激励，对建立一支相对稳定的高素质、高水平的专业矫正队伍意义重大。

第一，建立社区矫正官制度。在社区矫正工作执行问题上，目前官方及主流观点是司法所专职人员承担社区矫正工作。[①] 从体制机制上看，其还需要进一步优化。一是要建立社区矫正工作的专门机构。这种机构不是名称的或形式上的类似以往的社区矫正局（处）、科或社区矫正中心，而是要相对独立的、具有较强执法权的社区矫正专门机构，可借鉴美国设立的 Department of Corrections 或 Probation Department 或 Parole Department，使其在审判和监管中有一定的执法权。二是要形成社区矫正工作的职业体系。这种职业体系要有系统的社区矫正官职业评价、招录规则、从业要求、薪酬标准、权利义务、监督考核等系列制度和机制，要使社区矫正专职工作人员（执法人员）具备社区矫正官或缓刑官或假释官或指导员等资质，使其具备类似美国 Corrections Officer 或 Probation Officer 或 Parole Officer 或 Field Agent 所应有的从业资质，实现社区矫正官职业化，为社区矫正对象提供社会支持。

第二，规范招聘录用制度。加大吸纳社区矫正工作人员的进入，解决的是数量问题；为了保证社区矫正工作人员的质量，还要在招聘录用过程中严把关口，其贯穿在社区矫正队伍建设的前期、中期和后期整个时间谱系中。社区矫正工作人员专业化和职业化不足的解决办法，主要靠严守社区矫正工作人员的准入关口。严把准入关，即在保障社区矫正工作人员数量基础上，通过初期招入、中期考核、后期续聘等全过程把关矫正工作人员的专业化水平。针对社区矫正专职工作人员、社区矫正专职社工、社区矫正专业社工和社区矫正群干应分别设置相应的准入条件。规范招录制度时，注意以下几

---

① 张德江：《全国人民代表大会常务委员会工作报告》，《人民日报》2016 年 3 月 17 日。

点。其一，除了保证具备与社区矫正工作相关的必要专业知识储备，还需要有良好的心理素质，否则将难以胜任社区矫正这份兼具复杂性和特殊性的工作。其二，为保证对社区矫正对象的有效监管、教育并提供社会支持，还应拓展社区矫正的专业要求；除法学之外，还可配备社会工作、社会学、心理学等方面的专业人才。其三，社区矫正社工是与社区矫正对象接触最为频繁、支持最为便利、专业技术最强的工作人员，在保证其工资待遇的前提下，可适当严格准入条件，除了需要持有社工证，还要有一定的相关工作经验。其四，针对社区矫正社工的不稳定设立相应的条款。社区矫正专职人员主要是通过公务员招录、岗位转换等形式选拔的矫正执法人员，因此，该部分矫正工作人员具有一定稳定性。相比之下，社工流失是导致社区矫正工作人员不稳定的主要原因，在规范社区矫正工作人员配建制度时要特别考虑。例如，为在人事安排上变"被动"为"主动"，可依法签订用人合同，采用适当的方式与社工约定，在离到期3个月时征求社区矫正社工的态度和意愿，以便及时安排下一步的人员招录准备工作，防止出现"用人荒"和交接工作中的紊乱。

第三，健全专业培训制度。应加强对社区矫正专职工作人员、社区矫正专职社工、社区矫正专业社工及社区矫正群干的专业培训。在培训方式上，为增强社区矫正工作人员的整体专业水平，培训不仅包括入岗前的职业培训、入岗后项目活动前的培训，还要包括定期的、不定期的集中培训。在培训内容上，由于社区矫正工作的特殊性，培训要着重提高社区矫正工作人员对法律法规及社区矫正相关法律知识的学习、认识和运用的能力，提升社区矫正工作人员的法律素质和专业技能，尤其要划出单独板块，增强对社区矫正工作人员为社区矫正对象提供社会支持的相关培训。在培训方法上，应改变以往"走过场"的灌输式培训模式，通过现场督导、经验交流、案例分享等形式，提升矫正工作人员的专业素质和社会支持提供能力。其中，交流会的形式可以是多种多样的，例如，可以组织矫正工作人员到社区矫正工作先进地区进行考察学习、经验交流，也可以邀请先进地区的社工代表、专家学者参与论坛分享，提升为社区矫正对象提供社会支持的水平。

第四，完善工资福利制度。人员流动大，加入意愿低等的主要原因是工资待遇低。总体上要提供社区矫正工作人员的工资待遇，在此基础上，改变以往"一刀切"的薪酬制度，实行"梯级"工资安排。尤其是，要针对社区矫正社工的工作能力和工作表现匹配不同的待遇。该做法既是对表现优秀工作人员的一种肯定,对其工作态度的一种有效激励,更是维持矫正队伍稳定的一种行之有效的方法。这种梯级工资激励制度应形成长效机制,持续在福利待遇上给予认可和完善。除此之外,还可借鉴企业管理分配制度中的"工龄工资",即根据工作人员在本单位的工作年限给予一定的额外经济补贴。补贴主要分两种:一种是固定工龄,即工龄每增加一年,该年份内的月工资固定增长一定的金额,具体金额视不同地区经济发展水平而定;另一种是累计工龄,与固定工龄的差别就在于工龄补贴是逐年递增的,其额度是固定的。比如,第一年工龄工资为 200,每年递增额度为 50,则第二年工龄工资为 250,第三年为 300……依此类推,最终工资就等于基本工资与工龄工资的加总。① 前文研究表明,工作年限 3 年和 7 年是社区矫正工作队伍的不稳定期,针对这一特点,可将工龄工资从工作第 3 年开始算起,第 7 年适当调整增加工龄工资,以此吸引专业人才继续留在社区矫正工作队伍中,从而稳定队伍和提升质量。

第五,实施监督考核制度。应健全社区矫正工作考评机制,从全局层面考虑,对社区矫正工作人员进行定期考核,通过年度、季度、月度三个考核周期的设置,严格规范和监督社区矫正队伍的工作开展。依据考评的结果,对矫正工作成效显著、对社区矫正对象提供社会支持较大的社区矫正机构和社区矫正工作人员个体进行奖励与典型宣传,以激励社区矫正工作人员的工作热情和能力的提升,努力为社区矫正工作营造良好的舆论环境和氛围。在此基础上,应完善和创新对矫正工作人员考核方式,促进矫正工作人员向专业化方向的发展。例如,区(市、县)举办社区矫正社工技能比赛、社区矫正知识比拼等活动,对于活动表现优秀者可给予适当物质或荣誉奖励,这些表彰均可纳入月度、季度、年度评审考核中去,作为社区矫正工作考评机制的组成部分。考评机制中除设立奖励条款,也应设立惩罚条款,经综合考察,对于工作表现较差、缺乏社区矫正必备专业知识和技能、为矫正对象提供消极社会支持等的矫正工作人员应依据考核结果定期进行谈话、再培训,直至淘汰。

---

① 刘传青:《工龄工资在现代企业薪酬管理中的应用》,《中国劳动》2016 年第 7 期。

3. 协同高效：促成四类社矫工作人员优势主导

社区矫正工作人员低效的解决办法主要靠分工协同与优势主导。协同高效，是指从协同学视角出发，在配齐数量、配强质量的基础上，还要使社区矫正工作人员内部的四类主体在为社区矫正对象提供社会支持中，分工协作协同、互联互补互动，实现社会支持的高效供给。优势主导，是指从优势视角出发，充分挖掘社区矫正专职工作人员、社区矫正专职社工、社区矫正专业社工、社区矫正群干等四类社区矫正工作人员的优势，使其在为社区矫正对象提供工具性支持、情感性支持、信息性支持等社会支持的过程中，或者为不同类型社区矫正对象提供社会支持的过程中，充分协同、协商和合作，在不同的情形下由相对优势或明显优势的一类人员占主导，其他类别人员通力配合，促成各类人员合理分工，形成四类工作人员"优势主导"的社区矫正对象社会支持格局。

第一，突出社区矫正专职工作人员的社会支持供给优势。社区矫正专职工作人员是社区矫正工作的主导者、组织者和监督者。[①] 社区矫正专职工作人员的优势在于，其具有国家公务员或司法警察的身份，在对社区矫正对象监督管理、教育矫治及社会性帮扶等各方面都发挥着统领作用。在实务操作中，社区矫正专职工作人员在为社区矫正对象提供公共服务、政策类信息等社会支持上具有相对优势，主要表现在：社区矫正专职工作人员所提供的公共服务支持较其他工作人员比例最高，表面其重点服务工作还是应放在公共服务上；社区矫正专职工作人员是获取教育、法律等信息的权威来源，其在政策类信息的供给上应处于主导地位；社区矫正专职工作人员能够更好地为无家可归、无亲可投、无生活来源的"三无"或困难社区矫正对象提供最低生活保障、专项补助、临时安置点申请等社会支持。因此，在优势主导思想下，在为社区矫正对象提供以上社会支持时，就要充分发挥社区矫正专职工作人员的主导优势，其他各方力量做好协同配合。

第二，彰显社区矫正专职社工的社会支持供给优势。社区矫正专职社工作为政府招聘的社区矫正专职协助者，其优势在于工作相对稳定、具有工作连续性、积攒了社区矫正工作相关的工作经验。社区矫正专职社工是政府大力购买专业社工之前及在过渡期最为得力的社区矫正工作人员。在实务操作

[①] 刘永强、何显兵：《关于社区矫正工作者的定位及其队伍建设》，《河北法学》2005 年第 9 期。

中，社区矫正专职社工在为社区矫正对象提供的情感性支持、法律建议等信息支持上具有显著优势，主要表现在：社区矫正专职社工善于用个案、分类矫治的工作方法向社区矫正对象提供情感方面的帮扶教育；相对其他社区矫正工作人员而言，社区矫正专职社工更容易与社区矫正对象进行顺畅、有效的沟通并取得对方的信任；社区矫正专职社工时常会进行法律知识培训学习，一定程度上能为社区矫正对象提供法律信息和建议等社会支持。因此，在优势主导思想下，在为社区矫正对象提供以上社会支持时，就要充分发挥社区矫正专职社工的主导优势，其他各方力量做好协同配合。

第三，发挥社区矫正专业社工的社会支持供给优势。社区矫正专业社工是政府在行政职能转变、专业服务外包、社工专用凸显等的形势下，整合社会资源、吸纳专业力量、购买专业服务对社区矫正对象进行教育、矫治和帮扶的支撑力量。相对社区矫正专职社工而言，其优势在于具备更好的专业方法和系统知识，而且还具有背后的社工机构督导和专业团队支持。在实务操作中，社区矫正专业社工在情感性支持的供给上更具优势，主要表现在：社区矫正专业社工出于职业素养和专业方法，能够与社区矫正对象进行积极有效的沟通交流，为社区矫正对象给予更多的接纳、信任、倾听、理解和尊重等情感性支持；与之相适应，社区矫正专业社工也往往可以成为社区矫正对象倾诉、咨询等正面社会互动的优势对象，会变相增加社区矫正对象的反馈性支持。因此，在优势主导思想下，在为社区矫正对象提供以上社会支持时，就要充分发挥社区矫正专业社工的主导优势，其他各方力量做好协同配合。

第四，凸显社区矫正群干的社会支持供给优势。社区矫正群干是社区矫正工作在社区的"抓手"，是司法行政部门在社区的"情报员"，要善于利用其熟人社会和情感说理等优势，就像其在新冠疫情防控中参与社区治理一样，发挥亚正式治理特长。[1] 社区矫正群干的优势在于，具有社区禀赋的较高熟悉度、地理空间的工作便利度、熟练的人际沟通经验、较高的威望被认可度、热心的社会支持态度等，在与社区矫正对象接触和交往方面具有天然的优势。在实务操作中，社区矫正群干在服务性工具支持和生活性信息支持

---

[1] Jiang, S., Zhang, D., Darrell D. I., "Semiformal Organizations and Control During the COVID-19 Crisis in China", *Asian Journal of Criminology*, 2021, 16 (1): 75-90.

等方面的供给上更具优势，主要表现在：社区矫正群干有条件及时了解、掌握社区矫正对象的行为表现和思想动态，及时向所在司法所反映情况，便于提供及时恰当的社会支持；社区矫正群干能够及时觉察社区矫正对象的需求状况从而提供精准的社会支持；社区矫正群干可以在社区居民和社区矫正对象之间发挥"穿针引线"作用，打破社区居民对矫正对象的心理防线，搭建两者认识、沟通、了解的桥梁，提高社区矫正的公众认同，变相拓宽社会支持范围；另外，社区矫正群干还在就业机会、职业技能培训、人际能力培训等服务性工具支持和就业信息、工作建议、家庭问题建议等生活性信息支持方面具有相对优势。因此，在优势主导思想下，在为社区矫正对象提供以上社会支持时，就要充分发挥社区矫正群干的主导优势，其他各方力量做好协同配合。

（三）拓宽队伍：吸纳其他社会力量的参与支持

本部分主要是回应前文"支撑队伍"中"社会志愿者"等其他社会力量的支持现状及其"因素分析"和"基本结论"，辅助回应其他相关支持现状及其因素分析和主要判断，而提出的政策倡导。完善和提升社区矫正对象的社会支持，不仅要夯实一般公众这个基础，还要强化社区矫正工作人员（社区矫正专职人员、专职社工、专业社工及社区矫正群干）这个支撑，也要在公众基础和支撑力量的基础上，吸纳社会力量以拓宽社区矫正对象社会支持的队伍，共同缔造重返社会的友好环境。拓宽队伍，既是夯实公众基础的具体化，也是强化支撑力量的延展化。上文业已判定，社区矫正志愿队伍等社会力量的认知度低、参与缺乏、支持不够等问题，影响到社区矫正社会支持的公众基础和持续发力。近几年，我国在册的社区矫正对象均保持 70 万人以上并还在持续增加，在此背景下，仅靠现有的社区矫正工作人员力量为其提供社会支持显然不够，夯实公众基础的具体化则需要拓宽队伍，吸纳社会志愿者、社会组织和企事业单位等社会力量参与其中，[①] 共同缔造协商共治。

[①] 李本森：《劳动教养与监狱、社区矫正吸收合并与可行性探讨》，《中国刑事法杂志》2011 年第 10 期。

1. 志愿队伍：拓宽社会志愿者参与平台

社区矫正社会志愿者参与不足的解决办法主要靠拓宽社会志愿者参与平台。志愿队伍在社区矫正实践中表现出的力量不足、能力有限、持续性差等问题，很大程度上并不是因为志愿者不愿参与，而是除了公众基础中论述的"不认知"，还缺乏便利有效的参与平台。拓展参与平台，即针对不同类型的社会志愿者，为其在社区矫正对象社会支持供给方面创造多种方式、多元途径的参与条件。例如，北京市通过拓宽参与平台吸纳社会力量就形成了社区矫正工作队伍"3+N"模式，其中，3 是指司法所工作人员、监狱等部门抽调干警、社会招聘或购买的社工，N 是指社区矫正社会志愿者，主要包括专家学者、高校学生、离退休干部、矫正对象亲属及单位人员等。一般来讲，潜在的社会志愿群体转化为实在的社会志愿群体，也有难易快慢与先后位序之别，相对其他志愿群体而言，高校学生志愿者、大学教师志愿者和退休职工志愿者等更易被挖掘出来为社区矫正对象提供社会支持，因此，当前也更应该注重拓宽这三类志愿群体的参与平台。

第一，激发高校学生参与支持，拓宽其志愿参与平台。大学生志愿者是社区矫正社会支持供给队伍中，最有潜力的志愿群体和社会力量。当前大学生的专业实习和社会实践所需时间越来越多，涉及地域越来越广，在留守儿童、居家养老等服务领域已经跨越了省份，遍布了全国，走向了世界。例如，H 高校学生的儿童照顾实习已经走向了中国香港、泰国等地区和国家。因此，不仅是高等院校集中、学生人数众多的地区才能激发高校学生参与社会支持，即便本地没有高校也应创造条件吸纳。其中最大的问题是，供需之间缺乏桥梁，缺乏沟通参与平台。但不乏有一些成功的案例可以借鉴，例如：中国的香港大学利用与密歇根大学互换社会工作专业学生实习的机会，使学生的社区矫正实习走向了美国；还如，武汉市洪山区司法局自 2007 年以来就借助武汉大学、中南财经政法大学、华中师范大学等高校志愿者协会的桥梁，吸纳大学生志愿者与洪山区司法局常年开展社区矫正服务活动，依托所在高校志愿者协会吸纳大学生志愿者为社区矫正对象提供社会支持，效果显著。在拓展高校学生志愿参与平台的过程中，首先要破解的仍然是"夯实公众基础"所倡导的提高认知度，只有认知才有可能参与，在此基础上搭建参与平台。以下方式可供借鉴。

首先，要提高社区矫正在高校的"知名度"和学生对其的"认知度"。

一是在人选上要抓住与社区矫正相关专业的学生这个"火种","星星之火"在宣传实践中呈现"燎原之势"。二是在方法上要把握线上与线下的结合,既要通过校园公共场合进行宣传展览(如在人流量大的图书馆、餐厅前摆放展牌),宣传与社区矫正相关的知识和案例;又要在高校免费电影场、校园新闻宣传屏等播放与社区矫正相关的短片和视频。三是创建 APP 并在上述宣传中公布,让感兴趣的学生汇集交流,策划相关活动。其次,在"火种"培育基础上扩大社区矫正大学生志愿者的接收类型。对大学生志愿者的吸收,不要只局限于法学、社会学、社会工作等传统专业,也不能局限于与法学院和社会学院等志愿者协会的合作,而是要通过"滚雪球"的方式走向政治学、心理学、教育学、管理学等相关专业,甚至吸纳理工农医等学生,通过学科交叉、讨论协作,探索新型的社区矫正对象社会支持供给平台。最后,应创新社区矫正大学生志愿者的接收方式和实践平台。除通过高校团委、志愿者协会吸纳大学生进入社区矫正对象社会支持志愿队伍开展灵活的支持活动,还可通过司法局与学院或学校搭建桥梁,共建大学生固定实习点,为社区矫正对象提供稳定的支持服务。例如,武汉市硚口区司法局和湖北警官学院协商,让学生以实习的方式参与到该区司法所社区矫正帮扶工作,每月给予每位学生 200 元津贴补助,保证了高校能为司法所持续输送社区矫正大学生志愿者。

第二,挖掘大学教师参与支持,拓宽其志愿参与平台。高校中与社区矫正相关的法学、社会学、社会工作、教育学、心理学、政治学等专家学者是社区矫正社会志愿者的潜在重要力量。大学教师志愿者主要通过人员培训、实务督导和政策研究等方面,在社区矫正对象社会支持方面发挥重要作用。虽然以往有地方探索过由行政和实务人员组成的社区矫正讲师团,如 2012 年,绍兴市成立了由公、检、法、司、街(镇)领导和社工等社区矫正行政和实务人员组成的社区矫正工作讲师团,但挖掘高校师资组成社区矫正讲师团进行实质巡讲的较少。各地司法局可借鉴武汉市成立社区矫正讲师团的经验,充分利用和发挥高校教师资源。例如,2016 年 12 月 6 日,武汉市社区矫正行政管理局成立了武汉市社区矫正讲师团,聘请了 38 名高校专家学者、社会知名人士为首批讲师,其中以高校教师或兼职教师为主力,学科领域涉及法学 26 人、社会学 5 人、心理学 5 人、党史党建 2 人。其志愿服务可以概括为直接服务和间接服务两种:一是直接为社区矫正对象提供社会支持,即在各区社区矫正局的组织下,直接为社区矫正对象开展教育学习、法律普及、情感辅导和信息传递等方面的宣讲培训。自从 2017 年 2 月 28 日在全市 13 个区启动"2017 年武汉市社区矫正讲师团巡讲活动",至 2017 年 8 月,该社区矫正讲师团已全部完成首轮巡讲,1209 名社区矫正对象参加教育学习并获得了不同类型的社会支持,反响良好。① 二是间接为社区矫正对象提供社会支持,即在各区社区矫正局的部署下,直接为社区矫正工作人员和社会志愿者等社会力量进行分层次、有差别的业务知识、专业方法、支持需求、提供方式等方面的宣讲培训、座谈交流,通过提升社区矫正工作队伍和社会力量的整体素养和支持水平,从而间接地为社区矫正对象提供社会支持。

第三,调动退休职工参与支持,拓宽其志愿参与平台。退休职工,主要是指从政府、企事业和社会组织等单位退休(含离休)的职工。从年龄上看,其多为老年群体;从文化上看,其多有些文化;从时间上看,其多有空余时间;从资历上看,其多有些话语权;从人脉上看,其多有一定资源。因此,离退休职工是社区矫正很重要的潜在参与群体,而且是优质的吸纳对象。调查发现,很多离退休职工公益心强、古道热肠、阅历丰富,具备为社区矫正对象提供社会支持的诸多优势,但却苦于没有畅通的渠道和合适的平台,无法参与到社区矫正对象社会支持的提供中。基于此,一是要积极搭建"组织载体"和"活动平台",建立离退休职工社区矫正对象帮扶协会等志愿组织,让离退休职工能够有发挥余热的载体和场所,司法行政部门要积极引导、社区"两委"要积极支持,主动在场地使用、物质支持、精神嘉奖等方面提供便利;二是要充分培育"精英骨干"和"民间领袖",让部分离退休职工成为自我组织者,通过他们的号召、宣传、发动,吸纳更多的离退休职工加入志愿队伍,形成自然增长和拓展机制,为社区矫正对象提供社会支持;三是要正确引导"知识更新"和"方法创新",传授交流"支持技术",探索离退休职工与社区矫正对象"结对帮扶"机制。

2. 社会组织:培育社会组织规范性支持

社会组织参与社区矫正不足的解决办法主要靠培育社会组织规范性支持。社会组织是健全共建共治共享社会治理制度的重要载体,培育社会组织

---

① 余皓、马文慧、何金波:《武汉市社区矫正讲师团巡讲覆盖全市,千余名社区服刑人员受教》,《楚天都市报》2017 年 8 月 26 日。

规范性支持，内含两层意思：一是要大力培育，创造条件，建立适量能承担起社区矫正工作，尤其是社区矫正对象社会支持的社会组织；二是这些培育出的社会组织参与社区矫正工作，为社区矫正对象提供社会支持，要是规范性的，需要遵循一定的准入条件、监管机制和考核制度等。借鉴国内外社会组织参与社区矫正工作的成熟模式和先进经验，不仅可以有效弥补司法行政部门和社区矫正工作队伍的力量不足，还有利于进一步推动司法体制改革和增加社区服刑人员，优化社会支持环境，创新社区矫治的协同治理模式。

例如，英国自2014年开始由国家法务部的犯罪管理局在全国范围内成立了21个社区更生公司，通过政府购买服务的方式，以公开招标的形式吸纳社会力量对该社区矫正组织机构进行实际运营。在对社区矫正对象分级（高度危险、一般危险、低度危险）基础上，由官方的犯罪管理局和民营的社区更生公司分工承担监管任务；其中，犯罪管理局负责管理高度危险的罪犯，社区更生公司负责管理一般危险、低度风险的矫正对象。犯罪管理局、社区更生公司在工作职责、财物运作上相对独立、互不隶属；[1] 在社会支持提供中，各负其责，互不干扰，但权责对等、有责必追，充分体现了对社区矫正社会组织的培育力度和规范程度。

再如，美国除了建有公立的政府性质的社区矫正机构以外，还建有大量民营的非政府性质的社区矫正机构。例如，美国各州均设立"中途之家"，为有需要的社区矫正对象提供临时性住所，尤其是为其提供食品物资、就业机会、教育帮扶等社会支持。此外，旧金山近年来培育出现的迪兰西街矫正中心，则是代表了市场化、自治化运作的新模式，其由董事会和社区矫正对象组成的多个理事会进行管理，整个过程均没有政府的投资和参与，机构运作完全靠自身收入维持；值得注意的是，该中心不仅为社区矫正对象提供必要的劳动技能培训等社会支持，还关注社区矫正对象的心理健康问题，定期开设心理课程，聘请心理专家为社区矫正对象提供"一对一"的心理疏导等社会支持。[2]

又如，北京于2008年在借鉴国外"中途之家"经验的基础上，在朝阳区成立了"阳光中途之家"，为"三无"人员、不适于监狱矫正或不再适于

---

[1] 刘强、武玉红：《中英社会力量参与社区矫正的比较研究》，《中国司法》2016年第2期。
[2] 刘沛清、鲁琴：《社区矫正的引介与我国刑罚制度的改良》，《甘肃社会科学》2010年第2期。

监狱矫正的有需要的罪犯提供食宿和技能培训支持，同时还给予心理咨询和辅导支持，有效缓解了社区矫正工作力量的不足，而且在为社区矫正对象提供社会支持的过程提高了其顺利重返社会的实效。由于该"中途之家"在社区矫正对象的临时安置、就业创业、情感服务等方面的显著成效，北京市从2011年起将该模式在全市所有区县范围内进行了推广。

还如，上海于2004年1月由市司法局成立了上海市新航社区服务总站，是全国最早开始运用社会工作专业方法为社区矫正对象提供矫治服务的社会组织。政府或司法行政部门通过向该社会组织购买社区矫正服务项目完成相关矫正任务，该社会组织利用项目资金资源为社区矫正对象提供相应服务实现购买目标。至2017年，上海市新航社区服务总站已经发展到由500余名专业社工为社区矫正对象等提供社会支持，社区矫正对象在法治认知、困难缓解、情感慰藉、信息获取、社会适应、生存能力等多方面获得帮扶，为其顺利回归社会、减少重新犯罪起到了重要作用。

由以上英国、美国和中国北京、上海等的实例和经验可以看出，大力培育社会组织促其参与社区矫正工作是可行的，而且能为社区矫正对象提供必要的社会支持。借鉴中需要处理好一对关系：一方面，要大力培育社会组织参与社区矫正工作，引导其为社区矫正对象提供社会支持。另一方面，鼓励社会组织参与社区矫正，并不等于政府放任不管，而是在政府积极引导和有效监管下的有序参与。只不过在当前形势下，培育显得更为紧要。要认识到引导和监管并不是对社会组织的"控制"和"大包大揽"，而是要简政放权，让渡一定的空间并扶持社会组织快速成长，改变以往社会组织过度依赖政府的局面，转变"政府包揽社会治理"的传统模式，让社会组织重塑其独立性和民主性，依法进行自我管理与社会服务。2003年以来尤其是2014年中央部署社会力量参与社区矫正工作，和2017年中央出台《加强和完善城乡社区治理的意见》、2021年中央发布《关于加强基层治理体系和基层治理能力现代化的意见》以来，各地都在积极探索社会组织参与社区矫正工作，但是由于政府向社会组织购买社区矫正服务的力度不够，也凸显了社会组织"褓褓"性的发育不足，尤其是个别化的社会组织势力单薄不成气候，在社区矫正工作中的专业体现受限，难以为社区矫正对象提供社会支持，因此加大培育力度迫在眉睫。

总体来讲，培育社会组织使其规范性参与支持社区矫正对象，需要特别注意三个方面的问题。其一，加强社区矫正社会组织的培育和监管。应适当降低社会组织进入社区矫正的"门槛"，吸引更多的社会组织介入社区矫正。与此同时，同步提升社会组织的质量和能力，培育发展一批符合社区矫正对象需求的具备专业能力的社会组织，为更好开展政府购买社会工作服务提供专业支持，使社区矫正机构愿意向其购买、不得不向其购买社区矫正服务。其二，创新社会组织的服务形式和内容。在解决社区矫正社会组织培育和监管的同时，应创新社区矫正服务的形式和内容，购买服务的范围不应局限于心理咨询、就业辅导等常规项目，还应扩大到知识教育学习、劳动技能提升、人际关系培训、法律宣讲咨询等多方面的社会支持。一是其可以使社区矫正机构获得专业服务支撑，使社区矫正对象获得相应的社会支持，促进社区矫正任务的顺利达成；二是其也推动了社会组织的进一步稳定和发展。其三，加强政府购买组织服务的制度建设。为提高政府购买服务的力度、透明度以及社会组织的良性发展，应建立和完善政府购买社会组织服务的价格体系、增长机制、预算制度等，优化和提升购买社会组织参与支持社会矫正对象的评估机制，通过委托独立的第三方评估机构，严格依照评估标准对社区矫正社会组织进行系列考核，促进其良性发展。

3. 企事业单位：争取企事业单位帮扶支持

企事业单位是社区矫正对象获得就业机会、经济来源和尊重接纳等社会支持的重要来源，其是否能参与为社区矫正对象提供社会支持，时常关系到社区矫正对象能否顺利重返社会。前文研究表明，大量社区矫正对象在重新就业问题上面临较多困难，主要有三方面：一是获得就业信息的渠道匮乏，无业可就；二是自身的文化程度相对偏低，缺乏相应的劳动技能，有业无力就；三是其犯罪记录无法通过单位政审，接纳较为受限，有业有力但不能就。这些再就业中面临的困境严重影响了社区矫正对象正常工作生活和顺利回归社会。由此可见，有效提供社区矫正对象就业机会、经济来源和尊重接纳等社会支持刻不容缓，但仅靠司法行政部门和社区矫正工作人员的力量还远远不够，要积极动员争取企事业单位的帮扶支持，实现社区矫正机构与企事业单位密切合作，通过企事业单位捐赠资金物资、安排工作岗位、提供技能培训、接纳参观交流等方式，为社区矫正对象回归社会提供社会支持。

吸纳、争取和引导企事业单位介入社区矫正并为社区矫正对象提供社会支持，可采用的路径有以下几条。首先，政府、区（市、县）司法局或司法所可以根据地理区位、需求评估、社会责任、工作绩效、关系密度等搜索确定备选单位名单,再根据难易程度、可行情况排序。其次,利用恰当渠道与相关单位取得联系,通过沟通推介讲解其参与社区矫正工作的意义,既要告知其为社区矫正对象提供社会支持的社会意义和经济意义等,还要告知政府可以给予企事业单位相应的优惠政策或表彰激励等,争取企事业单位与社区矫正机构合作共建。最后,政府、区(市、县)司法局与企事业单位协商确定岗位和数量后,要么采用双向需求匹配,社区矫正对象与企事业单位双向选择,要么将需求名额按比例分配给司法所,由司法所根据需求大致匹配后推荐给企事业单位。例如,调研中发现,武汉市 Z 司法所长期与某门业制造企业合作,介绍该司法所社区矫正对象在受矫期间或解除矫正后进入该企业工作,由此解决了部分社区矫正对象的就业问题,不仅促进了顺利重返社会,还降低了再犯率。

在具体操作上,以下几点可资借鉴。一是与企事业单位直接对接提供就业岗位。政府、区(市、县)司法局从合作共建的企事业单位获取所需工作岗位信息,并汇总发布至相应或对口司法所(司法所自主联系的除外),之后由社区矫正对象根据自身能力、兴趣特长等进行申请或由司法所推荐,经司法所和企事业单位审核后进行分类培训、持证上岗。二是举办针对社区矫正对象的专场招聘会。例如,上海市社区矫正工作办公室每年都会联合上海市劳动局、上海市新航社区服务总站、上海市社会帮教志愿者协会、相关用人单位等在各区(县)组织 5 场社区矫正对象专场招聘会,一是为社区矫正对象牵线搭桥创造就业机会,二是为吸纳一定比例社区矫正对象的用人单位提供税收优惠政策。[①] 三是请相关单位为矫正对象开展技能培训。由区(市、县)司法局或司法所举办,邀请各类企事业单位参加,根据其招工用人需要,有针对性地对有就业帮扶需要的社区矫正对象进行就业劳动技能培训。

(四)精准供给:把握支持需求导向的关键要素

本部分主要是回应前文"获得供需"现状及其"因素分析"和"基本结论",辅助回应其他相关支持现状及其因素分析和主要判断,而提出的政

[①] 李光勇:《社区矫正人员帮扶现状、困境及对策调查研究》,《中国刑事法杂志》2013 年第 4 期。

策倡导。上文业已判定，社区矫正工作队伍社会支持供给相对较小，而社区矫正对象社会支持需求相对较大，这种供需矛盾导致了社区矫正对象社会支持获得的不足。精准供给，即要根据社区矫正对象社会支持获得和供需状况，以需求为导向，发挥各类参与主体优势，有针对性地、靶向式地为社区矫正对象提供恰当的、急需的社会支持。因此，社会支持的提供要达到高效，就需要采取"接收者—提供者"双向联合评估模式，对社会支持的需求（获得）类型、需求（获得）层级、需求（获得）程度等与供给来源、供给规模、供给程度等，以及对应的影响因素进行周期性评估，综合客观地评量出社区矫正对象社会支持供给的轻重缓急、大小位序、高低层次等，据此再提出政策倡导。以下将依据前文评量结果和主要判断等从支持主体、支持客体和支持重点等方面对症下药，提出优化社区矫正对象社会支持供给的路径选择和精准策略。

1. 支持主体：发挥非正式和正式关系支持作用

第一，充分发挥对象家庭的支持作用。家庭是社区矫正对象最为重要的生活场域，其作为非正式的社会支持供给主体，对社区矫正对象尤其是青少年矫正对象的社会支持改善产生重要影响。家庭治疗理论强调，出现问题的人往往与家庭环境病态、家庭功能失调相关联。以往人们通常将罪责归咎于个体对家庭的"叛变"，个体成为家庭的"替罪"，而很少反追家庭对个体的"不忠"，更少检视彼此间的互动缺乏对落入矫正的影响。[①] 因此，我们可以认为：一方面，社区矫正对象与家庭中其他成员间构成的是一种责任共同体，家庭中他人有责任也有义务在社区矫正对象接受矫正过程中给予支持与帮助；另一方面，家庭成员间关系的改善也有助于提高社区矫正对象的家庭亲密感和社会归属感，从而能够积极地接受矫正，避免重新犯罪的发生。前文研究表明，已婚社区矫正对象占到了72.1%，而已婚社区矫正对象相比未婚社区矫正对象获得的社会支持更多；与家人居住的自有房产社区矫正对象占到了52.2%，而与家人居住的自有房产社区矫正对象相比借住在亲友家和租房社区矫正对象获得的社会支持更多。由此可见，要特别注重利用家庭关系的支持作用。

要充分发挥家庭在社区矫正小组中的作用。当前我国社区矫正中"家庭

---

① 徐超凡：《家庭治疗在社区矫正中的功能和实现》，《河北法学》2017年第4期。

介入"的形式主要是社区矫正小组，其由支持接受者和支持提供者共同参与。司法部办公厅印发的《关于组织社会力量参与社区矫正工作的意见》就包括有关部门、村（居）民委员会、社会工作者、志愿者、社区矫正对象所在单位、就读学校、家庭成员或者监护人、保证人以及其他有关人员。家庭在社区矫正小组中的作用主要包括两个方面：一方面，是协助社区矫正机构做好对社区矫正对象的日常监管，及时与社区矫正对象沟通交流，从而掌握其思想和行为动态，并主动向社区矫正机构汇报；另一方面，是对社区矫正对象进行教育感化、支持鼓励，增强其参与社区矫正的积极性，使其在家庭关爱氛围下得到心理上的情感慰藉，从而完成行为上的有效矫正。为避免社区矫正小组流于形式，防止家庭作用得不到应有发挥，要注意两个方面：一方面，应以制度形式对家庭进行教育培训，如通过定期召开培训会、交流会，向社区矫正对象有关家庭成员传达其在社区矫正中的作用、责任及义务，并定期就矫正对象的思想、工作、生活等情况进行汇报交流；另一方面，还应建立社区矫正对象家庭成员档案，对按时完成监管及汇报工作的家庭成员进行一定的激励，并将激励与矫正对象的表现相挂钩，从而提高家庭在社区矫正对象监管教育中的积极性和主动性。

第二，重视培育社区居民的支持力量。社区是一个集地域、认同、安全、凝聚力、公共性、关系链接等多重属性于一体的社会生活共同体。作为国家与社会、政府与公民、个人与社会间的中介性力量，社区是社区矫正的存在基础。[①] 然而，反观我国社区矫正实践，社区仅仅被视为一个地方、一个行政管辖区域、一个与社区矫正毫无瓜葛的场域。[②] 前文研究表明，我国社区矫正公众参与度还很低，且社区居民所提供的支持较其他支持主体相对较少。当前社区矫正工作主要由基层司法所承担，社区矫正专职工作人员和社区矫正社会工作者是社区矫正工作和社会支持供给的具体实施者；社区居民参与度和支持度低，使得社区矫正一定程度上仅是一种行政上完成任务的司法矫正，居民嵌入的感化帮扶较为欠缺。

而对社区矫正对象而言，社区不仅是其接受矫正的服刑场域，也是其情

[①] 哈洪颖、马良灿：《试论社区矫正的社区根基及其遭遇的发展困境》，《探索》2014年第1期。
[②] 郭星华、李飞：《制度移植与本土适应——社区矫正本土化面临的困境》，《中州学刊》2013年第8期。

感依托的生存空间。良好的社区环境有助于社区矫正对象顺利回归社会，相反，不良的社区环境将会导致解矫时间的拉长，甚至造成重新犯罪的增加。社区居民自愿参与社区矫正，是建立在对社区矫正相关信息知晓的前提下，这不仅包括对社区矫正制度的认知和了解，还包括对所在社区矫正对象信息的知晓和掌握。出于面子观点和社会稳定等的考虑，目前我国关于社区矫正信息公布并不完全，相关统计数据并未向公众开放，这极大限制了社区居民参与社区矫正的热情和主动性。知情才会行动，为改善社区居民对社区矫正对象的社会支持现状，应完善相关信息公开制度，保障社区居民的知情权。一是要公开社区矫正制度和政策方面的信息，包括相关基础知识、文件精神、法律法规等，结合社区矫正认知宣传等方式利用多元化大众传媒进行公示、公开；二是要公开有关社区矫正工作和对象方面的信息，包括适用对象、数量规模、犯罪类型、矫正年限、操作流程、奖惩条款，尤其是支持方式等。在此基础上，提高社区居民参与社区矫正的积极性和参与度，激发其为社区矫正对象提供情感性等社会支持。

第三，提高矫正工作人员的角色认同。一般公众对社区矫正的低认知度和低认同度，对社区矫正的推进和社会支持的供给产生了一定消极影响。与此同时，作为社区矫正和社会支持"主力军"的社区矫正工作人员也出现了一定程度的认同危机。这种认同危机，与一般公众有别，其不是因为不认知，而是因为工作压力大、任务重、消极性强，导致了异化现象、自我怀疑和角色认同困境，在工作中就会出现与社区矫正对象的沟通意愿减弱、沟通效果不佳，直接影响到其对社区矫正对象社会支持供给的数量与质量。前文研究结果同样表明，由于与社区矫正对象沟通的相对缺乏，社区矫正工作人员为其提供的工具性、情感性及信息性支持则相对偏少。因此，要高度重视社区矫正工作人员的角色认同和工作积极性问题。

化解角色认同危机，需要厘清其根源。总体上看，主要是工作力量不足、专业化程度不高等导致的角色冲突和角色不清。其一，社区矫正工作本应由政府相关部门、四类社区矫正工作人员、社会志愿者、社会组织、企事业单位、社区矫正对象家庭等共同参与推进，但由于现阶段工作人员配备不足、社会力量参与缺乏，使得社区矫正工作的实施主要依靠基层司法所，而司法所工作人员工作职责众多与人员数量短缺之间的矛盾又相当突出，一人身兼数职的角色冲突问题产生，严重阻碍了社区矫正工作人员的专职化、专业化建设。其二，社区矫正工作人员对其在矫正过程中的角色认知，决定了其所秉持的工作理念及工作实践。社区矫正工作人员的主要工作职责是对社区矫正对象进行监督管理、教育矫治及社会性帮扶。除了必要的刑罚执行任务，社区矫正工作的特色在于对社区矫正对象提供的服务和帮扶，因此，社区矫正具有服务型和专业性两大特点。但在实际工作中，部分社区矫正工作人员尤其是社区矫正社会工作者（专职社工和专业社工）会出现工作职责、支持提供、功能发挥等方面的角色模糊现象，影响到社区矫正工作队伍专业化建设的发展，从而也陷入了自我怀疑、角色冲突与认同困境之中。

改善社区矫正工作人员角色认同的问题，可以从两方面入手：第一，坚持社区矫正工作人员的专职化发展。专职化要求社区矫正工作人员应专门负责针对社区矫正对象的监管、教育和帮扶工作。司法所中的社区矫正专职工作人员应正名为"社区矫正官"或"社区矫正警察"，并赋予其相应的执法权。[①] 只有这样，才能保证社会支持的质量和社区矫正的效率。第二，促进社区矫正工作人员的专业化建设。建立和完善定期培训制度，是建立社区矫正工作专业队伍的重要举措，也是提升社区矫正工作人员专业化发展的关键。通过聘请专家学者、实务标杆为社区矫正工作人员进行培训，潜移默化地提升社区矫正工作人员对自身角色在职责、任务、规划等方面的认知及认同度。在常规培训形式基础上，可采用实地或会议交流方式，提升社区矫正工作人员的专业化水平，尤其是社会支持供给水平。

2. 支持客体：加强对弱势矫正对象的支持力度

第一，注重对支持利用较差社区矫正对象的增权。前文研究表明，社区矫正对象获得的反馈性支持状况并不是很好，社区矫正对象对社会支持的利用度还很低，也较失衡。一方面，大多数社区矫正对象正面的社会互动较为欠缺，在遇到烦恼时多采取自我消化或向关系密切的人倾诉，很少主动诉说以寻求其他的理解和支持。另一方面，社区矫正对象对所接收的教育学习、职业技能培训、人际交往培训等发展性支持的利用度，远远低于对所接收的心理辅导、公共服务等基础性支持的利用度。社区矫正对象对社会支持的低利用度，直接影响到社会支持供给的低效发挥，既造成资源浪费，也不利于

---

① 武玉红：《我国社区矫正队伍专业化建设探究》，《北京联合大学学报》（人文社会科学版）2016年第3期。

重返社会。

提升反馈性支持的最根本解决办法是增权，即挖掘和提升社区矫正对象自身的能力，增强其矫正的主动性和能动性。值得注意的是，增权并不是额外"赋予"权利，而是挖掘或激发个体的潜能。[①] 增权作为社会工作的一种专业手段，是在社会工作者的帮助下，促使个体行动能力及改变意愿的提升，在社区矫正中就是使得社区矫正对象变被动接受为主动矫治。而社区矫正对象获得社会支持的过程，实质上就是增权的过程，即通过挖掘社区矫正对象自身潜力、外在资源，激发其内生性动力。为实现社区矫正对象的增权，提升其对支持的综合利用能力，要求社区矫正社工在社区矫正的介入过程中，关注每个社区矫正对象的个体优势、兴趣特长、行为能力，恰当运用个案、小组或社区的工作方法，挖掘其所具有的潜能，从而增强其对生活的热情和信心，对自我的肯定和信任等。

第二，强化对青少年社区矫正对象社会支持供给。近年来，我国犯罪低龄化问题凸显，据相关统计，青少年犯罪总数已经占到全国刑事犯罪总数的70%以上。[②] 就被调查社区矫正对象的年龄分布而言，30岁以下的占25.5%，30—39岁的占34.6%，由此可见，社区矫正青少年规模还是较大的。由于国际司法中对青少年犯罪持有"优先保护"、行刑社会化、刑罚适用年龄等原则，我国也对青少年罪犯的行刑方式采取以社区矫正为主。于是青少年社区矫正对象的社会支持问题日益引起理论界及实务界的广泛关注。然而，前文研究显示，从年龄角度来看，各类社会支持的获得程度与年龄成正比关系，即相比年长矫正对象而言，青少年社区矫正对象获得的社会支持相对较少。与一般社区矫正对象相比，青少年社区矫正对象因谋生手段缺失、经济来源受限、社会资源不足、情绪波动更大等因素而显得更加弱势，因而青少年社区矫正对象对社会支持的需求更加迫切。为强化对该群体的社会支持供给，秉持"助人自助"工作理念和专业方法的社会工作则彰显了其优势，其在青少年社区矫正对象矫治过程中社会支持提供发挥着不可或缺的作用。

社会工作者及其专业方法介入青少年社区矫正对象矫治过程，具体需加强以下方面的社会支持供给。一是帮助青少年社区矫正对象挖掘"社会资

---

① 陈树强：《增权：社会工作理论与实践的新视角》，《社会学研究》2003年第5期。
② 周荣华：《犯罪低龄化视角的刑罚》，《北京青年政治学院学报》2007年第3期。

源"。构建完善的社会支持网络，包括微观、中观和宏观层次。具体的网络层次需要根据青少年矫正对象的需求来判定，依不同的需求类型可以构建一个立体分层的支持网络。其中，微观层次的社会支持，包括家庭、亲友（除家庭外的亲戚和朋友）、社区成员等提供的支持；中观层次的社会支持，包括政府部门、社区居（村）委会、社会组织、企事业单位、学校等提供的支持；宏观层次的社会支持，包括社会政策、社会舆论提供的支持。无论是正式支持网络还是非正式的社会支持网络，都应大力挖掘其中有价值的资源要素，为青少年矫正对象顺利回归社会提供必不可少的工具性、情感性及信息性支持。二是帮助青少年社区矫正对象挖掘"自我资源"。社会工作者应对每个进入社区矫正系统的青少年矫正对象进行风险评估和心理评估，并根据评估结果因地、因人、因时地为其制订个性化的矫正计划和专门性支持项目。

第三，加大对女性社区矫正对象社会支持的提供。就性别而言，女性社区矫正对象在获取社会支持方面是相对弱势群体，而这类群体占到了13.9%。相对于男性社区矫正对象而言，女性矫正对象具有一定特殊性，如犯罪情节较轻、社会危害性较小；精神神经较敏感、心理承受力较弱；对家庭及成员关系的影响更大。由此可见，女性社区矫正对象理应获得相比男性矫正对象更多的社会支持。然而，前文研究表明，女性社区矫正对象除了在工具性支持获得上微弱优于男性矫正对象，情感性、信息性及反馈性支持的获得程度则均低于男性矫正对象。反观当前各地社区矫正实践，社区矫正工作很少针对不同性别社区矫正对象进行分类矫治，更多的是实行一样对待、一套模式，如组织社区矫正对象参与集中教育学习、社区服务等。因此，迫切需要增强对女性矫正对象社会支持的重点供给。

增强对女性社区矫正对象社会支持的供给，重点需要关注以下方面。一是为女性社区矫正对象提供专业性的心理辅导。从心理学角度来看，女性在情感上比男性更为细腻、焦虑，因此，女性社区矫正对象因罪犯这一特殊身份所承受的心理压力相对更大，容易采取自我区隔方式，直接或间接影响其情感性支持的获得及对各类支持的利用度。在对女性矫正对象的帮教中，吸纳女性社区矫正工作者对其配对矫治，运用专业矫治方法和技巧识别女性矫正对象不同的心理问题，并配以专门化矫正项目，使得女性矫正对象能够得到精神上的安慰和舒缓，从而开放心扉、吐露烦恼，从而采取积极主动的方式寻求他人的支持和帮助。二是在提供教育信息、政策信息及法律信息等发展性支持的同时，增加对女性社区矫正对象在就业信息、工作建议和处理家庭关系等生活性支持方面的供给。

3. 支持重点：急需性社会支持的有效供给

第一，加强对无业低收入欠学矫正对象的支持供给。除了以上从支持客体角度和弱势对象视角，提出要加强对支持利用较差、青少年、女性等社区矫正对象社会支持的供给，还要特别注意从支持重点角度和特殊群体视角，加强对无就业、低收入、欠学历等社区矫正对象社会支持的供给，这些社会支持往往是急需性的。

其一，加强对无业社区矫正对象的社会支持供给。前文业已判定，多数社区矫正对象并不需要就业信息的提供，他们往往通过自身努力或亲朋或社区矫正工作人员介绍获得了工作机会；相比之下，无业社区矫正对象就应成为帮扶的重点对象；与之关联，无业社区矫正对象也更需要获得来自他人提供的工具性、情感性和信息性支持。而在样本社区矫正对象中，无业的占34.8%，占到了总数的三分之一，其中大多数是待业或失业。由于就业是社区矫正对象获得经济来源、社会声望、社会地位的重要基础，[1] 社区矫正工作人员、社会志愿者、社会组织、企事业单位等社会力量为有就业需求的社区矫正对象提供就业支持就显得尤为重要。前文在倡导吸引企事业单位为无业社区矫正对象提供就业支持时，已经分析了社区矫正对象重新就业面临的三大困境，即信息渠道匮乏、无业可就，文化技能偏低、有业无力就，政审接纳受限、有业有力但不能就等。总体来看，其可以归结为自身因素和外部因素，自身因素，即文化程度的限制、劳动技能的缺乏、主观心理的落差；外部因素，即信息获取不畅、罪犯身份歧视，就业接纳不足。[2] 解决无业社区矫正对象的这些困境实现再就业，在瞄准以上问题的基础上，可从以下几个方面进行精准施策：一是社区矫正机构要积极为无业社区矫正对象提供教育学习辅导、职业技能培训、人际交往指导等发展性工具支持，帮助社区矫

---

[1] 李光勇：《青年社区服刑人员社会融合测量与影响因素检验——基于上海市六个区的问卷调查》，《中国青年研究》2015年第9期。

[2] 骆群：《社区矫正对象在劳动力市场的社会排斥——对上海市的实证研究》，《青年研究》2008年第5期。

正对象转变就业观念，提高自身素质和综合能力；二是社区矫正机构要通过给予表彰激励或优惠政策，积极动员、努力争取与企事业单位、非营利组织的有效合作，消除歧视壁垒，建立就业援助基地，为社区矫正对象提供合适的就业岗位；三是社区矫正机构可以通过向社会组织购买服务，由社会组织创办孵化社区矫正社会企业，面向无业社区矫正对象提供技能培训或直接提供就业岗位等，例如，佛山市南海区司法局向南海博雅社会工作服务中心购买服务项目，由南海博雅社会工作服务中心创立了"半爱——九江镇司法社会企业"，专门为无业社区矫正对象提供就业服务支持，效果良好。由此，通过支持就业使无业社区矫正对象获得生活费用来源、增加人际交往机会等，从而重新树立生活信心、增加重回社会勇气，也自然提高了其工具性支持、情感性支持、信息性支持和反馈性支持的获得。

其二，加强对低收入社区矫正对象的社会支持供给。收入低下的社区矫正对象如果不引导好，不注意将其作为提供社会支持的重点对象，很可能较难重返社会，或者有再犯的风险，成为社会不安定因素，所以要特别关注此类社区矫正对象的工具性支持、情感性支持、信息性支持和反馈性支持的获得和供需情况，实时提供必要的社会支持。另外，根据前文判定，不同收入水平的社区矫正对象，在社会支持获得类型上存在差异，表现出的急需性社会支持不一。占总数 25.8% 的 2 万及以下低收入社区矫正对象、占总数 17.8% 的 5 万—8 万中等偏下收入的社区矫正对象，获得的非正式支持均大于正式支持，因此，社区矫正工作人员和相关社会力量要对 2 万及以下低收入、5 万—8 万中等偏下收入的社区矫正对象，加大提供非正式支持。占总数 46.3% 的 2 万—5 万较低收入矫正对象、占总数 6.5% 的 8 万—15 万中等收入矫正对象，获得的正式支持均大于非正式支持，因此，社区矫正工作人员和相关社会力量要对 2 万—5 万较低收入矫正对象、8 万—15 万中等收入矫正对象，加大提供正式支持。

其三，加强对低教育程度社区矫正对象的社会支持供给。低教育程度社区矫正对象，此处将其称为"欠学"社区矫正对象，即学历层次较低，文化水平不高，尤其是自我学习、持续学习、充电学习等不够的社区矫正对象。以上这些"欠学"特点，导致了其特别容易成为社会边缘群体，出现诸如在工具性支持上常被遗忘、在情感性支持上受到排斥、在信息性支持上没有门路、在反馈性支持无力转化等问题，由此，这类社区矫正对象要特别给予社会支持供给的关照。具体来讲：一是要重点加大对小学及以下社区矫正对象的社会支持供给，因为其获得各类社会支持均相对较少，而这类社区矫正对象占到了总数的 6.6%；二是要特别关注高中和中专社区矫正对象的社会支持供给，因为其虽然受教育程度稍高，但仍然不能适应社会发展需要，其获得的各类社会支持也较少，而这两类社区矫正对象分别占到了总数的 16.8% 和 18.7%，数量相对较大，要特别引起重视；三是要适当关注初中教育程度社区矫正对象社会支持的波动。尽管当前初中教育程度的社区矫正对象从各来源主体获得的社会支持均处于优势，但需要关注该群体社会支持获得和供需的变动，因为其低学历和"欠学"特征使其特别脆弱，很容易受到打击而随时发生变化，而这类社区矫正对象占到了总数的 29.6%，一旦发生波动，影响也将较大。

第二，重视对社区矫正对象心理健康的支持供给。社区矫正对象由于其身份的特殊性，部分存在一定的心理问题。心理问题若长时间得不到有效缓解或解决，对其自身的身心健康和社会的和谐稳定均会产生不利影响。前文研究表明，多数社区矫正对象存在自我封闭的心理状态，在遇到烦恼时很少会选择主动诉说以获得他人的支持和理解。相比工具性支持，社区矫正对象对情感性支持和反馈性支持的需求相对更为强烈，而这两类支持的重要呈现正是情绪缓解、压力舒缓、精神慰藉等心理健康支持。因此，采取措施加强对社区矫正对象的心理健康支持工作应得到应有关注。首先，针对一般公众对社区矫正对象的排斥和歧视等问题，应与前文倡导的"夯实基础"对接，加大社区矫正宣传力度，提高一般公众对社区矫正的认知和认同，减轻社区矫正对象的心理压力。其次，针对社区矫正对象迫切需要获得他人尤其是社区矫正工作人员的情感性支持的现状，应充分发挥社区矫正专业社工、心理咨询社会志愿者在心理矫治中的独特优势，使其通过采用个案工作、小组工作、社区工作或心理治疗专业方法开展有针对性的社会支持，如运用叙事疗法、个性服务、循证实践、家庭治疗、危机介入、沙盘疗法、心理咨询等干预措施改善社区矫正对象存在的心理问题和服务需求；在此基础上，社区矫正社会工作者、心理咨询社会志愿者通过构建与社区矫正对象的信任关系，倾听社区矫正对象的想法和烦恼，理解和尊重社区矫正对象的行为，从而帮助社区矫正对象扭转其不良情绪，防止在矫正期间因心理和情感方面问题而导致再犯行为的发生。最后，应在社区矫正生活的社区和工作的场所营造开放、尊重、包容、和谐的人文氛围，从社会环境和社区文化营造来自然解除社区矫正对象的心理问题。

第三，加强对社区矫正对象的法律政策信息供给。法律政策信息是社区矫正对象的急需性信息，需要重点支持。前文研究表明，在法律政策信息的获得上，仅六成多的社区矫正对象获得过法律政策相关的信息及建议，仍有近四成的社区矫正对象并未获得与自身权益切实相关的法律政策信息；在法律政策信息的供给上，社区矫正工作人员所提供的法律政策信息较其他类型信息的程度相对最低；在法律政策信息的需求上，社区矫正对象对法律政策信息的需求相对最大，对政策类信息的需求大于对生活类信息的需求。由此可见，社区矫正工作人员需要重视对社区矫正对象进行法律政策知识普及，尤其是加大对基础法律知识和最新矫正政策的及时、定时供给。为了满足社区矫正对象对法律政策信息的需求，提高其对相关法律规章制度、路线方针政策的认知，需从法律政策宣传和法律政策咨询两方面同步着手提供支持：一方面，应强化对社区矫正对象的法律政策宣传支持，内容可以包括社区矫正相关法律制度、政策规章、权利义务、矫正程序、监管方式、奖惩措施、支持路径、就业政策、教育政策、培训政策等，在具体操作中，则可以通过制作社区矫正相关法律和政策知识展板、观看社区矫正相关法律和政策公益电影、举办社区矫正相关法律和政策知识竞答、设计社区矫正相关法律和政策 APP 进行信息推送等"独语""对话""传输"相结合的方式，以此提升社区矫正对象法律政策知识，获取更多社会支持，提高社区矫正效率和效益。另一方面，应强化对社区矫正对象的法律政策咨询支持，结合社区矫正工作特征和社区矫正对象需求，举办普法与咨询相结合的法律知识传输咨询活动，内容可以包括法律文书条目的答疑、政策援助范围的宣讲、奖惩适用条件的阐释等，协助社区矫正对象实现知法、懂法，在获得法律政策等信息支持后实现守法、用法，促进其顺利回归社会责任。

在最后，还要特别说明，因为社区矫正对象社会支持的影响因素很多，涉及的面和点很广，此处未能面面俱到。为了避免赘述，导致失去重点，这里提出的是带有一定普遍性、紧要性和制度性的倡导。在宏观政策设计、中观行政管理和微观具体操作中，学界、政界和实务人员需要根据前文呈现的支持现状（公众基础、队伍支撑、获得供需）和其对应的因素进行比较分析,以及政策倡导中的主要判断和主要结论来对照筛选,以有针对性地进行政策倡导,寻找科学合适的可行路径和精准策略,共同缔造建设人人有责、人人尽责、人人享有的社会治理共同体,完善社区矫正体制机制,促进基层治理现代化。

参考文献

中文文献

习近平：《高举中国特色社会主义伟大旗帜 为全面建设社会主义现代化国家而团结奋斗——在中国共产党第二十次全国代表大会上的报告》，人民出版社 2022 年版。

《中共中央关于进一步全面深化改革、推进中国式现代化的决定》，人民出版社 2024 年版。

边燕杰：《城市居民社会资本的来源及作用：网络观点及调查发现》，《中国社会科学》2004 年第 3 期。

蔡禾等：《城市和郊区农村居民寻求社会支援的社会关系意向比较》，《社会学研究》1997 年第 6 期。

陈琦、何静：《农村留守妇女社会支持研究综述——兼论社会工作的介入策略》，《妇女研究论丛》2015 年第 2 期。

但未丽：《社区矫正官执法身份的实然与应然》，《首都师范大学学报》（社会科学版）2017 年第 2 期。

董金秋、刘爽：《进城农民工：社会支持与城市融合》，《华南农业大学学报》（社会科学版）2014 年第 2 期。

邓琳双等：《人格与青少年疏离感的关系：社会支持的中介作用》，《中国临床心理学杂志》2012 年第 5 期。

邓蓉、John Poulin：《非正式社会支持与中国老人的心理健康》，《贵州社会科学》2016 年第 4 期。

方曙光：《社会支持理论视域下失独老人的社会生活重建》，《国家行政学院学报》2013 年第 4 期。

费梅苹、张晓灿：《社区矫正对象的复原力发展过程探究》，《浙江工商大学学报》2020 年第 2 期。

付立华、石文乐：《社会支持视阈下社区矫正中的家庭参与》，《东岳论丛》2022 年第 7 期。

光瑞卿、席晶、程杨：《北京市社区居住老年人社会支持度量及其影响因素研究》，《北京师范大学学报》（自然科学版）2020 年第 1 期。

郭星华、李飞：《制度移植与本土适应——社区矫正本土化面临的困境》，《中州学刊》2013 年第 8 期。

哈洪颖、马良灿：《试论社区矫正的社区根基及其遭遇的发展困境》，《探索》2014 年第 1 期。

贺寨平：《社会网络与生存状态——农村老年人社会支持网研究》，中国社会科学出版社 2004 年版。

贺寨平：《国外社会支持网研究综述》，《国外社会科学》2001 年第 1 期。

何文炯、王中汉：《论老龄社会支持体系中的多元共治》，《学术研究》2021 年第 8 期。

胡昆：《农村留守儿童社会支持状况调查研究》，《中国健康心理学杂志》2011 年第 8 期。

侯志瑾、白茹、姚莹颖：《大学生生涯社会支持量表的编制》，《中国临床心理学杂志》2010 年第 4 期。

金碧华：《支持的"过程"：社区矫正假释犯对象的社会支持网络研究》，法律出版社 2014 年版。

姜爱东：《关于社区矫正立法中的几个问题》，《中国政法大学学报》2010 年第 6 期。

井世洁：《断裂与重构：社区矫正青少年的社会支持——以上海市 J 区为例》，《社会科学》2012 年第 9 期。

李树茁等：《农民工的社会支持网络》，社会科学文献出版社 2008 年版。

李树茁等：《农民工社会支持网络的现状及其影响因素研究》，《西安交通大学学报》（社会科学版）2007 年第 1 期。

李强：《社会支持与个体心理健康》，《天津社会科学》1998 年第 1 期。

李晓娥：《社区服刑人员社会支持系统调查研究——以河北省某市为例》，

《中国人民公安大学学报》（社会科学版）2011年第1期。

李光勇：《青年社区服刑人员社会融合测量与影响因素检验——基于上海六个区的问卷调查》，《中国青年研究》2015年第9期。

刘爱童：《社区矫正法律制度探究——以城市社区为视角》，《法学评论》2012年第6期。

罗艳红、蔡太生、张玉宇：《领悟社会支持、自尊与女性罪犯抑郁的关系》，《中国临床心理学杂志》2012年第6期。

骆群：《社区矫正对象在劳动力市场的社会排斥——对上海市的实证研究》，《青年研究》2008年第5期。

庞荣：《青年社区服刑人员社会支持水平测量与构建——基于上海市的问卷调查》，《中国青年研究》2016年第7期。

丘海雄、陈健民、任焰：《社会支持结构的转变：从一元到多元》，《社会学研究》1998年第4期。

荣容、肖君拥主编：《社区矫正的理论与制度》，中国民主法制出版社2007年版。

陶裕春、申昱：《社会支持对农村老年人身心健康的影响》，《人口与经济》2014年第3期。

王爱立等主编：《〈中华人民共和国社区矫正法〉释义》，中国法制出版社2020年版。

王顺安：《社区矫正的法律问题》，《政法论坛》2004年第3期。

王喆：《协同治理：社会组织参与社区矫正的一种实现方式》，《社会科学战线》2021年第1期。

王东：《农民工社会支持系统的研究——一个社会工作理论研究的视角》，《西南民族大学学报》（人文社科版）2005年第1期。

王浦劬：《以制度建设为主线挈领进一步全面深入改革》，《政治学研究》2024年第4期。

吴宗宪等：《非监禁刑研究》，中国人民公安大学出版社2003年版。

吴宗宪：《我国社区矫正基层执法机构的问题及改革建议》，《甘肃社会科学》2016年第6期。

吴宗宪：《我国社区矫正法的历史地位与立法特点》，《法学研究》2020年第4期。

韦艳、刘旭东、张艳平：《社会支持对农村老年女性孤独感的影响研究》，

《人口学刊》2010年第4期。

伍新春等：《青少年的感恩对创伤后成长的影响：社会支持与主动反刍的中介作用》，《心理科学》2014年第5期。

武玉红：《我国社区矫正队伍专业化建设探究》，《北京联合大学学报》（人文社会科学版）2016年第3期。

武玉红、刘强主编：《社区矫正典型案例与矫正指要》，中国法制出版社2016年版。

肖水源、杨德森：《社会支持对心理健康的影响》，《中国心理卫生杂志》1987年第4期。

行红芳：《老年人的社会支持系统与需求满足》，《中州学刊》2006年第3期。

徐勇：《中国式基层治理现代化的方位与路向》，《政治学研究》2023年第1期。

宇翔、胡洋、廖珠根：《中国农村地区留守儿童社会支持状况的Meta分析》，《现代预防医学》2017年第1期。

杨彩云：《社区服刑人员的社会融入与精神健康：基于上海的实证研究》，《华东理工大学学报》（社会科学版）2014年第4期。

杨玲、曹华等：《社区服刑人员领悟社会支持与心理健康的关系研究》，《中国社会医学杂志》2016年第6期。

郑杭生、程瑜：《法社会学视野中的社区矫正制度》，《华东理工大学学报》（社会科学版）2003年第4期。

郑永君：《青少年社区矫正对象的社会支持及其影响因素》，《青年探索》2016年第5期。

章友德、李光勇：《社区服刑人员社会支持系统调查研究——以上海为例》，《华东理工大学学报》（社会科学版）2015年第2期。

张大维、邢敏慧：《青年社区矫正对象的社会支持：评量、归因与策略》，《上海城市管理》2020年第2期。

张梦柔：《服刑人员的社会支持与主观幸福感关系》，《中国健康心理学杂志》2016年第3期。

张文宏、阮丹青：《城乡居民的社会支持网》，《社会学研究》1999年第3期。

周国强：《我国公民参与社区矫正的困境与出路》，《学海》2013年第6期。

英文文献

Barrera, M., "Distinctions Between Social Support Concepts, Measures, and Models", *American Journaral of Commucity Psychology*, 1986, 14 (4).

Barrera, M. & Ainlay S. L., "The Structure of Social Support: a Conceptual and Empirical Analysis", *Journal of Community Psychology*, 1983, 11 (2).

Caplan G., *Support System and Mutual Help: Multidisciplinary Explorations*, New York: Grune & Straton, 1974.

Cobb., *Social Support and Buffering Hypothesis*, New York: Psychological Bullet, 1976.

Darrell D. I., Zhang, D. & Wang S., "China's Social Transformation and the Development of Rural Community Corrections", in *The Routledge International Handbook of Rural Criminology*, London: Routledge, 2016.

Fernandez, I., P. Silvan-Ferrero, F. Molero, E. Gaviria & C. García-Ael, "Perceived Discrimination and Well-Being in Romanian Immigrants: The Role of Social Support", *Journal of Happiness Studies*, 2015, (4).

House J. S., *Work Stress and Social Support*, Mass: Adition—Wesley Educational Publishers Ins, 1981.

Jiang, S., Zhang, D., Darrell D. I., "The Prevalence and Importance of Semiformal Organizations and Semiformal Control in Rural China: Insights from a National Survey", *Asian Journal of Criminology*, 2022, 17 (3).

Jiang, S., Zhang, D., Darrell D. I., "Semiformal Organizations and Control During the COVID-19 Crisis in China", *Asian Journal of Criminology*, 2021, 16 (1).

Jiang, S., Zhang, D., Lambert, E., "Views of Community Corrections Supervision and Their Predictors: An Officer and Offender Comparison", *The Prison Journal*, 2022, 102 (1).

Jiang, S., Zhang, D., Irwin, D., Yang, C., & Xing, M., "An Exploratory Study of Views of Supervision Strategies by Community Corrections Probationers in China", *The Prison Journal*, 2020, 100 (1).

Jiang, S., Lambert, E., Zhang, D., & Jin, X., "Supervision Strategies and Their Correlates: An Empirical Study of Chinese Community Correctional Staff", *International Journal of Offender Therapy and Comparative Criminology*, 2019, 63 (7).

Jiang, S., Lambert, E., Zhang, D., Jin, X., Shi, M., & Xiang, D., "Correlates of Organizational Commitment Among Community Correctional Officers in China", *The Prison Journal*, 2018, 98 (1).

Jiang, S., Jin, X., Xiang, D., Goodlin-Fahncke, W., Zhang, D., Yang, S., & Xu, N., "Punitive and Rehabilitative Orientations Toward Offenders Among Community Correctional Officers in China", *The Prison Journal*, 2016, 96 (6).

Jiang, S., Lambert, E., Zhang, D., Jin, J., Shi, M., & Xiang, D., "Effects of Work Environment Variables on Job Satisfaction Among Community Correctional Staff in China", *Criminal Justice and Behavior*, 2016, 43 (10).

Jiang, S., Zhang, D., Jin, X., Xiang, D., Greenleaf, R., Liu, J., & Xu, N., "Semiformal Crime Control and Semiformal Organizations in China: An Empirical Demonstration from Chinese Community Corrections", *Asian Journal of Criminology*, 2015, 10 (4).

Jiang, S., Xiang, D., Chen, Q., Goodlin-Fahncke, W., Huang, C., Zhang, D., Zhao, A., & Yang, S., "Public Support for Community Corrections in China", *International Journal of Offender Therapy and Comparative Criminology*, 2015, 59 (7).

Jiang, S., Xiang, D., Chen, Q., Huang, C., Yang, S., Zhang, D., & Zhao, A., "Community Corrections in China: Development and Challenges", *The Prison Journal*, 2014, 94 (1).

Krista, MC. & Ellen, HM., "Ethic Differences in Career Supports and Barriers for Battered Women: A Pilot Study", *Journal of Career Assessment*, 2004, 12 (2).

Lin, N., Ye, X. & Ensel, W. M., "Social Support and Depressed Mood: A Structural Analysis", *Journal of Health and Social Behavior*, 1999, 40 (4).

Malecki C. K., "Demaray M. K. Measuring Perceived Social Support, Development of the Child and Adolescents Social Support Scales", *Psychology in the School*, 2002, 39 (1) .

Papaconstantinou D., Papadopoulos, K., "Forms of Social Support in the Workplace for Individuals with Visual Impairments", *Journal of Visual Impairment / Blindness*, 2010, 10 (4) .

Rhodes R. L., Teno J. M., Connor S. R., "African American Bereaved Family Members' Perceptions of the Quality of Hospice Care: Iessened Disparities, but Opportunities to Improve Remain", *Journal of Pain and Management*, 2007, 34 (5) .

Sarason, B. R., Sarason, I. G., and Pierce, G. R. (eds.), *Social Support: An Interactional View*, New York: Wiley, 1990.

Steven B., Nick F., Leonie S., et al., "Gender Differences in Theuse of Social Support as a Moderator of Occupational Stress", *Stress and Health*, 2003, 19.

Vaux A., *Social Support—Theoy, Research and Intervention*, New York: Praeger, 1988.

Xin, S. & Xin, Z., "Birth Cohort Changes in Chinese College Students' Loneliness and Social Support: One up, as Another Down", *International Journal of Behavioral Development*, 2015, 30 (7) .

Zhang, D., Irwin, D., Jiang, S., Zhang, H., Huang, S., "Staffing Composition, Offender Profiles and Supervision in China's Community Corrections", *The Prison Journal*, 2019, 99 (3) .

Zhang, D., & Yan M., "Community Work Stations: An Incremental Fix of the Community Construction Project in China", *Community Development Journal*, 2014, 49 (1) .

Zhang, D., Jessica P., Alistair H. & Joseph F. D., "*Community Corrections*", in *Encyclopedia of Rural Crime*, Bristol: Bristol University Press, 2022.

后 记

本书是我十余年来研究基层治理与社区矫正的一个阶段性总结，也是华中师范大学政治学世界一流学科重点建设方向"比较政治"研究成果"比较基层与地方治理"丛书的重要组成部分。这期间，我及团队除发表了相关的多篇中文论文，还和团队发表了十余篇相关的 SSCI 论文，据检索可能是国际上研究"中国社区矫正与基层治理"发表 SSCI 最多的研究团队。也许是因为这些论文的影响，我受邀为多个国际 SSCI 期刊评审社区矫正和基层治理领域的论文，并受邀为国际著名出版社评审遴选著作。此外，我在此领域也获得了国家、省市等各类社科基金，并荣获了省部级优秀社科成果奖等。由此，我还受邀合作撰写了由劳特利奇（Routledge）出版社出版的《劳特利奇国际农村犯罪学手册》（*The Routledge International Handbook of Rural Criminology*）中的《中国社会转型与农村社区矫正的发展》（"China's Social Transformation and the Development of Rural Community Corrections"）一文。另外，还撰写了由布里斯托大学出版社（Bristol University Press）出版的《乡村犯罪百科全书》（*Encyclopedia of Rural Crime*）中的《社区矫正》（*Community Corrections*）词条等，作为一位中国学者，这种参与国际百科全书撰写的邀约还是值得兴奋的。

我从二十余年前就开始研究在中国刚刚起步的社区建设，其中有一个很重要的领域就是 2003 年在我国才开始试点的社区矫正。但当时缺乏法政治学的知识背景和比较视野，虽然有很多观察和调查，但没有深入去分析和研究。

十余年前，我开始与时任美国托莱多大学刑事司法学系主任的杰出研究型教授、后任北美华人社会犯罪学会会长、也受聘为湖北省"楚天学者"

的江山河（Shanhe Jiang）教授合作调查研究。江老师将我带入了我曾熟悉的社区治理领域但又较为陌生的社区矫正方向，我常怀感恩之心。一步一个脚印，谁也没有想到我们在跨越两国却能合作研究持续如此之久，并产出大量阐释中国自主概念和话语的成果，在中西比较中建构出了区别于西方的中国自主的"亚正式治理（控制）"概念和理论，直到近期我们关于中国农村独特三元治理体系的普遍性和重要性及其预测的论文，在Nature子刊上发表后，我们才更加理解到"什么是坚持的力量"。

本书的初稿是我在美国学习研究期间完成的，2016年我被国家公派到美国密歇根大学安娜堡分校访学，该校的社会工作专业是全美第一也是全球最好的，密歇根大学当时社会工作博士培养已经具有了数十年的历史，可喜的是，我国也开始设立了社会工作专业博士学位点。密歇根大学的社会工作实力之所以如此强大，很重要的一个特点是其社会工作专业的博士生必须从政治学、社会学、经济学、教育学等相近的专业选择一门同步辅修，也就是要进行双专业课程的联合培养，我也主要是在社会工作和政治学的联合培养中学习，社会科学研究中心的政治系、中国研究中心也就成了我除了社会工作学院外经常光顾的地方。在这一过程中，我既从社会工作视角下对社区矫正工作和基层地方治理进行了全面的认识，又从政治学的视野尤其是比较视角来理解社区矫正与地方治理，并从事了一些调查、阅读、讨论和研究等。为此，我还专门参加观摩了当地社区矫正小组工作的实践运行，甚至还专门去了地方法院旁听社区矫正等是如何审判的，并做了相关调查，访谈了社区矫正官等，这些都为后续打磨完善书稿提供了帮助。

在美国，我和时任韦恩州立大学刑事司法学系主任的江山河教授及时任华中师范大学社会学院院长的睿达文（Darrell D. Irwin）教授合作完成了关于讲述中国社区矫正经验的论文。其间，Darrell教授刚好有一次回美国探亲，就约着江山河教授专程来看望我，两位教授还专门到密歇根大学，在我的办公室进行了论文的讨论，远在他乡能有两位从中美汇集而来的院系负责人"上门"来讨论文章是一件多么激动的事情，当时的研讨场景，现在还历历在目。

本书是在《中华人民共和国社区矫正法》（简称《社区矫正法》）通过并施行之前成稿的。2019年12月，《中华人民共和国社区矫正法》获得通过并于2020年7月施行，要说该书在此之前出版是契合了当时的社区矫正法治化背景的。但由于我的研究兴趣在 2017 年后逐步转向"比较政治"尤其是"比较基层与地方治理"后，就特意让其"沉淀"了一下，并在《社区矫正法》的运用实践中进行了检验优化，并加入了"比较"视野和方法，加上疫情等因素影响，于是直到现在才进一步完善出版。书中探讨了《社区矫正法》中常被讨论的一些关键问题，例如，过去一直存在争议的社区矫正执行主体和客体的概念混用问题，主体是称"社区矫正人员"还是"社区矫正工作人员"，客体是称"社区矫正对象"还是"社区服刑人员"或是"社区矫正人员"，这些过去各地各界均有使用，存在着如何区分，以及如何规范的问题。在长期的调研和中西比较中，书中使用了"社区矫正工作人员"和"社区矫正对象"概念并进行了界定，恰巧也是后来《社区矫正法》在第二章机构人员职责中所明确的。本书探讨的社区矫正对象的社会支持问题，也是《社区矫正法》在第四章监督管理、第五章教育帮扶等探讨的内容。

本书的出版得到了国家社科基金项目"社会治理创新背景下社区矫正对象的社会支持评量、影响因素检验与政策倡导研究"、华中师范大学政治学一流学科建设经费、湖北省社会发展与社会政策研究中心的资助。感谢华中师范大学政治学与国家治理研究院（中国农村研究院）、社会学院同事们多年来的关心帮助，感谢近年来比较政治研究所的师生们创造的越来越"比较"的氛围，特别感谢华中师范大学人文社会科学资深教授徐勇老师指导我走入"比较政治""比较治理"的学科和视野。感谢研究院的前书记徐刚教授、郑宁书记、陈军亚院长、马珺副书记，以及所有帮助鼓励我做好"比较"研究的同事好友。

感谢湖北省武汉市司法局（社区矫正工作管理局）、广东省佛山市司法局（社区矫正管理局）、广东省佛山市南海区司法局、吉林省前郭县司法局等的相关领导，以及多地的社区矫正工作机构、社区矫正工作人员、社区矫正对象提供的帮助；感谢相关社会工作机构、社区工作者和社会工作者，以及全国十余省（市、自治区）热心帮助和参与调查的朋友们。感谢向德平教授、江立华教授等的帮助指点，以及社会学院的前副院长万仁德老师和杨生勇教授、金小红教授等的交流讨论。感谢参与了本研究相关调查和数据分析的所有研究团队成员，尤其是现已在浙江师范大学任教的邢敏慧博士、已在西北农林科技大学任教的郑永君副教授，已在《山东大学学报》（哲学社会科学版）任职的王苏苏博士，以及已在澳大利亚昆士兰州黄金海岸检察署任检察官的黄帅宁律师等。感谢中国社会科学出版社的冯春凤老师、朱华彬老师、李立老师等，他们专业素养深厚，敬业精神可嘉，尤其是李立老师为该书的出版付出了大量努力，虽几经易手，但结果圆满。要感谢的人还很多，就不一一列举了。

正好我和国际学者同仁翻译的在美国业界影响较大的《社区矫正：美国地方治理的新议题及其比较》一书也同步在江苏人民出版社出版，这是国内直接与社区矫正和基层治理教学研究相关的第一本译著，该书是对美国社区矫正历程、政策、法律、实践和技术等全方位的介绍和剖析，刚好又和本书形成了"中美比较"，对照起来阅读也会相得益彰，也更能彰显中国社区矫正制度和实践取得的巨大成就并发现未来努力的方向。

2024 年 8 月
于武汉武昌桂子山